41172

FACULTÉ DE DROIT DE NANCY

CONDITION JURIDIQUE

DES

MILITAIRES

DROIT ROMAIN

L'ANCIEN DROIT ET DANS LE DROIT MODERNE

THÈSE POUR LE DOCTORAT

PRÉSENTÉE PAR

EDMOND ORY

AVOCAT À LA COUR D'APPEL DE NANCY

NANCY

WAGNER, IMPRIMEUR - LIBRAIRE - ÉDITEUR

RUE DE SANDRE, 1

1872

FACULTÉ DE DROIT DE NANCY

CONDITION JURIDIQUE

DES

MILITAIRES

EN

DROIT ROMAIN

DANS

L'ANCIEN DROIT ET DANS LE DROIT MODERNE

THÈSE POUR LE DOCTORAT

PRÉSENTÉE PAR

EDMOND ORY

AVOCAT A LA COUR D'APPEL DE NANCY

L'acte public sur les matières ci-après sera présenté et soutenu le Samedi 10 août 1872, à 4 heures de l'après-midi.

Président : M. Dubois, *Professeur.*

Suffragants :
- MM. Jalabert, *Professeur-Doyen.*
- Lederlin,
- Liégeois, *Professeurs.*
- Villey, *Agrégé.*

Le candidat répondra, en outre, aux questions qui lui seront faites sur les autres matières de l'enseignement.

FACULTÉ DE DROIT DE NANCY.

―――――

MM. JALABERT, ✻,	Doyen, Professeur de Code civil et chargé du cours d'histoire du Droit romain et du Droit français.
PARINGAULT ✻,	Professeur honoraire.
LEDERLIN,	Professeur de Droit romain.
LOMBARD,	Professeur de Droit commercial et chargé du cours de Droit des gens.
VAUGEOIS,	Professeur de Code civil et chargé du cours de Droit français étudié dans ses origines féodales et coutumières.
LIÉGEOIS,	Professeur de Droit administratif et chargé du cours d'Économie politique.
DUBOIS,	Professeur de Droit romain.
CAUWÈS,	Agrégé, chargé du cours de Pandectes.
CHOBERT,	Agrégé, chargé d'un cours de Procédure civile et de Législation criminelle.
VILLEY,	Agrégé, chargé d'un cours de Procédure civile et de Législation criminelle.
BLONDEL,	Agrégé, chargé d'un Cours de Code civil.

―――――

M. LACHASSE,	Docteur en Droit, secrétaire, agent comptable.

―――――

A LA MÉMOIRE DE MON GRAND-PÈRE

A MES PROFESSEURS DE LA FACULTÉ DE DROIT

DE NANCY

A MES PARENTS

A MES AMIS

PREMIÈRE PARTIE.

CONDITION JURIDIQUE DES MILITAIRES A ROME.

CHAPITRE PREMIER.
ORGANISATION MILITAIRE.

Avant d'aborder la première partie de notre travail, il nous paraît indispensable de nous arrêter quelque peu sur l'organisation militaire à Rome et d'en présenter un aperçu aussi rapide que possible, en retraçant son histoire et les diverses modifications qu'elle a subies.

Cette étude, qui relève beaucoup plus assurément du domaine de l'histoire que de celui du droit, sera cependant aussi utile pour l'intelligence d'un grand nombre de textes du Digeste et du Code, que propre à faire bien comprendre le mécanisme et la raison d'être de la plupart des institutions militaires ; elle nous évitera d'être arrêtés plus tard dans le cours de nos recherches, par des digressions non moins nuisibles à la clarté de l'exposition qu'à l'enchaînement des idées, en même temps qu'elle nous apprendra par suite de quels événements et à travers quelles péripéties, les militaires sont arrivés à conquérir cette situation si avantageuse, si privilégiée que nous verrons.

D'ailleurs, malgré les différences radicales qui, après de si nombreuses transformations, séparent aujourd'hui le régime

1

militaire romain du nôtre, n'est-il pas intéressant à un moment
où la réorganisation de notre armée préoccupe tous les esprits,
de jeter un coup d'œil sur l'organisation militaire la plus puissante qui fut jamais, et qui restera longtemps encore dans
ce genre, comme un type idéal, comme un parfait modèle à
imiter ?

Des institutions militaires aussi perfectionnées ne peuvent
pas être évidemment l'œuvre spontanée d'une génération, ou
l'heureuse improvisation de quelques hommes de génie ; la vie
tout entière d'un peuple faisant converger vers ce but unique
tout ce qu'il peut donner d'intelligence et de patients efforts et
soumettant à l'épreuve du temps et de l'expérience les différents systèmes pratiqués jusqu'à lui, suffit à peine à un pareil
enfantement. Aussi nous faudra-t-il dans cette étude nous placer aux différentes périodes de l'histoire romaine et partant de
ce principe, qu'à toute révolution sociale et politique correspond un changement analogue dans le régime militaire d'un
peuple, examiner successivement l'organisation de l'armée sous
la Royauté, sous la République et sous l'Empire.

SECTION I.

Organisation militaire sous la Royauté.

Formée d'une agglomération de soldats, contrainte pour se
soutenir et s'agrandir à des luttes continuelles, Rome dut, dès

son berceau, s'organiser puissamment en vue de la guerre, et tourner de ce côté toutes ses aptitudes et toutes ses ressources. Aussi à peine voit-on surgir les murs de la nouvelle ville, qu'aussitôt apparaît, prête à les protéger, cette légion qui sera pour elle un infranchissable rempart en même temps que l'instrument de ses conquêtes et de sa grandeur futures.

« Ce corps redoutable, composé de citoyens tous animés du même amour de la patrie, assez nombreux pour se soutenir seul, sans être surchargé d'une multitude confuse et inutile, divisé en autant de parties qu'il lui en faut pour se prêter à toutes les circonstances, accoutumé à une prompte obéissance, endurci par les fatigues, dressé par les exercices à tous les travaux de la guerre, sera l'âme véritable des armées, l'âme de Rome même (1). »

2. — La légion comprenait à l'origine 3,000 fantassins, 1,000 hommes par chacune des trois tribus primitives, les *Ramnenses*, les *Luceres* et les *Titienses*, répartis en dix *cohortes* se subdivisant toutes en trois *manipules* (2).

Le premier manipule, composé des *principes*, avait un effectif de 120 hommes, les plus nobles et les plus braves qui combattaient avec le sabre ou l'épée. Ce nom de *principes* leur avait été donné parce qu'à l'origine ils occupaient le premier rang dans l'ordre de bataille, position qu'ils ne gardèrent d'ailleurs pas longtemps, car de bonne heure on les plaça entre les *hastati* et les *pilani*.

Le second manipule, de 120 hommes aussi, renfermait les *hastati*, recrutés parmi les plus jeunes et les plus vigoureux de l'armée ; ils avaient pour mission d'engager le combat en abordant l'ennemi avec de longues lances.

Enfin le troisième, formé des *pilani*, comprenait seulement

---

(1) Voy. Lamarre, *de la Milice Romaine*, p. 4 — Montesquieu, *Grandeur et décadence*, etc., ch. II — Polybe, I-6.

(2) Le manipule, de *manipulus*, poignée, était ainsi nommé parce qu'il avait pour enseigne une poignée de foin au bout d'une perche.

« *Pertica suspensas portabat longa maniplos,*
« *Unde maniplaris nomina miles habet.* »

OVIDE : *Fast.* III.

60 hommes, armés du *pilum* (1), ce pesant javelot qui, au dire de Florus (2), faisait de si affreuses blessures et qui fut l'arme nationale des Romains. Ces *pilani* formaient la réserve et composaient un peloton d'élite qu'on n'engageait qu'en cas de péril et pour frapper un coup décisif; c'était à leur courage qu'était confiée la garde de l'aigle de la légion, et ceux d'entr'eux à qui incombait plus spécialement cet honneur et qu'on nommait pour ce motif *antesignani*, devaient combattre jusqu'à la mort avant de laisser tomber aux mains des ennemis leur précieux dépôt (3).

5. — Telle était la légion primitive; elle s'accrut bientôt avec Rome : en quelques années les successeurs de Romulus étendirent tellement leur domination, qu'il leur fallut, pour encadrer leurs contingents, créer de nouvelles légions, puis ensuite en augmenter l'effectif primitif. Servius Tullius porte à quatre le nombre des tribus et élève à 4,200 le chiffre des hommes de chaque légion par l'adjonction de 1,200 *vélites*.

Suivant l'opinion la plus répandu . ces vélites se divisaient en *vélites simples*, marchant derrière les *hastati*, en *ferentarii* (4) derrière les *principes*, et en *rorarii* (5) derrière les *pilani* : armés à la légère (6), munis de plusieurs lances de jet, (*hastæ velitares*), destinées surtout à servir de projectiles, d'un bouclier rond (*parma*), d'une courte épée espagnole, ces vélites jouaient en général un rôle analogue à celui de nos tirailleurs modernes et servaient aussi à soutenir les mouvements de la cavalerie légère.

---

(1) Cette arme, qui était pour l'infanterie romaine ce que la baïonnette est pour la nôtre, était composée d'un fer trigone ou triangulaire de 25 centimètres de long, sur une hampe longue de deux mètres. V. *Revue archéologique*, février et avril 1865. — Cæsar : *Bell. Gall.*, 1-25.

(2) Florus : II-7.

(3) Varron : IV-16 — Cæsar: *Bell. Civ.*, 1-57 — Tite-Live : XXII-5 — IX-39.

(4) Sans armes défensives, ces *ferentarii* n'avaient que des armes de jet « quæ ferrentur non quæ tenerentur. » Tacite : *Ann.*, XII-35 — Salluste : *Catilina*, 60.

(5) On fait dériver ce nom de *rores*, gouttes de pluie, parce que leurs traits tombaient sur l'ennemi aussi nombreux que les gouttes de pluie qui tombent du ciel. V. Tite-Live : VIII-8 et 9.

(6) Végèce : I-20, leur donne la dénomination de *levis armatura*.

En dernière ligne venaient ce qu'on appelait les *accensi* (1), soldats supplémentaires, destinés à remplacer les légionnaires qui succombaient pendant la lutte; sans armes offensives ni défensives, ils combattaient à coups de poing et de pierre « *pugnis et lapidibus depugnabant* (2). »

4. — Enfin et en se plaçant aux derniers temps de cette première période on rencontre, à côté de l'armée nationale, des troupes auxiliaires fournies par les alliés, des *funditores* (3) qui lançaient des pierres avec des frondes, des *sagittarii* ou *arquites* et des *jaculatores* (4). On s'en servait pour accabler l'ennemi sous une grêle de flèches et de traits.

A côté de ces divisions de la légion en co.... ..pani-
pules, il en est d'autres qui furent intro.... ....
rois : à cette époque, on décompose le manipul.. .. cen-
turies et chaque centurie en un certain nombre de *décuries* ou chambrées; il y eut donc six centuries par cohorte et soixante par légion, comprenant chacune soixante hommes; plus tard, après Marius, nous verrons la centurie remplacer le manipule et devenir la division immédiate de la cohorte.

Quant à la décurie, son nom lui venait de ce qu'elle était composée ... . hommes, qui, en campagne, vivaient sous la même tente et qu'on appelait en conséquence *contubernales*.

5. — Telle était l'organisation de la légion qui semble être, dit Végèce (5), une inspiration des dieux: considérée au point de vue stratégique, elle convenait admirablement au sol de la moyenne et de la basse Italie, coupé en tous sens par les ramifications des Apennins, sillonné par de nombreux torrents et les accidents de son origine volcanique. Il eût été difficile de faire manœuvrer sur un semblable terrain de grandes lignes et de grandes masses sur un front continu : une formation fractionnée et très-

---

(1) On désignait sous le nom d'*accensi* ou d'*ad censi* ceux qui, n'ayant pas une fortune suffisante pour figurer dans la cinquième des classes établies par Servius Tullius, mais qui ayant plus de 1,500 as, étaient rattachés aux centuries comme accessoires. Voy. Festus au mot *adscriptitii*.

(2) Salluste : *Jug.* 99.

(3) Végèce : I-20.

(4) Ainsi appelés du dard: « *jaculum*, » dont ils se servaient. Tite-Live : XXI-21 — XXXVI-18.

(5) Végèce : II-1.

mobile était de première nécessité. Au reste, il semble résulter avec évidence de plusieurs passages de Tite-Live que les Samnites, les Falisques et les Etrusques ordonnaient aussi leurs forces par légions et que Romulus ne fit qu'adopter une organisation qui était déjà ancienne dans le Latium (1).

Les légions étaient désignées par des numéros d'ordre, la première, la cinquième, etc., à la longue, chacune d'elles acquiert en outre un surnom : la Martiale, la Fulminante, etc...

L'aigle était l'enseigne commune à toute la légion, de plus chaque cohorte avait un étendard spécial, le *signum*, afin qu'au milieu de la mêlée les soldats en jetant les yeux sur cette enseigne pussent toujours rejoindre leurs corps respectifs ; en outre, les centurions portaient des crinières à leurs casques pour être plus facilement reconnus de leurs compagnies.

6.—Lorsque Romulus créa la légion, il lui adjoignit un corps de cavalerie de 300 hommes désignés sous le nom de *celeres*. Ces cavaliers, choisis parmi les principales familles patriciennes, formaient trois centuries correspondant chacune à l'une des trois tribus primitives et en portant le nom (2). Leur nombre s'augmenta bientôt, sous Tarquin notamment, qui fit entrer dans ce corps la jeunesse des patriciens nouveaux de sa création. Les centuries de chevaliers comptèrent dès lors de jeunes patriciens, *majorum gentium*, et de jeunes patriciens, *minorum gentium*. A ces centuries de chevaliers, Servius Tullius en ajoute douze nouvelles, recrutées, suivant certaines conditions de fortune, même parmi les plébéiens. Sous notre période leurs attributions sont encore exclusivement militaires et ils composent la partie la plus importante de la cavalerie romaine, mais cette institution ne tardera pas à se transformer et à devenir un des rouages principaux de l'administration civile.

Dans la cavalerie comme dans l'infanterie on avait admis des soldats auxiliaires, fournis par les alliés et dès lors il y eut lieu de distinguer les *equites legionarii* formant le *justus equitatus*, des *equites alarii* ou cavalerie auxiliaire (3). Les premiers,

(1) Armandi : *Histoire militaire* — de Chesnel : *Encycl. milit.*, t. II, p. 751.
(2) Tite-Live : I-30.
(3) Végèce : II-1.

pesamment armés comme les fantassins, formaient la grosse
cavalerie ; les autres, répartis en archers à cheval, *equites sagittarii* et en lanciers, *equites contarii* (1), formaient la cavalerie
légère et combattaient toujours aux ailes de l'armée. L'effectif
du corps de cavalerie attaché à chaque légion resta toujours
fixé au même chiffre et ne dépassa guère trois cents hommes (2).

Nous retrouvons dans la cavalerie des divisions analogues à
celles qui existaient dans l'infanterie. De même qu'il y avait dix
cohortes de fantassins dans la légion, il y eut dix pelotons de
cavaliers de trente hommes chacun, désignés sous le nom de
turmæ ; la turme se subdivisait à son tour en trois corps de dix
hommes, ou décuries correspondant aux manipules de l'infanterie (3). Le cheval attribué au cavalier appartenait à l'Etat et on
appelait *œs equestre*, la somme fournie pour son achat et *œs
hordearium*, celle fournie pour son entretien et sa nourriture.

7.—Convaincu que c'est surtout dans les classes riches et ins-
truites qu'on rencontre le véritable patriotisme, et que la fortune du citoyen est pour l'Etat le gage le plus sûr de son amour
pour la patrie et de son dévouement aux intérêts publics, Servius Tullius classa les citoyens d'après leur fortune et basa sur
ce classement la répartition du pouvoir et des armes qui servent
à le conserver. Avant lui, on ne distinguait à Rome que deux
sortes de citoyens, la classe sacerdotale des patriciens avec leurs
clients et la classe plébéienne ; dès lors il y aura une division
nouvelle, celle qui a pour principe la richesse (4).

8. — Voyons sommairement quelle était cette division en classes
et en centuries. Elle eut un triple but et fut conçue de manière
à régir à la fois la perception de l'impôt, le vote politique, et
ce qui nous intéresse plus spécialement, l'organisation du service militaire. L'établissement du cens marqua la première
étape faite dans cette voie de réorganisation. Il y eut dès lors
deux grandes catégories de citoyens : ceux qui possédaient quelque chose, *optimo jure cives*, seuls assujettis à l'impôt ; et ceux

(1) Leur nom leur venait de la longue lance, « contus » dont ils étaient armés.
(2) Tite-Live : XXIII-34 — XL-36 — XLIII-12.
(3) Polybe : VI-25.
(4) Voy. Fustel de Coulanges : *la Cité antique*, p. 344.

qui n'avaient rien. La première classe comprenait tous ceux qui
jouissaient d'une fortune d'au moins 100,900 as. Dans la deuxième
le cens devait être de 75,000, dans la troisième, de 50,000,
dans la quatrième, de 25,000, dans la cinquième, de 11,000 as.
Ceux dont la fortune était inférieure à 11,000 as ne figuraient
dans aucune classe (1).

On appelait *assidui*, les citoyens compris dans les cinq classes
et soumis à l'impôt ; *accensi* ou *velati* ceux qui, n'étant pas
assez riches pour jouir de cet honneur, avaient néanmoins de
1,500 à 11,000 as de fortune, *proletarii* ceux dont l'avoir variait
entre 375 et 1,500 as, parce qu'ils ne pouvaient donner à l'État
que des enfants (*proles*) ; enfin les plus pauvres, qui n'avaient
même pas 375 as, prenaient le nom de *capite censi*, sans doute
parce qu'ils ne figuraient sur les tables du cens que par leur
nom (2).

9.— En outre Servius classa encore ses sujets à un autre point
de vue en 194 centuries (3) et combinant en un certain sens ces
deux divisions, distribua les citoyens de chaque classe en un
nombre déterminé de centuries. C'est ainsi qu'il répartit ceux de
la première classe en quatre-vingts centuries, dont quarante
composées de *seniores* et quarante de *juniores ;* ceux de la seconde, de la troisième et de la quatrième en vingt centuries pour
chacune, dont moitié de *seniores* et moitié de *juniores ;* quant
aux citoyens compris dans la cinquième classe, ils furent divisés
en trente centuries, quinze de *juniores*, quinze de *seniores*, en
tout cent soixante-dix centuries pour les cinq classes.

Puis venaient des citoyens qui, bien que non compris dans la
division en cinq classes, faisaient pourtant partie de la division
en centuries. On avait en effet créé deux centuries d'ouvriers
militaires, armuriers et charpentiers, l'une de *juniores*, l'autre
de *seniores*, recrutées en dehors des cinq classes et adjointes à
la première suivant Tite-Live, à la seconde suivant Denys d'Halicarnasse. Deux centuries furent encore formées de musiciens

(1) Tite-Live : I-43.
(2) Aule Gelle : XVI-10 — Cicéron : *de Republica*, II-22.
(3) La division par classes ne concernait que l'infanterie. Tite-Live : I-43 —
Cicéron : *de Republica*, II-2.

militaires, *cornicines*, *tubicines* et *buccinatores* (1) ; recrutées
en dehors des cinq classes, elles furent adjointes à la cinquième
suivant les uns, à la quatrième suivant les autres. Enfin deux autres centuries se composèrent, la première, des soldats supplémentaires, *accensi*, la seconde des *proletarii* et des *capite censi*,
qui étaient exempts du service militaire, « *immunes omni tri-
buto et militia ;* » cette immunité d'ailleurs ressemblait fort à
une exclusion.

Si l'on joint à ces 176 centuries les six centuries de chevaliers
patriciens de création ancienne et les douze nouvelles organisées par Servius, on arrive au chiffre total de 194 centuries (2).

Il importe de remarquer que la nature du service militaire
elle-même, exigeait qu'on introduisît certaines différences en
raison de l'âge, parmi les citoyens appelés à former l'infanterie.
C'est à ce point de vue qu'on les divisait dans leurs classes respectives, en centuries distinctes, les centuries des plus jeunes,
juniorum, obligées au service militaire au dehors et celles des
plus âgés, *seniorum*, ayant mission de défendre la ville au besoin (3). On entrait dans les premières après la prise de la toge
virile, à seize ans accomplis, et on passait dans les secondes à
quarante-cinq ans révolus (4). Mais de ce qu'on pouvait être
appelé à servir dans l'armée active et à faire campagne de seize
à quarante-cinq ans, il n'en résultait pas, comme nous le verrons, qu'on fût astreint à rester sous les drapeaux pendant tout
ce long espace de temps.

Les levées de troupes se répartissaient entre les centuries :
si on avait besoin de dix ou de vingt mille soldats, toute la population fournissait le nombre demandé à l'aide du contingent
partiel que donnait chaque centurie, et il en résultait que le
contingent par classe, dont le chiffre variait suivant la quantité
de centuries renfermées dans chacune d'elles, offrait toujours

(1) Ainsi appelés du nom de leurs instruments, *tuba, cornu, buccina.* — La
cavalerie avait un instrument particulier, le *lituus.*
(2) Certains auteurs s'appuyant sur un texte de Denys d'Halicarnasse (IV-18),
qui omet la centurie des *accensi*, n'en comptent que 193 ; nous aimons mieux nous
arrêter au témoignage de Tite-Live, I-43, qui en énumère 194.
(3) « *Seniores ad urbis custodiam ut praesto essent : juvenes ut foris bella
gererent.* » Tite-Live : I-43.
(4) Aulu Gelle : X-28 — Tite-Live : XXII-57 — XLIII-14.

une juste répartition entre tous ceux qui étaient tenus au service militaire.

10. — Les écrivains qui ont étudié l'histoire de l'armée romaine, paraissent en général étonnés de la diversité des éléments qui la composent à l'origine, et des différentes espèces de soldats qui se trouvent mêlées dans la légion primitive (1) ; ils n'ont pas assez remarqué que cette bigarrure résulta d'abord de la constitution politique de Rome naissante : tout citoyen y était soldat, s'armait à ses frais et par conséquent selon ses moyens. Ainsi, sous les derniers rois, chaque citoyen de la première classe était tenu de se munir d'un javelot, d'une lance, d'une épée, d'un casque, d'une cuirasse, de cuissards d'airain et du large bouclier oblong, le *scutum*. La seconde classe devait s'entretenir des mêmes armes à l'exception de la cuirasse, et elle n'était tenue qu'au *clypeus*, le bouclier rond. On avait fait pour la troisième classe une exception de plus, celle des cuissards ; pour la quatrième, les armes étaient: la pique, l'épée et le *verutum* (2) ; pour la cinquième, elles se réduisaient à la fronde et aux pierres.

Dans cette ébauche rudimentaire de la légion, les combattants se disposent sur plusieurs lignes suivant la perfection de leur armement. Mais bientôt, quand l'État fera les frais de la guerre, ce ne sera plus le degré de la richesse individuelle qui assignera à chacun sa place de bataille et mettra entre les mains du soldat telle ou telle arme, ce sera son âge et son expérience acquise : les *hastati* passeront au premier rang, les *principes* seront relégués au second et les *pilani* prendront le nom de *triarii*, parce que dans l'organisation nouvelle ils occuperont toujours la troisième ligne. On aura ainsi au premier rang la jeunesse ardente, soutenue par le soldat dans la force de l'âge placé en seconde ligne, et comme réserve le militaire consommé, le vieux troupier.

11. — Jusqu'à l'établissement de la République, ce fut au roi qu'appartint le commandement suprême de l'armée et la direction des opérations militaires ; sous ses ordres et à la tête de chaque légion étaient les *tribuns;* ces officiers, créés par Romulus,

(1) De Chesnel : *Encycl. milit.*, loc. cit.
(2) Le *verutum* était un trait qu'on lançait sur l'ennemi.

furent d'abord au nombre de trois, et c'est de ce nombre que
vint leur nom : « *tribuni militum dicti, quod terni ex tribus
tribubus olim ad exercitum mittebantur* (1). » Les tribuns devaient veiller au maintien de la discipline (2), ils nommaient les
centurions et conféraient les autres titres militaires inférieurs.

Au-dessous des tribuns dont l'autorité s'étendait sur la légion
tout entière, et qui occupaient un rang analogue à celui de
nos colonels actuels, venaient les chefs des centuries, les centurions. Il y en avait soixante par légion, mais de classes différentes, ceux des *triarii* étant supérieurs à ceux des *principes* et
ceux-ci à ceux des *hastati* (3). Ils avaient pour les aider dans
leurs fonctions, des sous-centurions, *optiones* (4), dont la nomination, laissée à leur choix dans le principe, passa plus tard aux
tribuns. L'insigne distinctif des fonctions du centurion était le
cep de vigne.

Les décuries étaient commandées par les décurions, *decani,
decuriones.*

La cavalerie faisant corps avec la légion était sous les ordres
des mêmes officiers supérieurs ; quant aux officiers subalternes, chaque décurie de cavaliers avait à sa tête un décurion ;
celui de la première décurie de chaque turme était le commandant de la turme tout entière, tous avaient comme les centurions des *optiones* pour les aider (5).

12.—Dans cette première période, la discipline et l'esprit militaire ont un caractère essentiellement religieux. Au commencement de chaque expédition le roi fait prêter à ses soldats le serment de se trouver au rendez-vous de guerre, de ne point quitter
l'armée sans permission, de ne rien détourner du butin ; un
d'entr'eux prononçait la formule sacramentelle et les autres
en passant devant les tribuns répétaient simplement : « moi de
même. » *In se deinceps quisque jurat* (6).

C'est un collège de prêtres, appelés *féciaux,* qui préside comme

---

(1) Varron : *Ling. Latin.*, IV — Végèce : II-7.
(2) Tacite : *Ann.*, II-32.
(3) Polybe : VI-24, donne des détails sur leur organisation.
(4) Du verbe *optare*, choisir, parce que, dit Varron, ils étaient choisis par les centurions. Varron : *Ling. Latin.*, IV.
(5) Polybe : VI-25 — Végèce : II-14.
(6) Tite-Live : II-45.

les héraut · chez les Grecs, à toutes les cérémonies sacrées auxquelles donnent lieu les relations internationales ; c'est un fé-
cial qui déclare la guerre en prononçant la formule sacramentelle, pendant qu'à Rome, le roi fait un sacrifice et ouvre solennellement le temple de la divinité la plus ancienne et la plus
vénérée de l'Italie. L'armée est-elle en campagne ? sa religion
l'y suit ; elle porte avec elle un foyer sur lequel on entretient
nuit et jour le feu sacré (1) ; des *augures* et des *pullaires* l'ac-
compagnent. Se trouve-t-on enfin en présence de l'ennemi ? le
général ne livrera bataille que si les entrailles de la victime
qu'il doit immoler avant le combat, fournissent à l'aruspice qui
les consulte des signes favorables ! Bien plus, les dieux étaient
réputés combattre avec leurs protégés, et, après la bataille, on
les remerciait de la victoire ou on leur reprochait la défaite (2).

Cette union intime de l'esprit militaire et religieux donnait à
la discipline une force considérable : le soldat regardait à deux
fois à désobéir quand il se croyait responsable de ses fautes,
non seulement devant ses chefs, mais encore devant ses dieux ;
aussi quels prodigieux résultats ! les villes voisines sont vaincues, Rome étend sa main puissante autour d'elle, sans qu'aucun obstacle puisse l'arrêter, et va montrer pendant cinq siècles,
dans ses légionnaires et ses généraux, les exemples sublimes du
patriotisme le plus éclairé, du désintéressement le plus absolu
et d'un courage qui va souvent jusqu'à l'héroïsme.

Le métier des armes est considéré à cette époque comme la
seule profession vraiment digne d'un citoyen et même jusqu'à
la chute de la République, l'accomplissement d'un certain nombre de campagnes deviendra une condition indispensable de
l'éligibilité aux fonctions civiles et politiques. D'ailleurs n'est pas
soldat qui veut ; pour mériter cette qualité honorable, il ne
suffit pas d'avoir le titre de citoyen romain, il faut encore, nous
l'avons vu, présenter certaines garanties, posséder une certaine
fortune et partant avoir un intérêt direct au maintien et au respect des lois. (L. 2, *de re milit.*, D. 49-16.)

---

(1) Hérodote : VIII-6 — Plutarque : *Agés.*, 6 — Xénophon : *G. Lacéd.*, 11.
(2) Fustel de Coulanges, *La cité ant.*, p. 190. Cela rappelle tristement le « Gott
mit uns » qui, dans la dernière guerre, figurait sur les casques prussiens, pendant
que notre Souverain appelait à son aide le Dieu des armées !

SECTION II.

Organisation militaire sous la République.

---

13. Modifications dans l'effectif et l'organisation de la légion. — **14.** L'ordre de bataille sous la République. — **15.** Cavalerie. — **16.** Troupes auxiliaires. — **17.** Machines de guerre. — **18.** Marine militaire. — **19.** Officiers généraux. — **20.** Supérieurs. — **21.** Subalternes. — **22.** Officiers de cavalerie. — **23.** Les questeurs. — **24.** Corporations d'employés militaires. — **25.** Solde. — **26.** Création d'une sixième classe au point de vue du recrutement. — **27.** Admission des Italiens dans les légions. — **28.** Considérations générales.

13. — Sous la République on ajoute à la légion 500 *hastati* et 500 *principes*, ce qui porte son effectif total à 5,200 hommes (1), Marius l'éleva même à 6,000 pendant son premier consulat (an de Rome 546) (2). C'est maintenant la centurie qui devient après la cohorte la division importante, il y en a soixante par légion ; le manipule existe encore, de nom, pour désigner deux centuries, mais c'est une division sans utilité pratique : les deux premières centuries de chaque cohorte forment le manipule des *triarii*, les deux suivantes celui des *principes*, les deux dernières le manipule des *hastati* ; l'aigle de la légion est toujours placée entre les mains des *triarii* de la première cohorte (3).

(1) Tite-Live : XXII-36 — XXIII-24 — XXVI-28 — XXIX-58 — XL — 1,18, 36 — Polybe : III-107.

(2) Cette innovation n'eut toutefois qu'un caractère transitoire. César, dans ses différentes campagnes, paraît n'avoir jamais eu que des légions de 5,000 hommes et c'est seulement sous l'Empire que leur effectif fut définitivement fixé à 6,000. Salluste : *Jug.* — César : *Bell. Civil*, 1-7 — Plutarque : *Vie de César*. M. Thiers a donc eu tort d'affirmer devant la Chambre, qu'il y ait eu à Rome des légions de 12,000 hommes. (Séance du 9 juin 1872.)

(3) Il y avait différentes enseignes dans la légion romaine ; la cohorte, le manipule, la centurie avaient la leur propre ; longtemps il y en eut cinq générales qui furent : l'Aigle, le Loup, le Minotaure, le Cheval, le Sanglier. Marius, dans son second consulat, supprima ces dernières et ne garda que l'Aigle qu'on devait bientôt surnommer le Dieu des Légions. D'or pour la première légion, d'argent pour les autres, l'Aigle romaine tenait dans ses serres des foudres d'or, qui portaient le nom de la légion.

L'enseigne particulière des manipules et plus tard des cohortes, fut d'abord une

Suivant des conjectures assez vraisemblables, la division des légionnaires en *principes*, *hastati* et *triarii*, cessa d'exister à partir de Marius. Cette modification s'opéra sans doute à l'époque où il substitua la division par cohortes à celle par manipules; l'ordre de bataille par manipule reposait, en effet, sur la répartition des soldats en diverses catégories, tandis qu'il importait peu dans l'ordonnance par cohortes que la troisième ligne contint les soldats les plus sûrs et les mieux exercés. Le silence de César et un passage de Varron où il parle de cette division comme d'une organisation déjà ancienne de l'armée, confirment cette supposition (1).

14. — Jusqu'à Marius, l'ordonnance de bataille resta comme sous les rois un ordre en trois lignes par échelons; les dix manipules des *hastati* étaient rangés en première ligne avec des intervalles égaux à leur front; ceux des *principes* étaient en seconde ligne, derrière les intervalles de la première; ceux des *triarii* se tenaient de même en troisième ligne. L'infanterie légère, les *vélites*, étaient d'abord déployés devant toute l'étendue du front, pour le couvrir et engager l'action; aussitôt le combat commencé, ces troupes légères repassaient entre les deux premières lignes et venaient se placer dans les intervalles de celle des *triarii*. Parfois les *hastati* seuls commençaient l'attaque; en cas d'insuccès, ils se repliaient et venaient s'enchâsser dans les rangs des *principes*; si c'était nécessaire on faisait avancer les *triarii* pour les appuyer et remplir les vides; quand on prévoyait une lutte opiniâtre et prolongée on intercalait dès le début de l'action les *triarii* dans les intervalles des *principes* pour former avec eux une ligne pleine.

---

poignée de foin portée au bout d'un long bâton, puis on superposa verticalement, le long d'une hampe, plusieurs petits boucliers ronds en bois qui furent surmontés d'une main; enfin dans des couronnes, dans des cercles placés l'un au-dessus de l'autre, on encadra l'image des Dieux et des Empereurs. L'étendard, *vexillum*, était l'enseigne de la cavalerie. Les porte-enseignes étaient désignés sous le nom générique de *signiferi*, mais suivant le guidon qu'ils portaient ils avaient les noms spéciaux d'*aquiliferi*, *imaginarii*, *vexillarii*. V. Végèce : II-15 — III-6 — Tacite : *Annales*, XIII-58 — II-17 — Pline : X-4.

(1) V. Varron : *de Lingua Lat.*, V-89 — L. Lange : *Historia mutationum rei milit. Roman.*, p. 14 et sqq. et Röschius : *Römische Kriegsalterthümer*, p. 127 et sqq. — Cæsar : *Bell. Civ.*, I-85.

15. — La cavalerie continue à être choisie parmi les familles les plus nobles d'origine ; comme sous la royauté, un escadron de cavaliers est attaché à chaque légion, fait corps avec elle et la suit partout. A l'expiration de leur temps de service, ces cavaliers, à qui l'Etat fournissait un cheval, devaient en faire solennellement la remise aux Censeurs, dans le Forum, et prouver par témoins, dans quels lieux, sous quels généraux, et pendant combien d'années ils avaient servi.

A l'époque du siége de Veies on organisa, à côté de la cavalerie équipée par l'Etat, un corps de cavaliers volontaires en ce sens, que se montant à leurs frais, ils avaient la propriété de leurs chevaux. Ils touchaient comme indemnité d'achat de leur cheval une certaine somme, moyennant laquelle ils devaient l'entretenir, à leur compte, pendant toute la durée de la guerre.

Une autre modification se produisit également un peu plus tard : En l'an 88 (av. J.-C.), les alliés ayant obtenu le droit de cité, leur cavalerie qui jusqu'alors avait formé un corps distinct sous le nom de *alæ equitum sociorum*, fut admise comme leur infanterie à entrer dans la légion (1); toute la cavalerie fut alors confondue et forma quelques années plus tard des corps spéciaux, nommés *alæ*, qui, suivant les conjectures les plus vraisemblables, furent séparés des légions (2).

L'effectif de ces *alæ*, qui allait en général de cinq cents à mille cavaliers, était pourtant extrêmement variable, la nature de leur service exigeant qu'on en augmentât ou qu'on en diminuât le nombre suivant les circonstances « *quum ex usu temporis, huc illuc mearent, gliscerent numero et aliquando minuerentur.* »

16. — Quant à l'infanterie auxiliaire, elle était organisée en cohortes, qu'on appelait *cohortes alariæ,* par opposition à celles

---

(1) Jusqu'alors les citoyens ayant seuls entrée dans les légions, elles ne formaient que la moitié ou souvent moins de la moitié d'une armée, le surplus était fourni par les auxiliaires. Tite-Live nous en donne un exemple : Après la ruine de Sagonte, on décréta que les consuls lèveraient six légions. « 21,000 hommes de pied et 800 chevaux furent levés à Rome, et parmi les alliés 40,000 fantassins, avec 4,400 cavaliers. » Tite-Live : XXI-17 — XXII-50.

(2) Schelius : *in Hygin.* — Cæsar : *Bell. Gall.*, V — Salluste : *Jug.*, 95-99.

de la légion, appelées *cohortes legionariæ*(1). Ces détachements d'étrangers pouvaient être attachés comme auxiliaires à la même légion en assez grand nombre (2), on les distinguait alors par les noms des nations qui les composaient ou des pays où ils étaient campés. « *Septima cohors Lusitanorum,... prima Noricorum in Pannonia*, etc... »

« Les Romains, dit Montesquieu (3), n'ont jamais regardé les vaincus que comme des instruments pour des triomphes futurs. » Cette observation est fort juste, mais ce qu'il y a surtout de remarquable, c'est le parti qu'ils savent en tirer ; c'est l'habileté avec laquelle ils savent s'assimiler et incorporer dans leur armée les troupes d'élite des peuples soumis : ils adjoignirent successivement à leurs légions des cavaliers Numides, des frondeurs Baléares, des archers Crétois, les cavaliers les plus agiles, les frondeurs et les archers les plus adroits de l'antiquité.

17. — A la suite du siége de Veies, l'usage des machines de guerre s'introduisit dans l'armée romaine ; chaque légion eut à sa suite un certain nombre de machines de jet, sorte d'artillerie de campagne qu'on montait en batteries dans des retranchements au moment du combat. Elles étaient de trois espèces : les *catapultes* ou *onagres*, qui lançaient des pierres, les *balistes* et les *scorpions*, qui envoyaient des traits. Chaque cohorte avait une catapulte, chaque centurie une baliste ou un scorpion, en tout dix catapultes et cinquante-cinq balistes par légion (4). Ces machines, montées sur des affûts roulants, étaient traînées par des bœufs et servies par une escouade de onze soldats de la centurie à laquelle elles appartenaient (5).

Il ne paraît pas d'ailleurs que les Romains aient attaché au choix des armes toute l'importance que nous lui donnons aujourd'hui ; si en effet ils avaient fait reposer leur principale force

---

(1) Cæsar : *Bel.-Civ.*, I-73.
(2) Tacite : *Hist.*, I-59.
(3) *Grandeur et décadence des Romains*, chap. IV.
(4) Végèce : II-24.
(5) Chaque légion avait à sa suite un nombre indéterminé de bateaux faits d'une seule pièce de bois pour jeter des ponts volants ; ils étaient sous la direction d'un peloton de pontaniers.

dans leur armement, ils auraient donné une plus grande importance aux instruments de balistique et auraient cherché à les perfectionner davantage, comme nous nous efforçons aujourd'hui d'améliorer notre artillerie. Cette remarque n'est pas du reste à notre honneur : de deux soldats, celui-là est évidemment supérieur, qui place plutôt sa confiance dans son courage que dans la perfection de ses armes.

18. — C'est encore à cette période qu'il faut reporter la création de la marine militaire, elle date des guerres puniques (1) ; mais une fois ces guerres terminées, elle n'eut plus qu'une importance secondaire (2) et son organisation ne nous est que très-imparfaitement connue (3). Le personnel de la marine se recrutait parmi les citoyens ayant moins de 11,000 as ; c'était du reste un service peu recherché à cause de sa rigueur, « *militia vilior* (4). »

19. — Sous la République, les consuls remplacent les rois dans la direction suprême des armées, sauf dans les cas les plus graves, où on confiait ces difficiles fonctions à un Dictateur, qui s'adjoignait en général un maître de la cavalerie. D'ordinaire, un consul seul avait le commandement d'une expédition ; parfois on les y envoyait tous deux, et, en pareil cas, ils se partageaient le pouvoir qu'ils exerçaient successivement, l'un après

(1) Tite-Live parle cependant d'une flotte antérieure à cette époque V. IX, 30-38.

(2) On s'en servit bien encore dans les guerres civiles. César et Pompée, Octave et Antoine en firent usage. Mais avec l'établissement de l'Empire, l'intérêt qu'on avait attaché aux vaisseaux de guerre se porta sur la marine marchande.

(3) Il y avait alors deux grandes classes de vaisseaux : les vaisseaux ronds, que les Romains appelaient *naves onerariæ* ou *frumentariæ* et les vaisseaux longs, *naves longæ* ; les premiers plus lourds et plus pesants, servaient au transport des approvisionnements, des machines et des soldats. Les autres, plus faciles à manœuvrer, étaient destinés au combat ; les premiers étaient à voiles, les seconds à rames.

Enfin il y avait l'*Actuaria navis*, vaisseau mixte, à voiles et à rames et qui servait à transporter, en peu de temps, des hommes et des chevaux.

Les vaisseaux longs étaient de dimensions très-variées ; on les appelait *birèmes* ou *dicrotes, trirèmes, quadrirèmes, quinquerèmes*, suivant le nombre des bancs de rames. V. César : *Bell.-Gall.*, IV-25 — Cicéron : *Fam.*, XII-15. — *Att.*, V-2-16-1 — Polybe : I-63.

(4) Voir pour les détails sur la marine romaine les excellents travaux de M. Auguste Jal : L'*archéologie navale*, le *Glossaire nautique*, la *Flotte de César*, le *Virgilius Nauticus*, etc.

l'autre, jour par jour, « *alternis imperitabont.* » Souvent aussi,
ils avaient des lieutenants, *legati*, qui les remplaçaient ou dirigeaient sous leurs ordres les opérations militaires (1). Deux légions, avec un nombre proportionnel de cavalerie et de troupes
auxiliaires, fournies par les alliés, dix-huit à vingt mille hommes
environ, formaient en général une armée consulaire (2).

20. — En même temps qu'on augmenta l'effectif des différents
corps, on éleva proportionnellement le nombre des tribuns militaires, qui fut porté à quatre, puis à six par légion; ils la commandaient deux ensemble, pendant deux mois à tour de rôle.
Choisis à l'origine par les généraux, parmi les citoyens qui
avaient déjà rempli ces fonctions dans des guerres précédentes,
ou parmi les anciens centurions primipiles comptant au moins
cinq campagnes, ils furent à partir de l'an 395 (de la fondation
de Rome) nommés, moitié par le peuple et moitié par les consuls, et on distingua dès lors les *tribuni Rufuli*, choisis par les
généraux d'après leur mérite, des *tribuni comitiati* élus par le
peuple (3). De même que les centurions avaient des *optiones*,
les tribuns se faisaient aider par des officiers subalternes, nommés *vicarii*. Les insignes caractéristiques de leur dignité consistaient dans l'anneau d'or au lieu de l'anneau de fer des soldats, et dans un vêtement spécial.

Le jurisconsulte Macer (4) a tracé le tableau suivant des principales fonctions des tribuns : « Ils doivent contenir les soldats
» dans le camp, les faire conduire aux exercices, garder les
» clefs des portes du camp, faire de temps à autre des rondes
» de nuit, assister aux distributions de blé, s'assurer de sa qua-
» lité, réprimer les fraudes des mesureurs, punir les délits en
» tant qu'ils rentrent dans les limites de leur juridiction, écou-
» ter les plaintes des soldats, inspecter les ambulances et visiter
» les malades. »

21. — Les suffrages du peuple pouvaient improviser un tribun
comme un préteur ou un consul; le centurion au contraire, était

(1) Tite-Live : IX-41 — XXII-40 — XXVII-22 — XXII-41.
(2) Polybe : VI-24 — X-23.
(3) *Rufuli* ou *Rutuli*, du nom de *Rutilius Rufus*, qui avait fait rendre la loi qui
scindait la nomination des tribuns. V. Tite-Live : IX-30 — XVII-36 — XLII-31
— Suétone : *Cæs.*, 5 — Dezobry : *Rome au siècle d'Auguste*, lettre CIX.
(4) L. 12, p. 3, *de re militari*, D. 49-46.

toujours un soldat d'élite que sa bravoure avait désigné au choix des tribuns ou du consul. Aussi les jeunes patriciens ne passaient-ils pas par ce grade et préféraient débuter comme César par le Tribunat militaire.

Sous la République, on nomma deux centurions dans chaque cohorte ; les centurions de la première cohorte et le premier de chacune des neuf suivantes, avaient la prééminence sur les autres, on les appelait *primi centuriones*. Le premier de la première cohorte nommé *primipilus* avait même un pouvoir qui approchait de celui du tribun : sans cesser en effet d'être à la tête de sa centurie et de son manipule, il avait le commandement en second de la cohorte, la surveillance des détails d'administration (1) et de discipline, et le règlement du service de garde.

Enfin pour récompenser les services les plus modestes, on avait créé deux catégories de légionnaires et accordé à ceux de la première, *les bénéficiaires*, certains avantages, notamment la dispense des corvées les plus pénibles.

22. — La cavalerie avait toujours les mêmes chefs; quant aux cohortes des alliés, elles étaient sous la direction de *préfets*, auxquels étaient subordonnés des officiers subalternes semblables à ceux des troupes légionnaires (2) ; enfin l'ensemble de la cavalerie légionnaire et auxiliaire attachée à une armée était commandé par un chef suprême, le *magister equitum*, qui venait dans l'ordre des préséances immédiatement après le général en chef.

23. — On ne peut passer sous silence un officier d'un rang très-élevé, le questeur. Créés en 509 (av. J.-C.), ces magistrats eurent pour mission de surveiller dans les armées l'application des lois militaires et de réprimer les infractions aux règlements ; ils avaient en outre la haute direction du trésor et du personnel administratif.

24. — L'armée traînait à sa suite une foule d'employés qui formaient d'importantes corporations. Il faut citer en première

---

(1) Il était chargé de la distribution des vivres, et, sous l'Empire, ses biens étaient soumis à une hypothèque tacite privilégiée pour le reliquat de son compte. C. 1, C. de privileg. fisci, — C. 3, C. de primipilo, XII-63.

(2) César : *Bel. Gall*, I-59 — Suétone : *Aug.*, 38 — Pline : *Ep.*, X-19.

ligne, les ministres de la religion, ces sacrificateurs, *victimarii*, ces aruspices, ces augures légionnaires, *augures, pullarii* (1), qui savaient si bien s'entendre avec les généraux, pour exploiter la superstition des troupes et les exciter au combat par des présages heureux. Il y avait aussi des *frumentarii* préposés à la manutention des vivres, des *librarii* chargés de la comptabilité, enfin de nombreuses compagnies d'ouvriers que commandait le *præfectus fabrum.*

Puis venaient des hordes de gens sans aveu, accompagnement forcé de toute armée en marche, les vivandiers *lixæ* et les valets *calones* (2), esclaves de la pire espèce, aptes à tous les crimes, prêts à tous les excès et ne voyant dans la guerre qu'une occasion de rapine et de pillage.

25. — Pendant longtemps, les guerres n'étant pas de longue durée et n'ayant lieu que dans le voisinage de la ville, Rome put se dispenser de solder ses troupes ; la victoire leur tenait lieu de paye, « *vicisse stipendium erat.* » Ce fut en 349, dans une guerre contre les Volsques, que le Sénat, pour récompenser la belle conduite de l'armée, attribua une solde aux fantassins (3), qui se recrutaient dans la portion du peuple où le besoin s'en faisait le plus sentir. Trois ans plus tard, elle était étendue aux cavaliers. Elle représenta l'indemnité jugée nécessaire pour que le soldat fût suffisamment couvert du préjudice que lui causait l'éloignement de sa famille et de son patrimoine, et fut fixée à trois as par jour, environ trente centimes, pour le fantassin ; et à neuf as pour le cavalier, qui, ayant rang d'officier, était obligé d'entretenir deux esclaves (4). En 536, à la suite d'une révolution opérée dans les monnaies romaines, la paye quotidienne fut portée à cinq as, mais la valeur nominale seule était changée, la valeur réelle restait la même (5). Jules César, pour récompenser ses troupes et se les attacher, augmenta leur solde qui fut élevée

---

(1) Ainsi nommés des poulets sacrés, *pulli*, qu'ils nourrisssient, pour connaître, d'après leur appétit, la volonté des dieux. Cicéron : *Div.*, II-34 — Tite-Live : X-40.

(2) Tacite : *Hist.*, III-33 — Orose : V-16.

(3) Tite-Live : IV-59 et 60 — V-10 — V. Giraud : *Histoire du Droit Romain*, I-127.

(4) Tite-Live : VII-41.

(5) Pline : XXXIII-3 — Letronne : *Considérations sur l'évaluation des monnaies grecques et romaines.*

à dix as par jour (1). La paye des officiers doublait avec chaque grade, les centurions recevaient le double des soldats, les tribuns le double des centurions et ainsi de suite. Enfin, certains soldats recevaient à titre de récompense une double solde.

26. — En même temps qu'on améliorait ainsi la condition des militaires, l'accès des légions devenait plus facile. Plusieurs circonstances concoururent à amener ce résultat, d'une part, les dangers que firent courir à la République ses luttes gigantesques contre les Gaulois et les Samnites, contre Pyrrhus et Annibal, et la nécessité qui en découla de mettre sur pied des armées plus nombreuses, mais surtout les vides énormes que produisirent parmi les citoyens en état de porter les armes tant de batailles sanglantes, tant de victoires chèrement achetées.

Il fallut créer une sixième classe, formée des citoyens ayant de 11,000 à 4,000 as ; elle fournit les milices urbaines, le personnel de la marine, et remplaça, dans le rôle d'*accensi*, la cinquième classe qui vit entrer ses recrues dans les manipules des *hastati* et des *principes*.

Bientôt même, malgré tous ces expédients, Rome ne trouvera plus dans son sein assez de citoyens pour remplir les cadres de ses légions ; « bientôt, il ne faudra plus demander où sont ses plébéiens, ils auront laissé leurs os sur tous les rivages ; des camps, des urnes, des voies éternelles, voilà tout ce qui restera d'eux (2)! » A l'époque de Marius, il n'y avait plus dans toute la ville deux mille citoyens, propriétaires fonciers, réunissant les conditions requises pour être soldats (3)! Aussi fut-il contraint, en 647, lors du recrutement des contingents destinés à la guerre contre Jugurtha (4), pressé par la pénurie des citoyens en état de porter les armes, non moins que par le désir de complaire au parti démocratique, dont il était le chef, d'incorporer dans son armée les prolétaires (5), qu'on en avait toujours exclus jusqu'alors, comme n'ayant aucun intérêt matériel à la défense de

(1) Suétone : *Cæs.*, 26.
(2) Montesquieu : *Grand. et Décad.*, p. 44.
(3) Cicéron : *De Off.*, II-21.
(4) Aulu-Gelle : *Nuits attiques*, XVI-10.
(5) Salluste : *Jug.* 86 — Plutarque : *Mar.*, 9 — Aulu-Gelle : XVI-10 —Valère-Maxime : II-3 — Florus : 3-1.

l'Etat. Et telle était encore dans ces dernières années de la République la vigueur des sentiments patriotiques, que cette innovation fut considérée par les nouveaux appelés comme un important succès.

27. — A la suite de la guerre sociale, les Italiens eux-mêmes, comme nous l'avons déjà indiqué, obtiennent, avec le droit de cité, le privilége d'entrer dans les légions ; cette incorporation devenait indispensable en présence des armées vraiment formidables qu'on était obligé de réunir ; nous n'en citerons qu'un exemple : en l'an 528 de Rome, dans la guerre des Gaules, les consuls L.-E. Pappus et C.-A. Régulus, commandèrent une armée de 800,000 hommes, rassemblés presque exclusivement en Italie. Eutrope et Orosius l'attestent, avec Pline et Polybe (1).

28. — A ce moment, Rome est arrivée à l'apogée de sa grandeur militaire, mais elle va commencer à descendre ; longtemps encore, ses généraux seront de grands capitaines, longtemps encore, ses armées seront victorieuses, mais elles portent déjà en elles le germe de leur décadence. En effet, ces nouveaux venus pourront prendre la discipline mais non l'esprit militaire des Romains des premiers siècles ; peu soucieux de la grandeur de la République, désireux par dessus tout de s'enrichir (2), ils oublieront le respect des lois et l'amour de la patrie, pour se jeter dans les bras du premier ambitieux qui leur promettra de l'or !

Ces longues guerres, dans des contrées lointaines, feront perdre au légionnaire l'esprit du citoyen, il oubliera la République pour ses généraux (3), il se fera l'instrument docile d'un Marius ou d'un Sylla et prêtera volontiers son bras aux entreprises criminelles d'un César ! Le désordre deviendra tel, qu'on ne saura plus si celui qui est à la tête des armées, dans une province, est le général ou l'ennemi de la République !

L'art militaire, arrive, il est vrai, à sa perfection, mais ne

(1) Cantelius : de Romaná Republicá, dit qu'il refuserait d'y croire, sans l'attestation de Pline et de Polybe. Pline compte 700,000 fantassins et 80,000 cavaliers.
(2) Salluste : Jug. 84 — Florus : XIII-12 — Plutarque : C. Gracch., 2 — Appien : Bell. Civ., V-17 — Plutarque : Luc., XIV-17.
(3) Appien : B. C., II-140 — IV-93 — IV-98 — V-17 — Plutarque : Cat. 45.

pourra tenir lieu de la discipline et du patriotisme qui s'en vont peu à peu, battus en brèche par des chefs devenus les corrupteurs du soldat pour le mieux faire servir leurs projets ambitieux (1). Depuis Sylla jusqu'à Octave, c'est le même stratagème, qui doit aboutir d'abord à la ruine des institutions républicaines et ensuite à la chute de tout l'Empire.

SECTION III.

Organisation militaire sous l'Empire.

I.-29. — Avec Auguste, l'organisation de l'armée romaine subit des modifications importantes ; jusqu'alors, l'existence d'une armée était limitée à la durée de la guerre en vue de laquelle on l'avait formée ; aussitôt la paix faite, elle était licenciée. L'Empire ne pouvait s'accommoder de ces traditions : il a renversé la République, il ne peut s'appuyer sur une armée

(1) Plutarque : *Syll.*, 12 — *Luc.* 7-34 — Appien : *Bell. Civ.*, 1-55 et 85.

républicaine. Aussi, dès le lendemain de son avénement, la transforme-t-il et lui donne-t-il un caractère permanent ; de ce jour, ce n'est plus l'armée nationale, l'armée du pays, c'est une armée dynastique, héréditaire pour ainsi dire, l'armée de son chef, de l'Empereur.

Cette révolution ne s'opéra pas brusquement ; elle avait été préparée par l'habitude illégale qu'avaient prise pendant les guerres civiles, les généraux des divers partis, de conserver réunies les troupes dont ils s'étaient servis. Aussi fut-elle accueillie sans difficultés, ni secousses, comme la consécration d'un état de fait antérieur et la conséquence naturelle des événements qui avaient changé la forme du gouvernement.

Afin de laisser au peuple et au Sénat une apparence de liberté, Auguste leur attribue les provinces conquises depuis longtemps, se réservant celles qui n'étant pas encore pacifiées ou qui, étant exposées aux incursions des barbares, réclamaient la présence continuelle d'une armée (1). C'est là qu'il établit ses légions permanentes (2) ; il place à leur tête des généraux de son choix (*Legati*) (3), et concentre ainsi dans ses mains, par l'intermédiaire de ces délégués, le commandement suprême de toutes les forces de l'État. Cela est conforme au principe monarchique qui substitue partout, autant que possible, l'unité à la pluralité.

Loin de marquer, comme chez d'autres peuples, un progrès notable de la puissance militaire, la création des armées permanentes, fut au contraire, à Rome, un premier pas vers la décadence, en même temps que l'expression manifeste de l'affaiblissement des instincts belliqueux et de l'esprit militaire qui avaient amené sa grandeur.

Dès lors en effet, rien n'est plus facile que de se soustraire au service militaire, l'intérêt du prince consistant à n'avoir dans l'armée que des hommes dévoués à sa personne et à sa dynastie (4) ; mais aussi les éléments les plus instruits, les plus moraux, les plus intelligents, tournent leurs vues vers d'autres

(1) Dion Cassius : 53-12 — Strabon : 17, p. 840 — Suétone : *Aug.*, 47.
(2) Dion Cassius : 52-27 — Suétone : *Aug.*, 49.
(3) Tacite : *Ann.*, 13-34.
(4) Dion Cassius : 52-27.

carrières ; l'état militaire devient un métier, une profession comme une autre ; le citoyen et le légionnaire ne faisaient autrefois qu'un même individu, désormais ces deux qualités s'exclueront : on sera citoyen, *paganus* (1), ou on sera soldat !

Les princes favorisent et précipitent de tout leur pouvoir ce résultat : Auguste sépare ses soldats du peuple dans les spectacles (2) ; Titus, Domitien, Nerva, Trajan, leur prodiguent ces nombreux privilèges que nous aurons à passer en revue, et qui firent des militaires une caste à part, une nation dans la nation.

Séduit par les avantages qu'offre le service militaire et le considérant non plus comme un impôt obligatoire, mais comme une carrière spéciale, préférable à celle que son entrée dans l'armée avait interrompue, le soldat lui sacrifie sa liberté, sa famille à laquelle il devient étranger, et toutes ces nobles passions, ces sentiments généreux, qui sont inhérents à la qualité de citoyen (3) !

30. — Ainsi recrutées presque exclusivement dans les classes inférieures ou les provinces éloignées, les légions, affaiblies quant à leurs éléments constitutifs, subissent encore dans leur organisation intérieure des modifications en général peu heureuses.

Le manipule n'existe plus, ou plutôt, il est revenu à son sens étymologique, poignée et devient synonyme de décurie ou de chambrée (*contubernium*); on considère de plus en plus la cohorte comme une unité de combat, « comme une armée au petit pied, » elle aura bientôt ses vélites, sa cavalerie, ses équipages, de manière à pouvoir opérer isolément et à fournir un tout complet. Adrien, en introduisant la *cohorte milliaire*, transforme l'organisation légionnaire, qui fut dès lors uniquement basée sur la cohorte. La première, dite milliaire, comprenait 1,100 fantassins répartis en dix centuries de 110 hommes ; les neuf autres, renfermaient chacune cinq centuries et un effectif

---

(1) Le mot *paganus* est tantôt opposé au mot *miles*, tantôt au mot *proletarius*, Dans le premier cas il peut se traduire par notre mot *pékin*, qui en dérive ; dans le second, par *païen* qui correspondait alors à notre expression *bourgeois*.

(2) Suétone : *Aug.*, 44.

(3) Général Trochu : *l'armée française en* 1867.

de 855 hommes (1). Avec Vespasien, le contingent de chaque légion descend à 5,280 hommes et sera réduit à 1,500, sous Constantin ; il n'y aura plus dès lors, à ce point de vue, grande différence entre un *numerus* (2) et un de nos régiments actuels.

31. — L'ordonnance de bataille elle-même est changée. Adrien, Caracalla, Alexandre Sévère, abandonnent les anciennes traditions et la tactique nationale, pour adopter un système copié sur la phalange macédonienne. Il n'y a plus qu'une ligne de bataille ; les cinq premières cohortes armées du *pilum* qu'on a modifié aussi en l'agrandissant, sont au premier rang, les autres sont derrière, avec de longues lances, la cavalerie est sur les ailes et l'infanterie légère déployée devant le front de l'armée. Si les troupes engagées viennent à céder, on ne les soutient plus comme autrefois, en engageant une seconde ligne, mais on appuye par des renforts partiels les points qui faiblissent. Souvent aussi, on employait le *cuneus*, ordre de bataille en forme de coin ou de triangle, qu'on appelait encore *caput porcinum*, tête de porc (3).

32. — La cavalerie continue à former un corps spécial, dont l'aile est l'unité, comme la légion est l'unité de l'infanterie ; on l'augmente même, en attachant un escadron de 132 cavaliers à la cohorte milliaire, et de 66 à chacune des autres (4) ; ces divers corps, placés sous les ordres du chef de la légion dont ils faisaient partie, avaient chacun leur étendard spécial appelé *flammula*.

Le nombre des machines de guerre s'accroît encore ; en même temps que l'infanterie légère se développe aux dépens de l'infanterie de ligne, les armes de jet prennent de plus en plus d'importance ; on abandonne le *pilum* et la lance pour la fronde, les balles de plomb, *plumbatæ*, sont préférées aux anciens traits (5).

33. — On lève en grand nombre des troupes auxiliaires ; elles

(1) Végèce : II-6.
(2) Sous l'Empire on désigne indifféremment ces corps sous le nom de *numerus* ou de légion.
(3) Végèce : III-19.
(4) Josèphe : *Bel. Jud.*, 3, 6, 2.
(5) Végèce : I-17-20 — Dion Cassius : LXXVIII-37.

forment soit des corps temporaires, soit des corps permanents ; les premiers, appelés pour une campagne seulement, étaient armés, organisés, et combattaient suivant les usages propres à leur pays. Les troupes auxiliaires permanentes, *auxiliariœ vel sociœ*, au contraire, réparties en cohortes de fantassins et en *cohortes equestres*, avaient adopté l'organisation et la tactique romaine. Recrutées parmi les habitants des provinces, elles comprenaient aussi des citoyens romains et avaient chacune à leur tête un préfet qui pouvait choisir même parmi les provinciaux les officiers placés sous ses ordres. Ces cohortes, qui composaient presque exclusivement l'infanterie légère (1), se tenaient en général sur les ailes de l'armée.

Quant aux *cohortes equestres*, elles formaient une infanterie spéciale, ayant pour mission de combattre avec la cavalerie. Ces troupes, dont Cœsar et Germanicus (2) avaient apprécié les services dans les armées barbares, furent empruntées aux Germains et introduites dans l'armée romaine par Vespasien (3). Chacune de ces cohortes, comptait, sous Trajan, 760 fantassins et 210 cavaliers, répartis en six centuries et en six turmes commandées par un préfet.

L'organisation de la cavalerie auxiliaire était toujours la même, à ce détail près, qu'on avait augmenté son effectif en créant des ailes milliaires, et qu'on en avait perfectionné l'armement (4).

34. — La solde reste jusqu'à Domitien au taux où l'avait portée Jules César, c'est-à-dire à dix as (51 centimes), mais, par suite de l'affaiblissement des monnaies, sa valeur réelle diminue peu à peu ; sous Galba elle était descendue à quarante-trois centimes. Pour s'attacher les soldats, Domitien (5) et Caracalla l'augmentèrent dans une proportion considérable et grevèrent à ce propos le budget de l'Empire de sept mille myriades de drachmes.

35. — Sous la République, la paye des troupes avait été mise, après la conquête de la Macédoine, à la charge du trésor public,

---

(1) Tacite : *Annales*, I-51 — III-39 — IV-73.
(2) Cœsar : *Bel. Gal.*, I-48 — Tacite : *Ann.*, II-16.
(3) Tacite : *Hist.*, IV-19.
(4) Josèphe : *Bell. Jud.*, 3, 5, 8.
(5) Suétone : *Domit.*, 7.

mais, les guerres civiles l'ayant épuisé, Auguste fut obligé de
créer, pour subvenir à l'entretien de son armée, une caisse militaire (1), *ærarium militare*, qu'il dota (2), en établissant à
son profit un impôt d'un vingtième sur les héritages et les legs,
vicesima hereditatum (3) et un autre du cinquantième sur les
ventes d'esclaves (4). La solde fut dès lors payée régulièrement
tous les trimestres.

On institua des officiers supérieurs comptables, *tribuni
ærarii*, ayant sous leurs ordres des *librarii legionis*, sortes de
fourriers chargés de la répartition de la solde ; ils devaient, en
outre, opérer les retenues qu'on faisait au militaire pour acquitter envers l'Etat (5), les fournitures qui lui étaient avancées,
et établir avec soin la quotité du *donativum* de chaque soldat (6). Mais, malgré la surveillance de ces comptables, il paraît
que les officiers trouvaient encore moyen de se livrer, sur la
paye de leurs hommes, aux détournements les plus honteux :

..... Quantum in legione tribuni
Accipiunt, donat Calvinæ vel Catinæ (7).

36. — L'Empereur est le chef suprême de l'armée, il la commande par l'intermédiaire de ses lieutenants, *legati* (8). Déjà,
sous la République, il y avait eu des officiers supérieurs de ce
nom; c'étaient des hommes d'une habilité et d'une science militaire bien connue, que le Sénat adjoignait quelquefois aux consuls pour les aider de leurs avis ; plus tard, on en avait laissé
la nomination au choix des généraux (9). Auguste introduisit
deux sortes de lieutenants, les uns consulaires, *legati consulares*, les autres prétoriens, *prætorii*, ou délégués aux légions,

(1) En l'an 759 de la fondation de Rome. Dion Cassius, 55-25.
(2) Suétone : *Aug.*, 49.
(3) Dion Cas. : 55-25 — 56-28 — Plin. : *Panég.*, 37.
(4) En 760, U.-C. Appien : *B. C.*, V-67 — Dion Cas. : 55-31.
(5) Tacite : *Ann.* I-17.
(6) Ce *donativum* était une sorte de masse formée de la moitié de la part du butin
attribuée à chaque soldat après une victoire ; ce dépôt, confié aux signifères, leur était
remis après leur sortie du service.
(7) Juvénal : *Sat.* III.
(8) Tacite : *Ann.* I-44 — IV-73 — XIV-32 — Suétone : *Aug.* 23.
(9) Savilius : *de Militia Romana.*

legati legionum ; les premiers commandaient une armée tout entière, les seconds étaient à la tête d'une légion.

Le *legatus legionis* avait sous ses ordres un *præpositus* (1) pour le remplacer au besoin. Au troisième rang, venaient les tribuns militaires, *tribuni legionum*, choisis en général dans l'ordre des chevaliers, par l'Empereur (2); ils avaient un pouvoir général sur tout le *numerus.* Honorifiquement on les distingue en *tribuni laticlavii* et *tribuni angusticlavii*, suivant qu'ils étaient revêtus de la dignité sénatoriale ou appartenaient seulement à l'ordre équestre (3). Les demandes de places se multipliant, on rendit le tribunat semestriel puis trimestriel ; Claude créa des tribuns surnuméraires (*supra numerum*) (4) et en plaça un à la tête de chaque cohorte.

Enfin, le favoritisme fit établir des titres sans fonctions, qu'on accordait à des fils de famille, bien avant l'âge du service militaire ; on les appelait *vacantes* ou *vacantivi*, leurs titulaires jouissaient de la solde et des honneurs des autres tribuns. Ces abus se reproduisent à toutes les époques ! Ne vit-on pas de même, sous l'ancien régime, de jeunes gentilshommes obtenir des grades nominaux dans des régiments où ils ne paraissaient jamais, et que commandaient exclusivement des officiers de fortune ?

Malgré cette déchéance successive, le tribunat était encore un poste envié, l'objet de bien des intrigues et le prix de la faveur plus que du mérite.

> Quod non dant proceres, dabit histrio !
> Præfectos (5) Pelopeia facit, Philomela tribunos.

Les centurions, au contraire, n'arrivaient guère que par leurs services. Auguste et Vespasien en augmentèrent le nombre, et les officiers de leur création prirent le nom d'Augustales et de Flaviales (6), les autres s'appelant, par opposition, *ordinarii*.

Enfin, aux derniers échelons, on rencontrait un grand nombre de sous-officiers, attachés, soit aux tribuns, soit aux *legati*

(1) C. 2 et 10, C. Th. *de re milit.*
(2) Suétone : *Tib.*, 41 — Dion Cassius : 53-15.
(3) Suétone : *Aug.*, 38 — *Oth.*, 10 — Horace : *Sat.* I-6-24.
(4) Suétone : *Claude*, 25.
(5) Sous Othon, le *legatus legionis* prend le titre de *præfectus legionis.*
(6) Végèce : II-7.

legionum, en qualité de secrétaires, de comptables ou de plantons. C'étaient le *Cornicularius*, le *Beneficiarius*, l'*Optio*, le *Secutor*, le *Librarius*, l'*Exceptor præfecti aut tribuni ;* l'*Aquilifer*, l'*Imaginifer*, le *Tesserarius*, l'*Optio carceris*, l'*Optio valetudinarii*, l'*Horrearius*, le *Victimarius*, etc. (1). Leurs noms indiquent assez les fonctions dont ils étaient chargés.

37. — La création des armées permanentes devait entraîner, comme conséquence nécessaire, une extension remarquable des diverses branches de l'administration militaire, puisqu'avec cette nouvelle organisation ce n'est plus, comme autrefois, à des besoins accidentels et passagers mais à l'entretien continu des armées qu'elle doit pourvoir.

Le préfet du prétoire, qui remplace le questeur, est à la tête de cette administration ; il a sous ses ordres le *præfectus fabrum*, le *præfectus annonæ*, et ces *tribuni ærarii* dont nous avons indiqué plus haut les fonctions (2).

Le *præfectus fabrum* avait dans ses attributions la surveillance de tout ce qui était relatif à la fabrication et à l'entretien du matériel de guerre, machines, armes, habillements militaires, objets de campement, etc.

Le *præfectus annonæ*, présidait au service des vivres, il avait sous ses ordres des *susceptores* qui, dans les pays voisins des frontières, percevaient les réquisitions en nature destinées à l'entretien des troupes ; et des *curatores horreorum*, qui les emmagasinaient.

38. — Le service sanitaire, à peine connu sous la République, s'organise sous l'Empire. Avant Auguste, les malades et les blessés, réunis dans le *valetudinarium*, l'ambulance du camp, étaient livrés, faute de médecins, aux soins d'esclaves qui n'avaient d'autre science que celle de l'expérience (3). Ils soignaient

---

(1) O. Kellermann : *Vigilum Romanorum latercula duo* — passim, et Le Beau : *Mémoires de l'Académie des Inscript.*, 41, 129 et suiv.

(2) V. n° 35.

(3) Cette indifférence pour les blessés, qui paraît déjà surprenante, même à cette époque, s'est conservée jusqu'à la nôtre. On sait qu'au commencement de ce siècle, dans l'armée russe, le soldat n'avait d'autre médecin que lui-même et que les ambulances et les chirurgiens y étaient inconnus. Même après Eylau, où des milliers de blessés succombèrent faute de soins, on y vit encore pendant plusieurs années régner cette antipathie traditionnelle pour l'hôpital que Souvarof réprouvait jadis, comme une abomination d'origine française. V. Ernouf, *Les Français en Prusse*, p. 187.

tant bien que mal les blessures légères et quant aux hommes
grièvement atteints, on les déposait chez des particuliers ou on
les confiait aux alliés pour qu'ils en prissent soin (1). La méde-
cine d'ailleurs à cette époque n'était pas encore une science ;
elle s'exerçait dans les familles au moyen de livres de recettes
conservés et accrus journellement, ce qui n'empêchait pas des
soldats criblés de blessures de revenir à la santé (2).

Mais quand César eut accordé le droit de cité à tous les médecins et chirurgiens qui viendraient s'établir à Rome, ceux de la
Grèce accoururent en grand nombre et purent être en leur qualité de citoyens attachés à l'armée. Chaque légion, chaque cohorte même, eut bientôt son chirurgien spécial ; on établit des
hôpitaux militaires, des ambulances de campagne ; il y eut même
des vétérinaires, puisqu'une inscription d'Orelli mentionne un
medicus jumentarius.

39. — Enfin, on fonda dans différentes villes des hôtels d'invalides, *tabernæ meritoriæ*, où on recevait et soignait gratuitement les vieux soldats trop infirmes pour entrer dans les corps
de vétérans.

40. — A côté de cette armée, qui avait pour mission de combattre les ennemis du dehors, les empereurs en forment une
autre qui doit maintenir l'ordre à l'intérieur et protéger leur
personne. Auguste, en effet, avait bien compris, que, devant
tout à l'armée, il en avait tout à redouter : un ambitieux
comme lui pouvait séduire à son tour les légions par l'appât de
récompenses immenses et prendre sa place ; la prudence lui
commandait donc d'avoir près de lui une garde dévouée, inté-
ressée à son existence et prête à le défendre contre toute tentative insurrectionnelle. Ce fut dans ce but qu'il créa sa garde
impériale, la garde prétorienne.

Cette troupe, recrutée parmi les habitants des pays voisins de
Rome, dans l'Etrurie, l'Ombrie, et le Latium, fut formée de dix
cohortes de mille hommes chacune (3) ; trois de ces cohortes,

(1) Tite-Live : XIX passim — XL-33 — XXVII-2.
(2) V. Briau. *Du service de santé militaire chez les Romains* — Guardia :
Journal général de l'Instruction publique, nᵒˢ des 19 et 29 mars 1868.
(3) On les appelait *piæ vindices,* parce qu'elles devaient veiller au salut de l'Empereur : L. Longe, *L. C.,* p. 33.

appelées *cohortes urbaines*, furent cantonnées dans Rome et logées chez les habitants, les autres tinrent garnison dans les villes voisines, prêtes à donner main forte aux premières. Auguste se les attacha en leur accordant des prérogatives spéciales et une solde double des autres troupes et les plaça, par mesure de précaution, sous les ordres de deux chefs nommés préfets du prétoire (1), afin qu'ils pussent se faire obstacle, si l'un d'eux était tenté d'abuser de sa position pour comploter contre l'Etat (2).

Mais ces règles de prudence sont bientôt oubliées : Tibère, à l'instigation de Séjean, réunit ses dix mille prétoriens à Rome et les place sous les ordres d'un seul chef, de son ministre universel (3) ; c'était mettre l'Empire à sa merci ! Claude le premier leur achète le droit de régner et ce déplorable exemple ne trouvera que trop d'imitateurs ! De ce jour, l'histoire de l'Empire est liée à celle des prétoriens, ils vont se porter aux excès les plus scandaleux, plonger l'Etat dans un abime de révolutions et de guerres intestines qui précipiteront sa ruine, jusqu'à ce que Constantin parvienne à les écraser sous sa main de fer.

41. — L'autorité des préfets du prétoire, limitée à l'origine aux cohortes prétoriennes, s'étendit rapidement ; ils usurpèrent successivement la direction du recrutement, de l'organisation et du matériel de toute l'armée (4). Commode, pour se livrer à l'oisiveté, se décharge sur eux de tous les soins de l'administration (5), et Alexandre-Sévère, pour les élever davantage, les fait entrer au Sénat. A ce moment, ils sont arrivés par des empiétements successifs à avoir la haute main sur toute l'armée ; ils sont les premiers ministres de l'Empereur et cumulent le jugement et l'administration des affaires civiles avec ceux des affaires militaires ; la majesté impériale elle-même s'incline devant la toute-puissance de ces parvenus et, si l'on en croit Cassiodore, qui fut deux fois préfet du prétoire, l'Empereur devait se tenir debout en leur présence (6). Dioclétien porta la

(1) Dion Cassius : 55-10.
(2) Dion Cassius : 52-24 — Hérodien : 1-9.
(3) Dion Cassius : 57-19 — Tacite : *Ann.*, IV-2 — Suétone ; *Tib.* 37.
(4) Valter : *Geschichte des Römischen Rechts*, t. I, ch. 58, p. 507.
(5) Hérodien : I-125 — III-11. — Lampride : *in Commodo*, ch. 5.
(6) Cassiodore : *Variarum*, III-20.

première atteinte à leur puissance, en élevant leur nombre à quatre et en morcelant ainsi leurs fonctions (1) : Constantin devait suivre ces traditions et leur donner le coup de grâce.

11.-42. — Sans nous appesantir davantage sur les modifications apportées par les différents Empereurs dans l'org. nisation militaire, nous nous transportons à l'époque de Constantin pour y jeter un coup d'œil après les réformes importantes introduites par sa fameuse Constitution *de re militari* (2).

L'empire, à ce moment, est divisé en *préfectures*, ayant à leur tête *un préfet*, qui correspond avec l'Empereur et ses ministres ; les préfectures se subdivisent en *diocèses*, administrés par des *vice-préfets ou vicaires* ; enfin, chaque diocèse comprend un certain nombre de *provinces*, gouvernées par des *consulares* ou des *præsides*. Ce morcellement du pouvoir que nous constatons dans l'administration, nous le trouvons à un semblable degré dans l'armée.

Les préfets du prétoire étaient arrivés peu à peu, nous l'avons vu, à centraliser dans leurs mains le commandement militaire avec l'autorité civile ; ce cumul pouvant offrir des inconvénients et des dangers dans l'ordre politique, Constantin leur enleva l'administration militaire et réduisit aux affaires civiles leurs attributions (3). Cette scission des pouvoirs civils et militaires entre des chefs divers réalisa un progrès notable et une heureuse amélioration, au point de vue de la sûreté de l'Empereur et de la protection des sujets.

43. — La haute direction de l'armée fut confiée à deux maîtres de la milice, *magistri militiæ* (4), sorte de ministres de la guerre, qui furent placés, l'un, le *magister peditum*, à la tête de l'infanterie, l'autre, le *magister equitum*, à la tête de la cavalerie. Mais cet arrangement paraît avoir été modifié ensuite et d'après l'almanach impérial, la *notitia imperii*, toutes les troupes furent de nouveau rangées sous les ordres d'un seul chef, nommé

(1) Aurelius Victor : *de Cæs.*, 39, p. 141, *édit. de Deux-Ponts*.—Naudet : *Des changements opérés dans toutes les parties de l'administration de l'Empire romain*, etc., I-290-348 et suiv.
(2) Naudet : l. c., II-185-199.
(3) Zozime : II-32-33.
(4) Zozime : II-33 — Naudet : *Des changements opérés*, etc., I-348. — C. 17, C. 12-30, *de re militari*.

magister militum, et portant comme le préfet du prétoire le titre d'*Illustris*.

44. — Au-dessous de ces deux *magistri militiæ*, qu'on appelait *præsentales* ou *in præsenti*, parce qu'ils résidaient près de
l'Empereur, il y en avait d'autres, *magistri in provincias*, qui
commandaient les troupes concentrées dans une préfecture (1),
Ensuite, venaient dans l'ordre des préséances : les comtes, *comites* (2), chargés de la direction des troupes cantonnées dans un
diocèse ou une province et des ducs, *duces*, qui étaient préposés à la défense des frontières (3).

Chaque légion a toujours à sa tête un *præfectus legionis*, ayant
sous ses ordres un certain nombre de *præpositi*, de tribuns, de
centurions et de dizainiers.

L'effectif des différents *numeri*, est réduit à 12,000 hommes
et ils ne possèdent plus de cavalerie (4).

45. — Les troupes d'infanterie se répartissent en quatre
catégories :

Les *Palatini* (5), garde impériale dotée de privilèges considérables et qui a remplacé les prétoriens dans la confiance impériale, étaient répartis en douze légions ou *numeri* ; ils fournissaient un détachement d'élite, *protectores domestici* (6), gardes
du corps, chargés, soit de missions confidentielles (7), soit de
veiller plus particulièrement à la sûreté de l'Empereur.

Les *Comitatenses*, troupes de l'intérieur, qui avaient pour
mission de maintenir l'ordre, de soutenir les légions des fron-

---

(1) M. Serrigny : I-115, voit dans les grands commandements confiés sous l'Empire à des maréchaux de France, une imitation et une réminiscence des *magistri militum* romains. V. C. ult, *ad leg. Jul. de adulter.* C. Th., 9-7.

(2) C. 1, *de Comit et Trib.* C. Th., 6-13.

(3) Ces différents officiers n'avaient aucune prééminence réelle les u, s sur les autres et portaient le nom de *spectabiles*, néanmoins les *comites* étaient, quant au rang,
les égaux des *ducs*, contrairement à ce qui eut lieu plus tard. V. C. 11, *de diversis
officiis et appar.* C. Th., VIII-7.

(4) V. le commentaire de Pancirole sur la *notitia imperii*, f° 23.

(5) Zozime : II-32.

(6) C. 9, *de domestic. et protector.* C. Th., VI-24. — Entre autres privilèges,
ils avaient celui de s'approcher de la personne du prince et de baiser sa robe de
pourpre, ce qu'on appelait : *sacram purpuram adorare.* C. 18, C. Th., *de Tironib.*,
VII-13.

(7) C. 1, *de Executor.* C. Th., VIII-8 — C. 10, *de Desertor.*, C. Th.,
VII-18.

tières, quand elles venaient à faiblir, et de fournir à l'Empereur des escortes dans ses déplacements, étaient répartis en soixante-cinq légions et formaient l'élément le plus solide de l'armée (1).

Les *Pseudo-comitatenses*, appelés aussi *riparienses*, *ripenses* ou *castriciani*, constituaient les troupes des frontières ; cantonnées dans des camps retranchés sous les ordres de ducs ou de comtes, elles étaient, bien qu'ayant un service extrêmement pénible, dans une position très-inférieure à celle des troupes de l'intérieur. Aussi, le recrutement des dix-huit légions qui composaient cette armée des confins militaires ne s'opérait-il qu'avec la plus extrême difficulté (2).

Enfin, les *Cohortales* formaient un corps analogue à notre gendarmerie ; ils étaient chargés de la police.

46. — Dans la cavalerie, on avait substitué aux anciennes *alæ*, des *vexillationes*, dont l'effectif était à peu près le même ; il y avait des *vexillationes palatinæ*, *comitatenses* et *riparienses*.

47. — A côté de ces troupes, il y avait des corps entiers d'auxiliaires, empruntés aux peuples barbares. A une époque qu'on ne peut déterminer exactement, vers le quatrième siècle environ, les Empereurs, se heurtant d'un côté contre des difficultés de recrutement insurmontables, fatigués d'autre part des attaques et des incursions continuelles de ces barbares, se décident à traiter avec eux et réussissent, soit par des concessions de terres fertiles abandonnées de leurs maitres, ou appartenant au fisc, soit par l'offre d'une solde considérable, à en attirer un grand nombre dans les armées romaines (3). Cette combinaison présentait un triple avantage ; non seulement, en effet, les Empereurs obtenaient ainsi des soldats bien supérieurs aux Romains dégénérés, et qui n'en avaient ni le luxe ni les prétentions, mais en donnant aux Barbares un intérêt à la défense de l'Empire, ils faisaient concourir à leur sécurité les habitudes guerrières de leurs nouveaux sujets dont ils avaient si longtemps souffert ; enfin ils trouvaient des cultivateurs pour des

---

(1) V. Naudet : *l. c.*, II-160 et suiv. Leur nom de *Comitatenses* leur venait de ce qu'ils escortaient l'Empereur dans ses déplacements.
(2) C. 3, *de Veteranis*, C. Th., 7-20 — C. 8, *de filiis milit.* C. Th., 7-22 — *Vopiscus Aurelianus*, 38.
(3) Eumène : *Panegyricus Constantii Chlori*.

terres, qui, faute de bras, restaient en friche depuis des siècles.

La condition de ces auxiliaires, les services qu'ils rendaient, permettent de les classer en différentes catégories :

48. — En première ligne nous rencontrons ceux qu'on appelait *fœderati*, c'étaient des tribus entières empruntées aux populations barbares voisines des frontières et qu'on avait transplantées sur le sol de l'Empire en leur concédant des terres. Elles fournissaient à l'armée romaine de nombreux corps de troupes. C'est ainsi que la notice impériale mentionne neuf régiments d'infanterie et trois de cavalerie, composés de Francs, établis en Gaule, en Espagne, à Constantinople, en Phénicie, en Egypte, en Mésopotamie.

L'abandon des terres qui étaient octroyées à ces fédérés ne constituait pas une cession complète, absolue, définitive; on ne leur en concédait que le domaine utile à titre de solde et jamais ils n'étaient entièrement soustraits au contrôle de l'autorité impériale (1).

D'ailleurs ils le reconnaissaient volontiers eux-mêmes et prenaient en toutes circonstances le titre d'hôtes de l'Empire, *hospites*, comme pour déclarer qu'ils étaient trop heureux de figurer parmi les sujets des Césars (2).

Les terres qu'on leur livrait étaient partagées en un certain nombre de portions appelées *sortes* (3), et jouissaient de l'immunité de l'impôt foncier comme appartenant soit à la *res privata*, soit aux *sacræ largitiones* (4).

Une exemption analogue était accordée aux fédérés, quant à l'impôt personnel, en vertu du titre même de leur établissement, sauf quand l'Empereur, dans des circonstances exceptionnelles, publiait une *superindictio*, c'est-à-dire faisait prélever un impôt extraordinaire (5). Ils avaient, de plus, l'avantage de

(1) Le Huérou : *Histoire des Institutions mérovingiennes*, p. 188 et 189.

(2) V. du Bos : *Histoire critique de l'Etablissement de la monarchie française*, I, p. 150 et 151.

(3) Pris dans cette acception, ce mot ne faisait pas allusion à une répartition par la voie du tirage au sort; il signifie portion. V. la note de J. Godefroy sur la C. 13, *de annon. et trib.*, C. Th., XI-1.

(4) V. C. Th. : *de Burgar.*, VII-14 passim — *de petitionibus*, X-10 passim — C. 1 et 56, *de ann. et trib.*, XI-1 et titre XX, passim.

(5) C. 4, *de collat. donat.*, C. Th., XI-20

ne pas être soumis, en matière de droit privé, aux prescriptions de la loi romaine, et de conserver leur Code national, qu'une génération transmettait à l'autre. Enfin, ils jouissaient également du droit de ne recevoir que par l'intermédiaire de leurs chefs, *Konûng* (1), les ordres des officiers romains, c'est-à-dire du maître de la milice, le seul qui eût à s'occuper ordinairement de leurs affaires.

En retour de ces avantages, les barbares fédérés devaient le service militaire et s'engageaient généralement à fournir un contingent aussi considérable que possible. Il était néanmoins loisible à ceux qui n'avaient pas obtenu de *sortes* ou de *beneficia* d'échapper au service militaire en payant une amende (2).

49. — A côté de ces fédérés, il y avait un second groupe d'auxiliaires, que les Empereurs prenaient à leur solde, parmi les peuplades germaines les plus renommées par leur valeur ; ils conservaient leurs armes, leur organisation militaire, leur tactique nationale ; on les engageait moyennant une somme fixée pour la campagne, ou bien moyennant un tribut payé à leur nation (3) ; mais si cette dette n'était pas exactement acquittée, ils devenaient des ennemis d'autant plus redoutables, que dans les luttes soutenues en commun ils s'étaient initiés à l'art militaire des Romains.

« Toutes ces nations, dit Montesquieu (4), se distinguaient par leur manière particulière de combattre et de s'armer. Les Goths et les Vandales, étaient redoutables l'épée à la main ; les Huns, étaient des cavaliers admirables ; les Alains, étaient pesamment armés, et les Hérules, étaient une troupe légère. Les Romains prenaient dans toutes ces nations les divers corps de troupes qui convenaient à leurs desseins et combattaient contre une seule avec les avantages de toutes les autres. »

50. — Enfin, on rencontrait encore d'autres essaims de Bar-

(1) Ce nom se donnait chez les Germains à tous les dignitaires. Les Romains ne pouvant le traduire par *dux* qui en était le meilleur équivalent, mais que la hiérarchie militaire avait adopté, le rendirent par *rex*, sans y ajouter l'idée d'un pouvoir très-étendu. Ce qui le prouve, c'est que les écrivains grecs ne voulurent jamais traduire *Konûng* par ϐασιλευς et forgèrent pour le rendre le terme de ρηξ.

(2) Grégoire de Tours : *Hist. Franc.*, V-27 — VII-42.

(3) Salvien : *de Gubern. Dei*, lib. VI, p. 181, édit. de 1663.

(4) *Grand. et Décad.*, ch. XIX.

bares que l'on désignait sous les noms de *gentiles*, de *leti*, de *dedititii* ou d'*homologi*. Le premier de ces noms semble indi-quer que ces barbares appartenaient à des nations diverses (1) ; le second, qui est une traduction du mot germain *Leute*, ren-ferme une idée de subordination ; quant au troisième, il signi-fiait que ces barbares, faits prisonniers par les armées impé-riales, avaient été établis sur des terres, à charge par eux de fournir des recrues et de cultiver ces terres (2).

Par la création de ces colonies, les Empereurs se préparaient une sorte de garde nationale d'une mobilisation facile et d'un entretien peu coûteux. Des motifs politiques, aujourd'hui incon-nus, les avaient conduits à soustraire les colonies létiques à la juridiction des magistrats ordinaires, elles étaient placées sous la direction d'un officier, nommé *præfectus*, qui centralisait entre ses mains tous les pouvoirs civils et militaires et ne rele-vait que du *magister equitum* (3). De même aujourd'hui, les colonels des régiments croates des frontières, administrent leurs subordonnés en temps de paix et les conduisent au combat en temps de guerre.

Les colonies létiques, composées en grande partie de prison-niers de guerre, que l'on ne pouvait considérer comme attachés à un Empire dans lequel ils avaient été transplantés malgré eux, et soumis à toutes les charges qui pesaient sur les anciens habi-tants, n'inspiraient au gouvernement impérial qu'une confiance médiocre. Aussi les Empereurs, préoccupés de les voir faire cause commune avec leurs adversaires, défendirent-ils, sous peine de mort, le mariage entre Romains et Gentils (4). Seuls, les Lètes établis à proximité des frontières, jouissaient des mêmes priviléges que les fédérés, à condition de supporter les mêmes charges (5). Plus tard cependant, on s'adoucit à leur

(1) M. Serrigny, 1-554, a émis l'opinion assez accréditée aujourd'hui, qu'on aurait désigné sous le nom de *gentiles* ceux de ces barbares qui étaient de race sarmatique, en réservant la dénomination de *lètes* pour ceux qui étaient de race germaine. Il se fonde sur la *Notit. Imper. Occid.*, cap. 40, p. 4, édit. Böcking, tom. II, p. 119 et suiv.

(2) V. C. Théod., VIII-13 passim — C. 6 de patroc. vicor., XI-24 — V. aussi une lettre de Julien à Constance, Amm. Marcel., XX, n° 8.

(3) *Notit. Imper.*, cap. 40, II-119.

(4) C. 1, de nuptiis Gentil. C. Th., III-14.

(5) C. 1, de terr. limitaneis. C. Th., VII-15.

égard et tous les Lètes indistinctement furent traités comme les peuplades fédérées, auxquelles ils se rattachaient d'ailleurs pour la plupart, par les liens d'une commune origine.

Tous ces auxiliaires barbares présentaient sans doute de grandes ressources à l'Empire ; mais la protection conduit à la domination ; les Romains avaient demandé le secours et l'intervention militaire des Barbares, ces mêmes Barbares allaient devenir leurs maîtres ; ils devaient tout naturellement finir par comprendre, qu'au lieu de s'entretuer pour servir les intérêts de leur ennemi commun, ils avaient tout avantage à s'entendre et à se partager les riches dépouilles de l'Empire.

51. — Pour obvier à cet inconvénient et en présence de l'impossibilité où on se trouvait de rénover l'esprit militaire dans les provinces vraiment romaines, on songea de bonne heure à militariser les populations des frontières dans les vallées du Rhin et du Danube, en établissant parmi elles des vétérans bénéficiaires ou des barbares ayant rendu à l'Empire des services tels qu'on pouvait compter sur leur dévouement (1), et en leur distribuant comme aux fédérés, des terres abandonnées ou appartenant au fisc, *sortes.*

A partir d'Alexandre Sévère (2), ce système de défense prit une grande extension et ces corps trouvèrent de nombreuses recrues ; certaines peuplades germaines y furent même introduites en bloc, et divers écrivains ont pensé que la féodalité est le résultat naturel de cette création des bénéfices militaires, continuée par les Empereurs, pendant trois ou quatre siècles, bien plutôt que la conséquence de coutumes germaines dont les Barbares et les Francs en particulier, avaient sans doute perdu la mémoire pendant leur long séjour sur le territoire romain en qualité de fédérés (3).

Les *milites Limitanei* avaient la permission de se marier (4) ;

(1) En parcourant la liste des corps formés de ces *milites Limitanei*, on est frappé du grand nombre de noms germains qu'on y rencontre. V. Aug. Digot, *Hist. d'Austrasie*, I, p. 67 et suiv.

(2) Lampride : *Alex. Sév.* 58.

(3) V. Aug. Digot, l. c.

(4) Amm. Marcel., XX-4, nous apprend en effet que Constance ayant appelé en Orient une légion de ces *milites Limitanei*, les soldats se plaignaient amèrement d'avoir à abandonner en Gaule leurs femmes et leurs enfants et que l'*erectio publica* finit par leur fournir les *clabulæ* nécessaires au transport de leurs familles.

La *sors* remise à chacun d'eux demeurait dans la famille tant qu'il s'y trouvait un homme, en état d'accomplir le service militaire, dont la jouissance du bénéfice n'était que l'équivalent (1).

La défense des frontières étant la condition essentielle de la possession de ces terres, les non militaires ne pouvaient les détenir à aucun titre, et s'ils le faisaient, ils encouraient la peine capitale et la confiscation de leurs biens (2). Jamais la prescription ne pouvait faire obstacle à la revendication de ces fonds, par un militaire contre un civil (3). A partir du jour de son incorporation, le *miles limitaneus* ne payait plus aucun impôt ni pour lui, ni pour ses terres (4) ; après cinq ans de service, sa femme jouissait du même privilége.

Le souvenir de ces troupes des frontières semble s'être perpétué en Autriche, où on trouve une institution analogue dans les régiments des confins militaires (5), qui, établis en Croatie et en Esclavonie, pour mettre ces provinces à l'abri des incursions des Turcs, fournissent encore aujourd'hui à l'armée autrichienne des troupes de premier ordre (6).

52. — Nous avons ainsi passé en revue l'ensemble des forces dont pouvait disposer le gouvernement impérial sous Constantin, à cette époque, que nous considérons comme la limite extrême à laquelle on puisse se placer pour étudier les Institutions militaires à Rome.

L'affaiblissement du sentiment patriotique et de l'esprit militaire, les modifications survenues dans les mœurs et les usages avaient fait substituer peu à peu, à l'organisation militaire des premiers siècles, si simple, mais si majestueuse dans sa force, ce mécanisme savant, ces complications ingénieuses, mais peu

(1) Lampride : *Alex. Sév.*, c. 58. On a soutenu qu'il est question de ces mêmes domaines dans le fameux passage de la loi des Francs Saliens, où il est dit que la *terra salica* ne peut jamais passer aux femmes, et cette disposition se comprendrait aisément, si les terres dont il y est parlé, étaient des bénéfices romains régis par les lois impériales et astreignant leurs possesseurs au service militaire. V. de Courcy : *Quel fut l'état des personnes en France sous la 1re et la 2e race*, p. 229.

(2) C. 2, *de terris limitaneis*, C. Th., VII-15 — C. 2, C. J., *de fundis limitrophis*, 11-55.

(3) V. C., ult. *de fundis limitroph.*, C. J., 11-55.

(4) C. 6, *de Tironibus*, C. Th., 7-13.

(5) *National Grenz Infanterie Regimenter*.

(6) V. le duc de Ragüse : *Voyage en Hongrie*, 1-78-103.

pratiques, qui sont toujours le signe caractéristique, l'indice infaillible, d'une époque de décadence.

Si regrettable qu'elle fût, cette transformation avait été nécessaire, indispensable même, pour mettre les Institutions militaires en rapport avec le tempérament énervé de l'esprit public,
aux derniers temps de l'Empire, avec l'invincible dégoût des
populations pour le métier des armes, et pour accommoder les
nécessités de la défense nationale à la constitution maladive de
cette société dégénérée.

La discipline elle-même avait sombré au milieu de ce cata-
clysme général pour faire place à la plus honteuse licence.

Seuls, la force des traditions et le souvenir du passé, entou-
raient encore cette armée sans unité, sans patriotisme, d'un
prestige assez imposant pour lui permettre de retarder contre
tout espoir l'inévitable chute !

Un moment il est vrai, sous la puissante étreinte de Constantin, l'Empire romain projette encore, comme une flamme près
de s'éteindre, une dernière lueur qui surprend et éblouit ; mais
ce n'est là qu'une vaine illusion, une trompeuse apparence ;
encore quelques années et Rome succombera sous le nombre
de ses ennemis, laissant avec un grand nom, un grand enseignement aux peuples à venir !

CHAPITRE II.

DU RECRUTEMENT.

SECTION I.

Des exclusions et des exemptions du service militaire.

---

53. — A l'origine, le service obligatoire est le principe fondamental du système militaire organisé par les premiers rois; tout citoyen, âgé de dix-sept ans, peut être appelé sous les drapeaux; mais les citoyens seuls y sont admis, à l'exclusion des étrangers et des esclaves.

Bientôt on se départ de cette rigueur à l'égard des étrangers; l'entrée des légions continue bien à leur être fermée, mais ils ont du moins la faculté de servir dans l'armée, à titre d'auxiliaires.

54. — Quant à l'incapacité des esclaves, elle subsiste dans toute sa rigueur et s'ils cherchent, par fraude, à s'y soustraire, ils sont punis du dernier supplice et précipités de la roche tarpéienne (1). On avait eu pour but de sauvegarder par là, la sécurité des maitres qui ne voulaient pas donner à leurs esclaves un moyen de se soustraire à leur pouvoir, et la sûreté de l'Etat qui ne permettait point de donner des armes à ceux qui n'avaient pas d'intérêt à défendre la patrie (2).

55. — A la suite des réformes de Servius Tullius, l'exclusion du service militaire fut étendue aux prolétaires, puis aux affranchis et même aux fils d'affranchis ; cependant on continua à admettre ces derniers dans la garde de la ville, et lors de la création de la marine militaire, on leur permit de servir comme *socii navales* (3).

Etaient encore frappés d'une incapacité analogue, ceux qui avaient été condamnés pour crimes ou retenus pour dettes, les gladiateurs, les comédiens, à l'exception des *atellani* ; enfin, les *opifices*, ouvriers travaillant à des métiers de luxe, l'espèce d'hommes la moins propre à la guerre au dire de Tite-Live, « *minime militiæ idoneum genus* (4), » n'étaient enrôlés que dans les circonstances les plus graves.

56. — Mais sous l'influence des dangers, qui menacèrent à plusieurs reprises l'existence de la République, il fallut bien se montrer moins sévère dans le choix des éléments de l'armée. C'est ainsi que dans la guerre contre les Samnites, on arma des fils d'affranchis et que dans la guerre sociale ils furent appelés en masse sous les drapeaux et placés dans douze cohortes spéciales (5). Pompée, le premier, au milieu des désordres des guerres civiles, introduisit dans les légions des soldats appartenant à des corps étrangers (6). Quelques années plus tard, César créa même une légion tout entière composée de Gaulois Transalpins ; elle est demeurée célèbre sous le nom de *légion de l'alouette*,

(1) Dion Cassius : XLVIII.
(2) V. Serrigny, p. 595.
(3) Tite-Live : X-21 — XXII-11. Ces troupes de marine, nous l'avons dit, étaient loin de jouir d'une considération égale à celle qu'on accordait aux légionnaires. V. encore Polybe, VI-4.
(4) Tite-Live : VIII-20.
(5) Appien : B. C., I-49 — Macrobe : Saturn., I-11.
(6) César : B. C., III-4.

« *alaudœ* » (1). A partir de ce moment, on en organisa beaucoup de la sorte ; pour les distinguer des légions formées de Romains, on les désignait sous le nom de « *vernaculœ*, » légions indigènes (2).

Pendant les guerres Puniques, on avait même été obligé d'enrôler près de 8,000 esclaves (3) ; cet exemple, qu'excusait alors la nécessité, ne trouva que trop d'imitateurs durant les guerres civiles (4) ! Ce fut avec des esclaves que Marius forma le fameux corps connu sous le nom de *Bardyœorum caterva* (5) ; Pompée et Labienus les firent même entrer en grand nombre dans la cavalerie.

57. — L'Empire maintient le principe qui exclut du service militaire les esclaves et les *statu liberi* (6), mais en l'appliquant toutefois moins rigoureusement à ces derniers ; ils peuvent en effet être enrôlés dans les dangers pressants, et on en peut citer comme exemple une Constitution d'Honorius, du 15 avril 406, qui les appelle sous les drapeaux, en leur allouant une gratification de deux sous d'or.

Justinien modifia les dispositions législatives sur l'incorporation des esclaves dans les armées en s'efforçant de concilier les droits des maîtres sur la personne de leurs esclaves avec les nécessités du recrutement. Il établit les trois règles suivantes qui montrent combien en pratique on s'était écarté des principes, et le peu de cas qu'on faisait des prohibitions impériales.

1° Lorsqu'un esclave s'était présenté comme recrue sans le consentement de son maître, celui-ci pouvait pendant trente jours le réclamer devant le juge compétent.

(1) Suétone : *Cœs.*, 24 — Pline : *Hist. nat.*, II-44 — Cicéron : *Phil*, V-5-12.
(2) Cæsar : *B. C.*, II-20 — *B. Alex.*, 53-54-57.
(3) Tite-Live : XXII-57.
(4) Appien : *B. C.*, I-74 — Plutarque : *Syll.*, 9.
(5) Appien : loc. cit. — Plutarque : *Marius*, 44 — Cæsar : *B. C.*, I-24 — *B. Afr.*, 19.
(6) L. 11, *de re militari*, D. 49-16 — C. 1, C. Th. : *de Tironibus*, VII-13. On désignait sous le nom de *statu liberi*, des esclaves destinés à obtenir une liberté qui, momentanément, se trouvait suspendue par un terme ou par une condition (l. 1, D. 40-7, *de Statu liberis*). Cette condition suspensive produisait son effet, dans quelques mains que pût se trouver l'esclave au moment où elle arrivait et il devenait libre de plein droit, dès qu'elle se réalisait ou que le maître faisait quelque chose pour en empêcher la réalisation. Ulpien : *Reg.*, tit. II, p. 2, 4, 5.

2° Le propriétaire qui, obligé de fournir une recrue, présentait l'esclave d'autrui, encourait une amende d'une livre d'or (1).

3° Enfin après l'expiration des trente jours, donnés au maître pour la revendication, ou bien encore si l'esclave avait été présenté soit du consentement de son propriétaire, soit par son propriétaire lui même, il était déclaré libre et même déchargé des devoirs de l'affranchi envers son patron (2).

58. — L'exclusion du service militaire, quand elle s'appliquait aux esclaves, s'étendait-elle aux *coloni* et *inquilini*, personnes de condition libre, mais attachées à la glèbe sans pouvoir en être séparées ? Cette question offre un intérêt d'autant plus vif qu'elle s'appliquait à une classe plus nombreuse : sous l'Empire en effet, l'espoir d'échapper aux charges de toutes sortes qui pesaient sur la population, avait décidé un grand nombre de contribuables à accepter une véritable servitude volontaire ; ils se plaçaient sous le patronage des grands propriétaires, qui, en dépit des prohibitions impériales, les poussaient dans cette voie déplorable, heureux de s'assurer par là des ouvriers pour cultiver leurs terres, sans se préoccuper du préjudice qu'ils causaient à l'État en lui enlevant ses soldats.

On serait tenté de décider en présence de la C. 3 au Code *qui militare possunt* (12-54) et de la C. 19, *de agricolis et censitis* (11-47), que ces colons étaient frappés de la même exclusion que les esclaves. Mais ce serait donner à ces textes une fausse interprétation ; ils signifient seulement que les colons ne pouvaient pas être incorporés dans l'armée contre le gré de leurs maîtres : c'est du moins ce qui semble bien résulter de ces mots : « *Quia, in hac parte dominorum juri et publicæ consulimus honestati* (3). » Dans l'intérêt de l'agriculture, en un mot, on avait décidé que la charge de fournir des soldats ne pèserait pas directement sur le colon, mais qu'elle incomberait au propriétaire seul. Ce qui prouve bien d'ailleurs que l'incapacité de s'enrôler qui frappait les colons ne tenait pas à la

(1) Environ 1,100 francs. V. Romé de l'Isle : *Métrologie*, p. 133 et suiv. — Gauldrée-Boileau : *l'Administ. milit. dans l'antiq.* Dissert. C. — et Letronne, loc. cit.
(2) C. 6 et 7, *qui milit. poss.* C. 12-54.
(3) C. 19, C. *de agric. et censit.*, 11-47 — Nov. Théod. 1, c. 1, p. 93, édit. Ritter.

qualité de leur personne, mais à l'intérêt de l'agriculture; c'est
un passage de Végèce, que nous aurons occasion de citer et où
il se plaint de ce que les maîtres livraient, par fraude ou par
faveur, le rebut de leurs hommes, pour se libérer de la charge
du recrutement.

59. — Quant aux étrangers, qui sous la République n'étaient
admis qu'à titre d'auxiliaires ou de mercenaires dans l'armée
romaine, ils arrivent sous les Empereurs, grâce à la décadence
de l'esprit militaire, à pénétrer dans les légions. Mais le décret
de Caracalla qui accordait le droit de cité à tous les habitants
de l'Empire avait pu donner à la multitude de ses sujets le titre
de citoyen, sans pourtant leur conférer les vertus et le patriotisme qui en étaient autrefois l'attribut. Aussi faut-il marcher
de concessions en concessions! Après avoir admis les pérégrins
dans l'armée, on est amené, par les difficultés du recrutement, à
déclarer les Barbares eux-mêmes aptes à y entrer; Claude II y
a recours pour remplir ses cadres déserts, les Goths y pénè-
trent en masse, et Probus, quelques années plus tard, y appelait ces 16,000 Germains, dont le chant de guerre, parvenu jusqu'à nous, a été immortalisé par l'épopée de Chateaubriand (1).

60. — Les diverses causes d'exclusion, que nous avons vues
jusqu'ici, reposaient en général sur des considérations d'intérêt
public; on ne voulait pas confier des armes et la défense de
l'Etat à des soldats sur lesquels on n'aurait pu compter. Il y
avait, en outre, toute une autre classe d'incapacités de même
nature, fondées sur le respect de la dignité et de l'honneur
militaires.

Etaient exclus de l'armée à ce dernier titre : les condamnés
à la relégation à temps (2), ceux qui avaient été frappés de la
maxima capitis deminutio, le militaire qui avait encouru un
congé ignominieux (*ignominiosa missio*), l'accusé d'adultère ou d'un crime capital; quant aux condamnés *ad bestias*
ou aux déportés, qui, après s'être enfuis, s'engageaient dans
l'armée (3), ainsi que ceux qui se donnant une fausse qualité
entraient comme engagés volontaires au service, alors qu'ils y

(1) *Les Martyrs :* ch. VI.
(2) Si toutefois le motif de leur condamnation entraînait note d'infamie à perpétuité.
L. 4, p. 4, D. *de re milit.*, 49-16.
(3) L. 4, § 1-2-3-6-7, D. *de re milit.*, 49-16.

étaient déjà tenus, on les punissait du dernier supplice (1).

Enfin, il était interdit, même à ceux qui en étaient capables, de s'enrôler, s'ils le faisaient par dol, par exemple pour échapper à une charge civile qui devait leur être conférée.

Il faut encore joindre à cette énumération des personnes qui n'étaient pas admises à l'honneur de porter les armes, ceux qui sortaient d'un métier sédentaire : les cuisiniers (*coci*) (2), les cabaretiers (*cauponarii*), les taverniers (*tabernarii*) (3), les boulangers (*pistores*) (4), les baigneurs (*dulciarii*), ceux qui étaient employés dans les gynécées ou ateliers impériaux (5), ceux qui avaient travaillé dans les ateliers fermés, *ergastula*, et Végèce regrettait qu'on n'eût pas étendu cette prohibition à tous ceux qui exerçaient un métier susceptible d'efféminer.

Mentionnons encore comme frappés de cette incapacité les juifs (6) et les hérétiques, sauf les Goths alliés (*fœderati*).

61. — Telles étaient les principales clauses d'EXCLUSION du service militaire, qu'il ne faut pas confondre avec les causes d'EXEMPTION ; les premières étant une incapacité, un déshonneur, les secondes constituant une faveur, un avantage.

On avait établi trois catégories générales de dispenses qu'on appelait : *vacationes justæ, necessariæ*, et *honorariæ*.

Une observation générale qui s'applique, à l'origine du moins, à toutes ces exemptions, comme à toutes les réductions du temps à passer dans la milice, c'est qu'elles étaient soumises à cette réserve commune, « *extra tumultum Gallicum*, » sauf le cas d'invasion gauloise (7). « C'est que les Romains, dit Salluste, ont toujours eu la pensée que si tous les autres peuples

(1) *Dict. leg.*, p. 9.

(2) La profession de cuisinier était particulièrement méprisée chez les anciens et le nom en est resté comme une injure, puisque *coquin* signifie cuisinier et doit venir de *coquus*. C. 8, C. Th. : VII-13, *de Tironib.*

(3) C. 8, *de Tironib.*, C. Th., VII-13. Cette profession était également peu en honneur à Rome. — C. 7, C. *de naturalib. liber.* V-27.

(4) C. 8, *de Tironib.*, C. Th., VII-13.

(5) « *Piscatores, aucupes, histriones, omnesque qui aliquid tractasse ad gynecea pertinens videbuntur long. arbitror pellendos a castris.* » Végèce, 1-7.

(6) C. 21, *de Judais*, C. Th., XVI-8.

(7) Les prêtres eux-mêmes n'échappaient pas au service, en cas de guerre avec les Gaulois. Plutarque : *Camille*, § 40 et 41.

» doivent céder à leur courage, avec les Gaulois, ce n'est plus
» pour la gloire, mais pour le salut de la patrie qu'il faut com-
» battre (1). »

62. — Jouissaient de l'exemption légitime, « *vacatio justa*, »
les vieillards, les citoyens, qui, bien que n'ayant pas atteint la
limite d'âge, comptaient cependant dix campagnes dans la cavalerie ou vingt dans l'infanterie (2), les magistrats actuellement en charge, les sénateurs, le grand pontife et le flamine de
Jupiter, *Flamen Dialis* (3). Avec les Empereurs chrétiens, la
même faveur est accordée aux ministres de la religion catholi-
que ; ni les moines, ni les clercs, ne peuvent plus dès lors être
admis dans l'armée, et s'ils s'y introduisaient frauduleusement,
on devait les renvoyer dans leurs couvents. « *Miles Christi miles
esse sæculi statim desinit.* »

Semblable immunité avait été accordée vers la même époque
aux personnes de la haute domesticité (4), aux *Illustres, spectabiles, clarissimi* (5), aux médecins, depuis Adrien (6) ; aux
grammairiens, aux professeurs (7), aux docteurs en droit, *doctores legum*, depuis Constantin; aux orateurs et maîtres de
philosophie, depuis Honorius et Théodose.

63. — On peut encore ranger parmi les causes d'exemption
légitime, la dispense du service accordée aux curiaux, dispense
qui se transforma même à une certaine époque en une cause
d'exclusion (8). Ces curiaux ou décurions, magistrats municipaux chargés du recouvrement des différents impôts, s'en étaient
vus sous l'Empire déclarer solidairement responsables envers
le trésor. C'était leur imposer une charge accablante et pour

(1) Salluste : *Jugurtha*, § 114 — Tite-Live : VIII-20 — XXIII-20 —
XXXIX-19.
(2) Cependant dans les cas de sérieuse nécessité, ou bien encore, sur leur demande
spéciale, on les enrôlait. Ces traditions persistèrent, même quand Rome n'eut plus à
combattre pour sa défense, mais fit des guerres de conquêtes, en Macédoine notamment. Tite-Live : XLII-31-33.
(3) Tite-Live : XXVIII-38— Aulu Gelle : X-15.
(4) C. 21, de Pal. sacr larg., C. Th., VI-30.
(5) V. le titre qui a præb. tiron. et equor. excus., XI-18, au Code Théodosien, qui est spécial à ces immunités.
(6) L. 6, D. de excusat., 27-1.
(7) C. 3-10-16, de medicis et profess., C. Th., XIII-3.
(8) C. 1, C. Th., de Tironib., VII-13 et de nombreuses lois du titre de decu-
rionib. au même Code.

s'y soustraire, ils ne reculaient devant aucun moyen, les uns
abandonnaient leurs propriétés, les autres se réfugiaient dans
la milice, malgré la répulsion qu'elle inspirait alors !

Les Empereurs, qui préféraient encore l'argent aux soldats,
comprirent bien vite tout ce qu'un pareil état de choses avait de
dangereux pour eux et les graves conséquences financières qui
en pouvaient résulter. Défense fut faite aux curiaux d'entrer
dans l'armée et pour assurer l'exécution de cette prohibition, on
obligea les premiers magistrats de la cité à déclarer, sous la
foi du serment, que l'individu qui se présentait comme soldat,
n'était ni curial, ni descendant de curial, et l'incorporation définitive n'avait lieu que sur le vu d'un certificat du président
de la province, attestant qu'il n'était réclamé par aucune
curie (1). Or, la curie avait un intérêt très-direct à ce qu'aucun
de ses membres ne pût faire défection, puisque les charges
auxquelles il aurait échappé seraient retombées tout entières
sur ses autres membres.

64. — L'exemption nécessaire, *vacatio necessaria* ou *causaria*, s'appliquait à tous ceux qui, pour des motifs de santé, n'é-
taient pas aptes au service militaire. L'examen des qualités
physiques des recrues était soumis à l'appréciation souveraine
des *dilectatores* (2), puis, plus tard, des *turmarii*, sorte de
conseil de révision choisi parmi les magistrats municipaux les
plus recommandables, et chargé de présider au recrutement,
sous la haute direction du maitre de la milice (3).

65. — Pouvaient se prévaloir de cette exemption : les recrues
atteintes de certaines infirmités, comme la surdité et la cécité,
les castrats (4), mais non les semi-castrats, qu'on avait déclarés
propres au service, en souvenir de Sylla et de Cotta, qu'un semblable malheur n'avait pas empêchés d'être de grands généraux.
« *Qui cum uno testiculo natus est, quive amisit, jure militabit,
secundum divi Trajani rescriptum: nam duces et Sylla et Cotta
memorantur eo fuisse habitu* (5). »

---

(1) C. 1, C. Th., *de Tironib.*, VII-13.
(2) Ainsi nommés, parce qu'ils dirigeaient les opérations du recrutement (*delectus*).
(3) V. le titre de *Off. magist. mil.* au Code.
(4)   « *Bellica non dextrae convenit hasta tuae ;*
        » *Sunt tibi cum domina signa ferenda tua.* »
(5) L. 4, pr., D., *de re milit.*, 49-16.

66. — Rentrent encore dans cette catégorie d'exemptions, celles qui résultent du défaut d'âge ou de taille.

Sous la République, on entrait dans l'armée à dix-sept ans (1) ; parfois même lorsque l'existence de Rome était en péril, lorsqu'il y avait *tumultus*, on enrôla des jeunes gens qui n'avaient pas encore atteint cet âge, sauf à leur compter, comme passée au service, la période de temps pendant laquelle ils avaient porté les armes par anticipation (2).

Sous l'Empire, le dépérissement physique de la population, énervée par l'oisiveté et les plaisirs, obligea à reculer l'époque de l'entrée au service. On ne fut plus soldat qu'à partir de dix-neuf ans (3).

Etaient exemptées pour défaut de taille, « *parvitate deformes*, » les recrues qui n'avaient pas cinq pieds sept pouces, c'est-à-dire un mètre 634 millimètres (4). Telle était, du moins, la décision de l'Empereur Valentinien II, dans sa Constitution du 25 avril 367 (ap. J.-C.). Mais il résulte bien du passage suivant de Végèce, que sous la République le minimum de taille exigé avait été plus élevé : « Autrefois, dit-il, on voulait que le nouveau soldat soit de grande taille, et l'on ne recevait, parmi les cavaliers des ailes et les fantassins des premières cohortes légionnaires, que des hommes de six pieds ou tout au moins de cinq pieds dix pouces (5). Mais alors il y avait un grand choix parmi les citoyens qui s'adonnaient au métier des armes, parce que les charges civiles n'avaient pas encore attiré à elles la plus belle jeunesse de l'Etat. De nos jours, quand on ne pourra faire autrement, il faudra moins s'attacher à la taille qu'à la vigueur et à la force... (6). »

Nous pouvons encore invoquer à l'appui de cette opinion un

(1) Aulu Gelle : X-28.
(2) Tite-Live : XXII-57. Il résulte de ce texte que l'on ne tenait aucun compte aux engagés volontaires des années de service antérieures au temps fixé pour le commencement du service militaire.
(3) C. 58, *de Decurion.*, C. Th. — C. 1, *de Tironib.*, C. Th.
(4) C. 3, C. Th., *de Tironibus*, VII-13 — Lamarre, loc. cit., p. 207. On se servait pour mesurer les conscrits (*tirones*) d'une perche nommée *incuma* ou *incoma*, du grec κύματα, à cause des entailles qui représentaient les pieds et les pouces.
(5) 1m,777 à 1m,727 millimètres.
(6) Végèce : I-6.

passage de Suétone, qui nous apprend que Néron avait levé dans la banlieue de Rome une légion dont les soldats, tous Romains, avaient six pieds (1).

Il faut reconnaître, d'ailleurs, que les Romains étaient d'une stature plutôt moyenne que grande, et César remarque même que leur petite taille fut souvent tournée en dérision par les colosses de la Germanie. « *Gallis præ magnitudine corporum suorum, brevitas nostra contemptui est* (2). »

67. — La troisième exemption, « *vacatio honoraria,* » se donnait comme récompense d'un grand service rendu à l'État, et était très-rare : le Sénat et le peuple avaient seuls le pouvoir de l'accorder (3).

68. — A côté de ces diverses causes d'exemption, il y en avait qui résultaient de l'exercice de certaines professions ayant avec le service militaire un rapport tellement intime qu'elles en tenaient lieu. Les citoyens qui étaient ainsi dispensés avaient en général le caractère militaire sans en avoir les obligations ; ils réunissaient bien les qualités requises pour être soldats, mais on les laissait à leur profession, parce qu'en l'exerçant ils rendaient à l'armée des services spéciaux.

C'étaient des employés civils attachés aux services de la comptabilité des hôpitaux et des subsistances militaires, ou bien encore des ouvriers et surveillants dans les fabriques de l'État ou les magasins d'armes (4).

69. — Au service de la comptabilité étaient attachés : les *librarii militum,* qui tenaient les livres du décompte des soldats ; les *librarii depositorum,* préposés à la caisse des dépôts où les soldats versaient leurs économies ; les *librarii caducorum,* qui tenaient celle où étaient versées les sommes provenant de la succession des soldats morts *intestats*.

Au service des hôpitaux appartenaient les médecins (*medici*) ;

---

(1) Suétone . *Nér.*, 53.

(2) Cæsar : *Bel. Gal.*, II-30.

(3) Cicéron : *Philipp.*, V-19 — *de Natur. deor.*, II-22 — Tite Live : XXIII-20 — XXXIX-19.

(4) V. l. 6, *de jure immunitat.*, D. 50-6, texte qui renferme l'énumération de ces diverses dispenses ; Serrigny, I-353, donne des détails sur les fonctions de la plupart de ces employés et nous empruntons notre classification à la remarquable monographie de M. Guyho sur *l'Organisation militaire.*

les infirmiers (*qui œgris præsto sunt*); les directeurs et employés des hôpitaux et ambulances (*valetudinarii*); enfin les vétérinaires (*veterinarii*).

70. — Au service des subsistances militaires étaient employés : les collecteurs (*susceptores annonæ*), chargés de réunir, au moyen de réquisitions, les fournitures militaires ; les commis chargés de fixer la quantité des denrées nécessaires (*suscribendarii*) ; les commis (*actuarii*), chargés d'ordonnancer les mandats (*pittacia*); les *optiones*, qui livraient les fournitures sur le vu des mandats ; les employés qui partageaient les vivres entre les soldats (*librarii horreorum*) ; les *mensores*, qui marquaient les maisons pour les logements militaires ; les bouchers (*lanii*) ; les bûcherons et les charbonniers (*qui sylvam infundunt et qui carbonem cædunt aut torrent); les chasseurs (*venatores*) et les découvreurs de sources (*aquilices*).

71. — Dans les fabriques de l'État, on trouvait les fabricants de caisses pour mettre l'argent (*artifices capsarii*) ; les architectes (*architecti*) ; les constructeurs de balistes (*ballistarii*) ; ceux qui fabriquaient les flèches (*sagittarii*) ; les fondeurs (*ærarii*) ; les charrons (*carpentarii*) ; les fabricants de trompettes d'airain et de clarinettes en bois de vigne (*tubarii et cornuarii*).

Dans les magasins d'armes, on rencontrait les agents préposés à la garde des armes (*custodes armorum*) et les aides du maître de l'arsenal (*optiones fabricæ*).

Jouissaient encore de la même dispense : les scribes des tribuns militaires (*adjutores corniculariorum*); les écuyers qui dressaient les chevaux destinés à l'armée (*stratores*).

Enfin, dans l'intérêt de la marine, on refusait comme recrues les pilotes (*gubernatores*), et les charpentiers de navire (*naupagi*).

C'est ainsi que, de nos jours encore, d'après la loi du 3 brumaire an IV, combinée avec l'article 14 de la loi de 1832, les charpentiers, perceurs, voiliers et calfats employés dans les arsenaux de l'État, étaient considérés comme ayant satisfait à l'appel, et comptés numériquement en déduction du contingent.

SECTION II.

Opérations du Recrutement.

---

72. — Sous les premiers rois, les opérations du recrutement étaient aussi rapides que peu compliquées : aussitôt la guerre déclarée les tribuns en avertissaient les centurions, ceux-ci transmettaient l'ordre de convocation aux décurions qui distribuaient les armes aux soldats (1) et le lendemain l'armée était prête à entrer en campagne.

73. — Mais bientôt cette simplicité toute primitive fit place à un système de mobilisation plus compliqué, et on distingua, suivant les cas, trois sortes de levées : la *legitima militia* ou *sacramentum*, la *conjuratio* et l'*evocatio*.

Lorsque les circonstances n'étaient pas très-pressantes, que la guerre était lointaine, ou qu'on avait affaire à un adversaire peu sérieux, c'était suivant les formes de la *legitima militia* que s'opérait l'enrôlement.

On laissait alors s'écouler trente jours d'intervalle entre la déclaration de guerre et l'entrée en campagne ; pendant ces trente jours, qu'on appelait *justi dies*, avaient lieu les préparatifs : un étendard rouge était arboré sur le sommet du Capitole, des crieurs publics parcouraient les campagnes en appelant le peuple aux armes, enfin l'avis indicatif du jour de l'enrôlement était affiché dans tous les lieux publics.

---

(1) Denys d'Halicarnasse : II.

Au jour fixé, après l'accomplissement des sacrifices solennels et quand les auspices avaient été consultés, le consul *torquebat collum*, expression significative pour dire qu'il procédait à la levée (1) (plus tard ce furent aux tribuns que ces fonctions furent dévolues) (2) ; les jeunes gens étaient réunis, on faisait l'appel nominal, « *citabant nominatim juniores*, » chacun devait répondre en personne ; puis on opérait la répartition des conscrits dans les divers corps.

Nous trouvons dans Polybe (3), sur cette dernière opération, les renseignements suivants, qu'il donne à propos de la levée des quatre légions qu'on avait coutume de mettre sur pied tous les ans : « Lorsque le choix et le partage des tribuns sont ter-
» minés de sorte que chaque légion soit représentée par un même
» nombre de chefs, ceux-ci, assis dans le camp, sur des points
» éloignés les uns des autres, tirent au sort, une à une, les tribus
» et appellent à eux successivement celles que le sort désigne. Ils
» y choisissent quatre jeunes gens aussi semblables que possible
» pour l'âge et l'extérieur : quand ils se sont approchés, les tribuns
» de la première font leur choix les premiers, puis ceux de la
» seconde, enfin ceux de la troisième et en dernier lieu, ceux de
» la quatrième. Quatre autres jeunes gens sont ensuite appelés à
» leur tour et cette fois le choix appartient d'abord aux tribuns
» de la seconde légion, et ainsi de suite, ceux de la première
» étant les derniers..... Le même ordre s'observe jusqu'à la fin,
» ce qui fait que les légions se composent d'hommes à peu près
» semblables (4). Autrefois, dès que le nombre fixé était atteint,
» on choisissait les cavaliers pour les joindre aux fantassins ;
» maintenant c'est par eux qu'on commence, et le censeur les
» choisit d'après leur fortune, au nombre de 300 par légion (5). »

Ce classement des hommes dans leurs corps respectifs ainsi opéré, ils étaient immatriculés sur le grand registre des légions (6), où figurait le nom de chaque soldat avec ses années

---

(1) Cicéron : *de Leg.*, III-2.
(2) Ce fut vers l'an 582 (de la fondation de Rome), V. Tite-Live : XLII-33.
(3) Polybe : VI-20.
(4) On a prétendu que c'est de ce mode de répartition par choix, qu'est venu le mot légion (*legere*, choisir).
(5) Le censeur choisissait les cavaliers d'après leur revenu. Polybe : VI-4.
(6) C'est ce registre qu'on appelait κατάλογος μέγας.

de service en regard, et conviés à un rendez-vous général.

Ce rendez-vous était toujours fixé hors de la ville pour des raisons politiques faciles à comprendre dans une république : d'une part, en effet, le soldat ayant juré obéissance absolue à son chef, il y aurait eu péril pour la liberté à l'abandonner à la merci d'un général et d'un autre côté il eût été dangereux pour la discipline de fixer au début des limites à l'obéissance militaire, qui, pour être efficace, doit toujours être passive (1).

Une fois les enrôlés réunis au lieu fixé, on leur remettait leurs enseignes, on leur assignait leurs rangs et on les incorporait dans leurs centuries respectives, d'où l'expression : « *centuriare milites.* »

74. -- C'est alors qu'ils prêtaient le serment militaire. En voici la teneur qui, du reste, ne fait pas grand honneur à la probité du soldat romain : « A l'armée, sous les consuls ***, à dix milles à la ronde, ni seul, ni avec plusieurs, je ne commettrai par ruse ni méchanceté, aucun vol dont la valeur excède un numme d'argent (2). Toutes les fois que j'aurai pris hors du camp une lance, un bois de lance, du bois, du fourrage, une outre, un sac, une torche ou quelque autre chose qui ne m'appartiendra pas et vaudra plusieurs nummes d'argent, je le rapporterai au consul ; je lui dénoncerai, dans les trois jours, tout ce que j'aurai trouvé ou enlevé sans mauvais dessein et le lui remettrai ou à celui que j'en croirai propriétaire. Jamais la peur ne me fera quitter mon drapeau pour prendre la fuite, et je ne sortirai des rangs que pour ramasser un javelot, sauver un citoyen ou frapper un ennemi (3). »

Ces formalités remplies, le consul, revêtu de l'habit du général (*paludatus*), venait rejoindre ses troupes, après avoir remué les boucliers sacrés au temple de Mars ; il faisait un sacrifice, prenait note des absents, qui étaient dès lors, sauf le cas d'excuse légitime (4), passibles des peines infligées aux déserteurs (5), puis, après avoir purifié son armée, il marchait à l'ennemi.

(1) V. *Journal officiel* du 28 mai 1872 : Discours du général Changarnier.
(2) Il valait environ 25 centimes. — V. Letronne, l. c.
(3) Polybe : VI-21 — Tite-Live : III-20.
(4) Tite-Live : III-69 — Aulu Gelle : XVI-4.
(5) L. 3, § 7, D. *de re milit.*, 49-16.

75. – Telles étaient les formes de la levée régulière, *legitima militia*, mais quand on était attaqué à l'improviste, quand un grand désastre obligeait le Sénat à déclarer la République en danger, il eût été dangereux de suivre les formalités lentes et compliquées que nous venons de retracer.

En pareil cas, les consuls lançaient du haut du Capitole un appel aux armes : « *qui rempublicam salvam esse vult, me sequatur.* » On arborait deux drapeaux sur le Capitole, l'un rouge pour les fantassins, l'autre verdâtre pour les cavaliers ; les femmes, revêtues de leurs vêtements de deuil, se rendaient dans les temples, pendant que tous les citoyens en état de porter les armes, sans exception (1), endossaient l'habit du soldat, le *sagum*, et se réunissaient pour prêter, tous ensemble, le serment militaire. C'est de ce serment que venait, sans doute, le nom de *conjuratio*, qu'on avait donné à ce mode de levée.

Lucain y fait allusion en décrivant l'alarme qui se répandit dans Rome à l'approche de César :

                           o

       « . . . . Ferale per urbem
   « Justitium : latuit plebeio tectus amictu
   « Omnis honos : nullos comitata est purpura fasces,
   « Tunc questus tenuere suos, magnusque per urbem
   « Erravit sine voce dolor. . . . . . .
      « . . . . Cultus matrona priores
   « Deposuit, mæstæque tenent delubra catervæ. »

Cette levée extraordinaire s'opérait avec une rapidité telle, qu'au dire de Tite-Live, le dictateur Quintius put, en une seule et même journée, improviser une armée pour courir au secours du consul Minutius, enveloppé par les Eques (an de Rome 295). Les légions recrutées suivant ce mode exceptionnel prenaient le nom de *tumultuariæ legiones* et ceux qui les composaient celui de *subitarii milites*.

76. — Il y avait encore une troisième forme de levée, l'*evocatio :* elle s'opérait au moyen de commissaires nommés par le Sénat et appelés *conquisitores* (2), qui parcouraient les villes et

---

(1) Cicéron : *Phil.*, V-19 — VIII-1 — Tite-Live : X-5 — XXXVI-56 — Appien : *Bell. Civ.*, II.
(2) Cicéron : *pro Mil.*, 26-67 — *ad Attic.*, 10.

les campagnes, recherchant et enrôlant les hommes de condition libre : « *quum ad diversa loca, diversi, propter cogendos militbantur exercitus.* » Ce mode d'enrôlement, usité seulement à l'origine en cas de péril, se généralisa bientôt, quand les lois Julia et Plautia Papiria eurent accordé aux Italiens le *jus civitatis* (1). Plus tard même, à l'époque des guerres civiles, les généraux créant des légions à leur gré, les anciennes règles tombèrent dans l'oubli, et l'*evocatio* devint le mode normal de recrutement (2).

77. — La formation de légions permanentes sous Auguste vint apporter de nouvelles modifications dans le mode des levées ; chaque légion ayant dès lors sa province, on n'eut plus besoin que de recrues, et l'enrôlement de ces recrues ne put s'opérer que sur un ordre de l'Empereur, qui en détermina arbitrairement le nombre (3).

78. — L'esprit militaire, bien qu'affaibli, resta encore pendant quelque temps assez vivace pour que les engagements volontaires pussent suffire au maintien de l'effectif (4). Lorsqu'on avait un pressant besoin de soldats, on les favorisait par tous les moyens possibles ; on alla même, nous l'avons vu, jusqu'à faire appel aux esclaves. La prime d'engagement varia aux diverses époques et suivant les circonstances. La moyenne, pour les hommes libres, était de dix sous d'or, dont trois versés au moment même de l'engagement ; quant aux esclaves, on leur donnait la liberté avec une petite gratification en argent (5).

Mais peu à peu, le nombre des surnuméraires, *adorescentes* (6), qui se faisaient spontanément instruire dans les camps permanents, en attendant les vacances, diminua et devint insuffisant. Il fallut admettre à côté des engagements volontaires, des appels forcés et en revenir au service obligatoire, mais dans des conditions beaucoup plus pénibles que sous la République.

---

(1) Appien : *Bell. Civ.*, I-49-83.
(2) César : *Bell. Gal.*, V-57 — VII-1 — *Bel. Alex.*, 56 — Appien : *Bell. Civ.*, I-80 — II-34 — Plutarque : *Pomp.*, 23.
(3) Végèce : II-5 — I. 3, D. *ad legem Jul. majest.*
(4) C. 1 et 2, C. Th., *quid prob. debent*, VII-2.—C. 6, C. Th., *de Tironib.*, VII-13.
(5) C. 16 et 17, C. Th., *de Tironib.*, VII-13.
(6) C. 11, C. Th., *de re milit.*

79. — De ce jour, il fallut distinguer divers genres d'appel. Les appels *ordinaires*, avaient un double caractère et constituaient tantôt une charge réelle, tantôt une charge personnelle. Il avait en effet paru impossible d'imposer comme autrefois à tous les hommes libres l'obligation du service militaire et on avait substitué à cette ancienne organisation aussi simple qu'équitable, un système qui faisait porter tout le poids de cette charge sur certaines catégories d'individus seulement.

Il y eut donc certaines classes de personnes qui étaient obligées de fournir des recrues (*tirones*), soit à raison des biens qu'elles possédaient et comme en vertu d'un impôt foncier; soit à raison de leur condition sociale et de leur qualité. Il y en eut d'autres, au contraire, qui furent assujettis au service militaire pour leur propre compte.

80. — En principe, la charge du service militaire était réelle, c'est à-dire imposée *pro viribus patrimoniorum*, comme récemment encore en Russie, où chaque seigneur devait fournir, suivant une proportion fixée dans l'Ukase qui déterminait chaque année la force du contingent (1), un certain nombre de colons de ses domaines.

81. — Le décret qui fixait le chiffre total du contingent, *l'indictio* (2), établissait en même temps la part afférente à chaque province; sur cette donnée, les divers gouverneurs de province déterminaient, à leur tour, la mesure de terre pour laquelle chaque propriétaire devait fournir un soldat.

Quand plusieurs propriétaires n'avaient chacun qu'une portion de terres trop minime pour être tenus de l'obligation de fournir une recrue, ils devaient se réunir à plusieurs pour exécuter cette prestation (3). Nous retrouverons des institutions

(1) V. Serrigny : loc. cit., I, p. 518 — C. 7, C. Th., *de Tironibus*, VII-13.
(2) Le mot *indictio* signifie à proprement parler un cycle de quinze années, dont l'établissement paraît remonter au règne de Constantin ou au moins de Constance; d'où l'on peut inférer qu'à cette époque, le décret qui fixait le chiffre total du contingent était renouvelé tous les quinze ans seulement. L'*indictio*, comme autrefois les Olympiades en Grèce, resta longtemps en usage comme mode de supputation des années, et on la trouve employée pour déterminer la date d'un grand nombre de chartes des Empereurs d'Allemagne et de bulles des Papes. V. de Wailly : *Éléments de paléographie*, I-73 — 94 et 95.
(3) C. 14, C. Th., *de extraord. sive sord. mun.*, XI-16.

analogues en France, sous l'ancien régime, où l'obligation de fournir un homme d'armes était imposée à un certain nombre de feux quand les roturiers étaient astreints à cette charge (1).

On était ainsi arrivé à un mode de recrutement entièrement opposé à celui des premiers temps et dont les résultats ne montraient que trop l'infériorité. Vexatoire pour les classes riches qui se trouvaient frappées arbitrairement de charges très-lourdes, inique pour ceux à qui elle imposait le service personnel, cette triste législation devait avoir en outre sur la composition de l'armée les effets les plus désastreux, puisqu'elle n'amenait dans son sein que le rebut des populations.

82. — L'*Indictio* était suivie de la *Protostasia* (2), opération qui, suivant les conjectures les plus vraisemblables, consistait à établir l'assiette de cet impôt du sang et à le répartir entre les divers imposés. La protostasie constituait une charge publique, réelle, « non *munus corporale sed patrimonii tantum*, » à laquelle on ne pouvait se soustraire et dont très-peu de personnes étaient exemptées, les sénateurs eux-mêmes et les anciens primipiles y étant soumis (3).

Aussi était-ce une charge peu enviée et peu enviable, puisque ceux sur qui elle pesait, répondaient sur leurs biens de la fidèle exécution de leur mandat (4).

Cette répartition une fois opérée, l'Empereur lançait un second décret appelé « *jussus*, » qui ordonnait le « *delectus*, » c'est-à-dire le commencement des opérations de recrutement et de révision.

83. — Le propriétaire soumettait alors à une sorte de conseil de révision, composé dans les trois premiers siècles de l'Empire de magistrats appelés *dilectatores*, les recrues qu'il présentait pour le service.

---

(1) *Instruct. des États généraux* du 4 mars 1356, art. 6.

(2) V. C. 1, 3, 4, C. Th., tit. *de Protostasia*, XI-23 et C. 7, C. Th., *de Tironib.*, VII-13. Cette dénomination vient sans doute de ce que l'impôt du recrutement était l'impôt par excellence.

(3) V. C. 1-3 *et ultim.*, C. Th., *de protostasiâ*, XI-23, — C. 8, C. J. *de munerib. patrimon.*, X-11 et les commentaires de J. Godefroy et de Heller sur ces lois.

(4) V. C. 8, C. *de muneribus patrimon.*, X-11, qui montre que cette institution s'était perpétuée jusque sous Justinien.

Ces *directatores*, qui furent plus tard remplacés par des magistrats municipaux appelés *turmarii* (1), exerçaient leurs fonctions avec le concours d'employés nommés *censitores* et sous
la présidence des maîtres de la milice (2), et examinaient si les
jeunes gens présentés réunissaient les qualités requises pour
être soldats et s'ils ne se trouvaient pas dans quelqu'un des
nombreux cas qui excluaient ou exemptaient du service militaire.

Cet examen, portant sur l'ensemble des *tirones indicti*, devait
forcément laisser une large place à la faveur et à la fraude ; c'est
ce qui se produisit en effet, et les écrivains de l'époque ne trouvent pas d'expressions assez indignées pour blâmer ces fonctionnaires, qui, par corruption, introduisaient dans l'armée des
éléments détestables à tous égards. « D'où nous viennent tant de
« défaites, s'écrie Végèce, si ce n'est de cette longue paix qui
« rend le soldat négligent et indiscipliné ; maintenant, les hon-
« nêtes gens s'adonnent aux fonctions civiles, tandis que la fa-
« veur et la fraude admettent dans les cadres de l'armée des
« soldats dont les propriétaires ne veulent plus pour valets ! »

Ces abus, qui partaient de haut, semblaient même encoura-
gés par les Empereurs, puisqu'une Constitution permit aux propriétaires de présenter, pour un seul, deux hommes mutilés, ou
atteints d'infirmités assez graves pour les faire exclure indivi-
duellement du service.

84. — A côté de ces appels ordinaires, qui constituaient un
impôt réel, il y avait d'autres appels ordinaires qui avaient plutôt le caractère de charges personnelles. C'est ainsi qu'à raison
de leurs titres et qualités et sans qu'on tînt compte de leurs
propriétés, les sénateurs (3), les prêtres païens, les chefs des
curies, *principales*, les curiaux (4), etc., étaient tenus de fournir un certain nombre de recrues.

85. — De plus, il y avait encore des appels *forcés* qui frappaient les fils de vétérans et de militaires. Le principe de l'hérédité qui avait été admis à la charge des enfants des curiaux,
se retrouve ici, et avec un caractère tout particulier. En effet,

(1) C. 3, C. Th., *de privileg. cor. qui in sacr. pal.*
(2) V. le titre *de off. mag. mil.* au Code.
(3) C. 7-13-14 *de Senatoribus*, C. Th.
(4) C. 7-15-18-20, C. Th., *de Senatoribus.*

ces fils de vétérans et de militaires obligés d'embrasser la carrière de leurs pères devaient entrer dans le corps où ces derniers avaient servi. On alla même plus loin et une Constitution
attribua dans certains cas au fils aîné le grade de son père (1).

L'exécution de cette lourde charge héréditaire était sanctionnée par des peines rigoureuses que nous indiquerons. Non
seulement les parents devaient, quand leurs fils avaient atteint
l'âge de 19 ans, les présenter eux-mêmes à l'armée, mais si,
plus fort que la crainte des supplices, l'amour paternel leur
avait suggéré quelque moyen de les soustraire à cette charge
accablante, s'ils étaient parvenus à les faire entrer dans les
fonctions civiles, ils étaient recherchés, destitués et dirigés sur
leurs légions, où ils étaient soumis aux plus dures corvées.

Il vint pourtant un moment où l'on se départit un peu de
cette rigueur : on accorda aux fils de militaires une option.
Mais quelle option ? Ils avaient le choix entre le service militaire
et les fonctions, tout aussi tristes et peut-être plus onéreuses, de
la curie (2). Jusqu'à 25 ans, ils étaient libres d'embrasser la
carrière des armes ; ce délai une fois passé, sans qu'ils eussent
pris parti, ou bien encore si des vices de constitution ne leur
permettaient pas d'être soldats, de plein droit ils devenaient
inévitablement décurions.

86. — Quant aux appels *extraordinaires*, ils frappaient sur
tous les hommes libres, mais non pas indistinctement (3) ; ainsi
on suivait un certain ordre : d'abord on prenait les *adcrescentes*,
soldats surnuméraires qui n'étaient pas compris sur les cadres ;
puis, comme on ne voulait pas amoindrir les revenus de l'État,
et qu'il eût été aussi difficile que dangereux de priver les militaires de l'exemption d'impôts dont ils jouissaient, à une époque
surtout où ils se faisaient un jeu de créer et de renverser les
Empereurs, on avait décidé que les cadres seraient remplis, *ex
incensitis aut adcrescentibus*, par ceux qui n'étaient pas inscrits
sur les registres du cens ou qui n'y figuraient que comme sup-

(1) V. le titre de *filiis militar.*, etc., C. Th., VII-22.
(2) C. 2-4-5, C. Th., *cod. tit.*, VII-22. V. J. Godefroy, Com. sur cette loi.
(3) Il pouvait cependant y avoir dans les cas d'absolue nécessité, *in imminentibus
necessitatibus*, levée en masse de tous les hommes libres sans distinction. C. 17,
C. Th., *de Tironib.*, VII-13.

pléants, pour parfaire la somme demandée, au cas d'insolvabilité des *censiti*.

87. — Quand les *Turmarii* avaient terminé leur examen, qu'ils avaient décidé si les recrues réunissaient toutes les conditions exigées pour entrer dans l'armée, lorsque les jeunes gens avaient été déclarés bons pour le service, ils devaient prêter le serment militaire. Dès cet instant, le citoyen était transformé en soldat, il était attaché au service par un lien définitif et sacré : « Ὁ Στρατιωτικὸς ὅρκος τῆς Ῥωμαίων ἀρχῆς σεμνὸν μυστήριον (1). » Cet engagement était immuable.

Nous avons vu comment se prêtait le serment sous la République, et nous en avons indiqué la formule sacramentelle ; à partir d'Auguste, la coutume s'établit de jurer obéissance à chaque nouvel Empereur, au moment de son avénement, et on renouvelait ce serment tous les ans au 1er Janvier. C'était ce que l'on appelait : le « *solemne calendarum januarium sacramentum* (2). » Ce serment consistait à jurer, par Dieu et la Majesté Impériale, fidélité et soumission à Dieu et à l'Empereur et obéissance aux chefs. Enfin le soldat s'engageait à ne jamais abandonner son drapeau et à verser au besoin son sang pour le salut de l'Empire.

88. — Après la prestation du serment militaire, on soumettait le conscrit à des épreuves, qui avaient pour but de s'assurer s'il était réellement assez fort pour supporter les fatigues de l'état militaire. Si elles lui étaient défavorables, il était réformé et renvoyé dans ses foyers. S'il les supportait heureusement, alors on le marquait aux bras, afin qu'en cas de désertion il pût être facilement reconnu (3), puis on lui désignait un corps où il était envoyé, et c'était seulement quand il y était arrivé et immatriculé, *in numeros relatus*, qu'il était soldat et jouissait des prérogatives attachées à ce titre. Jusque-là, il était encore

(1) Herod., cap. *in Gord.*, 14.
(2) Tacite : *Hist.*, 1-55 — Suétone : *Galb.*, 16.
(3) V. C. 4, *de Fabricensibus*, C. Th. X-22 — C. 5, *de Fabricensib.*, C. Justin — Végèce : 1-8 — 11-5 — Et Serrigny : l. c. C'est là sans doute qu'il faut chercher l'origine de cette habitude encore pratiquée de nos jours, où sont les ouvriers appartenant à certaines corporations de compagnonnage de se faire sur les bras des tatouages analogues aux marques qu'on imprimait sur ceux des soldats romains. Dans nos armées modernes, on ne marque plus que les chevaux.

considéré comme un simple citoyen, et le *tiro*, qui rejoignait sa légion, n'avait à se prévaloir ni à souffrir des avantages ou des inconvénients qui sont l'apanage des militaires : « *Relatio in numeros ultimus actus est, ex non milite militem efficiens et omnia militaria tribuens jura ac privilegia.* » Les préfets du prétoire et les *magistri militum* eurent successivement entre leurs mains la haute direction du recrutement (1).

SECTION III.

Le remplacement. — Les marchands d'hommes et l'exonération militaire à Rome.

89. Considérations générales sur le remplacement militaire. — **90.** Introduction de cette institution dans les armées romaines. — **91.** La prototypie. — **92.** Création de l'exonération militaire. — **93.** Rapprochements entre le système d'exonération à Rome et le nôtre. — **94.** L'exonération se transforme forcément à la longue en un impôt financier proportionnel.

89. — Pour peu qu'on étudie la philosophie de l'histoire, on observe que les sentiments d'abnégation et de patriotisme, toujours très-vifs dans une société en voie de formation, s'affaiblissent et périclitent chez une nation à mesure qu'elle avance davantage dans le chemin de la civilisation, pour faire place aux préoccupations de bien-être et aux instincts égoïstes.

Ce phénomène s'est manifesté à Rome d'une manière particulièrement remarquable. Fatigués des longues guerres de la République et du commencement de l'Empire ; enrichis des dépouilles de l'univers qu'ils avaient vaincu ; amollis par des richesses et un luxe qui n'ont jamais été égalés, les Romains

(1) C. 17, C. J., *de re militari*, 12-36.

en arrivèrent à considérer le service militaire, qui avait fait leur grandeur, comme une charge odieu e et vexatoire et cherchèrent à s'en exempter à tout prix.

Sous l'influence de ces idées funestes, signe infaillible d'une décadence prochaine, sous l'empire surtout de considérations financières et pour combler la pénurie du Trésor public (1), le service militaire finit, sous les derniers Empereurs, par perdre son véritable caractère ; il n'est plus envisagé comme une dette éminemment personnelle qui doive s'acquitter en nature ; c'est un impôt comme un autre, auquel on peut échapper moyennant une somme plus ou moins forte. On autorise d'abord le remplacement, puis l'État s'attribue le monopole de ce trafic et l'exonération est établie.

Ce qu'il faut surtout remarquer, aujourd'hui que le système du remplacement compte encore des adeptes (2), c'est qu'à Rome, cette dangereuse institution produisit les déplorables effets qui sont toujours la conséquence forcée de son admission et qu'elle acheva rapidement la désorganisation d'une armée qui portait déjà dans son sein, il est vrai, bien des éléments de dissolution.

Partout, en effet, où les classes aisées et partant les plus intéressées au maintien de l'ordre et de la prospérité publics, celles chez qui l'instruction et l'éducation ont le plus largement développé les sentiments de devoir et d'honneur, peuvent se soustraire à la charge du service militaire, soit en payant une certaine somme à l'État, soit en fournissant directement un remplaçant, l'armée ne tarde pas à perdre en considération ; ses meilleurs éléments lui échappent ; le soldat n'est plus considéré comme un homme qui accomplit un devoir sacré, mais comme un mercenaire dévoué à l'avance à qui mettra à plus haut prix son sang et ses services. La discipline se perd peu à peu

---

(1) « *Exhausti ararii necessitas,* » comme l'exposent les Empereurs Honorius et Théodose : l. unic., *qui a prohibitione tir.* C. Th.

(2) L'institution du remplacement, que la nouvelle loi militaire vient d'abolir chez nous, existe encore dans un grand nombre d'états de l'Europe : en Espagne, (loi du 30 mars 1870), en Portugal, en Belgique (loi du 3 juin 1870), dans les Pays-Bas ; et même en Russie, où elle doit pourtant disparaître dans un avenir prochain. (Décision du Conseil de l'Empire du 14 novembre 1871.)

dans une armée recrutée de la sorte, car la moyenne de moralité y baisse chaque jour davantage et les cadres ne sont plus
formés que d'officiers souvent incapables et partant sans ascen-
dant sur leurs hommes. En un mot, partout et toujours, à Rome
comme chez nous, l'État et la société sont les dupes de ce trafic révoltant qui permet à un citoyen de se faire tuer par procuration en la personne de quelque malheureux, incapable de
comprendre l'importance et la grandeur de la mission qu'il
remplit.

90. — C'est à peu près vers le quatrième siècle, que le système des remplaçants s'introduisit dans les armées romaines.
A cette époque, une agence, nommée *Protolypia* (1), fut autorisée à remplacer, moyennant une certaine somme d'argent,
soit les jeunes gens qui tenus personnellement au service voulaient s'y soustraire, soit les recrues que les propriétaires fonciers devaient fournir, quand, pour ne pas laisser la culture de
leurs terres en souffrance, ils préféraient conserver près d'eux
leurs colons (2).

91. — Ces marchands d'hommes se montraient plus ou moins
exigeants, suivant les circonstances, suivant l'élévation du contingent, les chances de guerre et le caractère des populations
soumises au recrutement; car, bien qu'en tous lieux il y ait
des braves et des lâches, on avait admis l'influence des climats
sur les qualités physiques et morales (3) ; et, comme on considérait les peuples du Nord plus propres à la guerre que ceux du
Midi, on demandait aussi un prix plus élevé pour leur rempla-

---

(1) On n'est pas très-bien fixé sur la nature de cette institution, et il faut reconnaître avec J. Godefroy, ad C. 1 *de Protostasia*, que c'est une des matières les plus
embrouillées du Code Théodosien. Le nom grec de la protolypie montre que cette institution a dû fonctionner à l'origine en Orient. C. 1, C. Th., *de Protostasia*.

(2) A l'origine, la protolypie fut comme la protostasie une charge réelle, en vertu de
laquelle certains propriétaires fonciers devaient fixer la somme moyennant laquelle
chaque individu appelé au service pouvait se faire remplacer : « ita quidem ut qui
protolypiæ munere fungeretur, æstimaret seu pretium formale, seu statueret
quod loco tironum inferendum erat, atque ita formam daret quæ etiam procul
dubio nominis ratio est πρωτοτασια et πρωτοτυπις, » mais bientôt cette charge fut
recherchée à cause de l'influence et des bénéfices qu'elle assurait à ceux qui en étaient
chargés. V. Com., de J. Godefroi, ad C. 2, *de protostasia*, C. Th., XI-23 et
C. 7, C. Th., *de Tironib.*, VII-13.

3) V. Végèce, loc. cit.

cement. Il y avait même des peuples belliqueux, nos ancêtres, par exemple, qu'on n'admit jamais à se faire remplacer : c'était leur sang et non leur or qu'on exigeait.

Mais c'est le propre de ce genre d'industrie de donner lieu, en tout temps, aux plus scandaleuses manœuvres : la Prototypie ne tarda pas à se signaler par de criants abus. Comme on y gagnait beaucoup d'argent, les plus grands personnages ne rougirent pas de s'y affilier et de l'appuyer de leur crédit. Les employés subalternes, pour se rendre agréables à leurs chefs, la favorisèrent bassement. Les propriétaires se virent refuser leurs meilleures recrues et obligés ainsi de s'adresser à l'agence de remplacement ; il leur fallut payer de sommes fabuleuses des remplaçants de la pire espèce, et encourager par là, indirectement, l'odieuse institution dont ils étaient victimes (1).

92. — Frappé de ces inconvénients et de ces abus, l'empereur Valens supprima la Prototypie et les agences analogues pour leur substituer un système d'exonération semblable à celui qui fut établi en France par la loi du 26 avril 1855.

De nombreuses Constitutions d'Honorius et de Théodose, de Valens et d'Arcadius, des années 375, 397 et 410, eurent pour objet de réglementer cette exonération. Le prix était fixé arbitrairement par l'Empereur selon les circonstances et variait entre 25 et 30 sous d'or (2) ; avec cet or, l'État achetait des soldats parmi les Barbares (3) suivant ses besoins, et se faisait avec l'excédant un revenu considérable. L'agent chargé de recueillir le prix de l'exonération s'appelait *temonarius* (4), et cette charge était désignée sous le nom d'*onus temonis* (5), ou bien encore d'*auri munus* (6), qualification que lui donnent les empereurs Honorius et Théodose. Plus tard on la trouve généralement désignée sous le nom d'*adœratio*, mot formé de *œs* et qui signifie conversion d'une prestation en argent. Tantôt et suivant

(1) V. Serrigny : I-331 — J. Godefroy et Guyho, loc. cit.
(2) Les sous d'or, *solidi*, étaient la 72ᵉ partie de la livre d'or et valaient environ 15 fr. 10 c., v. C. Th., C. 15 et C. 20 de *Tironib.*, C. 8 de *Desertorib.*, C. 13 de *Susceptorib.*
(3) V. *dict.*, C. 7, C. Th., de *Tironib.* VII-13.
(4) C. 3, C. de *Desertoribus*.
(5) C. 18, C. Th., de Extraord. sive sord. *muncrib*.
(6) C. Unic., C. Th., qui a *prœb. tir.*

les décisions contradictoires des Empereurs, les propriétaires
devaient fournir des hommes, tantôt au contraire la conversion
en argent leur était imposée; mais il y eut toujours certaines
classes de personnes privilégiées (1), comme les sénateurs, par
exemple, qui jouissaient en tout temps de l'option. En vertu
d'une faveur analogue, il y avait certaines terres qui n'étaient
jamais tenues qu'à une prestation pécuniaire ; les domaines du
prince, notamment, ne supportaient jamais que l'*onus temonis*.

93. — Bien qu'il soit peu probable que les législateurs de
1855 aient connu les dispositions du Code Théodosien, on voit
que l'institution de l'exonération n'est pas une création nouvelle
et qu'elle était parfaitement connue et pratiquée à Rome.

Il y a pourtant des différences capitales entre l'exonération
romaine et celle qui a fonctionné chez nous jusqu'à ces dernières années (2) : Dans notre législation, l'exonération a toujours été facultative; tout conscrit a toujours été libre d'acquitter sa dette en nature ou en argent. A Rome, au contraire, les
Empereurs imposèrent souvent la conversion en argent de cette
dette du sang : la pénurie fréquente du Trésor public et le caractère du recrutement qui était devenu le plus souvent, comme
on l'a vu, une charge réelle imposée aux propriétaires fonciers,
alors qu'en France le tirage au sort a toujours été une obligation personnelle, expliquent cette différence.

A un autre point de vue encore, l'exonération romaine se
distingue de la nôtre : chez nous cette faculté était un droit
dont se pouvaient prévaloir indistinctement tous les appelés,
tandis qu'à Rome c'était parfois une faveur accordée à certaines
personnes privilégiées.

94. — Le résultat de cette institution de l'exonération fut
donc, comme l'a remarqué très-justement M. Serrigny, de
transformer d'abord la charge du recrutement en une prestation en argent, puis ensuite, en un impôt financier proportionné
à la richesse (3). Cette révolution s'opéra rapidement : on fit ressortir en effet l'injustice qu'il y avait à exiger du pauvre pour

(1) C. 7 et l. 13, C. Th., de *Tironib*.
(2) V. Serrigny, p. 333.
(3) Cette transformation des impôts en nature, en contributions pécuniaires, prit à
ce moment une grande extension. V. C. 28-50-31-32, C. Th., *de crog. milit*.

son exonération une somme égale à celle qu'on prélevait sur le riche, on réclama pour cet impôt une proportion analogue à celle que l'équité avait fait admettre pour d'autres charges de même nature ; le désir de popularité venant appuyer ces considérations, et les besoins financiers augmentant chaque jour, elles finirent par triompher. Il n'est pas douteux que le même résultat se fût produit chez nous, si le système de la loi de 1855 avait été maintenu.

C'est ainsi que, de nos jours en Autriche-Hongrie, les citoyens qui échappent au service militaire pour des motifs divers, en vertu des articles 17 et 32 de la loi du 5 décembre 1868 sur le service militaire, ont à payer une taxe militaire proportionnée à leurs ressources pécuniaires, et dont le mode de paiement et la quotité sont réglés chaque année par une loi spéciale (1).

(1) Art. 55 et 56 de la loi du 5 décembre 1868, sur le service militaire, relative aux provinces représentées au Reichsrath et au royaume de Hongrie.

CHAPITRE III.

CONDITION JURIDIQUE DES MILITAIRES.

———

PREMIÈRE PARTIE.

DROIT CIVIL.

———

SECTION I.

Privilèges accordés aux militaires.

——

95. Caractères d'une législation impartiale, à l'égard des militaires. — **96.** Principes admis à Rome, à l'origine, à ce point de vue. — **97.** Privilèges qui sont accordés aux militaires sous l'Empire. — **98.** Dans quel but ?

95. — Après les recherches auxquelles nous nous sommes livrés sur l'organisation de l'armée romaine et les lois du recrutement, les personnes soumises à la charge du service militaire et celles qui pouvaient y échapper, il nous faut aborder l'étude de la condition civile des militaires, et examiner les modifications qu'apportait à la capacité juridique des citoyens leur entrée dans l'armée, les privilèges dont ils jouissaient comme soldats et les incapacités qui les frappaient comme tels.

En principe, et dans une législation équitable et impartiale, les militaires doivent être régis par les mêmes lois que les autres citoyens ; si, en effet, les services qu'ils rendent sont de nature à leur attirer la reconnaissance et la considération publiques, comme tous les citoyens peuvent être, à un moment donné, appelés à faire pour leur pays des sacrifices identiques, il n'y a rien dans cette qualité qui doive constituer en leur faveur une cause de préférence et leur mériter de la part du législateur des dérogations au droit commun.

Sans doute, à raison de la situation spéciale que peuvent leur créer des faits de guerre, et en présence des obligations qui résultent pour eux du service militaire, il peut être indispensable de simplifier à leur profit certaines formalités juridiques, mais ces exceptions au droit commun devraient toujours avoir le caractère de concessions faites à la nécessité et non d'avantages accordés dans un esprit de favoritisme et en vue d'élever le soldat au-dessus des autres citoyens.

96. — Ces principes sont respectés à l'origine par la législation romaine et, sous la République, on ne rencontre rien dans les dispositions juridiques, spéciales aux militaires, qu'on puisse justement qualifier de privilèges ; cela s'explique tout naturellement, si on considère que, les armées permanentes n'existant pas encore, le service militaire, imposé à tous, n'était pour personne une véritable profession.

97. — Mais, avec l'Empire, la distinction des *pagani* et des *milites* se fait jour. L'armée s'arroge le droit de nommer les Empereurs ; ceux-ci ne savent qu'imaginer pour s'attirer ses bonnes grâces, ils lui prodiguent leurs faveurs, lui multiplient « leurs cajoleries (1), » et établissent au profit des militaires les nombreux privilèges que nous verrons.

98. — C'est donc en vain que pour dissimuler le but véritable de ces concessions, les Empereurs ont cherché à s'abriter, notamment dans la matière des testaments militaires, derrière l'ignorance et la simplicité des soldats ; un pareil motif ne supporte pas l'examen et l'on doit regarder en général ces faveurs comme un des modes, très-caractéristique d'ailleurs, par lesquels se manifesta la prédominance de l'esprit militaire dans la monarchie impériale.

Etudions d'abord les différents privilèges, nous verrons ensuite les incapacités qui frappaient les soldats.

---

(1) Montesquieu : *Esprit des lois,* liv. XXVII, ch. 1, note D.

§ I.

L'IGNORANCE DU DROIT NE NUIT PAS AUX MILITAIRES.

———

99. Étendue de cette règle. — **100.** Inapplicable en matière pénale, elle l'est même parfois en matière civile.

99. — On avait admis en faveur des militaires le principe que l'ignorance du droit en matière civile, tout au moins, ne nuit pas : cette fiction consistait à considérer comme accomplies les formalités que le militaire avait négligé de remplir « *per juris ignorantiam.* » « *Arma etenim, magis quam jura, scire milites, sacratissimus legislator existimavit* (1). »

100. — En matière pénale, cette fiction était sans application, car on ne pouvait admettre que le coupable d'un délit pût s'en excuser, en se retranchant derrière sa prétendue ignorance du caractère délictueux de l'acte qu'il avait commis. Il y avait cependant une dérogation à cette règle : Le soldat auquel on dictait un testament et qui écrivait une disposition faite en sa faveur, n'encourait pas la peine établie par la loi Cornelia contre les citoyens qui se rendaient coupables de cette même faute : on considérait qu'il l'avait commise, « *magis errore quam malitiâ,* » plutôt par ignorance que par fraude (2). Mais là s'était arrêtée l'indulgence impériale et le legs n'en était pas moins nul (3).

Même en matière civile, ce principe recevait exception, quand il s'agissait d'un acte ayant certains rapports avec le Droit public ; ainsi l'adrogation d'un militaire opérée sans l'accomplissement des formalités minutieuses exigées par la loi n'était pas validée pour cause d'ignorance du Droit.

Au contraire, le soldat pouvait se prévaloir de cette fiction

(1) C. 22, pr., *de jure deliberandi*, C. VI-30.
(2) C. 5, *de his qui sibi adscrib.*, C. IX-23.
(3) V. Savigny : *Traité de Droit romain*, tom. III, p. 377, note p. Append.

s'il s'agissait d'un acte purement civil, si par exemple il avait traité avec un mineur dont il connaissait la qualité, sans demander l'autorisation du tuteur, parce qu'il ignorait qu'en droit elle fût nécessaire, le contrat produisait le même effet que s'il eût ignoré le fait de la minorité.

§ II.

TESTAMENT MILITAIRE (1).

101. — De tous les privilèges accordés aux militaires, ceux relatifs aux testaments sont peut-être les plus importants. De bonne heure, la situation spéciale dans laquelle les plaçaient les

_____

(1) De la Couture : *Diss. de privilegiatis testamentis apud Romanos* — Gaius : II, 109 — Justinien : *Institutes, de militari testamento,* II-11 — Digeste, *de Testamento militis,* 29-1 — *de Bonorum possessione ex testamento militis,* 37-13 — Code J., *de testam. milit.,* 6-21.

nécessités du service, firent admettre en leur faveur, à ce point de vue, des dérogations aux formes ordinaires. C'est ainsi qu'à une époque où on ne pouvait faire son testament qu'en présence des comices, assemblés spécialement à cet effet, et pour ainsi dire en vertu d'une loi, on créa pour les citoyens appelés à l'armée, et près d'entrer en campagne, le testament *in procinctu*.

Les militaires ne pouvaient en effet user des *calata comitia* qui ne se réunissaient que deux fois chaque année(1), et cependant la guerre pouvait les placer chaque jour en présence de la mort. Aussi leur avait-on permis de faire leur testament avant le départ (*cum belli causa ad pugnam ibant*), en présence de l'armée équipée et sous les armes, « *in procinctu*. »

Ils pouvaient même user de cette faveur dans le cours de la campagne, au moment d'une bataille ou d'une expédition périlleuse. C'est ainsi que Velleius Paterculus, à l'attaque de Contrebia en Espagne, nous montre cinq cohortes légionnaires faisant leur testament, *in procinctu*, avant de marcher à l'assaut d'une position escarpée dont elles viennent d'être chassées et que le consul leur a donné l'ordre d'enlever (2).

102. — Bientôt, à cette nécessité primitive de faire ses déclarations de dernière volonté devant l'armée équipée et sous les armes, comme devant des comices militaires, se substitua la coutume de le faire devant un certain nombre de compagnons d'armes pris comme témoins, ce qui donna naissance plus tard, aux formes bien plus simples et privilégiées des testaments militaires.

Imaginés par César comme un moyen de témoigner sa reconnaissance à l'armée qui avait fait sa fortune, ces privilèges, en matière de testament, eurent à leur création un caractère purement temporaire. Titus et Domitien confirmèrent cette concession qui devint définitive et fut généralisée sous les empereurs Nerva et Trajan. On en fit même une clause particulière qui fut insérée dans les mandats impériaux et dont Ulpien nous

---

(1) Gaïus : II, p. 101. Le mot *comice* désigne *l'Assemblée du peuple romain* convoquée pour délibérer et décider sur une proposition et se réunissant dans le *comitium* au pied du Capitole. V. Festus, au mot *comitiales*.

(2) Vell. : *Paterc.*, 2-5.

a transmis la formule (1) : « *Cum in notitiam meam prolatum sit, subinde testamenta commilitonibus relicta proferri, quæ possint in controversiam deduci, si ad diligentiam legum revocentur et observantiam : secutus animi mei integritudinem erga optimos fidelissimosque commilitones, simplicitati eorum consulendum existimavi ; ut quoquo modo testati fuissent, rata esset eorum voluntas. Faciant igitur testamenta quomodo volent ; faciant quomodo poterint ; sufficiatque ad bonorum suorum divisionem faciendam, nuda voluntas testatoris.* »

Dès lors, à côté de la législation testamentaire de droit commun, il y en eut une autre spéciale aux soldats, qui prit place dans l'édit des préteurs (2).

Il est à regretter que cette seconde législation ait formé l'exception, car beaucoup moins arbitraire dans son ensemble que la première, elle aurait, à quelques réserves près, si on l'eût généralisée (3), constitué un véritable progrès.

103. — Pour motiver ces priviléges, les textes allèguent l'ignorance et la simplicité des militaires (4) ; ce motif qui est évidemment inapplicable aux chefs, ne vaut guère mieux à l'égard des simples soldats, car, comme le remarque justement un des premiers commentateurs français des Institutes : « Il y a
» grande apparence de dire que ny cette prétendue ignorance
» du droict, ny cette simplicité, n'aient été causes de cette loy,
» parce que ny la femme, ny le mineur de vingt-cinq ans, ni le
» pitaud de village, ores que l'on ne fasse point de doubte en
» droict qu'ils sont notoirement ignorants du droict et simples,
» toutefois, regardant les règles des testaments, ils sont déclarés
» rés nuls et non recevables (5). »

De plus, quand ils sont rendus à la vie civile, ils retombent sous le droit commun qui les régissait avant leur entrée au service, et pourtant on ne peut prétendre qu'en devenant militaire, le citoyen perde l'intelligence qu'il pouvait avoir, ou qu'en de-

(1) L. 1, pr., D. 29-1, *de testam. milit.*
(2) L. 2, D. 29-1, *h. tit.*
(3) Accarias : *Précis de droit romain,* I, § 411, pag. 965.
(4) Pr., Ins., II-11 — C. 13, C. 6-21.
(5) Etienne Pasquier : *Commentaire des Institutes,* ad tit. *de testamento militis,* édit. Giraud, p. 594.

venant vétéran, le soldat acquière celle qui lui manquait. Ce qui prouve bien, d'ailleurs, que tel n'est pas le vrai motif de ces dispositions, c'est que les soldats ont été, comme nous le verrons, dispensés non seulement des formes ordinaires du testament, mais encore de l'observation de certaines règles de droit applicables aux citoyens non militaires.

Pour se rendre compte des diverses exceptions établies aux règles ordinaires des testaments en faveur des militaires, il faut distinguer celles qui ont trait à la forme et celles qui portent sur le fond ; les premières se justifiant par l'extrême difficulté que l'observation des formes aurait présentée en fait pour les militaires, les secondes ayant leur source dans les considérations politiques dont nous avons déjà parlé.

A. A QUI ET QUAND EST-IL PERMIS DE TESTER MILITAIREMENT ?

104. — Ceux-là seuls qui sont militaires peuvent tester suivant le droit militaire et disposer de leurs biens sans observer aucune forme légale. Il en était autrement pour le testament *in procinctu ;* la faculté de faire ainsi son testament n'était pas réservée exclusivement aux militaires, et tout citoyen qui se voyait en danger de mort par suite de la guerre pouvait y recourir. Ainsi les nouveaux enrôlés, *tirones,* qui ne sont pas encore *relati in numeros* (1), alors même qu'ils voyagent aux frais de l'État pour se rendre à leurs corps, et ceux qui ont cessé d'être militaires par la *missio* (2), ne peuvent encore tester que selon le droit commun. Mais tous ceux qui sont *relati in numeros* et qui n'ont pas obtenu leur congé peuvent se prévaloir de ces prérogatives en matière de testament, et elles subsistent pour eux pendant toute la durée du service militaire, dans le droit classique. Celui qui quittait un corps pour entrer dans un autre conservait donc la qualité de militaire et les bénéfices qui y étaient attachés, pendant son voyage ; de même celui qui était en congé de convalescence, gardait, même pendant le temps

---

(1) Isidore de Séville : Liv. IX, ch. 8 et l. 12, *de testam. milit.*, D., 29-1.

(2) Elle résultait, nous le verrons, pour le soldat de la délivrance des *testimoniales* et pour l'officier, de l'arrivée au corps de son successeur désigné.

qu'il passait dans ses foyers, le droit de faire son testament dans quelque forme que ce soit.

105. — Justinien a confirmé ces priviléges, mais en en limitant l'effet au cas seulement où les militaires sont *in expeditionibus occupati* (1). Sur la foi de deux Constitutions (2), l'une d'Antonin Caracalla, l'autre de Constantin, décidant que la dispense existe pour les militaires qui testent *in expeditione*, certains interprètes (3) ont contesté à Justinien cette innovation et prétendu qu'il n'avait fait que confirmer un état de droit antérieur. Les partisans de cette opinion s'appuyent encore sur le fragm. XXX, p. 10, d'Ulpien, conçu en ces termes : « *Id testa-* » *mentum quod miles contra juris regulam facit, ita demum* » *valet, si vel in castris mortuus sit, vel post missionem intra* » *annum*, » et prétendent que par *in castris mortuus* on a voulu désigner le soldat mort au cours d'une campagne et qui a dû tester pendant cette campagne même.

Cette opinion paraît peu acceptable et nous pensons qu'il faut sans hésiter considérer la Constitution 17 (4) comme une innovation. Il paraît en effet difficile, sur des conjectures aussi peu fondées, de repousser l'affirmation positive de Justinien lui-même, et il semble préférable d'admettre que les mots : *in expeditione*, ont été ajoutés par les compilateurs, dans les lois 1 et 15, pour mettre ces deux textes en accord avec la législation nouvelle ; c'est là, d'ailleurs, un procédé si familier aux rédacteurs du Digeste, que son application ici est très-facilement présumable. Quant à l'expression *in castris mortuus* employée par Ulpien, son sens est déterminé par celle-ci : *vel post missionem intra annum*, qui lui est opposée. Elle désigne évidemment le soldat mort étant encore militaire, par opposition à celui qui est mort n'ayant plus cette qualité.

D'ailleurs, la persistance non interrompue de ces priviléges pendant toute la durée du service militaire, dans le droit classique, résulte avec évidence de l'antithèse absolue que les textes établissent constamment, soit entre le *Paganus* et le *miles*, soit

(1) C. 17, C. 6-21, *de testam. militis*.
(2) C. 1 et 15, C. *de testam. militis*, 6-21.
(3) Voy. notamment de Fresquet : *Traité de droit romain*, t. I, p. 195.
(4) *De testam. mil.*, C. 6-21.

entre le *miles ante missionem* et le *miles post missionem* (1), an-
tithèses que par mégarde Justinien a lui-même reproduites
plusieurs fois dans les Institutes (2) ; et du but en vue duquel
ils furent établis.

Comment, en effet, les justifie-t-on ? « *Propter imperitiam,
propter simplicitatem militum.* »

Or, est-il admissible, que le soldat en expédition soit plus
ignorant ou plus inexpérimenté que le soldat qui vit en garnison ou dans ses foyers (3) ?

Enfin, ne peut-on pas encore argumenter, de ce que Gaïus,
dans son *Commentaire*, II, § 106 *in fine*, recherchant si le fils
de famille qui teste sur son pécule *castrense* peut appeler son
père comme témoin, suppose qu'il teste *post missionem ?* supposition qui s'explique parfaitement dans notre système, puisque, *ante missionem*, le fils étant militaire, et dispensé comme tel
de l'observation des formes, la question ne pourrait se poser.
Or, si l'opinion que nous combattons était vraie, Gaïus aurait dû
écrire : *circa expeditionem.*

Quant à l'expression des Institutes, « *in expeditione,* » il faut
l'entendre d'une façon assez large. « *Qui in expeditione testatur*
» *miles*, dit Cujas (4), *in castris imo et in hybernis, ut meum*
» *judicium est, in stativis, in præsidiis, jure militari testa-*
» *mentum facere potest. Alioquin nihil distaret paganus a mi-*
» *lite, nam et a pagano in procinctu, in acie, in hostico quo-*
» *quo modo testamentum valet.* »

Ce n'était donc pas seulement quand le péril était pressant,
quand on était en présence de l'ennemi, que le militaire jouissait de cette faveur, mais même quand la campagne étant interrompue, il se trouvait dans ses cantonnements ou ses quartiers
d'hiver. Cela s'explique aisément, puisque ces avantages spéciaux
avaient aussi bien pour objet de récompenser les services rendus, que d'encourager les privilégiés à se bien comporter à l'occasion et que d'ailleurs, dans ces circonstances, il pouvait être
impossible aux militaires d'observer les formes réglementaires.

(1) L. 9, § 1, D. *de testam. milit.*, 29-1 — Gaïus : C. II, p. 100.
(2) Ins., § 9, *de test. ord.* — p. 5., *de hered. Instit.*
(3) C. 17, C. *de testam. militis*, 6-21.
(4) Consult. 49, recit. solem., in tit. *de milit. testam.*, ad Cod.

106. — En vertu de diverses Constitutions, le privilége du testament militaire fut accordé aux équipages de la flotte et au corps des veilleurs de nuit dans les villes. On l'étendit, du moins quant à l'absence des formes civiles, même aux citoyens, qui, par suite de faits de guerre, se trouvaient en pays ennemi, *in hostico loco*, et y mouraient (1).

107. — Bien plus, on alla jusqu'à permettre de disposer de leurs biens à des gens qui n'auraient pu le faire, à cause de certaines infirmités, s'ils n'avaient pas été militaires, aux sourds et aux muets (2), par exemple. Évidemment il ne peut être question ici du sourd ou du muet de naissance, dont l'admission à l'armée eût été impossible, et qui d'ailleurs, à cette époque, où la science de l'abbé de l'Épée était encore ignorée, n'aurait pu indiquer sa volonté d'instituer tel ou tel héritier.

Le paragraphe 2 des Instituts s'occupe uniquement d'un homme qui est devenu sourd ou muet par accident, soit par suite d'une blessure ou d'une paralysie subite. Celui qui est atteint de cette infirmité, pourra donc, dans l'intervalle qui sépare le moment où il demande son congé *(missio causaria)* et celui où il l'obtient, se prévaloir de sa qualité de militaire pour disposer de ses biens.

De même, si un militaire, fils de famille, a fait un testament, étant dans l'incertitude sur la question de savoir s'il est *sui juris*, et s'il a cessé d'être sous la puissance de son père, cette institution éventuelle sera valable en raison de sa qualité de militaire (3) ou de vétéran (4).

De même encore le militaire condamné à la déportation ou à la mort pour un délit militaire, pouvait disposer par testament, sans employer aucune forme, des biens qui composaient son pécule *castrense*, à la condition toutefois qu'il n'ait pas manqué à son serment (5).

Enfin Adrien (6) avait décidé dans un rescrit, que quand un

(1) C. 17, C. *de testam. milit.*, 6-21 — et l. unic., pr., *de bon. poss. ex testam. mil.*, D. 57-13.
(2) § 2, *de testamento militis*, Ins., II-11.
(3) L. 11, § 1, D. 29-1, *de testam. mil.*
(4) L. 9, D. *de jure codicillorum*, 29-7.
(5) L. 11, pr., D. 29-1, *de test. milit.*, et l. 6, § 6, D. *de injusto*, etc., 28-3.
(6) L. 31, D. 29-1, à notre titre.

militaire se serait suicidé pour échapper à des souffrances physiques ou morales intolérables, son testament serait néanmoins
parfaitement valable et que ses biens passeraient aux héritiers
qu'il aurait institués.

108. — Quant aux militaires prisonniers de guerre, ils n'a-
vaient plus aucun droit et par conséquent il ne pouvait être
question pour eux de faire un testament; et même le testament
qu'ils auraient fait en captivité ne deviendrait pas valable par
leur retour à Rome. En effet, le *jus postliminii* replace le captif dans la position juridique qu'il occupait au moment où il
avait été fait prisonnier, sans que cette position ait pu se modifier en rien par son activité propre, par des actes qu'il aurait
personnellement accomplis dans l'intervalle. En un mot, la
confection d'un testament est un fait; or le *jus postliminii* n'a
pas de prise sur les faits, il les laisse ce qu'ils sont en réalité.

Nous reviendrons d'ailleurs sur ce point, quand nous traiterons de la condition des prisonniers de guerre.

Nous connaissons les personnes qui pouvaient se prévaloir
des priviléges accordés aux militaires, en matière de testament;
il faut maintenant examiner quelle était la portée du privilége
accordé à ceux qui jouissaient du droit de tester d'après le droit
militaire.

Ces priviléges, avons-nous dit, se référaient soit à la forme,
soit au fond; voyons en premier lieu ceux relatifs à la forme.

B. PRIVILÉGES RELATIFS A LA FORME DES TESTAMENTS.

109. — Quant à la forme, le testament militaire échappe absolument au droit commun. Une seule condition est exigée : la
volonté du testateur doit être certaine; mais peu importe la
manière suivant laquelle le testateur a manifesté cette volonté.
Eût-il donc, comme le suppose Constantin, écrit ses dispositions avec son sang, sur son bouclier ou sur le fourreau de son
épée; les eût-il tracées avec la pointe de cette épée sur le sable
du champ de bataille, avant de mourir, elles seront respec-
tées (1).

(1) C. 15, C. *de testam. milit.*, 6-21.

De même encore, s'il n'avait pas eu le temps de terminer son testament, la partie qu'il en a laissée, eût-elle été rédigée à plusieurs reprises et à des époques différentes, il n'en serait pas moins valable (1). Dans cet ordre d'idées, Paul déclarait même valables de simples notes dictées à un esclave, *notarius* (2). En un mot, dès l'instant où la volonté du testateur était manifeste, quelles que fussent les irrégularités renfermées dans l'écrit sur lequel elle était consignée, elle était respectée.

Bien plus, il n'était pas nécessaire que les dernières volontés du soldat fussent relatées dans un écrit, pour produire effet ; elles pouvaient même être établies par témoins, sans que nous sachions toutefois d'une manière certaine quel nombre était exigé. Peut-être, dans le doute, doit-on penser avec Ulpien qu'il en faut deux (3) ; mais en pareil cas, le juge devait toujours rechercher avec soin quelle avait été la véritable intention du militaire, s'il avait réellement eu la volonté de faire un testament et l'avait manifestée d'une manière sérieuse et formelle, ou bien s'il n'avait ajouté lui-même aucune importance aux paroles sur lesquelles on se fondait pour réclamer sa succession.

110. — Si donc, comme le remarque l'Empereur Trajan dans un rescrit qui est en partie copié par Justinien dans ses Instituts (4), le militaire avait laissé échapper dans la conversation, et sans y attacher d'importance, les paroles suivantes : « Je vous institue mon héritier, ou je vous laisse mes biens, » il ne faudrait pas voir dans ces mots prononcés sans réflexion un véritable testament. On devait même, dans l'intérêt bien entendu des militaires, ne pas s'attacher à un projet vaguement conçu à une certaine époque, mais auquel le soldat n'aurait pas donné suite ; car rien alors n'eût été plus facile que de trouver des témoins complaisants, qui auraient consenti à faire attribuer frauduleusement la fortune du militaire à un fourbe, qu'il n'aurait pas eu l'intention de laisser pour héritier.

Il était donc nécessaire que le testateur fît entendre aux personnes devant lesquelles il manifestait ses volontés, qu'il enten-

---

(1) L. 33, D., *eod. tit.*, 29-1.
(2) L. 40, D., *eod. tit.*
(3) L. 12, *de testibus*, D. 22-5 — C. 9, § 1, C. *de testibus*, 4-20.
(4) L. 24, D. *de testam. milit.*, et p. 1, Inst., *de testam. milit.*, II-11.

dait faire quelque chose de définitif et qu'il les considérait comme témoins de ses dernières dispositions.

Supposons maintenant qu'un militaire ait manifesté, en présence de témoins, son désir bien arrêté de laisser sa succession à une personne qu'il aurait désignée et son intention de faire en sa faveur un testament suivant la forme civile, puis, que surpris par la mort, il n'ait pu réaliser son projet. Devra-t-on considérer cette déclaration de volonté comme suffisante pour constituer un testament militaire?

On aurait pu dire, pour la négative, que sa volonté n'avait pas été manifestée d'une manière assez expresse, puisqu'il avait senti la nécessité de la confirmer par un écrit dans les formes civiles.

Mais ces raisons n'avaient pas paru concluantes et on s'était décidé pour l'affirmative, par cette considération qu'on ne pouvait déduire d'une déclaration de ce genre, une renonciation du soldat aux prérogatives militaires en matière de testament.

On avait également décidé, que la seule volonté du militaire exprimée d'une manière certaine, suffirait à confirmer le testament fait avant son entrée au service et nul en droit civil; cette volonté pouvait s'induire, par exemple, de modifications, qu'il y aurait apportées, soit en y ajoutant, soit en y retranchant; il semblait bien en effet résulter de ces modifications que les parties auxquelles il n'avait pas retouché avaient été implicitement approuvées et confirmées.

Ulpien (1) semble même se contenter, pour confirmer ce testament antérieur à l'entrée du militaire au service, de l'absence d'une manifestation de volonté contraire : « *Si militis voluntas contraria non sit.* » Mais Paul et Marcellus se montrent plus sévères et exigent que le militaire ait spécialement manifesté une volonté conforme (2).

De même encore, si, du vivant du militaire, son testament se trouvait rompu par la naissance d'un fils posthume et qu'il mourût sans l'avoir refait, ce testament, qui serait considéré comme non avenu en droit civil, serait cependant tenu pour valable, car par sa négligence à le renouveler, il était censé avoir

(1) L. 7 et 9, D. *de testam. mil.*, 29-1.
(2) L. 23, l. 38, § 1, D. *h. tit.* — Et Doneau, II, p. 340.

6

témoigné son intention de le faire valoir suivant les règles du droit militaire (1).

De même que la volonté seule du soldat en dehors de toute forme suffisait à valider un ancien testament, de même, par sa seule volonté, il pouvait annuler celui qu'il avait fait. Et peu importe la manière dont cette volonté s'était manifestée. Il suffisait par exemple qu'il l'eût raturé ou qu'il eût brisé les tablettes qui le renfermaient (2).

111. — Ulpien suppose que le militaire, après avoir ainsi révoqué son testament, veuille le valider de nouveau. Le pourra-t-il ? Oui, ici encore sa volonté sera toute puissante, mais il faudra nécessairement qu'elle se manifeste par un signe extérieur, par une nouvelle apposition de la signature ou du cachet par exemple. Mais le testament ainsi révoqué, puis confirmé, peut, par suite des ratures qu'il a subies, être devenu illisible : il sera valable en droit, bien qu'en fait on ne puisse en remplir les différentes clauses (3).

112. — Après avoir écrit un premier testament, le militaire avait pu en faire un second dans lequel il instituait un nouvel héritier, en indiquant qu'au cas où le nouvel institué ne pourrait recueillir sa succession, le premier testament sortirait de nouveau son effet. Cette clause était parfaitement licite, et dans cette hypothèse encore, la volonté du militaire était respectée.

Mais que décider, quand il y avait deux testaments instituant chacun un héritier différent, sans que le second portât infirmation du premier ? En droit civil, la règle était que le testament postérieur annulait toujours le testament antérieur. Mais le militaire avait le privilège de pouvoir laisser plusieurs testaments valables ; en pareil cas, le second héritier venait donc en concours avec le premier et prenait soit une catégorie de biens spéciaux, soit une fraction de la totalité. Le testament primitif du militaire n'était donc invalidé par celui qui l'avait suivi qu'autant qu'il renfermait des dispositions inconciliables avec celles qui figuraient dans le second ou une infirmation expresse.

(1) L. 7 et l. 9, D. de testam. mil., 20-1.
(2) L. 18, § 1, D. h. tit.
(3) Dict. leg., 18, § 1, D. h. tit.

C. PRIVILÉGES RELATIFS AU FOND.

113. — Les militaires ne sont pas aussi complétement affranchis du droit comuun quant au fond, qu'ils le sont quant à la forme, en matière de testament. Ce n'est pourtant que par exception qu'ils y restent soumis.

Ici encore le législateur, afin d'assurer l'exécution de leurs intentions, a écarté toutes les rigueurs du droit civil qui auraient pu l'entraver, et la multiciplité de ces dérogations aux règles ordinaires est tellement grande qu'on peut, de rechef, poser en principe la toute-puissance de leur volonté.

Toutes nos tentatives pour grouper d'une manière satisfaisante ces diverses dérogations ou, pour mieux dire ces priviléges, sous un certain nombre d'idées générales, étant demeurées infructueuses, nous devons nous borner à les énumérer.

(A) Faculté de mourir, partie testat, partie intestat (1).

114. — Le Droit romain, à la différence du Droit français, n'admettait pas le mélange de la succession testamentaire avec la succession *ab intestat;* ces deux espèces d'hérédités s'excluaient mutuellement l'une l'autre (2). Il fallait choisir ou la loi commune ou la loi particulière ; mais l'une détruisant l'autre, il en résultait notamment que, si un testateur avait institué une personne son héritière pour un objet déterminé, on faisait abstraction de cette chose, pour attribuer tout le patrimoine à l héritier désigné ; car sans cela, le testateur serait mort partie *testat,* partie *intestat.* Les militaires seuls étaient exceptés de cette règle : « *Nemo paganus partim testatus partim intestatus mori potest* (3). »

Si donc un soldat avait institué un héritier *ex certâ re,* l'institution s'exécutait à la lettre ; l'héritier recueillait la chose léguée, mais cette chose seulement, et quant au reste de la succession,

(1) V. Massol sur la règle *nemo pro, parte testatus,* etc. — Roty : *Revue critique,* Décembre 1807. t, 31 et Huc : *Code civil italien.*
(2) L. 7, D. *de reg. juris,* 50-17 et Cicéron : *de Inventione,* 11-21.
(3) P. 5, Ins. 2-14.

le *de cujus* était considéré comme mort *ab intestat* et on l'attribuait aux héritiers légitimes (1).

Par application de cette même règle qu'un citoyen ne peut mourir partie *testat*, partie *intestat*, on avait été amené à décider en droit civil qu'on ne pourrait faire une institution soit *ex tempore*, soit *ad tempus*. En effet, le testateur doit disposer d'une manière complète de son hérédité; or, si le droit de l'institué ne devait commencer qu'un certain temps après la mort du *de cujus*, ou si ce droit devait finir à une certaine époque, la disposition ne serait pas complète, car avant qu'il n'eût commencé, ou après son extinction, à qui appartiendrait la succession? A un héritier *ab intestat*? résultat tout-à-fait impossible, puisqu'il ne peut jamais y avoir sur une même succession concours d'un héritier testamentaire et d'un héritier *ab intestat*!

Le militaire échappait encore à cette règle. En ce qui le concernait, il n'était pas vrai de dire *semel hœres semper hœres*, et s'il avait institué un héritier à terme, sa volonté était respectée (2); c'est ce qui résulte formellement du texte suivant emprunté au jurisconsulte Tryphoninus : « Un militaire peut faire » son testament en ces termes : J'institue Titius pour mon » héritier pendant 10 ans ; ces dix années écoulées, le testateur » sera *intestat*. Et comme nous avons dit qu'un militaire pouvait » instituer un héritier *ex certo tempore*, ou *usque ad certum » tempus*, il s'ensuit, qu'avant l'arrivée du terme auquel l'insti- » tué est appelé à la succession, cette succession est déférée » *ab intestat*. Et le privilége qu'a le militaire de ne disposer par » testament que d'une partie de ses biens, il en jouit également » pour rester *intestat* pendant un temps même fort long (3). »

A ce propos, on s'était posé la question suivante : Si un militaire a institué Titius son héritier *ad tempus*, pour 10 ans par exemple, et Secundus son héritier *ex tempore*, après ces 10 ans, Secundus sera-t-il tenu d'acquitter les legs dont Titius était chargé et qu'il laissait impayés au moment de la restitution? Ulpien est d'avis que, sauf manifestation de volonté contraire

(1) L. 6, D. *de testam. milit.*, 29-1.
(2) L. 13, § 4, D. *de testam. milit.*
(3) L. 41, D. 29-1, *de testam. milit.*

de la part du testateur, il n'en sera pas tenu (1) ; et c'est logique : ses legs particuliers avaient été imposés au premier institué comme condition de sa possession momentanée, donc s'il
avait eu la jouissance des biens il devait acquitter les charges
corrélatives à cette jouissance.

115. — Enfin, de ce principe, que le militaire peut instituer
deux héritiers, l'un *ad tempus*, l'autre *ex tempore*, on avait encore tiré une conséquence importante en matière de substitution :

Tout citoyen pouvait, en Droit romain, faire en même temps
que son testament celui de son fils impubère ; lorsqu'il usait
de cette faculté, il faisait ce qu'on appelait une substitution pupillaire. Le militaire jouissait de ce bénéfice, mais dans des
limites beaucoup plus étendues, puisqu'il pouvait instituer un
héritier à son fils sans faire lui-même de testament. S'il avait
fait deux testaments, l'un pour son compte, l'autre au nom de
son fils, ces deux testaments étaient parfaitement indépendants
l'un de l'autre, de telle sorte que l'héritier institué dans les deux
pouvait valablement accepter une des successions, tout en ré-
pudiant l'autre et que la substitution pupillaire pouvait valoir et
produire son effet, alors même que le testament du père était
infirmé et restait sans exécution (2). Mais il était nécessaire que
le militaire mourût au service ou dans l'année de son congé,
« *vel in militia, vel intra annum militiæ,* » pour que le testament fait par lui, aux lieu et place de son fils, continuât à être
valable pendant l'impuberté de ce dernier (3).

Il fallait aussi que le fils ne fût pas exhérédé dans le testament paternel, car alors la substitution pupillaire ne valait que
pour les biens provenant du père à un autre titre que celui de
succession.

On avait même été plus loin et on avait admis qu'en instituant
soit son fils émancipé et pubère, soit même un *extraneus*, le
militaire pouvait valablement lui donner un substitué ; mais ce
substitué ne prenait évidemment que les biens venant du testa-

(1) L. 19, § 2, D. *de testam. milit.*, 29-1.
(2) L. 13, § 5, — l. 28, l. 41, § 5, D. *de testam. milit.*, 29-1.
(3) L. 13, § 5, D. *hoc tit.*

teur (1). En effet, dans cette hypothèse, le résultat est le même que si le militaire eût institué deux héritiers, l'un *ad tempus*, l'autre *ex certo tempore*, ce qu'il avait assurément le droit de faire.

De cette capacité exceptionnellement accordée aux militaires, il résulte encore une conséquence dernière.

En droit civil, par suite de la règle *nemo partim testatus*, etc., si l'un des institués renonçait, sa part accroissait à ses cohéritiers testamentaires au lieu d'aller aux héritiers légitimes. L'institué obtenait ainsi une part plus grande que celle dont le testateur l'avait gratifié, et cela peut-être contre les intentions de celui-ci ; aussi, afin de ne pas dépasser la volonté du militaire, lorsque celui-ci aura institué plusieurs héritiers, si l'une des institutions vient à défaillir pour une cause quelconque, il n'y aura pas nécessairement lieu au droit d'accroissement en faveur des autres institués ; mais il faudra examiner si, en fait, il ne serait pas plus conforme à la volonté du testateur d'attribuer cette part vacante aux héritiers légitimes (2).

(II) *Dispense d'exhérédation.*

116. — Le citoyen qui dans un testament voulait écarter de sa succession ses enfants placés sous sa puissance, *sui hœredes*, était tenu de les exhéréder expressément. Cette exhérédation était faite nominativement, *nominatim* pour les fils, *inter cœteros* pour les autres enfants. En cas d'infraction à cette règle, le testament était nul. Le militaire n'était pas soumis à cette règle ; son silence suffisait et équivalait à lui seul à une exhérédation ; mais il fallait que ce silence fût volontaire. Si par exemple il avait un fils sous sa puissance dont il ignorait l'existence, et qu'il eût institué des étrangers pour héritiers sans parler de ce fils, on ne pourrait s'appuyer sur son silence pour dire qu'il a entendu l'exhéréder, et son fils aurait droit de réclamer valablement sa succession (3).

De même encore, si au moment de la mort du militaire sa

---

(1) L. 11, *de vulg. et pupil. subst.*, 28-6 — l. 41, § 1, *de testam. milit.*, 29-1.

(2) L. 37, D. *de testam. milit.*, 29-1.

(3) C. 9 et 10, C. 6-21, *de testam. milit.*

femme était grosse et qu'il vînt à mourir dans l'ignorance de ce fait, on ne pouvait interpréter son silence dans ce sens qu'il avait voulu déshériter tout enfant à naître et le testament était rompu par la naissance de cet enfant.

Si au contraire, que sa femme fût ou non enceinte, qu'il connût ou non son état de grossesse, le militaire avait manifesté son intention bien arrêtée d'écarter de sa succession tout enfant qui pourrait lui survenir, quoiqu'il lui naisse dans la suite un fils, le testament où cet enfant était omis n'était pas rompu par sa naissance (1).

Au surplus, dans les cas où la rupture s'opère, il suffit que le militaire, s'il est encore vivant, maintienne ses volontés pour que le testament recouvre immédiatement toute sa force. C'est encore là un privilège dont ne jouissait pas le testateur civil (2).

(C) De certaines rigueurs du Droit civil inapplicables au testament militaire.

117. — Suivant le droit commun, le testament d'un citoyen, bien que fait valablement dans le principe, devenait inutile (*irritum*), si le testateur avait subi l'une des trois *capitis deminutiones*. Mais les militaires jouissaient encore à cet égard de privilèges spéciaux. Si, en effet, en général le testament du militaire, comme celui du civil, devenait *irritum*, par la *maxima* et la *media capitis deminutio* du testateur, dépouillé ainsi des droits de liberté et de cité, il y avait pourtant exception, comme nous l'avons déjà indiqué, au profit du soldat qui les aurait encourues par suite d'une peine infligée pour un délit militaire. Un rescrit d'Adrien lui accordait, en pareille hypothèse, la faculté dont il eût été privé *jure civili*, et Ulpien affirme qu'il testera selon le droit privilégié des militaires, « *et credo jure militari testabitur* (3).

118. — Le jurisconsulte se pose ensuite, sans y répondre, la question de savoir quel sera le sort du testament que le soldat aurait fait antérieurement à son changement d'état, à sa *capitis deminutio* et s'il deviendra *irritum* par suite de ce changement

(1) L. 7 et 8, D. *hoc tit.*, 29-1.
(2) L. 53, pr. et § 2, D. *hoc tit.*
(3) L. 6, § 6 et 13, D. 28-3, *de injusto rupto*, etc.

d'état ? Puis il recherche s'il faudra nécessairement qu'il soit
refait pour recouvrer la validité qu'il a perdue en droit rigoureux ?

Ulpien répond négativement à cette dernière question et voici
son raisonnement : Puisque, dit-il, le rescrit d'Adrien permet à
ce condamné de tester, et puisqu'il teste avec les priviléges militaires, la seule volonté de sa part que son testament antérieur
reste valable suffit pour faire considérer ce testament comme
refait.

Quant à la *minima et s deminutio* qui pouvait résulter soit
pour les chefs de famil, l'adrogation, soit pour les fils de
famille de l'émancipation de l'adoption, elle avait pour effet
de rendre *irritum* le testament du citoyen qui l'avait subie ;
mais ici encore les militaire jouissaient d'un privilége : ils
n'étaient pas obligés de dresser de nouvelles dispositions ; le
testament fait pour la position qu'ils occupaient avant leur
changement d'état s'appliquait à la nouvelle.

A ce propos, il y avait un désaccord, purement théorique
d'ailleurs, entre les juriconsultes. Nou venons de voir qu'Ulpien
s'était demandé quel serait le sort du stament antérieur à la
maxima ou à *la media capitis deminu* et qu'il n'avait pas
donné de solution à cette question. Il e prononce dans le
cas de *minima capitis deminutio*, et décla formellement que
l'émancipation du testateur ne rend pas son testament *irritum :*
« *testamentum irritum non fieri constat* (1). » Il semble même
dire que c'est l'avis général.

D'après Marcien (2), au contraire, son testament devient bien
irritum, mais pour revivre comme par une volonté nouvelle :
« *Testamentum ejus valet quasi ex nova voluntate.* » Comme
on le voit, ces deux points de vue, quoiqu'aboutiss t à un
même résultat pratique, sont, logiquement du moins, in oncil-
liables.

Les rédacteurs des *Institutes*, sans se rendre compte de cette
différence théorique, ont maladroitement amalgamé les fragments opposés des deux jurisconsultes pour en former un seul
texte, sans s'apercevoir qu'ils s'excluaient l'un l'autre.

119. — D'après le droit civil, le testateur devait nécessaire-

(1) L. 6, § 13, D. 28-3, *de injusto rupto*, etc.
(2) L. 23, D. *de testament. milit.*, 29-1.

ment instituer un héritier, et de la validité ou de la nullité de
cette institution dépendait le sort de l'acte tout entier. Dans le
testament militaire, la clause codicillaire étant toujours sous-
entendue (1), si l'institution venait à manquer, les autres dispositions s'exécuteraient néanmoins, et nous avons déjà tiré des
conséquences de ce principe. Ainsi, par exemple, malgré la répudiation de l'héritier, les legs étaient exécutés par les successeurs légitimes et la volonté du testateur recevait toute l'exécution dont elle était susceptible (2).

120. — La règle Catonienne ne s'appliquait pas au militaire,
c'est-à-dire que la capacité de l'institué en vertu d'un testament
militaire ne s'examinait qu'au jour du décès et non au moment
même de la confection du testament; le soldat pouvait donc, sans
tenir aucun compte des règles sur la *factio testamenti*, léguer
valablement à toute personne. Seul le *servus pœnæ*, l'esclave
de la peine, paraît avoir fait exception à cette règle (3), et il y
avait pour cela un excellent motif, c'est que d'une part l'esclave
n'ayant aucun maître dans la personnalité civile duquel il fût
confondu, et son affranchissement d'un autre côté n'étant pas
possible, le testateur militaire ne pouvait ni faire une institution qui lui profitât directement, ni transmettre son hérédité au
maître par l'intermédiaire de l'esclave.

121. — Le *jus capiendi ex testamento militis* appartient
même aux *Latins juniens*, aux *célibes* et aux *orbi* (4), qui en
sont exclus lorsqu'il s'agit du testament d'un civil.

122. — Afin de protéger les enfants contre l'oubli des ascen-
dants, la jurisprudence avait exigé que leur exhérédation ou
leur omission reposât sur des raisons sérieuses et graves; sans
quoi, on leur permettait de faire annuler le testament paternel
par une action appelée *querela inofficiosi testamenti*, sous prétexte que s'il était *recte factum*, il méconnaissait les devoirs
d'affection du testateur envers ses proches parents, « *officium
pietatis.* »

Cette *querela inofficiosi testamenti*, véritable pétition d'héré-

(1) L. 3. D. de testam. milit , 29-1.
(2) L. 13, § 1, D. hoc tit.
(3) L. 13, § 2, D. de testam. mil., 29-1 et C. 5, C. h. tit.
(4) Gaïus : II, § 110 et 111.

dité (1), participant d'ailleurs en quelque chose de l'action *inju-riarum*, ne pouvait être intentée contre le testament militaire, encore que la personne injustement omise ou exhérédée fût elle-même militaire (2) ; mais cette règle n'était vraie qu'autant que le testateur ne disposait que du *pécule castrense*.

123. — Les legs et les fidéicommis contenus dans le testament du militaire n'étaient soumis ni à la loi Falcidie ni au Sénatus-Consulte Pégasien (3). Le militaire pouvait donc laisser à titre particulier au-delà des trois quarts de son hérédité, sans que l'héritier institué eût le droit, même en faisant inventaire, d'en retenir un quart. Et, en effet, le but de la loi Falcidie avait été d'intéresser l'héritier à accepter la succession pour que le citoyen ne mourût pas *intestat ;* mais comme, pour le militaire, il était reçu dans les mœurs qu'il pouvait sans honte mourir *intestat,* l'application de la loi Falcidie à cette hypothèse eût été inexplicable. Si donc l'héritier répudiait la succession, les legs n'en étaient pas moins payés suivant les intentions du testateur. Faisons observer cependant que le militaire ne pouvait priver du quart de ses biens le patron et le père émancipateur, sauf toutefois en ce qui concernait le *pécule castrense.*

De même, l'héritier du militaire chargé de fidéicommis pour plus des trois quarts de la succession ne pouvait retenir la quarte pégasienne, et la restitution d'un fidéicommis, même embrassant l'hérédité entière, se faisait toujours *ex Trebelliano,* en vertu du S.-C. Trébellien (4), c'est-à-dire que quand l'héritier avait restitué l'hérédité *ex fidéicommissi causa,* les actions qui en droit civil auraient été données au fiduciaire ou contre lui passaient au fidéicommissaire ou contre lui.

124. — Pour mieux assurer l'exécution des volontés du militaire, la loi allait même jusqu'à suppléer ce qu'il n'avait pas exprimé. Ainsi avant Justinien, le militaire qui, connaissant la condition de son esclave, l'institue ou lui laisse un legs, n'a pas besoin d'exprimer la volonté de l'affranchir (5) ; l'affranchisse-

(1) L. 27, pr., D. *inoff. testam.*, C. 12, pr., C. *de hered. pet.*, III-31.
(2) L. 27, § 1, D. *de inoff. testam.*
(3) L. 17, § 4, l. 18, D. *de testam. milit.* et C. 12, C. *cod. tit.*
(4) L. 29, pr., D. *de testam. milit.*
(5) L. 13, § 3, D. *de testam. milit.*, C. 7, C. *cod. tit.*

ment résulte implicitement de la disposition qui transmet l'hérédité, puisqu'elle serait inutile si l'institué restait esclave.

125. — Quand un esclave appartenait à plusieurs personnes indivisément (*servus communis*), s'il était affranchi par l'une d'elles agissant seule, il ne devenait pas libre. C'était la conséquence logique de ces deux idées que nul ne peut à la fois être libre et esclave et qu'il ne dépend pas d'un propriétaire de ruiner le droit de l'autre. Cette législation fut modifiée dès le commencement du troisième siècle pour le cas où l'affranchissement était fait dans le testament d'un copropriétaire militaire : Septime Sévère décida que l'héritier devrait, en achetant la part du copropriétaire de l'esclave, s'en rendre le maître exclusif, puis l'affranchir. Il exigea même quelque temps après, par une autre Constitution, l'intervention du préteur si elle était nécessaire pour forcer le copropriétaire à céder sa part et pour en déterminer le prix (1).

126. — Tels étaient les points principaux à l'égard desquels les militaires jouissaient de certains priviléges en matière de testament, mais on avait maintenu à leur encontre les règles du droit civil quand elles étaient favorables à l'accomplissement entier des intentions du testateur. C'est ainsi que : 1° Les dispositions écrites de la main du destinataire sont nulles (2).

2° Sont nulles aussi les institutions captatoires (3).

3° De même les dispositions faites au profit d'une personne incertaine, les legs laissés *nomine pœnæ*, ou ayant pour objet un fonds dotal (4), sont pareillement frappés de nullité.

4° Le militaire est lié par toutes les lois qui prohibent les affranchissements ; insolvable, il ne peut donc pas instituer plus d'un de ses esclaves (5).

5° Il est probable que les causes d'indignité consacrées par le droit commun restent applicables ici (6).

---

(1) L. 1, pr., C. *de Com. serv.*, 7-7.

(2) L. 15, § 5, D. *de testam. militis*, 29 — - l. 5, D. *de his quæ ut ind.*, 34-9.

(3) L. 11, C. *de test. milit.*, 6-21.

(4) §§ 25 et 56, *de leg.*, Inst., II-20 — l. 16, D. *de test. milit.*, 29-1.

(5) V. Accarias : *Précis de Droit romain*, t. I, p. 969. L. 15, pr., l. 29, § 1, D. *de test. milit.*, 29-1.

(6) L. 41, § 1, *de testam. milit.* — l. 11, *de his quæ ut ind.*, 34-9.

6° Les règles relatives à la nomination des tuteurs testamentaires sont les mêmes pour un militaire que pour un *paganus* (1).

7° Sous Justinien, les hérétiques ne peuvent rien recevoir,
même *ex testamento militis* (2).

§ III.

DU PÉCULE CASTRENSE.

———

127. — Pour bien comprendre toute l'étendue du privilége
qui résultait de l'institution du *peculium castrense* en faveur de
ceux qui étaient ou qui avaient été militaires, il faut se reporter
à l'organisation toute despotique de la famille dans les premiers
temps de la République.

———

(1) L. 40, de adm. et pericul. tut., 26-7 — L. 28, D. de testam. milit.,
29-1.

(2) D. 22, C. de heret., 1-5.

Chez nous, la puissance paternelle est un pouvoir de protection qui a pour but de guider les enfants dans le développement de leurs forces physiques et morales, de venir en aide à leur inexpérience jusqu'au moment où la loi les suppose en état de se diriger eux-mêmes et d'administrer leur fortune. A Rome, il en était tout autrement. Propriétaire de ses enfants comme de ses esclaves, le *paterfamilias* avait sur leurs personnes comme sur leurs biens les droits les plus étendus. Investi du droit de vie et de mort, il pouvait les vendre, les exposer, en faire l'abandon noxal, les marier à son gré, les faire divorcer, même les séparer de leurs propres enfants !

123. — Cette sujétion du fils parait bien étonnante ; mais elle surprend encore davantage quand on considère que les droits politiques lui avaient été reconnus, et qu'à ce point de vue il était placé sur la même ligne que son père. Cet homme, à qui on refusait la liberté civile, pouvait participer à la puissance publique, nommer les magistrats de la cité ; ce fils de famille qui ne pouvait avoir une personnalité propre pouvait briguer les honneurs, aspirer aux plus hautes dignités : Consul, Dictateur, il dirigeait en maitre les affaires de l'Etat ; il avait droit même, de la part de son père, à des honneurs publics ; rentré chez lui, dans la maison paternelle, il redevenait l'humble subordonné de son père, obligé d'exécuter ses ordres, de se plier à ses moindres caprices ; il perdait toute initiative, toute volonté propre ; en un mot, il était complétement annihilé.

Le fils de famille n'ayant pas d'individualité spéciale, il s'ensuivait qu'on n'avait pu lui reconnaitre aucun droit de propriété : « *quidquid ad filium pervenit hoc patri adquiritur ; qui in nostrâ potestate est nihil suum habere potest* (1). » Tout ce qu'il pouvait acquérir par son travail, par son industrie, par son talent, tout cela appartenait à son père, dont il n'était que le représentant.

Il n'y avait à cette incapacité d'acquérir qu'une seule exception, c'était le droit qu'avait le fils de se porter *adstipulator* (2), et encore, si cette stipulation était exclusivement limitée à sa

(1) Gaïus : *Com.* 2, § 87.
(2) Gaïus : *Com.* 3, § 114.

personne, lui était-il interdit d'exercer l'action tant qu'il était fils de famille.

129. — Cette législation si rigoureuse à l'égard du fils de famille reçut des adoucissements successifs. C'est ainsi que de bonne heure on reconnut indirectement au fils un droit de propriété sur le patrimoine du père, en imposant à celui-ci la formalité de l'exhérédation. Mais une innovation, bien autrement importante, résulta de l'introduction des *pécules*.

On désignait par cette expression, dans l'ancien Droit romain, une somme d'argent ou une certaine quantité d'objets dont le chef de famille remettait l'administration soit à ses enfants, soit à ses esclaves. Des diverses concessions de ce genre qui furent admises en faveur des fils de famille, la plus importante fut de beaucoup celle du *pécule castrense*, qui assurait au fils de famille militaire des droits analogues à ceux d'un propriétaire, sur ce qu'il aurait acquis dans les camps ou à l'occasion du service militaire. De ce jour, en effet, il conquiert une personnalité, une individualité juridique ; il peut dès lors avoir un patrimoine auquel son père ne pourra pas toucher.

Malheureusement, cette innovation ne devait pas être généralisée et constitua toujours un privilège.

130. — On n'est pas d'accord sur l'époque à laquelle on doit placer l'introduction de ce pécule : suivant les uns, elle remonterait à l'époque des guerres civiles ; d'autres, au contraire, pensent avec plus de raison qu'il ne fut point créé avant la fin de la République et l'attribuent à Auguste : accordé à l'origine à titre de concession purement temporaire, confirmé sous Nerva, il fut définitivement établi sous Trajan. Enfin Adrien lui donna une nouvelle extension en en généralisant l'application aux vétérans. « *Quod quidem jus*, dit Justinien (1), *initio tantum militantibus datum est tam ex auctoritate Divi Augusti quam Nervæ, nec non optimi imperatoris Trajani ; postea vero subscriptione Divi Adriani etiam dimissis militia, id est veteranis concessum est.* »

131. — Ce texte nous fournit l'occasion de signaler la différence capitale qui existe entre le privilège que nous étudions et celui du

(1) Pr., Inst., Quibus non est perm. fac. testam.

testament militaire. Le seul militaire en activité, c'est-à-dire celui qui était *in numeros relatus* et qui n'avait pas encore été congédié, pouvait disposer, selon les formes avantageuses du testament militaire, soit de tous ses biens s'il était *paterfamilias*, soit des *bona castrensia* seulement, s'il était fils de famille. Au contraire, qu'il fût en activité ou congédié, le soldat fils de famille avait sur les biens qui formaient le *pécule castrense* les droits que nous allons voir. Seulement le militaire congédié ne pouvait plus, à la différence du militaire en activité, disposer par testament de ses biens qu'en suivant les formes civiles.

Il était une autre hypothèse dans laquelle le soldat ne pouvait disposer suivant les formes exceptionnelles accordées aux militaires que des *bona castrensia*, c'était quand il était condamné à mort pour un délit militaire.

Quoi qu'il en soit, il nous faut rechercher :

A. Quels sont les biens qui composent le *pécule castrense ?*

B. Quels sont les droits du fils sur ce pécule ?

C. Quels sont ceux du père pendant la vie du fils et après sa mort ?

D. Quelles innovations Justinien a introduites dans cette matière ?

A. QUELS SONT LES BIENS QUI COMPOSENT LE *PÉCULIUM CASTRENSE ?*

132. — « Le *pécule castrense*, dit le jurisconsulte Macer, se compose de ce que le militaire n'aurait pas acquis s'il n'eût été militaire, car ce qu'il aurait acquis s'il n'eût pas été soldat n'entre pas dans ce pécule (1).

Ainsi entrent dans ce pécule tous les biens que le militaire acquiert à l'occasion de son service ; en sont exclus, tous ceux qui lui viennent d'une autre source ; il comprendra donc : les récompenses ordinaires ou extraordinaires qu'il aura obtenues, la part du butin qui lui aura été attribuée, les économies qu'il aura pu réaliser sur sa solde, les donations qui lui auront été

(1) L. 11, D. *de castr. peculio*, 49-17.

faites en sa qualité de soldat, c'est-à-dire pour subvenir aux besoins du militaire dans son service, comme des armes, des harnais ou un cheval.

Le jurisconsulte Macer (1) emploie donc des termes beaucoup trop généraux, quand, dans la loi que nous avons citée plus haut, il dit que tout ce que le fils de famille reçoit de ses parents ou de ses agnats au moment de son départ pour l'armée, fait partie de son *pécule castrense.*

133. — Une Constitution d'Alexandre Sévère (2) le montre bien. Ce texte suppose qu'un père a fait à son fils, au moment de son départ pour l'armée, une donation de meubles et d'immeubles. Il décide que les meubles feront partie du *pécule castrense.* Quant aux immeubles, ils resteront au père ; et cette distinction s'explique logiquement, car s'il est naturel qu'un père donne à son fils certains objets mobiliers qui pourraient lui être utiles dans la nouvelle profession qu'il va embrasser, on n'est guère dans l'habitude de donner des immeubles à celui qui va entrer au service précisément en vue de cette nouvelle carrière.

On peut donc légitimement douter, jusqu'à preuve contraire, que dans notre hypothèse la donation d'immeubles ait été faite en vue du service militaire. Mais aussi ne faut-il voir là qu'une simple présomption qui doit tomber devant la preuve contraire. « *Diverso jure ea prædia habentur quæ ex occasione militiæ filiisfamilias obveniunt, hæc enim castrensi peculio cedunt.* »

Si donc on peut prouver que l'intention du donateur a été de faire la libéralité à l'occasion du service militaire, l'immeuble qui en fera l'objet viendra accroître le *pécule castrense.*

En vertu des mêmes principes, on comprend qu'il n'y ait pas lieu de s'arrêter à ces distinctions, quand il résulte de la qualité du donateur, que la libéralité est faite en vue du service militaire ; quand par exemple c'est un compagnon d'armes, *commilito,* qui fait un don à son camarade (3).

Mais, même dans cette hypothèse, le doute peut surgir si le père de famille a connu le militaire dont il reçoit la libéralité,

(1) L. 11, D. *de castr. peculio,* 49-17.
(2) C. 4, *familiæ erciscundæ,* C. 3-36.
(3) L. 5, *de castr. pec.,* D. 49-17.

ailleurs qu'à l'armée ; si par exemple ils sont agnats, car en pareil cas ce peut être aussi bien à l'ami, à l'agnat, qu'au compagnon d'armes que la libéralité s'adresse. Tryphoninus (1) se pose la question et la tranche en donnant la règle aussi simple que logique que voici : « *Si ante commilitium factum sit testamentum, non esse peculii castrensis ea pecunia ; si postea contra.* » La donation est-elle antérieure à l'entrée du donataire dans l'armée? les biens qui en sont l'objet sont exclus du *pécule cas'rense* ; lui est-elle au contraire postérieure? ils en font partie. Cette solution a été confirmée par un rescrit de Gordien, qui figure au Code (2). Observons d'ailleurs avec Papinien (3) qu'il est indispensable, pour que le fils profite de la libéralité, que les deux compagnons d'armes servent dans le même corps ou au moins dans le même pays ; sans quoi, il n'y aurait nullement à argumenter de la qualité du donateur pour résoudre la question de savoir si la libéralité doit tomber ou non dans le *pécule castrense*.

Quand on recherche si une libéralité a été faite ou non à l'occasion du service militaire, on doit s'attacher aux motifs qui ont poussé le donateur bien plus qu'aux déclarations qu'il a pu faire, et tenir plus de compte de la cause de la donation que des termes dans lesquels elle a été faite.

Ainsi, c'est en vain qu'un parent du soldat déclarerait qu'il désire voir tomber dans le *pécule castrense* les biens qu'il lui donne, car ce n'est pas la qualité de militaire du fils de famille, mais sa parenté, qui lui vaut cette donation (4). De même, l'hérédité de la mère, bien que déférée au fils pendant son séjour à l'armée, ne tombe pas dans le *pécule castrense*, car ici encore, c'est à la qualité de fils et non à celle de militaire qu'il doit de recueillir cette hérédité.

134. — Il semble qu'il y ait lieu de donner une solution identique, au cas où l'institution émane non plus d'une mère en faveur de son fils, mais d'une femme en faveur de son mari

(1) L. 19, pr., de cast. pec., D. 49-17.
(2) C. 4, C. de cast. pec., C. 12-57.
(3) L. 16, § 1, de cast. pec., D. 49-17.
(4) L. 8, h. tit., D. 49-17.

militaire. C'est ce que décide Ulpien (1) ; cependant son opinion
semble formellement contredite par un reserit d'Adrien (2),
approuvé par Papinien, qui décide que quand un fils de famille
militaire est institué héritier par sa femme, cette hérédité entre
dans le *pécule castrense* et que les esclaves héréditaires auxquels ce fils de famille a donné la liberté deviennent ses propres
affranchis. Y a-t-il entre ces deux lois véritable antinomie, ou
peut-on les concilier?

Certains auteurs pensent que le reserit d'Adrien établit une
exception au droit commun, exception concédée à titre de privilége, soit à un corps d'armée, soit à quelques militaires que
leur mérite et leur courage avaient signalés à la faveur impériale (3). Mais c'est là une pure conjecture que rien dans les
textes ne vient étayer.

D'autres, partant de ce principe que le militaire ne peut pas
se marier, ont expliqué de la manière suivante le reserit d'A-
drien : La femme, disent-ils, en instituant son mari héritier et
en lui donnant ainsi l'argent nécessaire pour subvenir aux dépenses qu'entraine le service militaire, a eu, on peut le supposer aisément, l'intention de l'empêcher de quitter le service
dans le but de se procurer de l'argent par quelque riche mariage. On comprend dès lors qu'Adrien ait voulu que les biens
ainsi donnés fissent partie du *pécule castrense*, puisqu'ils ont
été acquis à l'occasion du service militaire (4). Cette explication, aussi alambiquée que peu vraisemblable, nous parait également inadmissible. Le même raisonnement est en effet
parfaitement applicable à la loi 8, qui donne pourtant une solution différente.

Cujas et Pothier ont cherché ailleurs la solution de la difficulté, et ont cru la trouver dans les lois Julia et Papia Poppœa :
ils prétendent que l'espèce sur laquelle statuent Ulpien et Papinien n'étant pas la même, il est tout naturel que ces jurisconsultes donnent chacun une solution différente. A leur avis, dans
le reserit d'Adrien, il s'agirait d'une institution faite par une

(1) L. 8, D. *de castr. pec.*, 49-17.
(2) L. 15, D. *de castr. pec.*, 49-17.
(3) L. 16, *hoc. tit.*
(4) V. Ferdinand de Rées : *de castrensi peculio*, novum thesaurum, de Meer-
mann, *Hayœ-Comitium*, 1751, in -4°, tom. VI p. 245, n° 19.

femme sans enfants à son mari militaire, institution qui n'aurait
de valeur que parce qu'elle serait faite en faveur d'un militaire.
Si en effet elle s'adressait à un *paganus*, elle serait nulle en
vertu des lois caducaires, qui, pour intéresser les époux à avoir
des enfants, frappaient la femme stérile de l'incapacité de laisser
à son mari plus d'un dixième de sa fortune. Adrien, faisant une
exception en faveur des soldats, leur aurait permis d'être institués pour le tout. Or, si, dans l'espèce, l'institution ne doit sa
validité qu'à la qualité de militaire de l'institué, ces biens arrivent donc à ce dernier *occasione militiæ* et doivent dès lors, en
vertu des principes, tomber dans le *pécule castrense*.

Dans la loi 8, au contraire, Ulpien parlerait d'une femme qui
a des enfants et, la validité de la libéralité ne tenant plus désormais à la qualité de militaire qu'aurait l'institué, le jurisconsulte
déciderait avec raison qu'elle n'entrera pas dans le *pécule castrense*. Nous rejetons encore cette conciliation, si ingénieuse
qu'elle soit. Rien en effet dans les trois textes qui sont en contradiction ne peut faire induire qu'il s'y agisse ou non d'une
femme stérile.

Il y aurait d'ailleurs une grave inconséquence à admettre ce
système. Si en effet le rescrit d'Adrien avait voulu protéger le
mari d'une femme stérile, cette protection n'aurait eu pour
objet que de lui faire acquérir ce qu'il n'aurait pu obtenir sans
cela. Or, sa femme pouvait lui laisser un dixième de son hérédité,
il n'y aurait donc que les neuf autres dixièmes qui lui arrive-
raient *occasione militiæ* et qui tomberaient dans le pécule.

Mais les lois 13 et 16 y faisant entrer la totalité de l'hérédité, il
est évident qu'elles ne s'appliquent pas à l'hypothèse des deux
célèbres romanistes.

Enfin avec ce système le mari de la femme stérile serait plus
favorisé que celui de la femme qui a des enfants, résultat bien
bizarre, surtout si l'on remarque qu'il serait précisément produit
par des lois faites en vue d'encourager à la procréation des
enfants. Au surplus, nous croyons qu'aucun texte n'a dérogé en
faveur des militaires à la loi Julia et Papia.

Voici la conciliation qui nous paraît la plus plausible : En
principe, pour qu'un bien tombe dans le *pécule castrense*, il
faut qu'il soit acquis *occasione militiæ* ; qu'il advienne au militaire en vertu d'une donation, d'un legs ou d'une hérédité, peu

importe. Adrien, pour se concilier les bonnes grâces de l'armée, déroge à cette règle en faveur des soldats, et décide qu'au cas spécial où une femme instituera héritier son mari militaire, cette hérédité tombera dans le *pécule castrense*, bien que ce soit sa qualité de mari et non celle de militaire qui lui attire cette institution.

Papinien fait application de cette règle purement et simplement ; Ulpien, au contraire, se trouvant en présence d'un legs, se refuse à généraliser l'exception et à étendre au légataire et au donataire ce que Adrien avait décidé pour l'héritier seulement. Ainsi donc il n'y a rien qui doive nous surprendre, quand nous rencontrons au cas d'un legs, dans la loi 8, une décision différente de celle que donnent les lois 15 et 16 pour le cas d'une institution d'héritier ; Ulpien et Papinien ne sont pas en désaccord.

155. — Supposons maintenant qu'une femme donne à son mari militaire un esclave pour l'affranchir. Cette donation serait-elle valable ? La négative paraît évidente en présence de la prohibition des donations entre époux : cependant, « *favore libertatis vel certe quod nemo ex hoc fiat locupletior* (1), » par faveur pour la liberté et parce que dans le cas particulier il n'y avait pas enrichissement du donataire au détriment du donateur, on avait autorisé les donations de cette nature.

Mais devra-t-on compter cet affranchi dans le *pécule castrense ?* Ulpien (2) se pose la question et la résout négativement, parce que, dit-il, la donation dont l'esclave a été l'objet a eu pour cause l'affection conjugale et non point le service militaire, « *quia uxor ei non propter militiam nota esset.* » Mais si au contraire la femme a donné cet esclave à son mari pour qu'il en fit un affranchi, destiné à lui venir en aide à l'armée, la donation étant alors faite en considération du service militaire, l'affranchi fera partie du pécule.

Tombent également dans le *pécule castrense* toutes les choses qui s'y réunissent par accession ou consolidation (3) ; toutes celles acquises *ex rebus castrensibus* ; ainsi, par exemple, tout

(1) Paul Cent., II, 25, par. 2.
(2) L. 6, D. *de cast. pec.*, 49-17.
(3) L. 3, et l. 15, § 3. D. *h. tit.*

ce qu'acquerra un esclave du pécule (1), sans qu'il soit nullement nécessaire ici que l'acquisition ait eu lieu *occasione militiæ*.

136. — Un militaire *paterfamilias* s'est donné en adrogation lorsqu'il était encore au service, ou après l'obtention de son congé : les biens qu'il a acquis dans les camps avant son adrogation feront-ils partie du *pécule castrense* et en gardera-t-il la libre administration ? ou bien passeront-ils à l'adrogeant ? La raison de douter vient de ce qu'il n'est question dans les Constitutions impériales que de ceux qui sont fils de famille. Mais malgré ce silence, Tertullien est d'avis que ces biens doivent tomber dans le *pécule castrense* (2).

B. DROITS DU FILS DE FAMILLE SUR LE *PÉCULE CASTRENSE*.

137. — Du jour où le *pécule castrense* fut institué, le fils de famille eut un double rôle dans la vie civile :

Considéré indépendamment de ce pécule, il est toujours soumis au despotisme paternel, frappé d'une incapacité absolue, sans individualité propre.

A-t-il au contraire un *pécule castrense* ? La loi romaine lui accorde alors sur les biens qui le composent un droit identique à celui dont jouit le *paterfamilias* sur sa fortune patrimoniale. « *Filiusfamilias*, dit Ulpien (3), *in castrensi peculio vice patrum familiarum fungitur*. » Imbus des idées particulières au Droit romain sur la puissance paternelle, les jurisconsultes n'osent pas dire qu'il en est propriétaire, tant les avantages qui résultent pour le fils de famille de la possession de ce pécule leur paraissent exorbitants du droit commun et contraires aux règles générales, mais en fait ils lui accordent toutes les prérogatives qui sont attachées à la propriété.

De ce principe on peut tirer les conséquences suivantes :

Le fils peut vendre son pécule, en faire donation, intenter les actions qui le concernent, même contre la volonté de son père (4), et défendre à celles intentées contre lui de ce chef.

(1) L. 15, § 4, D. *h. tit.*
(2) L. 4, § 2, D. 49-17, *de cast. pec.*
(3) L. 2, *ad Senat.-Cons. Maced.*, D. 14-6.
(4) L. 4, § 1, D. *de cast. pecul.*, 49-17.

Il peut, sans son consentement, affranchir les esclaves qui en font partie et c'est en sa personne que naitront les droits de patronage. On avait longtemps hésité avant de lui accorder cette dernière prérogative : dans l'ancien Droit, elle ne pouvait appartenir qu'au père; Julien le premier, en réservant les droits paternels, accorda au fils, pendant sa vie, les droits de patronage. « *Quamdiu vivit, præfertur in bona liberti patri*, » et Adrien confirma cette décision (1). »

S'il est institué héritier par son compagnon d'armes ou par une personne qui l'institue à l'occasion du service militaire, il pourra faire adition de sa propre volonté et sans l'ordre de son père (2).

Lorsqu'un *paterfamilias* donne son fils en adoption, il ne peut lui enlever son pécule; en l'émancipant il n'en peut non plus retenir aucune portion : ce qui prouve bien que le fils est le maitre et le seul maitre de son pécule (3).

D'ailleurs, les textes présentent un grand nombre d'hypothèses dans lesquelles se révèle cette indépendance du fils à l'égard de son père, quant à son pécule.

Ainsi le fils peut de ce chef valablement stipuler de son père (4) et garder en propre les bénéfices qui pourront résulter pour lui de cette stipulation, malgré les principes qui veulent qu'aucun contrat ne puisse intervenir entre le père et le fils (5).

De même une vente peut avoir lieu entre un fils et son père (6). Si un procès vient à surgir à propos de ce contrat, le fils peut intenter l'action contre son père (7), après en avoir toutefois demandé l'autorisation au Préteur. qui l'accorde *causâ cognitâ*.

138. — Le sénatus-consulte Macédonien n'est pas applicable au fils militaire dans les limites de son pécule ; si donc il vient à contracter un *mutuum*, ce contrat sera parfaitement valable et le préteur aura action contre lui. La raison en est que ce sénatus-consulte ne protégeait que le *filiusfamilias* ; aussi le fils qui

(1) L. 8, D. *de jure patronat*, 37-14.
(2) L. 5, D. *de castr. pec.*, 49-17.
(3) L. 12, D. *de cast. pecul.*, 49-17.
(4) L. 15, § 1, D. *h. tit.*
(5) Instit., *de inutilib. stipulat.*
(6) L. 2, D. *de contrahenda emptione*, 18-1
(7) L. 4, *de judiciis*, D. 5-1.

est *paterfamilias* pour son pécule, ne peut l'invoquer quand le créancier veut s'emparer des biens qui le composent pour se rembourser de l'argent prêté (1).

139. — De tous les avantages concédés au *filiusfamilias* militaire à propos du *pécule castrense*, le plus important est, sans contredit, celui en vertu duquel il peut en disposer par testament. Cette faveur, accordée par Auguste aux militaires en activité de service, fut étendue, sous Adrien, même aux vétérans. Ce fut là un véritable privilége, car le droit de tester n'étant pas à Rome de droit privé, mais de droit public, il ne découlait pas comme une conséquence nécessaire du droit de propriété. Il fallait donc l'avoir reçu de la loi, et ceux-là seuls avaient la *factio testamenti*, auxquels elle avait été concédée.

Pouvant disposer de son pécule, il pourra le faire soit *jure communi*, soit *jure militum ;* mais évidemment il ne pourra le faire *jure militum*, que s'il est encore militaire au moment de sa mort, ou s'il a obtenu depuis moins d'une année un congé honorable.

Si le *filiusfamilias* n'use pas de la faculté qui lui était accordée, le pécule redevient la propriété exclusive du père, et par une fiction, tout est censé s'être passé comme si le fils n'avait jamais été militaire. En un mot, ce n'est pas comme héritier, mais en vertu de sa *patria potestas*, qu'il prend ce pécule dont il est réputé n'avoir jamais cessé d'être le maître : « *Si filiusfamilias miles decesserit, si quidem intestatus, bona ejus non quasi hereditas, sed quasi peculium patri deferuntur* (2). »

Reste une dernière question :

140. — L'hérédité que fait naître ce testament du fils de famille militaire est-elle une véritable hérédité ?

Il n'y a pas de difficulté et tout le monde est d'accord pour répondre affirmativement, si on a fait adition. Mais *quid* si cette adition n'a pas eu lieu ?

On sait que, pour parer aux inconvénients qui se présentaient quand personne n'avait accepté une succession, et pour empécher que le fisc ne revendiquât les biens qui en dépendaient, ou bien qu'un particulier ne s'en emparât comme d'une *res*

(1) L. 1, § 53, D. *de Senat. Maced.*, D. 14-6.
(2) L. 2, D. à notre titre, 49-17.

nullius, on avait imaginé la fameuse fiction *hereditas jacens personam defuncti sustinet.* Cette fiction s'appliquait-elle au testament du fils de famille ?

Le président Favre s'était décidé pour l'affirmative et nous pensons comme lui, en nous appuyant sur la loi 14, § 1, de Papinien au Digeste, *de castrensi peculio :* Cette loi suppose qu'un esclave appartenant au pécule fait une stipulation dans l'espace de temps qui s'écoule entre la mort du fils de famille et l'adition d'hérédité : Elle décide que la stipulation est en suspens et qu'elle est acquise aux héritiers s'ils font adition : « *Ut* » *enim hereditarius servus fuisse credatur post aditam fit here-* » *ditatem.* » C'est là évidemment une application manifeste de la maxime : « *hereditas jacens vicem defuncti sustinet.* »

On a voulu, il est vrai, tirer argument contre l'opinion que nous venons d'exposer, d'un autre texte du même jurisconsulte, la l. 18 *de stipulatione servorum.* Papinien, dans une hypothèse analogue à celle de la l. 14, § 1, à cette différence près que l'esclave appartient en commun au pécule et à un tiers, Mœvius, y décide que le bénéfice de la stipulation faite dans l'intervalle de temps qui s'est écoulé entre la mort du fils de famille et l'adition de l'hérédité appartient en entier à Mœvius, « *qui solus interim dominus invenitur.* »

C'est, dit-on, la négation formelle de la maxime *hereditas jacens*, etc.

Mais comme ces deux lois appartiennent au même auteur, que de plus elles sont empruntées toutes deux à la même section d'un même ouvrage, au livre 27 *Quæstionum*, il semble bien difficile d'admettre qu'il y ait entre elles une contradiction aussi manifeste, surtout quand on peut aisément arriver à les concilier. Si, en effet, dans la l. 18, Papinien attribue à Mœvius seul, le bénéfice de la stipulation, il n'en faut pas conclure que ce soit là un résultat définitif et irrévocable. Le jurisconsulte n'a pas expliqué toute sa pensée ; il l'a complétée dans la l. 14, § 1, où il dit que si l'adition d'hérédité a lieu, elle aura un effet rétroactif au jour du décès, effet en vertu duquel, dans l'espèce de la loi 18, l'esclave aura acquis le bénéfice de la stipulation pour moitié à Mœvius et pour moitié au pécule.

C. DROITS DU PÈRE SUR LE *PECULE CASTRENSE.*

141. — Les commentateurs ne sont pas d'accord sur la question de savoir quelle est la nature des droits du père à l'égard du *pécule castrense* pendant la vie de son fils et entre quelles mains en réside la propriété. Les uns, voulant mettre le droit d'accord avec les faits, soutiennent que c'est le fils qui en est propriétaire, car ayant seul le droit de l'aliéner actuellement, c'est lui seul qu'on doit considérer comme propriétaire.

Les autres, et Cujas (1) est du nombre, attribuent avec plus de raison la propriété au père et prétendent que le fils n'a qu'une très-large administration pendant sa vie. Ce dernier système s'appuie sur les textes, qui ne disent pas que le fils de famille a un droit de propriété, mais qui l'assimilent seulement à un *paterfamilias* (2) : « *filiifamilias in castrensi peculio VICE PATRUMFAMILIARUM funguntur.* » ou bien encore : « *filium QUODAM MODO dominum existimari.* »

Quoi qu'il en soit, examinons ces droits du père sur le *pécule castrense.*

Il est évident tout d'abord que le fils de famille ayant, de son vivant, sur son pécule, tous les droits qui sont l'attribut de la propriété, le père ne pouvait, par contre, avoir aucun droit actuel de disposition, mais il pouvait même, du vivant de son fils, l'améliorer, par exemple en acquérant des servitudes pour les fonds de terre qui en dépendaient, ou en les affranchissant (3) de celles dont ils auraient pu être grevés, ce que n'aurait pu faire un étranger. Bien plus, il a même, à l'égard de ce pécule, un droit de disposition éventuelle, dont l'effet pourra se produire dans l'avenir si le fils prédécède *intestat* (4).

142. — On a comparé la situation du père vis-à-vis du *pécule castrense* à celle d'un interdit, qui peut rendre sa condition meilleure sans pouvoir la rendre pire (5). « *Si cui bonis inter-*

(1) Récital., ad. lib. 2, *de servitut.*
(2) V. notam. l. 2, ad S. C. *Maced.*, D. 14-6.
(3) L. 18, § 3, D, *de castrensi peculio,* 49-17.
(4) L. 19, § 5. D. A. *tit.*
(5) V. l. 18, § 3, D. *de castr. pecul.,* 49-17.

dictum est stipulando adquiril, tradere vero non potest ; • mais ce rapprochement ne nous parait pas exact; en effet, toute aliénation, de quelque nature qu'elle soit, est défendue à l'interdit, tandis que s'il n'est pas permis au père d'aliéner actuellement le pécule, il a du moins ce droit de disposition éventuel et conditionnel dont nous venons de parler.

143. — Pour les mêmes motifs, il ne pouvait ni demander ni défendre à une action en partage, l'adjudication étant un mode d'aliénation immédiate; de même, du vivant de son fils, il ne pouvait affranchir, *vindictá* (1), un esclave du *pécule castrense*, cet acte produisant de sa nature un effet instantané. Mais il pouvait léguer la liberté à cet esclave et l'affranchissement était valable si le fils venait à mourir *intestat.*

Cette dernière solution n'avait pas toutefois été admise sans difficulté.

Tryphoninus (2) rapporte qu'on objectait en effet, d'une part, l'impossibilité d'attribuer à deux personnes solidairement, la propriété absolue d'une même chose : « *Occurrebal enim non posse dominum apud duos pro solido fuisse.* » Que, d'autre part, Adrien ayant accordé formellement au fils le droit d'affranchir l'esclave péculiaire, avait dû, par là même, priver le père de ce droit ; qu'enfin, au cas où l'esclave aurait été affranchi à la fois et par le testament du père et par le testament du fils, s'ils venaient tous deux à décéder en même temps, ce serait certainement en vertu du testament du fils et non point en vertu de celui du père que l'affranchissement aurait lieu.

Ces diverses considérations ne paraissent cependant pas assez puissantes au jurisconsulte pour l'empêcher de se déclarer en faveur de la validité de l'affranchissement testamentaire fait par le père. Aussi le déclare-t-il pleinement valable.

Quant aux différentes objections qu'on opposait à son système, il les réfute en disant que le droit du père sur le *pécule castrense* subsiste, tant que le fils n'use pas de celui qui lui est accordé sur ce même pécule et que si le fils est prédécédé *intestat,* son pécule appartient au père par une espèce de *postli-*

---

(1) L. 19, § 4, D. *de castr. pecul.*, 49-17.
(2) Lib, 8, *Disputationum,* l. 19, § 3, D. *de castr. peculio,* 49-17.

minium, de telle sorte qu'en vertu d'un effet rétroactif de la loi il semble en avoir la propriété *antiquo jure*.

Sous l'influence des mêmes principes, on avait décidé que le paiement, fait par le père avec un objet du pécule, n'opérait point sa libération, car on ne se libère pas en acquittant sa dette avec la chose d'autrui (1).

144. — Tels sont les droits du père sur le *pécule castrense* pendant la vie de son fils. Qu'arrivait-il si ce fils prédécédait ?

Il faut distinguer plusieurs hypothèses :

1re HYPOTHÈSE. — *Le fils a institué un étranger qui a fait adition.*

Le fils en agissant ainsi avait usé de son droit : les actes éventuels que le père avait pu faire étaient annulés sans que personne eût rien à réclamer.

L'héritier recueillait tous les biens acquis à la succession par l'esclave du pécule et la maxime *hereditas jacens vicem defuncti sustinet*, s'appliquait en pareil cas, comme nous l'avons vu.

2e HYPOTHÈSE. — *Le fils est mort intestat.*

Quelle que soit l'opinion qu'on admette sur la nature des pouvoirs du père relativement au *pécule castrense* ; qu'on décide qu'il en est propriétaire, ou qu'on pense au contraire que c'est le fils qui en a la propriété, dans l'une comme dans l'autre opinion, on arrive, dans notre hypothèse, à décider que le père reprend les biens qui le composent, *jure peculii et non jure hereditatis* (2). Seulement, pour les uns, le père reprend seulement l'administration des biens *castrenses;* pour les autres, il s'en empare et de plus il est rétroactivement censé en avoir toujours été propriétaire.

De ce que le père ne prenait pas les biens du pécule comme héritier, il résultait qu'il ne pouvait pas être contraint de payer les dettes *ultra vires*, qu'il n'était tenu que dans les limites et jusqu'à concurrence du pécule, qu'enfin, c'était par l'action *de*

---

(1) L. 90, *de solut. et liber.*, D. 46-3.
(2) L. 2, D. *de castr. pecul.*, —C. 5, C. *cod. tit.*, 6-57.

peculio (1) que les créanciers devaient agir contre lui (2).

En vertu du même principe, le père pour se faire mettre en possession des *bona castrensia* devait employer la **rei vindicatio**, à l'aide de laquelle il pouvait les réclamer séparément, mais il ne pouvait les réclamer en bloc par la *petitio hereditatis*, action réservée aux héritiers.

Supposons maintenant avec Ulpien (3), qu'un fils émancipé obligé à la *collatio bonorum*, a lui-même un fils possesseur d'un *pécule castrense*, devra-t-il rapporter ce pécule ?

Non évidemment, si le petit-fils est vivant, car on ne rapporte que ce dont on est propriétaire : oui, au contraire, s'il est mort et que le père possède le pécule *jure peculii*.

3ᵉ HYPOTHÈSE. — *L'héritier institué par le fils a répudié la succession.*

En pareil cas, les *bona castrensia* font encore retour au père, qui les prend, non pas comme héritier, mais en sa qualité de père, *jure pristino*, *jure peculii*, avec la *rei vindicatio* et non la *petitio hereditatis* pour s'en faire mettre en possession.

Mais ici l'admission de l'effet rétroactif avait soulevé plus de difficultés que dans l'hypothèse où le fils était mort *intestat*. C'est qu'en effet, dans notre hypothèse, c'est contre la volonté du fils que le pécule revient au père et il n'est plus aussi naturel de le considérer comme en ayant toujours été propriétaire. Aussi Ulpien et Papinien n'étaient-ils pas d'accord sur la manière dont ils voulaient faire jouir le père de ce retour. Ulpien (4) prétendait que les biens font retour au père avec effet rétroactif, de même que quand le fils meurt *intestat*, le père étant censé en avoir toujours été propriétaire. Papinien, au contraire, soutenait que ces biens faisaient retour au père sans effet rétroactif et ne lui appartenaient que du jour de la répudiation de l'institué.

Cherchons des hypothèses qui fassent ressortir l'intérêt pratique

(1) Cette action était annale, l. 1, § 1, D. *quando de peculio*, 15-2.
(2) L. 17, pr., D. *de castr. pec.*
(3) L. 1, § 22, D. *de coll. bon.*, 37-6.
(4) L. 9, *de castr. pecul.*, et l. 33, *de acq. rer. domino*, D. 41-1.

qui peut s'attacher à l'admission de l'un ou de l'autre de ces deux systèmes.

Supposons avec Tryphoninus (1) qu'un legs a été fait à l'esclave du pécule, entre la mort du fils et la répudiation de l'héritier, par un tiers au regard duquel le père n'avait pas le *jus capiendi*. Postérieurement les héritiers renoncent : quel sera le sort du legs ? Sans aucun doute, dans l'opinion d'Ulpien et des partisans de l'effet rétroactif, le legs sera nul, le père étant considéré comme ayant toujours été propriétaire du pécule.

Dans l'opinion de Papinien tout au contraire, avec l'admission de *l'hereditas jacens*, le legs sera valable.

Tryphoninus ne sait au juste à laquelle des deux opinions il veut se ranger, il hésite : « *difficile erit expedire*, » et finalement ne se prononce pas.

Il est une autre hypothèse dans laquelle chacun des jurisconsultes a suivi les conséquences logiques de son système. On a fait une promesse sur une stipulation, ou une tradition de propriété à l'esclave péculiaire dans l'intervalle qui sépare la mort du défunt de la répudiation de l'héritier. Quel sera le sort de cette stipulation ou de cette tradition?

Ulpien (2), Scœvola, Marcellus, admettent la validité de la stipulation et de la tradition, parce que par la répudiation de l'institué, les *bona castrensia* étant censés avoir toujours appartenu au père, l'esclave a pu emprunter la personnalité juridique et la capacité du père.

Papinien (3), au contraire, décide que la stipulation et la tradition seront nulles, car d'une part, le père ne peut se prévaloir de la maxime *hereditas jacens*, etc., et d'un autre côté il ne peut invoquer un droit de propriété qu'il n'avait pas encore au moment où la tradition, ou bien la stipulation ont été faites, L'esclave étant donc *sine domino* n'a rien pu acquérir.

Papinien, à la fin de la l. 14, § 1, semble changer d'opinion et revenir sur sa décision, en considération du respect qui est dû à la puissance paternelle. Ce revirement inattendu a depuis

---

(1) L. 19, § 5, D. *de castr. pecul.*

(2) V. L. 53, D. *de acquirendo rerum dominio*, 41-1, et l. 9, D. *de cast. pecul.*

(3) L. 18, D. *de stipulat. servor.*, et l. 14, § 1, *de castr. pecul.*

longtemps soulevé les doutes les plus fondés sur l'authenticité
de ces dernières lignes (1), et M. Pellat a établi d'une façon irré-
futable qu'elles constituaient une interpolation évidente des rédacteurs du Digeste, de Tribonien probablement, dont on re-
connaît les expressions favorites.

1e HYPOTHÈSE. — *Le fils a institué son père héritier.*

Le père, s'il fait adition, est un véritable héritier ; il en a tous
les droits, il aura la *petitio hereditatis*, la *persecutio expilatæ
hereditatis* (2) si on a détourné un objet héréditaire et non
l'action *furti « quoniam hereditatis furtum non sit. »*

Mais il aura aussi à supporter les charges qui incombent aux
héritiers. Quand il ne prend les biens que *jure peculii*, nous
avons vu qu'il ne pouvait être poursuivi par les créanciers de
son fils que *jure pretorio*, seulement dans les limites du pécule
et pendant une année. S'il les prend au contraire comme héritier, il est tenu de toutes les dettes ; il en est tenu civilement et
la poursuite des créanciers n'est pas limitée comme au cas précédent. Enfin, il devra acquitter les legs sans pouvoir retenir la
quarte Falcidie si le fils a fait un testament militaire (3).

D. INNOVATIONS DE JUSTINIEN.

145. — Justinien apporta des modifications importantes dans
la matière du *pécule castrense.* Il admit pour ce pécule, comme
Constantin l'avait fait pour le pécule *adventice*, des héritiers *ab
intestat.*

Ces héritiers *ab intestat* furent :

1° Les descendants du *filiusfamilias.*

2° Ses frères et sœurs.

3° Son père.

146. — Le père passe ainsi du premier rang au troisième.

Mais à quel titre le père prendra t-il ces biens? Viendra-t-il
encore *jure peculii* ou bien seulement *jure hereditatis ?*

---

(1) V. Cujas : Œuvres posthumes, t. quist, Pap., liv. 27.
(2) L. 33, § 1, D. de acquirend. rer. dominio.
(3) L. 17, § 1, D. de castr. pec.

Justinien a répondu à cette question : Il les prendra, dit-il, *jure communi* (1).

Des divergences d'interprétation se sont élevées parmi les auteurs sur le sens de ces expressions. Les uns (2), les considèrent comme synonymes de *jure peculii*. Ils invoquent, et c'est là leur seul argument, l'autorité de Théophile, l'un des rédacteur des *Institutes* qui, dans sa paraphrase, dit formellement : « *Jure communi, id est tanquam peculium paganum.* »

Nous pensons au contraire (3) que par ces mots *jure communi*, Justinien a voulu dire *jure hereditatis*. Il serait bien étrange en effet, comme on l'a remarqué, que les biens qui sont déférés aux enfants, aux frères et sœurs du fils de famille, *jure hereditatis*, ne fussent plus déférés à ce titre, quand c'est le père qui les recueille.

Les Novelles 118 et 127, qui vinrent réformer de nouveau l'ordre successoral, enlevèrent tout intérêt à cette controverse. Le père recueillait les biens à défaut de descendants, et excluait tous les collatéraux, sauf les frères et sœurs germains avec lesquels il concourait. Cette modification vient corroborer l'opinion qui fait recueillir par le père, *jure hereditatis*, les biens du pécule : appelé en effet à concourir avec les frères et sœurs, il ne pouvait avoir, sur les mêmes biens, des droits d'une autre nature.

§ IV.

SUCCESSION *AB INTESTAT*.

---

147. Quel était le sort de la succession du militaire décédé *ab intestat* sans laisser de parents au degré successible ? — **148.** Quid de la succession *ab intestat* du soldat condamné à mort pour délit militaire.

147. — Nous avons vu dans quelles proportions, suivant quelles formes, sous quelles conditions, le militaire pouvait

(1) Ins. Just., II-12, pr.
(2) Cujas et M. Ortolan : *Explic. des Instit.*, II-108.
(3) Avec Ferdinand de Rêtes, Demangeat : *Cours de Droit Romain*, I-621.

disposer de sa fortune, ce que devenait son *pecule castrense*
s'il décédait *ab intestat* et lesquels parmi ses parents avaient le
droit de le réclamer.

Il nous reste à examiner ce qui advenait de sa succession
quand il mourait *ab intestat*, sans laisser de parents au degré
successible. En pareil cas, ses biens n'étaient pas attribués au
fisc, mais revenaient à ses camarades ; on considérait la légion
comme lui tenant lieu de famille et on lui accordait les prérogatives dont aurait joui celle qu'elle était censée remplacer. On
avait créé à cet effet une caisse particulière dans laquelle tombaient tous les legs que les soldats pouvaient faire à la légion
et qui était placée sous la direction de préposés spéciaux appelés *librarii caducorum* (1).

118. — Il était encore une autre hypothèse où la succession
ab intestat d'un militaire échappait au fisc par suite d'un privilége dont les civils ne pouvaient se prévaloir. Quand un *paganus* était condamné à mort, il y avait confiscation de ses biens,
suivie de la vente aux enchères au profit du fisc, sans qu'on
tint aucun compte du degré de parenté des héritiers qu'il pouvait laisser. Ces héritiers ne pouvaient venir à sa succession,
ni en vertu de son testament, ni *ab intestat*.

S'agissait-il au contraire d'un soldat condamné à mort pour
délit militaire ? Il conservait d'abord, on l'a vu, le droit de faire
un testament sans formes civiles, mais seulement sur son *pécule castrense* ; quant aux autres biens composant sa succession
ab intestat, ils pouvaient, il est vrai, être frappés de confiscation,
mais au cas seulement où il n'existait ni descendants, ni parents
au cinquième degré.

Grâce à cette restriction, si le droit de confiscation était
maintenu en principe, il était en fait d'une application assez
rare (2).

---

(1) V. *supra*, page 131, n° 60.
(2) V. l., 23, § 1, D. de *legat*, n 5°, 32 — l. 6, § 6, D. de *inc. rupt. irr.*,
28-3 — l. 32, § 8, D. de *donat. int. vir. et ux.*, 24-1. — l. 11, pr. D. de
testam. milit., 29-1 — l. 1 et 2, D. de *veteran. et milit. succ.*, 38-12, —
C. 13, C. de *testam. milit.*, 6-21.

§ V.

BÉNÉFICE D'INVENTAIRE.

---

119. Du bénéfice d'inventaire, son objet, ses effets. — **150.** Son origine. — **151.** Formalités auxquelles il est soumis. — **152.** Même sous Justinien, il subsiste à cet égard un privilége spécial en faveur des militaires.

149. — Quoique le bénéfice d'inventaire constitue dans le dernier état du Droit Romain un avantage commun à tous, depuis la généralisation qui en fut faite par Justinien, nous devons cependant le mentionner parmi les priviléges des militaires, puisqu'établi en leur faveur, il fonctionna pendant 300 ans, comme un avantage spécialement réservé aux soldats.

Cette institution avait pour but de concilier les intérêts de l'héritier et ceux des créanciers de la succession, en évitant au premier un préjudice souvent considérable et en conservant aux seconds les garanties qu'ils avaient eu la précaution de prendre. En effet, d'après le Droit civil, l'héritier qui a fait adition ne peut plus revenir sur cet acte ; il est tenu de toutes les dettes et de toutes les charges de la succession, même au-delà de la valeur des biens qui la composent, les mineurs de 25 ans jouissant seuls du bénéfice de la *restitutio in integrum*, quand la succession se trouvait plus onéreuse que lucrative. On n'avait donc que l'un de ces deux partis extrêmes à prendre, ou accepter purement et simplement, ou renoncer.

Les inconvénients d'un pareil état de choses s'étaient bientôt fait sentir, et on avait essayé d'y remédier par la création du *Jus deliberandi ;* mais ce n'était qu'un palliatif insuffisant, souvent même dangereux avec ses longueurs et les inconvénients qui pouvaient résulter de l'espèce d'abandon dans lequel se trouvait la succession vacante. Seul le bénéfice d'inventaire en offrant une situation mixte devait apporter un remède efficace à cette législation défectueuse.

L'héritier qui acceptait sous bénéfice d'inventaire n'avait plus

8

rien à craindre ; il n'était tenu des dettes qu'*intra vires succes-sionis;* quel qu'en fût le montant, il n'avait à redouter aucun recours sur ses biens personnels (1) et conservait toutes les créances qu'il pouvait avoir contre son auteur. (Cpr. C civ., art. 802, § 2.) (2).

150. — Cette heureuse invention législative ne fut pas établie tout d'un coup, mais peu à peu et successivement.

Justinien (3) nous explique comment Adrien commença par permettre à un héritier, par une faveur spéciale, de ne pas payer des dettes considérables découvertes après l'adition ; comment Gordien, généralisant cette décision, l'accorda dans un rescrit, à tous les militaires qui ne furent plus tenus, dès lors, d'acquitter sur leurs propres biens les dettes de la succession ; comment lui-même enfin étendit cette faveur à tous les citoyens. « *Nobis apparuit esse humanum, non solum milites adjuvare hujus-modi beneficio, sed etiam ad omnes extendere* (4).

151. — Le militaire, qui doutait de la solvabilité du défunt, devait, dans les trente jours qui suivaient l'ouverture du testa-ment ou la délation de la succession *ob intestat,* faire un inven-taire de tous les biens contenus dans le patrimoine du *de cujus;* inventaire qui devait être terminé dans le délai de 60 jours après l'époque fixée pour faire inventaire (5).

L'inventaire doit être dressé par un tabellion en présence de tous les légataires, créanciers et fidéicommissaires valablement convoqués; s'ils sont absents, on les remplace par trois témoins honoraires.

L'héritier déclare qu'il n'a rien détourné et signe cette affir-mation ; s'il ne sait pas écrire ou s'il en est empêché, on doit faire venir un tabellion spécial, qui signera pour lui, en présence de témoins, et sur son ordre, après toutefois que l'héritier aura apposé une croix sur l'acte. « *Venerabili signo antea manu he-redis præposito.* »

Si la succession tout entière ou du moins un majeure partie

(1) C. 22, § 4 et 7, C. *de jure delib.*, VI-30.
(2) C. 22, § 3, C. *de jure delib.*, VI-30.
(3) Inst., II-19-6 — Gaïus : II, § 165, *in fine* — C. 22, pr., *de jure delib.*, C. 6-30.
(4) C. 22, C. *de jure delib.*, 6-30.
(5) C. 22, §§ 2 et 11, C. *de jure delib.*, 6-30.

est située hors du domicile de l'héritier, le délai pour faire inventaire est prolongé jusqu'à un an (1), mais c'est un maximum qu'on ne doit jamais dépasser (2).

Justinien n'abolit pas le *jus deliberandi* ; ceux qui voulurent en user, conservèrent la faculté de le faire, mais à la condition de rédiger un inventaire. « *Necesse est enim omni modo deliberantem inventarium cum omni subtilitate facere ;* » autrement, l'héritier renonçant serait tenu de restituer l'estimation des choses héréditaires, d'après le serment que le juge déférerait aux créanciers *cum taxatione*.

152. — Mais, même sous Justinien, les militaires conservent encore dans cette hypothèse un privilège spécial. En effet, l'héritier qui accepte après délibération est tenu d'acquitter les dettes *ultra vires*, malgré l'existence de l'inventaire. Cette règle ne s'applique pas aux militaires, et Justinien leur conserve le droit de ne jamais payer une somme supérieure à l'émolument qu'ils retirent (3).

§ VI.

RESTITUTIO IN INTEGRUM.

153. Qu'est-ce que la *restitutio in integrum* ? — 154. A qui est-elle accordée ? — 155. Conditions nécessaires pour qu'elle soit accordée. — 156. Contre qui est-elle accordée ? — 157. Ses effets. — 158. Comment pouvait-on l'intenter ? — 159. A quel moment ? Par qui pouvait-elle l'être ?

153. — Le privilège de la *restitutio in integrum* avait pour but d'effacer, après coup, les lésions qui résultaient pour les militaires de l'impossibilité où leur absence pour le service de l'État les avait mis de veiller à leurs intérêts privés.

Restituere in integrum signifie littéralement rétablir en entier.

(1) C. 22, pr., §§ 1-2-3, C. *de jure delib.*, 6-30. — Nov. 1, ch. II, § 1.
(2) C. 22, § 12 à 15, C. *hoc. tit.*, 6-30.
3) L. 22, § 13, 14, 15, C. *de jure delib.*, 6-30.

Le préteur *restituit in integrum*, quand, en vertu de son *impe-rium* et par des motifs d'équité, il annule, sur la demande de l'une des parties qui a été lésée, un acte strictement valable en Droit civil et replace les parties dans l'état dans lequel elles se trouvaient avant cet acte (1). On peut donc définir la *restitutio in integrum* « le rétablissement d'un état antérieur de droit opéré par le préteur et motivé par une opposition entre l'équité et le Droit rigoureux. »

154. — Ce bénéfice, qui a son fondement dans la rigueur excessive de l'ancien Droit civil, pouvait être accordé dans six cas, spécialement prévus par le préteur, et qui, suivant M. de Savigny (2), avaient été introduits dans l'ordre chronologique que voici : 1° la violence ; 2° la fraude ; 3° la minorité de 25 ans ; 4° les *capitis deminutiones ;* 5° l'absence (3) ; 6° l'er-reur (4). Parmi les personnes qui peuvent s'en prévaloir pour cause d'absence figurent au premier rang les militaires ; c'est en ce qui les concerne seulement que nous devons étudier ce privilége.

On l'accorda d'une manière générale à tous les soldats qui ne pouvaient impunément quitter les drapeaux (5), qu'ils fussent en campagne, qu'ils fussent à Rome peu importe (6) ; puis ensuite on l'étendit aux médecins militaires, à ceux qui étaient char-gés de conduire des recrues ou de ramener des soldats, d'opérer des recrutements (7), de faire rentrer les séditieux

(1) Paul : *Sentences*, 1-71 — L. 1, § 27, D. *de quæstionibus*, 48-18 — C.1, C. *de sentent. passit*, 9-51.

(2) *Traité de Droit Romain :* VII-158. Le savant romaniste pense que c'est la date de leur introduction qui a déterminé la place qu'ils occupent dans l'édit. Bur-chardi admet au contraire un tout autre ordre. V. § 148 et 213 à 217.

(3) La *restitutio in integrum* pour cause d'absence est déjà mentionnée dans Térence, *Phormio*, 11-49 et suiv.

(4) Cette énumération d'ailleurs n'est pas limitative ; l'édit contenait une *clausula generalis* qui permettait au préteur de parer à toutes les éventualités. « *Item si qua alia mihi causa justa esse videbitur, in integrum restituam.* » L. 1, § 1, *ex quib. causis majores*, D. 4-6.

(5) L. 45, D. *cod; tit.* C'est-à-dire à tous ceux qui sont inscrits sur les contrô-les et qui, s'ils venaient à abandonner leur corps, seraient passibles des peines de la désertion.

(6) Au contraire les fonctionnaires civils n'étaient considérés comme absents pour le service de la République, qu'autant que le siège de leurs fonctions ne se trouvait pas à Rome. L. 5, § 1, l. 6 et l. 7, D. *ex quib. causis majores*, 4-6.

(7) V. n°. 76, page 50.

dans l'ordre ; aux femmes des militaires qui suivaient leurs maris (1), à ceux qui, sans être militaires, s'étaient trouvés par ordre du général mêlés à une expédition et y avaient succombé, aux gardes de la ville, à partir d'Antonin (2), enfin à ceux qui avaient été en servitude, à la condition toutefois qu'ils ne se pussent prévaloir du *jus postliminii*, comme par exemple s'ils étaient rentrés en temps de paix, sans qu'un traité spécial eût stipulé leur retour.

Les militaires en congé ne pouvaient se prévaloir de la *restitutio in integrum* pendant le temps qu'ils passaient dans leurs foyers ; mais, de même que les conscrits qui se rendaient à leurs corps, ils en bénéficiaient pendant le temps du trajet qu'ils devaient exécuter, soit pour regagner leur légion, soit pour rentrer dans leur famille. On avait fixé à vingt milles la distance minimum qu'ils devaient parcourir par jour, et s'ils prolongeaient leur voyage pendant un temps plus considérable, sauf les cas fortuits, cette prolongation ne devait pas être comptée dans le délai d'absence.

155. — Le droit de se prévaloir de la *restitutio in integrum*, était en général subordonné à la réunion des trois circonstances suivantes :

1° Il faut qu'il existe une lésion de quelque importance (3), produite par l'acte ou l'omission de l'acte, sans que la personne lésée puisse s'en attribuer la faute (4).

2° Qu'on se trouve précisément dans un des cas prévus par l'édit (*justa causa*) (5).

3° Qu'aucun autre moyen de droit n'existe pour écarter la lésion : ainsi lorsque l'acte est nul en Droit civil ou peut du moins être attaqué en nullité, il n'y a lieu en général à aucune restitution (6).

---

(1) C. 1 et 2, *de uxorib. milit.*, C. II-52. Il faut étendre cette disposition à tous les membres de leur famille qui les accompagnaient.

(2) L. 35, § 4, *ex quib. caus. maj.*, D. 4-6.

(3) L. 4, *de in integr. restitut.*, 4-1 — l. 9, pr., l. 16, § 4, l. 49, D. *de minorib. vig. quinq. ann*, 4-4.

(4) L. 7, pr., D. *de in integr. rest.*, 4-1 — l. 10, l. 27, D. *ex quib. caus. maj.*, D. 4-6. Le mineur seul est restitué lorsqu'il a agi avec imprudence. L. 44, D. *de minor. vig.*, 4-4.

(5) L. 1 et 3, D. *de in integr. restitut.*, 4-1.

(6) L. 16, pr., §§ 1 et 4, *de minorib. vig.*, D. 4-4 — l. 1, §§ 1, 7 et 8, —

Examinons maintenant quelques hypothèses dans lesquelles la *restitutio in integrum* était accordée aux militaires : supposons qu'un soldat jouissait d'un droit susceptible de s'éteindre par le non usage : d'une servitude rurale par exemple, son service l'a empêché d'exercer son droit et la servitude s'est éteinte. Grâce à la *restitutio in integrum*, on fera abstraction du temps pendant lequel il n'a pas été possible au militaire d'agir ; ce temps sera réputé non accompli et son ancien droit de servitude revivra à son profit. De même, si une prescription s'est opérée au préjudice d'un militaire pendant qu'il était retenu comme tel à l'armée, quand il reviendra, elle tombera, car elle sera réputée n'avoir pas couru depuis son départ (1).

Enfin, si une succession lui était échue et que son absence l'eût mis dans l'impossibilité de faire adition dans les délais déterminés par la loi, l'hérédité devait régulièrement être dévolue à d'autres, mais à son retour le militaire obtenait un nouveau délai pour remplir les formalités et recueillir les biens.

156. — Le soldat à qui ses fonctions n'ont pas permis de s'occuper de ses affaires, doit être restitué même contre celui qui s'est absenté pour un service public ; s'il a éprouvé un dommage dont il soit en droit de se plaindre, mais il perd tout droit à la restitution en entier lorsqu'il est certain que la lésion se serait produite même s'il eût été présent, ou bien encore quand on lui avait donné un curateur aux biens, ou enfin quand il avait été *defensus* (2).

On appelle *defensus*, soit celui qui a constitué un *procurator* avec mandat de le représenter au procès, comme défendeur, soit celui pour lequel un *procurator* se présente spontanément et sans mandat. Cette intervention, que le titulaire du droit devait provoquer en s'adressant aux amis de son adversaire absent (3), rendait la restitution inadmissible. Mais en était-il de même quand le militaire qui aurait pu laisser un défenseur

---

L. 7, D. *de dol. mal.*, 1-3 — l. 21, § 3, *quod met. causâ*, D. 4-2 — Cependant cette règle est soumise à des exceptions. C. 3, C. *de his quæ vi*, C. 11-20 — C. 3, C. *si tut. vel curat.*, C. 11-25.

(1) Faisons observer toutefois que contre la prescription de 30 ans aucune restitution n'est admise.

(2) V. Savigny : *Droit Romain*, VII-185.

(3) L. 21, §§ 2 et 3 — l. 22, pr., D. *ex quib. caus. maj.*, 4-6.

avait négligé de le faire ? en pareil cas, dans l'ancien Droit, on lui refusait la restitution, mais la jurisprudence tendit sans cesse à adoucir cette législation (1).

157. — La *restitutio in integrum* avait pour effet général de remettre autant que possible toutes choses dans l'état où elles se trouvaient avant l'acte : chacune des parties est tenue de rendre ce qu'elle a reçu de l'autre avec les accessions et les fruits, en tant que ces derniers ne sont pas compensés par les intérêts de l'argent qui doit également être restitué ; les parties doivent aussi se rembourser les impenses nécessaires et utiles qu'elles ont faites pour la chose pendant leur pos- session respective (2).

158. — Quelle procédure suivait-on dans cette matière ?

La *restitutio in integrum*, ayant le caractère d'un bienfait de la loi, devait toujours être demandée.

On pouvait l'intenter :

1° Soit directement au moyen d'une action, quand le militaire lésé pouvait poursuivre son droit par une action parce qu'il avait déjà souffert du préjudice.

En pareil cas, il y avait lieu dans l'ancien Droit romain à un double procès : dans le premier on se bornait à examiner si, dans les circonstances données, il y avait lieu d'accorder la restitution demandée. Le préteur décidait cette question d'après une enquête extraordinaire (*extraordinaria cognitio*).

La restitution une fois accordée au demandeur, il rentrait dans ses droits et actions primitifs comme s'il ne les avait jamais perdus ; il intentait son action contre son adversaire comme une *actio rescissoria* ou *restitutoria*, et dans ce cas le préteur donnait un *judicium*, c'est-à-dire nommait un *judex* ; de cette manière, le procès ordinaire ou le jugement rescissoire sur le principal était introduit (3). Dans le Droit postérieur, les deux procès sont confondus et le juge, après avoir entendu les deux

(1) L. 26, §§ 1 et 9, D. *hoc tit.*, 4-6. On assimilait à l'*indefensus* celui dont le procurator était mort.

(2) L. 39, § 1, D. *de minorib. vig. quinj. ann.*, IV-4.

(3) § 5, Ins., IV-6 — L. 13, § 1, D. *de minorib. vig.* IV-4 — Vinnius : Se- *lectæ quæst.* (Lyon, 1777, in-4°), 1-10 — Mackeldey : *Manuel de Droit Romain* (Bruxelles, 1846, in-8°), §§ 221 et suiv.

parties, *causâ cognitâ*, prononce en même temps sur la restitution et sur le principal.

2° Soit sous la forme d'une exception, lorsque par exemple la
personne lésée est rentrée par cas fortuit dans la possession
de la chose que lui avait fait perdre son absence et qu'elle est
actionnée en restitution par le prétendu propriétaire (1).

3° Soit enfin comme réplique ou duplique (2).

159. — Quant à la question de savoir dans quel espace de
temps la restitution doit être demandée, il faut examiner de
quelle manière on la fait valoir.

A. Si elle est directement demandée par voie d'action, dans
l'ancien Droit elle devait être intentée dans l'espace d'une
année utile. Cette année courait du jour où avait fini la dernière absence, s'il y en avait eu plusieurs.

A partir de Constantin et de Justinien, elle peut être intentée dans l'espace de quatre ans, *intra quadriennium conti-
nuum* (3).

B. Si elle est demandée sous la forme d'une exception ou d'une
duplique, elle peut être opposée en tout temps (4).

C. Enfin quand on la fait valoir comme réplique, elle doit
être produite dans le même délai après lequel l'action en restitution est éteinte (5).

Le bienfait de la *restitutio in integrum* peut être invoqué
non seulement par le militaire lésé lui-même, mais encore
par ses héritiers (6), ses cessionnaires (7) et ses cautions (8).
Si donc un soldat institué héritier vient à mourir à l'armée
sans avoir pu, à cause de son absence, obtenir la possession des
biens, son héritier aura pendant l'année du décès le bénéfice de
la restitution comme son auteur l'aurait eu lui-même. Mais il
fallait évidemment, pour qu'il en fût ainsi, que le défunt n'eût

(1) L. 9, § 3, D. *de in integ. restit.*, IV-1.
(2) L. 9, § 4, D. *de jurejurando*, 12-2.
(3) C. 7, C. J., *de temporib. in integ.*, II, 53 — C. 2, pr., C. Th., II, 16.
(4) L. 5, § 6, D. *de doli mali except.*, 44-4.
(5) L. 9, § 4, D. *de jurejurando*, 12-2.
(6) L. 6, D. *de in integr. restitut.*, 4-1 — l. 18, § 3, D. *de minorib. vig.*, D. 4-4.
(7) L. 24, pr., *eod tit.*, D. 4-4 — l. 14, § 2, D. *quod met. caus.*, 4-2.
(8) L. 7, § 1 — l. 19, D. *de exceptionib.*, 44-1.

pas valablement renoncé à la restitution et que le délai n'en fût pas écoulé, l'héritier ne profitant que du temps qui reste à courir depuis le décès (1).

Ce serait ici le lieu de parler des deux priviléges résultant soit de l'institution du *postliminium*, soit de la fiction de la loi Cornelia, puisqu'ils sont fondés, comme la *restitutio in integrum*, sur la protection qui est due aux militaires absents. Nous en traiterons plus tard dans un chapitre spécial aux prisonniers de guerre.

§ VII.

EXEMPTION DES PRESCRIPTIONS DE LA LOI *FURIA CANINIA*.

160. En quoi consiste cette exemption ?

160. — Cette loi portée sous Auguste, en l'an 761 de Rome, pour limiter les affranchissements testamentaires, remédia à un abus qui se présentait souvent en pratique : de riches Romains voulant par ostentation que leur convoi fût suivi d'un grand nombre de serviteurs portant le bonnet de la liberté, affranchissaient tous leurs esclaves et jetaient ainsi dans la cité des citoyens trop souvent peu dignes de ce titre.

La loi Furia Caninia contenait deux dispositions : la première fixait proportionnellement au nombre qu'on en possédait le chiffre des esclaves que chaque citoyen pouvait affranchir par testament (2) ; la seconde exigeait que ces affranchissements fussent faits nominativement (3).

Ces dispositions, qui subsistèrent jusqu'à Justinien, ne s'appliquèrent jamais aux militaires : ils conservèrent toujours la

(1) L. 19, D. *de minor. vigint.*, 4-4, — C. uniq., C. *si adversus dotem*, II-34.
(2) Gaïus C., 1, § 42-43.
(3) Ulpien : *Reg.*, tit. I, § 23.

liberté la plus absolue d'affranchir par testament la totalité de
leurs esclaves quand bon leur semblait.

§ VIII.

PIGNORIS CAPIO.

161. But de la *pignoris capio*. — **162.** Cas où elle était accordée. — **163.**
Extension donnée à cette institution. — **164.** Procédure de la *pignoris capio*.

161. — Créée dès avant la loi des 12 Tables, dans l'intérêt
exclusif des militaires, la *pignoris capio* a probablement constitué le premier privilége qui ait été établi en leur faveur. Elle
consistait dans le droit pour le militaire créancier d'un civil, à
l'occasion de certaines fournitures militaires, d'agir de sa propre autorité, sans être obligé de recourir au magistrat et après
avoir prononcé certaines paroles sacramentelles, de s'emparer
d'une chose appartenant au débiteur et de la conserver jusqu'à
parfait paiement.

162. — C'était là une dérogation aux règles admises dans
l'ancien Droit romain, où, à défaut d'exécution volontaire, le
créancier saisissait la personne du débiteur (1). Aussi la *pignoris capio* n'était-elle accordée au militaire que contre ceux
qui lui avaient été assignés par le tribun de l'*ærarium*, comme
devant lui payer ou la solde (*æs militare*), ou le prix d'achat et
de harnachement d'un cheval (*æs equestre*), ou le prix d'achat
de l'orge et du fourrage destiné aux chevaux de guerre (*æs
hordearium*) (2).

---

(1) Cette dérogation s'explique aisément, si l'on considère quelle ressource illu-
soire aurait présentée, au point de vue militaire, la mise à mort du débiteur. C'était
avant tout le paiement, et un paiement immédiat qu'il fallait assurer. D'ailleurs,
à l'égard de femmes ou de mineurs, la contrainte corporelle était inadmissible
puisque ces personnes n'avaient ni la liberté de leur consentement, ni celle de leur
refus.

(2) Gaïus : C. IV, §§ 26 et 27. On croit généralement que la *pignoris capio*,
introduite d'abord pour l'*æs equestre* et l'*æs hordearium*, ne le fut que bien plus
tard pour l'*æs militare*. V. Latreille : *Histoire des Institutions judiciaires des
Romains* (Paris, 1870), p. 215.

L'*œs equestre* et l'*œs hordearium* étaient des sommes dont le paiement devait être fait par des citoyens riches qui ne figuraient pas sur les rôles militaires à cause de leur âge ou de leurs infirmités et qui, ne pouvant concourir personnellement à la défense de la patrie, devaient y contribuer de leurs biens. Certaines femmes pouvaient même être tenues de ces contributions. Tite-Live rapporte en effet que Servius Tullius, en créant les centuries d'*equites*, leur avait attribué un certain nombre de femmes veuves, qui devaient payer 2,000 as par an, pour l'entretien des cavaliers et des chevaux (1).

Les détails qui précèdent nous permettent maintenant de nous rendre compte des motifs qui avaient fait introduire la procédure exceptionnelle que nous étudions.

D'un côté, le citoyen appelé à l'armée n'avait pas le loisir d'attendre que le magistrat eût contraint la personne désignée à lui fournir l'*œs equestre* ou l'*œs hordearium*.

D'autre part, les formalités prescrites pour la protection des mineurs et des femmes auraient, si on les eût suivies, occasionné des lenteurs préjudiciables à l'intérêt public.

C'est pour échapper à ces inconvénients qu'on décida que le consentement ne pouvant pas être refusé, il n'y avait pas lieu d'employer pour l'obtenir ou le remplacer les formalités judiciaires ou tutélaires usitées en règle générale.

On considéra comme une condamnation la désignation du tribun de l'*œrarium* et le soldat débarrassé de toute procédure put immédiatement recourir à des moyens de contrainte.

La *pignoris capio* pouvant avoir lieu en l'absence de l'adversaire sans l'intervention du magistrat et même un jour néfaste, n'était pas à proprement parler une action de la loi. Aussi la plupart des jurisconsultes lui refusaient-ils le nom d'action et ne voyaient en elle qu'un mode d'exécution (2).

163. — La loi des 12 Tables étendit les applications de la *pignoris capio* et l'accorda à celui qui avait vendu un animal destiné à servir de victime dans un sacrifice ou à celui qui avait

(1) Tite-Live : I, 43. — L. 101 et 242, § 3, D. *de verb. significat.*, 50-17 — Gaïus : C. IV, § 27 — Cicéron : *de Repub.*, II-20 — Festus : v° equestre œs, hordearium œs.
(2) Gaïus . C. IV, § 29.

loué sa bête de somme avec l'intention d'employer l'argent provenant de cette location à un sacrifice (1).

Enfin, une loi dont on n'a pu lire le nom dans le manuscrit de Gaïus, mais qui doit être la loi *Censoria*, mentionnée au Digeste par Alfenus Varus (2), l'accordait encore aux publicains pour le recouvrement des impôts.

Ce ne fut pas la seule modification apportée à l'ancienne *pignoris capio* ; peu après la substitution de la procédure formulaire à celle des actions de la loi, on trouva exorbitant le droit accordé au créancier qui pouvait se prévaloir de la *pignoris capio*, et on décida que ce ne serait plus de sa propre autorité, mais en recourant à la protection du magistrat qu'il pourrait faire opérer la saisie.

Même à cette époque le militaire, contre qui cette voie d'exécution était exercée, jouissait d'une faveur spéciale, en ce sens que tous ceux de ses biens qui avaient un caractère militaire, effets, armes, harnachements, argent provenant de la solde ou du butin, échappaient à la saisie.

164. — Quelle était la procédure de la *pignoris capio ?*

Gaïus, IV-28, dit seulement qu'on l'exerçait, au moyen de certaines paroles sacramentelles, sans entrer dans plus de détails. Mais il est vraisemblable que ce moyen de contrainte ne donnait pas lieu à une longue procédure et que le saisissant au moment de la mainmise se bornait à prononcer une formule dans le genre de celle de la *manûs injectio : Quod tu..., non solvisti, ob eam rem ego..... capio.*

§ IX.

BÉNÉFICE DE COMPÉTENCE.

165. — On n'obtenait pas toujours, en intentant une action en justice, une condamnation pour tout ce qui était dû. Il en était

(1) Gaïus : C. IV, § 28 — Aulu-Gelle : VII-10.
(2) V. Gaïus : C. IV, § 28, — l. 203, D. *de verb. signif.*, 50-16.

ainsi notamment quand le débiteur poursuivi jouissait de ce que les commentateurs ont appelé *le bénéfice de compétence*, c'est-à-dire du droit d'être condamné non à ce qu'il devait, mais à ce qu'il pouvait payer sans tomber dans la misère. Voici comment s'exprime Paul à cet égard (1) : « *in condemnatione personarum quæ in id quod facere possunt damnantur, non totum, quod habent extorquendum est, sed et ipsarum ratio habenda est ne egeant.* »

On comprend aisément que cette restriction rendait tout-à-fait incertaine l'exécution de la condamnation, puisque la position du débiteur pouvait varier d'un jour à l'autre.

166. — Pour mitiger à l'égard du créancier les effets désastreux de cette institution, on avait admis que quand la dette aurait été payée intégralement, les personnes privilégiées ne pourraient venir intenter la *condictio indebiti* (2) ; et de plus certains textes nous apprennent qu'en opposant le bénéfice de compétence on devait en général promettre de payer le surplus de la dette si on arrivait à meilleure fortune (3).

Six classes de personnes jouissent à des titres divers du bénéfice de compétence ; de ce nombre sont les militaires, « *miles qui sub armatâ militâ stipendia meruit, condemnatus, eatenus quatenus facere potest cogitur solvere* (4). »

Comment se calculaient les facultés du défendeur ? Le juge n'avait à s'inquiéter que de l'actif brut, sans avoir à déduire le montant des dettes dont le défendeur pouvait être tenu envers d'autres personnes. Il n'y avait d'exception qu'en faveur du donateur. L'avantage appartenait donc au plus diligent qui pouvait obtenir un paiement intégral, tandis que les autres créanciers devaient limiter leurs prétentions à ce que le débiteur pouvait acquérir dans la suite. Si donc, lors de la première poursuite, le militaire avait payé jusqu'à concurrence de ce qui lui était nécessaire pour vivre, il ne risquait plus de rien perdre sur les autres poursuites.

---

(1) L. 173, *de regulis juris*, D. 50-17.
(2) L. 8, 1. 9, D. *de condict. indebiti*, D. 12-6.
(3) L. 63, §. 4, *pro socio*, D. 17-2, — l. 47, § 2, *de peculio*, D. 15-1 — C. unic., §. 7, C. *de rei uxoriæ*, 5-13.
(4) L. 6, pr., l. 18, D. *de re judicata*, 42-1.

Les héritiers des militaires ne pouvaient pas se prévaloir comme eux du bénéfice de compétence. Le mandataire l'obtenait au nom du militaire, mais était déchu de ce droit quand son mandant venait à mourir. Si le débiteur avait dissimulé des objets qui lui appartenaient, ils étaient comptés en déduction de ce qui devait lui être laissé *ne egeret.*

§ X.

DISPENSE DE LA PREUVE EN MATIÈRE DE *CONDICTIO INDEBITI.*

---

167. Règle générale sur la preuve en matière *de condictio indebiti.* — **168.** Exception à cette règle en faveur des militaires.

167. — Lorsqu'une personne réclamait comme payée indûment une somme qu'elle avait versée par erreur, si le fait de la tradition à titre de paiement était constant entre les parties, elle devait prouver deux choses pour triompher dans sa prétention ; d'abord, qu'elle ne devait pas au défendeur la somme qu'elle lui avait remise et de plus qu'elle avait une juste cause d'ignorance.

168. — Mais certaines personnes, au nombre desquelles figurent les militaires, étaient dispensées de cette preuve. Si donc le demandeur dans la *condictio indebiti,* telle que nous l'avons supposée, est un militaire, c'est à celui qui a reçu la somme d'argent à prouver qu'il l'a reçue à juste titre et parce qu'elle lui était due. « *Sin autem is qui indebitum queritur miles sit..... tunc eum qui accepit pecunias ostendere bene eas accepisse et debitas ei fuisse solutas, et si non ostenderit eas redhibere* (1). »

(1) L. 25, pr. et § 1, D. *de probat.,* 22-5.

§ XI.

ACQUISITION DE LA CITÉ ROMAINE PAR LE LATIN JUNIEN *MILITIA*.

---

169. En quoi consiste ce privilége?

169. — L'affranchi Latin Junien (1), à la différence de l'affranchi *déditice* (qui avait été frappé avant son affranchissement d'une peine infamante), pouvait devenir citoyen par différents modes, notamment par le service militaire, *militiâ*, quand, d'après la loi Visellia, il avait servi six ans dans les gardes de Rome.

Un sénatus-consulte avait réduit le délai à trois ans. Tels sont les seuls détails que nous ayons sur cette matière ; ils sont tirés du titre troisième des fragments d'Ulpien.

§ XII.

LIBÉRATION DE LA PUISSANCE PATERNELLE.

---

170. Des personnes libérées de la puissance paternelle par le service militaire.

170. — Dans l'ancien Droit aucune dignité autre que celle de flamine ou de vestale ne faisait cesser la puissance paternelle

---

(1) On appelait ainsi des affranchis qui ne réunissaient pas toutes les conditions exigées pour devenir citoyens Romains. On les nommait Latins, parce qu'on les assimilait aux latins coloniaires ; Juniens, parce qu'ils devaient leur existence à la loi Junia Norbana. Leur état présentait des points de vue très-remarquables. Pendant leur vie ils sont libres, ils ont le *commercium* et la liberté d'acquérir le domaine quiritaire comme les Latins coloniaires. Mais au moment de leur mort ils redeviennent esclaves afin que leurs biens retournent à leurs anciens maîtres, « *liber vivit, servus moritur.* » Inst., III, 7-4.

et les militaires de tous grades y restaient soumis (1). Il en fut
ainsi jusqu'à Justinien qui, après avoir d'abord attaché cet effet
à la dignité de patrice, déclara plus tard affranchir de la puissance paternelle, les consuls, les préfets et les *magistri militum*
de l'infanterie et de la cavalerie. Par un privilége particulier,
les enfants devenus ainsi *sui juris*, ne perdaient pas leurs droits
de famille (2).

§ XIII.

EXEMPTION DES CHARGES CURIALES.

171. Caractères de cette exemption.

171. — L'état militaire exemptait des lourdes charges de la
curie : tous ceux qui faisaient partie de l'armée jouissaient de
cette immunité si enviée, et ce privilége était héréditaire à condition que les enfants embrasseraient à leur tour la profession
des armes (3). Aussi avons-nous vu quels efforts faisaient les
curiaux pour s'introduire dans l'armée et les mesures rigoureuses qu'on dut prendre pour arrêter cet abus.

§ XIV.

CAUSES D'EXCUSES PARTICULIÈRES AUX MILITAIRES EN MATIÈRE DE TUTELLE ET DE CURATELLE.

172. Prescriptions de la loi Papia Poppœa. — **173.** Avantages spéciaux aux
militaires en matière d'excuse de tutelle.

172. — Pour exciter à la procréation des enfants légitimes,
la loi Papia Poppœa avait accordé l'exemption de la tutelle et

(1) Ios., *de patriâ potest* — Paul, *Sent.*, § 4, *quib mod jus. patr. pot. solv.*
(2) Novelle 81, cap. 2.
(3) C. 2, C. Th., VI-22.

de la curatelle au père qui aurait un certain nombre d'enfants vivants (1). Ce nombre variait suivant les lieux où l'on résidait : trois enfants suffisaient à Rome, il en fallait quatre en Italie ou dans les provinces qui jouissaient du *jus Italicum*, cinq dans celles qui ne jouissaient pas de ce privilége (2). C'était une excuse *a suscipiendâ tutelâ* (3).

A l'origine, cette cause d'excuse ne présentait d'intérêt que pour les tuteurs légitimes ; seuls, en effet, ils ne pouvaient refuser de remplir ces fonctions considérées comme une charge de famille à laquelle on ne pouvait se soustraire et comme une corrélation du droit de succession ; mais peu à peu, on considéra la tutelle comme une fonction publique, qu'on devait remplir, à moins d'excuses légitimes. Ce fut Claude qui réglementa surtout cette matière (4).

175. — En règle générale on ne compte pour l'excuse que les enfants actuellement vivants, « *cujuscunque sexus vel œtatis sint.* » (5). Mais, par un privilége spécial aux militaires, on regarde comme encore vivants ceux qui ont succombé à la guerre, car, dit Justinien (6), ceux qui meurent pour la république sont réputés vivre toujours par la gloire qui les immortalise : « *hi enim qui in acie amittuntur, quia pro republicâ ceciderunt, in perpetuum per gloriam vivere intelliguntur.* »

Les jurisconsultes n'étaient pas d'accord sur la question de savoir si on devait compter tous les enfants morts à la guerre, ou ceux-là seulement qui étaient tombés sur un champ de bataille. Justinien se range à cette dernière opinion, qui était déjà partagée par Ariston. Le jurisconsulte qui a écrit le § 199 des fragments du Vatican, et qu'on pense être Ulpien, admet au contraire qu'il faut compter tous les enfants morts à la guerre, *ne publica strages patri noceat* (7).

(1) M. Schrader pense que ce privilége de la paternité a été établi par Marc-Aurèle et développé par Septime Sévère. La loi Papia Poppœa n'avait pu, dit-il, accorder ce droit aux *patres*, puisque c'était alors une faculté générale pour tous de refuser la tutelle.
(2) C. 1, C. 5 C. 6-6, *qui numero liber. exc.*
(3) L. 2, § 8, D. de excusat., 27-1.
(4) V. *fragm. Vatic.*, §§ 123 à 247 et Dig., 27-1.
(5) L. 18, D. de excusat., 27-1.
(6) Inst., 1-25 pr., *in fine.*
(7) Id. — l. 18, D. *de excusat.*, 27-1 et § 199, *fragmenta Vaticana.*

9

Mais si c'est lui, la 1. 18, D. *de excusat.*, montre qu'il finit par changer d'avis et par admettre l'autre opinion. Ce qui est certain, c'est que le fils tombé dans un siége, *in obsidione*, ne comptait pas, quoiqu'on ne se rende pas bien compte des motifs de cette distinction (1).

Voilà un premier privilége, relatif à la tutelle, accordé aux militaires après leur mort. En vertu d'une autre faveur, le citoyen appelé à l'armée pouvait se faire remplacer dans une tutelle déjà acceptée ; toutefois, s'il tenait à conserver le titre de tuteur, il confiait à un tiers, sous sa responsabilité, l'administration de la tutelle. Cette faculté de s'excuser de la tutelle appartenait aux militaires du grade le plus élevé et alors même que cette tutelle devait s'exercer à l'égard d'enfants de leurs collègues (2).

SECTION II.

Incapacités spéciales aux militaires (3).

171. Caractères généraux de ces incapacités. — **175.** Incapacité relative d'acheter des terres. — **176.** Incapacité de louer. — **177.** Prohibition d'exercer aucun métier. — **178.** Incapacité d'être *procurator*. — **179.** Le militaire payé pour être *procurator* doit-il rendre l'argent reçu dans ce but ? — **180.** Incapacité d'être fidéjusseur. — **181.** Incapacité de se marier. *Quid* sous la République ? — **182.** *Quid* sous l'Empire ? — **183.** Septime Sévère permet le mariage. — **184.** Considérations générales. — **185.** Confiscation du legs fait par un militaire à sa concubine. — **186.** Nullité de l'affranchissement d'un esclave institué par un militaire qui le croyait libre. — **187.** Exclusion des soldats de la tutelle.

174. — On peut grouper sous deux idées générales les diverses incapacités dont le Droit romain frappait les militaires et que nous allons étudier : les unes, établies dans une pensée de

(1) Dict., leg. 18, D. *de excusat.*, 27-1.
(2) L. 9, D. *de excusat.*, 27-1.
(3) V. Stoesser : *de rigore juris erga milites.* (Amsterdam 1825).

protection pour la discipline, ont pour but d'empêcher qu'aucune préoccupation ne vienne distraire les soldats de leurs travaux militaires, qu'aucune affaire, aucune affection trop vive ne les détourne de leurs devoirs ; de telle sorte qu'ils puissent consacrer au service toute leur intelligence et toutes leurs aptitudes. « *Milites qui a Republicâ armantur et aluntur solis debent utilitatibus publicis occupari* (1). ».

Les autres, créées dans des vues analogues à celles qui avaient fait établir les privilèges militaires, viennent en aide à l'ignorance du soldat ; leur but est d'empêcher qu'il ne soit lésé.

§ I.

INCAPACITÉ RELATIVE D'ACHETER DES TERRES.

175. — Les militaires, tant qu'ils sont sous les drapeaux ne peuvent acheter ni directement, ni par personne interposée (2), un fonds de terre dans la province où ils servent, à moins que le fisc ne vende les biens de leur père, auquel cas, un rescrit de Sévère et d'Antonin les avait relevés de cette incapacité (3). Il était, en effet, assez vraisemblable, en pareille circonstance, que c'étaient des motifs autres que le désir d'exploiter des terres qui déterminaient le soldat à faire cette acquisition, et qu'il voulait avant tout empêcher un bien de famille de passer en des mains étrangères. Pour des raisons de même nature, on les autorisait à posséder les terres dont ils héritaient dans la province même où ils servaient (4).

En cas d'infraction, le fonds de terre acquis contrairement à ces prohibitions, était confisqué au profit du fisc (5). Une fois

---

(1) C. 15, pr., C. *de re militari*, 12-36.
(2) L. 13, pr., D. 49-16, *de re militari*.
(3) L. 9, pr., D. 49-16, *de re militari* — V. Doneau : III-673-18.
(4) L. 9, § 1, D. 49-16, *de re militari*.
(5) L. 13, pr., D. *Id.*.

retiré du service, le militaire qui avait obtenu un congé honorable ou motivé (1) ne pouvait plus être inquiété au sujet d'une
acquisition de cette nature, mais celui qui avait été renvoyé
ignominieusement était toujours exposé à la confiscation (2).

Ce qui prouve bien que cette incapacité est uniquement fondée
sur la crainte de voir les militaires négliger leur service pour
se livrer aux travaux de l'agriculture, c'est qu'on leur permettait
d'acheter des terres dans les provinces où ils ne servaient pas
et des maisons même dans celles où ils étaient cantonnés (3).

§ II.

INCAPACITÉ DE LOUER.

176. — La location d'un fonds de terre était encore plus sévèrement défendue que l'achat lui-même (4). Il n'y avait pas de
doute en effet, en pareil cas, sur l'intention du soldat de l'exploiter par lui-même, tandis que, quand il l'achetait, on pouvait
encore supposer qu'il le ferait cultiver par un autre. Aussi, en
semblable circonstance, outre l'abandon forcé et immédiat du
fonds loué, encourait-il de plus la note d'infamie.

Le propriétaire, de son côté n'avait, point d'action contre son
locataire, à moins qu'il n'eût été trompé sur sa qualité de militaire, « non enim contemnit disciplinam qui ignoravit militem (5). »

Il était également défendu aux militaires de louer des maisons
pour les sous-louer ensuite en détail.

En dépit des peines rigoureuses infligées à ceux qui contre-
venaient à ces prohibitions, les infractions étaient nombreuses.

(1) On verra plus loin ce qu'on entendait par missio honesta et causaria.
(2) L. 13, § 1 et 2, D. 49-16.
(3) L. 15. pr., id.
(4) C. 51. C. de locato conducto.
(5) L. 50, D. locat. conduct., 19-2.

Bien plus, les Constitutions impériales (1) reprochent aux soldats qui se livraient à ce genre d'affaires, qualifié par elles de
« *sordida ministeria* (2), » de traiter trop militairement leurs
sous-locataires et leurs voisins, « *armorum atrocitatem non in
hostes ostendere sed contra vicinos et forsitan etiam adversus
ipsos miseros colonos convertere.* »

Aussi, pour mettre un terme à ces abus et afin de faire respecter
la loi, alla-t-on jusqu'à décider que ceux qui feraient encore de
tels marchés perdraient sur-le-champ et sans espoir de réhabilitation, leur qualité de militaire et les priviléges qui y étaient
attachés (3).

§ III.

PROHIBITION D'EXERCER AUCUN MÉTIER.

---

177. — Les raisons qui avaient fait défendre aux militaires
d'acheter des terres ou d'en louer, leur avaient également fait interdire de se livrer à aucun métier « *armis non negotiis occu-
pentur... non enim mercimoniorum quæstui sed propriæ muniis
insudare militiæ debent* (4). »

Les chefs eux-mêmes n'avaient pas le droit de permettre aux
soldats d'aller travailler chez les particuliers ou d'exercer un
métier quelconque. « Etsi scio, dit Auguste, dans sa DISCIPLINE
MILITAIRE, *fabrilibus operibus exerceri non esse alienum, vereor
tamen, si cuiquam permisero quod in usum meum aut tuum
fiat, ne modus in ea re adhibeatur, qui mihi sit tolerandus* (5).

Certaines professions étaient même défendues sous peine des
derniers châtiments. « *Si miles artem ludicram fecerit capite pu-
niendum Menander scribit* (6). »

---

(1) C. 55, C. *de locat. conduct.*, IV-65.
(2) L. 3, 5, C. *hoc tit.* IV-65.
(3) C. 16, C. *de re* ., 12-56 — C. 55, C. *locat. cond.*, IV-65.
(4) C. 18, C. *d* ., 12-56.
(5) L. 12, § 1 , *de re milit.*
(6) L. 14, *de* , 18-19.

§ IV.

INCAPACITÉ D'ÊTRE *PROCURATOR* (1).

— · ——

178. — Cette incapacité était encore fondée comme les autres
sur l'intérêt général (2) ; ces fonctions auraient obligé le militaire à se lancer dans des procès qui l'auraient détourné de ses
devoirs professionnels. Peu habitué aux lenteurs de la procédure, il aurait peut-être usé de violences et tenté d'obtenir par
les armes et la terreur ce que les règles du droit lui refusaient (3).
Ce qui prouve bien que tels étaient les motifs de cette prohibition, c'est que l'acceptation du militaire comme *procurator*, par
la partie adverse, ne validait pas la *procuratio* ; c'était là d'ailleurs l'application du principe général formulé ainsi par Gaïus :
« *Quos prohibet prætor apud se postulare, omnimodo prohibet,*
» *etiamsi adversarius eos patiatur postulare* (4). »

Faisons observer pourtant que quand il y avait acceptation
de l'adversaire, si le juge n'écartait pas le *procurator* d'office
et que la *litis contestatio* intervint sans que l'exception fût in-
voquée, le militaire pouvait être alors *procurator* (5).

Quand on n'avait pas tenu compte de cette défense, la partie
adverse pouvait repousser la demande par une exception dila-
toire (6). La prohibition était tellement rigoureuse, que le mili-

---

(1) Dans l'ancien Droit, il était défendu à un citoyen d'agir en justice au nom
d'autrui, sauf dans quatre circonstances exceptionnelles, *pro libertate, pro tutelá,
pro populo*, et dans le cas de la loi Hostilia. Sous le système formulaire, cette faculté se généralisa et l'on admit successivement à plaider pour autrui, les *cognitores*,
les *procuratores*, les *defensores*. Le *procurator* était un représentant qui n'avait
pas besoin d'être nommé *in jure* comme le *cognitor*, ni en termes solennels ; il pouvait être constitué même par un absent ; c'était un simple mandataire *ad litem*.
(2) C. 31, C. *de loc., cond*, IV-65.
(3) C. 31, C. *eod. tit.*, IV-65.
(4) L. 7, *de postulando*, D. 3-1 et l. 8, § 2, D. *de procurat. et defens.*, 3-3.
(5) L. 8, § 2, D. *de procurat. et def.*, 3-3 — C. 15, C. *de procurat.*,
II-13.
(6) § 11, Inst., *de except.*, IV-13.

taire ne pouvait représenter en justice, ni son père, ni sa mère, ni sa femme, et qu'un rescrit impérial ne pouvait le relever de cette incapacité. Il n'y avait exception à cette règle qu'en deux circonstances particulières : quand le soldat était *procurator in rem suam*, et quand il figurait à un procès comme représentant de son *numerus*, de sa légion (1).

179. — Une question qui a été vivement discutée par les Romanistes modernes, quoi qu'elle ait été tranchée par un rescrit des Empereurs Dioclétien et Maximien (2), c'est celle de savoir si le militaire, qui, ayant reçu une certaine somme pour être *procurator*, n'avait pu remplir le mandat qui lui était confié à cause de la prohibition légale, et sans qu'il y eût rien de volontaire de sa part, devait rendre cet argent ?

Pour la négative, on disait que ce qui a été donné dans un but impossible à atteindre ne peut être réclamé. Or le militaire se trouvait précisément dans cette situation. Doneau (3), au contraire, opposant l'hypothèse de la Constitution 13 au Code *de Procuratoribus*, où par exception le militaire pouvait être *procurator*, disait que le but n'étant pas impossible à atteindre, l'argent devait être restitué.

Une opinion intermédiaire, représentée par Accurse, n'accordait la répétition que dans trois cas : 1° quand celui qui avait choisi le militaire comme *procurator* ignorait sa qualité ; 2° quand connaissant la qualité de militaire du *procurator*, il ignorait la prohibition légale de le prendre comme tel ; 3° quand connaissant et la qualité du militaire et la disposition qui défendait de prendre un soldat pour *procurator*, il s'était résolu à tenter l'aventure, en convenant qu'il y aurait restitution de l'argent au cas où le contrat ne pourrait être accompli.

La Constitution de Dioclétien semble donner raison à Doneau.

(1) C. 9, C. *de procurator.*, II-13 l. 8, § 2, D. *de procur.*, III-3.
(2) C. 3, C. *de conduct. ob causs. datorum*, IV-6.
(3) Doneau : VII, p. 737-3.

§ V.

INCAPACITÉ D'ÊTRE FIDÉJUSSEUR.

---

180. — Les mêmes motifs avaient fait interdire aux militaires d'être fidéjusseurs, à moins que dans leur intérêt propre, « *nisi in rem suam fidejubebant* (1), *ut pro suo procuratore.* »

§ VI.

INCAPACITÉ DE SE MARIER.

---

181. — Pour terminer la série des incapacités établies dans un but de protection pour le service militaire, nous avons encore à parler de l'empêchement au mariage qui en résultait.

Dans les premiers temps, quand l'armée comprenait tous les citoyens et que l'état militaire ne constituait pas une carrière à part, la condition du soldat et celle du citoyen étaient identiques, puisqu'on passait alternativement de l'une de ces positions à l'autre. Le citoyen marié quittait momentanément sa femme et ses enfants, quand la patrie avait besoin de ses services, et, après une courte campagne, il rentrait dans sa famille qu'il avait bravement défendue. La République à cette époque ne pouvait, sans se condamner à une ruine certaine, interdire le mariage à ses soldats; elle l'aurait plutôt encouragé. Tout ce qu'elle pouvait leur défendre, c'était d'emmener leurs femmes dans les camps et cette prohibition était sévèrement observée. Bien plus les généraux savaient tirer parti de cette situation, et ne négligeaient pas dans les moments difficiles de rappeler à leurs soldats qu'ils avaient à combattre non seulement pour leur dé-

---

(1) L. 8, § 1, D. *qui satisdare cogantur,* 2-8 et C. 31, C. *de loc. conducto,* IV-65. Les fidéjusseurs étaient des cautions qu'on faisait intervenir pour assurer le paiement d'une dette, lorsqu'on doutait de la solvabilité du débiteur principal.

fense personnelle, mais encore pour le salut de leurs femmes
et de leurs enfants (1).

182. — Plus tard, quand la politique du Sénat exaltée par le
succès, s'immisça dans les affaires des princes de la Grèce et de
l'Asie, il fallut pour ces expéditions lointaines, des instruments qui fussent entièrement dans la main de l'état ; on dut organiser des armées pour un temps plus long et le premier lien
qu'il fallut rompre fut celui de la famille qui attachait le soldat au pays natal et le conservait citoyen.

La conséquence de cet éloignement prolongé, qui aboutissait
souvent à un établissement définitif dans la province vaincue,
fut d'attacher le soldat à sa légion, à son *numerus*. Il devient
l'esclave du drapeau dont il ne peut jamais s'éloigner sans un
congé temporaire appelé *commeatus* (2) ; il s'isole de ses parents
qu'il oublie, de son pays qu'il perd de vue ; sa vraie famille, ce
sont ses *contubernales*, sa centurie, sa cohorte ; son pays d'a-
doption, c'est le camp où il va passer 25 ans de sa vie ; sa nouvelle patrie, c'est la province où il est cantonné et qu'il ne
quittera plus.

Dès lors aussi, l'ancienne prohibition d'emmener avec lui sa
femme dans les camps entraîna forcément pour le soldat l'interdiction absolue du mariage et le service militaire devint
même une juste cause de divorce (3).

A dater de cette époque, lorsque, malgré cette prohibition,
un soldat vint à se marier, comme il n'y avait plus *connubium*
entre lui et sa femme, ce ne fut plus une union légitime, *justæ
nuptiæ*, qu'il contracta, mais un *concubinatus* (4), sorte *de mariage de la main gauche*, toléré par la loi, et qui ne produisait
pas d'enfants légitimes capables de succéder.

Comme le service militaire était le seul motif qui empêchait
les soldats de se marier, Claude leur accorda tous les avantages,

---

(1) V. Discours de Scipion à ses soldats, Tite-Live : XXI-11 — Lamarre : *La
milice romaine*, page 539 et suiv.

(2) L. 3, § 7 et l. 12, § 1, D. 49-16.

(3) L. 61, D. *de donat. int. vir et ux.*, 24-1.

(4) Cette union constituait un commerce licite mais peu honorable pour la femme ;
aussi les concubines étaient-elles souvent des affranchies ; les enfants qui en naissaient
s'appelaient *naturales liberi.*

tous les priviléges dont jouissaient les citoyens mariés (1). « Il
» avait été raisonnable d'accorder *le droit d'enfants* aux vesta-
» les que la religion retenait dans une virginité nécessaire ; on
» donna de même *le privilége de maris* aux soldats, parce qu'ils
» ne pouvaient pas se marier (2). »

183. — Septime Sévère fut le premier qui, pour s'attirer la
bienveillance des troupes, leur permit le mariage légitime ;
bientôt après, les modifications, apportées dans l'organisation
militaire, tendant à transformer les légions en troupes territoriales, attachées le plus souvent à la défense et à la garde de
telle ou telle province dans laquelle elles séjournaient indéfiniment, il devint pour ainsi dire impossible d'empêcher les femmes de suivre leurs maris à l'armée.

Mais, même après Septime Sévère, les soldats ne pouvaient
encore se marier indistinctement avec qui bon leur semblait.
Ainsi il leur était interdit de se marier avec une femme de la
province dans laquelle ils servaient, à moins cependant qu'ils
ne fussent nés eux-mêmes dans cette province (3).

En cas d'infraction à cette règle, le mariage était considéré
comme nul ; mais si cependant, après l'expiration de leur temps
de service, ils persistaient dans leur union, elle était validée
rétroactivement et les enfants considérés comme légitimes (4).

Ces restrictions paraissent avoir été supprimées par Théodose qui permit aux militaires d'épouser telles femmes qu'ils
voudraient, pourvu qu'elles fussent ingénues. On les dispensa
même de la rédaction d'un *instrumentum dotale* (5).

184. — Hérodien a critiqué sévèrement cette permission de se
marier donnée aux soldats par Septime Sévère et généralisée
par Théodose. Il y voit un principe d'indiscipline et l'une des
causes principales de la décadence de l'armée impériale. Cette
appréciation nous paraît exagérée : le mariage en effet n'avait pas
empêché les Romains de la République d'être les premiers soldats du monde.

---

(1) Dion-Cassius : L. IX.
(2) Montesquieu : *Esprit des Lois*, XXIII-21.
(3) L. 63, pr., D. *de ritu nuptiarum*, 23-2 — V. Doneau : III-972-20.
(4) L. 63, § 1, D. *de rit. nupt.*
(5) C. 21, C. *de nuptiis*, 5-4.

Il faut cependant reconnaître cette différence entre les deux
époques : le soldat de la République épousait une citoyenne
romaine, et trouvait chez sa mâle compagne l'écho fidèle des
sentiments patriotiques qui l'animaient.

On considérait alors comme un scandale le mariage d'un
militaire avec une femme étrangère ! César s'indigne en parlant des soldats de Gabinius « qui s'étant, dit-il, accoutumés à
» la vie et aux mœurs dissolues d'Alexandrie, avaient oublié
» le nom et la discipline du peuple romain, s'étaient mariés et
» avaient eu des enfants avec des étrangères (1). »

Sous l'Empire au contraire, le soldat ne pouvait prendre pour
femme une citoyenne Romaine puisqu'il n'y en avait plus
pour ainsi dire, et, en s'unissant à une étrangère, il abdiquait
forcément ses idées, ses traditions nationales pour prendre peu
à peu celles d'un autre pays.

Nous arrivons maintenant aux prohibitions édictées dans des
vues de protection à l'égard des militaires.

§ VII.

CONFISCATION DU LEGS FAIT PAR UN MILITAIRE A SA CONCUBINE.

185. — Une concubine n'avait pas le droit de recevoir par
testament une libéralité de son mari, qu'il fût militaire ou civil.
Mais il y avait entre les deux cas la différence suivante : s'il était
militaire, la libéralité qu'il avait faite était confisquée au profit
du Trésor, tandis que si elle émanait d'un civil, elle était recueillie par ses héritiers légitimes. On avait voulu, par là, empêcher les militaires de céder à des entraînements condamna-
bles en privant leur famille ou leurs compagnons d'armes de

---

(1) L'indignation eût été plus légitime et plus naturelle quelques années plus tard
quand, avec l'établissement de la milice perpétuelle, on proscrivit le mariage pour
favoriser le concubinat.

tout ou partie de leur succession pour la laisser à une femme peu recommandable (1).

§ VIII.

NULLITÉ DE L'AFFRANCHISSEMENT D'UN ESCLAVE INSTITUÉ PAR UN MILITAIRE QUI LE CROYAIT LIBRE.

186. — Lorsqu'un militaire instituait son esclave sans lui lais-ser expressément la liberté, on faisait résulter implicitement de cette institution l'affranchissement de l'esclave, car elle eût été inutile si l'institué fût demeuré en esclavage. Toutefois il n'en était ainsi qu'autant que le testateur avait su en instituant son esclave qu'il était encore sous sa puissance ; si au contraire il l'avait cru libre, on ne validait pas l'institution. Il n'était pas certain en effet, en pareil cas, qu'il l'eût institué et eût voulu par conséquent l'affranchir s'il eût connu sa véritable con-dition.

§ IX.

EXCLUSION DE LA TUTELLE.

187. — Le militaire sous les drapeaux ne pouvait être tuteur ; si la tutelle lui était déférée, il devait la refuser. S'il l'avait ac-ceptée antérieurement, il ne pouvait l'exercer ; elle avait un ca-ractère mixte et constituait, comme on le voit, un privilége ou une incapacité, suivant le point de vue auquel on se plaçait (2).

Nous venons de passer en revue successivement les disposi-

---

(1) C. 2, C. de donationibus int. vir. et ux., C. V-16.
(2) V. Doneau : I-417 — X.

tions spéciales du droit civil relatives aux militaires. Nous avons
vu quelles faveurs leur étaient accordées, et de quelles incapacités on les avait frappés. En dehors de ces dérogations, soit
dans un sens, soit dans l'autre, ils étaient soumis au droit commun dont les prescriptions leur étaient applicables comme aux
autres citoyens.

SECTION III.

Juridictions militaires. — Leur compétence en matière civile.

---

188. Tribunaux militaires sous la Royauté. — **189.** Sous la République. —
190. Pouvoirs exceptionnels du Dictateur. — **191.** Procédure devant les tribunaux militaires : Instruction. — **192.** Jugement. Jury militaire. — **193.**
Tribunal du tribun militaire. — **194.** Réfutation des critiques émises sur ce
système d'organisation judiciaire. — **195.** Juridictions militaires sous l'Empire :
attributions du Préfet du Prétoire à Rome et en Italie. — **196.** Quid dans les
provinces ? — **197.** Pouvoirs judiciaires des Maîtres de la milice. — **198.**
Compétence des juridictions militaires quant aux contestations civiles. — **199.**
Quid quand l'une des parties n'appartenait pas à l'armée ?

188. — Les affaires civiles entre deux militaires ayant toujours été en principe de la compétence des juges militaires,
nous devons, avant d'étudier cette compétence, rechercher
quels furent successivement à Rome ces juges militaires.

A l'origine, c'était au roi, assisté d'un conseil formé des
membres des premières familles patriciennes, qu'appartenait
la juridiction militaire ; ses pouvoirs n'étaient limités que par
l'appel au peuple, qui statuait en dernier ressort sous la direction des *duoviri perduellionis*.

Après le roi, les *tribuni celerum* avaient une juridiction
presque absolue sur les troupes qu'ils commandaient et cette

autorité était d'autant plus étendue qu'ils étaient en outre investis de certaines fonctions sacerdotales (1).

189. — Quand la République se fut substituée à la Royauté, la puissance répressive vint se placer dans toute sa plénitude sur la tête des consuls, qui concentrèrent dans leurs mains l'ensemble des attributions judiciaires dévolues antérieurement aux rois.

Dépouillés bientôt eux-mêmes par l'introduction de la préture de leur juridiction civile, ils conservèrent néanmoins dans son intégrité leur juridiction militaire, sauf cependant quand dans les dangers pressants on nommait un Dictateur. C'était alors entre les mains de ce magistrat exceptionnel qu'étaient concentrés tous les pouvoirs judiciaires

190. — Le Dictateur avait même une prérogative qui n'appartenait qu'à lui ; il jouissait, en raison des circonstances spécialement graves dans lesquelles il était nommé, d'un droit absolu de vie ou de mort sur tous, citoyens ou soldats ; ses décisions étant en pareil cas sans contrôle et sans appel.

Mais c'était là un attribut propre à la dictature ; jamais, quoi qu'on en ait dit, les consuls ne purent s'en prévaloir et il leur fallut toujours, pour porter une peine capitale contre un soldat, prendre l'avis de ses compagnons d'armes.

191. — Voici comment les choses se passaient quand un crime avait été commis par un soldat. Le prévenu était conduit devant le tribun, où la procédure purement orale était promptement faite.

Le tribun (2), assisté des centurions et des décurions, entendait les témoins et se livrait à toutes les investigations propres à amener la découverte de la vérité, puis il faisait son rapport soit au consul, soit plus tard à l'Empereur ou à son lieutenant ; celui-ci donnait l'ordre à la légion ou au corps dont le coupable faisait partie de se réunir en armes sur le forum du camp.

192. — Lui-même, assis sur un tribunal élevé à cet effet, entouré de ses officiers formant la cour qui prononçait la sentence,

---

(1) Fenestella : *de magistratibus Romanorum*, (Rome 1517, in-4°), Ch. 2.
(2) Le tribun prenait en considération les registres des punitions tenus avec une scrupuleuse exactitude. Polybe : VI-57. — Appien : *Bel. Civ.*, III-15.

faisait amener le coupable. Un tribun militaire, spécialement désigné à cet effet, remplissait les fonctions d'accusateur public; de même que les commissaires actuels près les conseils de guerre, il soutenait l'accusation et demandait l'application de la peine (1). C'est alors qu'avant de rendre la sentence, le général prenait l'avis des troupes formées en cercle : si les soldats gardaient le silence la peine était rejetée et l'accusé rendu sur le champ à la liberté; frappaient-ils au contraire leurs boucliers avec leurs sabres, c'était le signe de l'approbation qu'ils donnaient à la condamnation (2).

En pareil cas, le consul prononçait la peine, après avoir pris l'avis de ses officiers, mais il ordonnait seul l'exécution de l'arrêt prononcé.

Ce verdict étant alors sans appel, un tribun chargé de veiller à l'exécution de la sentence conduisait sur le champ le condamné au supplice; parfois il déléguait un centurion pour le remplacer dans ces fonctions pénibles.

On peut d'ailleurs se rendre un compte exact de la manière dont les choses se passaient, en lisant le passage d'Hirtius, où il nous représente César, en Afrique, siégeant sur son tribunal, assisté des tribuns et des centurions de toutes les légions, et prononçant contre le tribun Avienus un jugement qui l'exclut de l'armée (3).

193. — Quant aux délits moins graves, et aux contestations civiles (4), ils étaient de la compétence des tribuns (5). Ces officiers jugeaient assistés d'un conseil composé de centurions dont les membres, n'ayant que voix consultative, devaient seulement se prononcer sur la question de culpabilité. En cas de condamnation, le tribun déterminait seul la peine à appliquer; ses décisions furent sans appel jusqu'à l'époque impériale.

194. — On a vivement critiqué ce système d'organisation ju-

(1) Tacite : *Annales*, I-44 — XXVIII-29.
(2) On a comparé avec raison ce jury militaire à celui qui accompagnait les cours martiales créées par les lois des 29 octobre 1790, 12 mai 1793 et 3 pluviose an II. V. de Chénier : *Guide des Tribunaux militaires*.
(3) Hirtius : *de Bello Africano*, C. 84.
(4) Savilius : *de militiâ Romanâ* (Amsterdam, 1649, in-12) : « Hic, dit-il, incidebant tribuni et centuriones in judiciis, decidendis controversiis quæ forte incidebant inter milites.
(5) L. 12, § 2, *de re militari*, D. 49-16.

diciaire, qui remettait à la décision d'un seul la solution
d'affaires souvent très-importantes et très-graves.

Ces critiques nous paraissent peu fondées : la discipline militaire exige une prompte répression des atteintes qui y sont
portées, et rien n'assure autant une instruction simple et rapide
que de la remettre entre les mains d'un seul et même individu.

> « *Quod placitum est, ipsis præstatur tempus agendi,*
> « *Nec res atteritur longo sufflamine litis.* »
>
> (JUVÉNAL).

De plus, lorsqu'il n'y a qu'un juge unique, il n'y a non plus
qu'une seule responsabilité et c'est en général une garantie qui
en vaut bien une autre. Au reste, en fait, il est certain que les
tribuns suivaient le plus souvent l'avis de leurs assesseurs.

Il est une autre erreur qu'il nous faut signaler et réfuter :
c'est celle qui, en l'absence de textes précis, consiste à croire
que sous la République la justice militaire était abandonnée au
caprice des chefs (1). Cette opinion nous paraît inadmissible :
outre qu'un tel état d'arbitraire ne se comprend guère dans un
gouvernement libre, il nous paraît résulter de certains textes,
que la compétence spéciale de chacun des officiers avait été
réglée par des dispositions législatives particulières. Ainsi les
termes de la loi 12, au Digeste, *de re militari*, où il est dit
que les tribuns répriment les délits dans les limites de leur juridiction, « *secundum auctoritatis suæ modum,* » semblent bien
l'indiquer. Il faut évidemment voir là la conséquence d'un principe de compétence qui attribuait à chacun des officiers un
droit de juridiction sur ses troupes et qui traçait les règles de
compétence en raison de la nature des faits et de la qualité des
accusés.

De même, on peut inférer des termes de la loi 13, § 4, au
Digeste, *de re militari,* que la juridiction disciplinaire elle-
même était également réglée avec soin par la loi : « *Irreverens
miles non tantum a tribuno vel centurione, sed etiam a princi-
pali coercendus est (2).* »

_____

(1) A. du Boys : *Histoire du Droit criminel*, I-448.

(2) *Principales* doit se traduire ici par sous-officier ; ce n'est pas en effet à un soldat de l'ordre des *principes* que le jurisconsulte fait allusion, comme l'ont prétendu
certains commentateurs.

195. — Sous l'Empire, Auguste confia la répression des délits militaires à Rome et en Italie au préfet du prétoire ; sa juridiction était sans limites et il pouvait même condamner à mort ses justiciables, sauf les centurions et autres officiers supérieurs vis-à-vis desquels ses pouvoirs étaient plus restreints (1). A l'origine, on pouvait appeler des décisions de ces magistrats, mais, quand ils furent devenus les premiers ministres et les maîtres véritables de l'Empire, leurs jugements furent sans appel : « *Credidit enim princeps, eos, qui ob singularem industriam,* » *explorata eorum fide et gravitate ad hujus officii magnitu-* » *dinem adhibentur, non aliter judicaturos esse pro sapientiâ* » *ac luce dignitatis suæ, quam ipse foret judicaturus* (2). »

196. — Dans les provinces de l'Empereur, les délits militaires les moins graves étaient jugés et punis par le *legatus* qui commandait la légion ; les affaires capitales rentraient dans les attributions du président de la province (3).

Au contraire, les proconsuls dans les provinces du Sénat n'avaient de juridiction pénale complète, c'est-à-dire allant jusqu'à la peine de mort, que lorsqu'elle leur avait été spécialement déléguée par l'Empereur (4).

Quant aux officiers, lorsqu'ils étaient accusés d'un crime pouvant entraîner pour eux la mort ou l'infamie, ils ne relevaient que de la juridiction impériale (5).

197. — Lorsque Constantin eut enlevé aux préfets du prétoire leurs attributions militaires, elles passèrent aux maîtres de la milice (6), qui eurent dès lors connaissance en appel de presque tous les jugements rendus à l'égard des militaires, soit sur des contestations civiles, soit sur des délits militaires : « *Ma-* *gisteriæ potestati, inter milites viros, vel privatum actorem et*

---

(1) V. L. 1, D. *de officio præfect. prætor,* 1-11 — Dion-Cassius : LII-24, excepte aussi de leur juridiction ceux qui sont sous le commandement de magistrats de l'ordre sénatorial. Mais le sens de ce passage est loin d'être clair.
(2) L. 1, D. *de off. præf. præt.,* 1-11.
(3) V. Dion-Cassius, LV-22 — Valter : *Histoire du Droit criminel à Rome,* 2-845.
(4) Dion-Cassius : LIII-13 — Orelli : t. II, n° 5661.
(5) Dion-Cassius : LII-22 et 33.
(6) Zosime : II-52-53.

reum militarem, etiam civilium quæstionum audiendi, concedimus facultatem (1). •

Les affaires d'une importance secondaire étaient jugées par les comtes et les ducs, et même, sauf appel, par des officiers subalternes ; tous également étaient, comme autrefois les tribuns, assistés d'un conseil, *consistorium, auditorium,* dont l'avis n'était pas pour eux obligatoire.

Ces différents officiers ayant rang de *spectabiles,* l'appel de leurs décisions devait être porté devant l'Empereur, où, à partir de Théodose II, il était apprécié par une commission permanente composée principalement du préfet du prétoire de Constantinople et du *questor sacri palatii* (2).

198. — L'organisation de ces juridictions militaires étant connue, il reste à examiner l'étendue de leur compétence, quant aux contestations civiles qui pouvaient surgir entre militaires.

A toute époque, lorsque le demandeur et le défendeur faisaient partie de l'armée, les juges militaires étaient seuls compétents. On avait voulu par là obvier à un inconvénient qui se fût présenté si on les avait déclarés justiciables des juridictions civiles, c'est-à-dire empêcher que le militaire ne fût détourné de son service par la nécessité de soutenir et de surveiller un procès, devant des juges souvent éloignés du lieu où était détaché le corps dont il faisait partie.

199. — Mais qu'arrivait-il quand l'une des deux parties n'appartenait pas à l'armée ?

Si le défendeur était militaire, le demandeur, même civil (*paganus*), était contraint d'intenter sa demande devant des juges militaires par application de la règle « *actor sequitur forum rei,* » mais peu à peu on négligea les principes pour déférer à des juges civils les procès de cette nature ; à l'origine le consentement du défendeur était nécessaire pour obtenir ce résultat (3), puis on arriva peu à peu à ne plus exiger ce

---

(1) C. 6, C. *de jurisdict.,* III-13 — C. 18, C. *de re milit.,* 12-36 — L. 9, D. *de custod. reor.,* 48-3 — L. 3, pr , D. *de re milit.,* 49-16 — C. 1, C. *de off. mag. mil.,* 1-29.

(2) C. 8, C. *de divers. off. et apparit.,* 12-60.

(3) L. 7, D. *de judic.,* V-1 — V. C., *ubi caus. fisc. ; de off. mag. milit.*

consentement et même à frapper d'une amende le militaire qui aurait contraint un *paganus* demandeur à plaider devant une juridiction militaire (1).

Parfois, le militaire était déchu du droit de plaider devant ses juges spéciaux à titre de peine, quand par exemple il avait fait un acte de commerce.

Enfin, quand un militaire avait obtenu un congé d'un an, comme son service ne l'empêchait plus de plaider devant les juridictions civiles, il perdait le bénéfice de la juridiction spéciale (2).

DEUXIÈME PARTIE.

DROIT CRIMINEL.

SECTION I.

Crimes et délits militaires.

(1) C. 2, C. *de off. milit. judic.*, I-16.

(2) Lorsqu'un civil, avant d'être soldat, avait entamé un procès, le fait de sa part d'entrer ensuite sous les drapeaux, ne lui donnait pas le droit de demander le renvoi de l'affaire devant un tribunal militaire. L. 7, D. *de judiciis*, V-1.

200. — Les infractions à la loi pénale que peut commettre un soldat sont, comme le remarque avec raison le jurisconsulte Arrius Menander (1), ou des délits de droit commun, *delicta cum cæteris communia, quæ miles admittit sine ullo militiæ respectu*, ou des délits militaires, *delicta propria quæ quis ut miles admittit.*

201.— Quant aux premiers, aux délits de droit commun, nous n'aurions pas à en parler, si dans une circonstance spéciale, au cas de vol, le délit ne prenait une gravité tout-à-fait exceptionnelle. La discipline militaire pouvait recevoir de graves atteintes de ce genre de faute : aussi l'avait-on réprimé avec une sévérité particulière ; à l'origine, on coupait la main droite au coupable, puis, plus tard, on lui ouvrit une artère pour lui enlever une quantité de sang déterminée, ce qu'on regardait comme un supplice très-humiliant.

Si le soldat avait dérobé les armes de son camarade, on prononçait de plus contre lui la dégradation militaire (2). Non seulement le vol était plus sévèrement puni quand il émanait d'un soldat, mais on se montrait encore en pareil cas plus facile sur ses éléments constitutifs ; il résulte en effet, comme on l'a vu précédemment, des termes dans lesquels on faisait prêter au soldat, le serment militaire, qu'on considérait comme voleur celui qui ayant trouvé, soit dans le camp, soit dans un rayon de dix mille pas autour du camp un objet quelconque, ne l'avait pas remis dans les trois jours entre les mains de ses chefs.

202. — Il était de règle générale que la tentative d'un délit ou d'un crime qui n'avait manqué son effet que par des circonstances indépendantes de la volonté de son auteur, faisait encourir la même peine qu'aurait entraînée ce crime ou ce délit, s'il avait été perpétré. Cependant il y avait une exception quand le

(1) L. 2, pr., *de re militari*, D. 49-16.
(2) L. 3, § 14. *de re milit.*, D. 49-16.

militaire avait tenté de franchir le retranchement qui entourait le camp (*vallum*), sans avoir pu mettre son projet à exécution ; alors la condamnation s'abaissait et disparaissait presque entièrement.

203. — Nous arrivons à l'examen des délits militaires que Modestin (1) définit, d'une manière générale, toute atteinte à la discipline, « *omne delictum est militis, quod aliter quam disciplina communis exigit, committitur.* »

Nous examinerons d'abord les délits qu'un militaire peut commettre avant d'entrer au service en tentant d'échapper au recrutement, soit par des mutilations, soit par la fuite, puis les délits qu'il commet comme militaire après son incorporation dans l'armée.

§ I.

DES RÉFRACTAIRES, DES MUTILÉS ET DES POLTRONS.

204. — Dans les premiers temps de Rome, le service militaire étant considéré comme un honneur et non comme une charge, il n'entrait même pas dans les prévisions du législateur qu'on pût tenter de s'y soustraire. C'était une faveur à laquelle ne participaient que certains privilégiés et on n'avait porté de pénalités que contre ceux qui, appartenant à des classes exclues de la milice, voulaient essayer de s'y introduire par fraude (2) ; ces pénalités variaient d'ailleurs suivant la qualité, le grade du soldat, le genre de milice dans lequel il était entré (3).

Ce fut un citoyen de la tribu Pollia qui, à l'époque de la guerre contre Pyrrhus, refusa le premier de se rendre à l'appel du consul ; il fut vendu, ainsi que ses biens, comme étant inu-

(1) L. 6, pr., *de re milit.*, D. 49-16.
(2) L. 2, § 1, *de re milit.*, D. 46-16.
(3) L. 2, § 1, *de re milit.*, D. 49-16.

tile à la République et indigne de jouir d'une liberté qu'il n'était pas prêt à défendre au péril de sa vie (1).

Cette vente du réfractaire, du *tenebrio*, passa dès lors en usage; mais, jusqu'à l'Empire, on eut bien rarement occasion d'en faire l'application; à cette époque, l'esprit public se modifia : n'étant plus soutenus par cette générosité, cette virilité de cœur qu'enfantent des institutions libres, les Romains s'efforcèrent par tous les moyens possibles de se soustraire à des charges qui, depuis la création des armées permanentes, étaient devenues très-lourdes (2).

205. — On vit des parents égarés par l'amour paternel mutiler dès le berceau leurs jeunes enfants, pour les soustraire par ce cruel artifice à la loi du recrutement. A cette époque, où l'on se battait surtout à l'arme blanche et où l'action du pouce était indispensable, c'était la première phalange du pouce de la main droite que l'on coupait aux jeunes conscrits, et c'est de ce pouce tronqué, *pollex truncatus*, que Sichtermann (3) fait dériver le mot poltron appliqué depuis à tous les lâches.

Ce délit de mutilation volontaire, que l'art. 64 du projet de la nouvelle loi sur le recrutement, conformément à l'art. 41 de celle du 21 mars 1832, punit chez nous d'un emprisonnement d'un mois à un an, suivi de l'envoi dans des compagnies, dites de discipline, où le régime militaire s'exerce dans toute sa rigueur, était bien plus sévèrement réprimé à Rome. Auguste, le premier, prononça la confiscation des biens d'un citoyen romain qui avait voulu par cet artifice soustraire ses deux enfants au recrutement, et le fit vendre lui-même (4). Tibère fit infliger dans des circonstances analogues la peine des verges à un père coupable du même crime ; Trajan prononce dans un cas semblable la déportation et la confiscation contre les parents (5), si le

---

(1) Varr : *in nebulones*, — Cic. : *pro Cæc.*

(2) Des citoyens allèrent jusqu'à renier leur qualité d'hommes libres pour s'engager dans des ateliers d'esclaves afin de mieux se cacher. Suétone : *Tib.* 8.

(3) V. Sichtermann : *de pœnis militaribus Romanorum dissertatio.*

(4) Suétone : *Auguste*, 24. Ici la peine de la confiscation avait plus de justice qu'à l'ordinaire, car les fils avaient dû être les complices du crime de leur père et s'ils n'avaient pas la principale responsabilité de cette lâche mutilation, ils étaient destinés à en recueillir dans l'oisiveté les honteux profits. V. A. du Boys.

(5) L. 4, § 11 et 12, *de re milit.*, D. 49-16.

fraude a eu lieu en temps de guerre, et ordonne que le fils mu-
tilé soit relégué dans un corps de rebut, dans la marine, par
exemple. On alla jusqu'à menacer les coupables de la peine capitale en temps de guerre.

206. — Mais les sévérités de la loi ne furent pas assez puissantes pour réagir contre la répulsion, de plus en plus irrésisti-
ble, qu'inspirait aux Romains dégénérés et amollis le service
militaire. Le nombre des réfractaires s'augmenta de plus en
plus : ce fut en vain qu'on multiplia contre eux les châtiments,
qu'on les nota d'infamie, qu'on confisqua leurs biens, qu'on en
punit même du dernier supplice (1) ; ces pénalités demeurèrent
impuissantes et force fut à la loi de capituler devant cette désertion persévérante du premier devoir d'un citoyen.

Le législateur alla même trop loin dans la voie de l'indulgence : il en vint presque à excuser ce genre de délit, « qui ad
delectum olim non respondebant ut pro titoris libertatis in servitutem redigebantur, sed mutato statu militie, recessum a capitis pœna est, quia plerumque voluntario milite numeri sup-
plentur (2). » Dès lors aussi les pénalités s'adoucissent ; la
prison devient le châtiment ordinaire des réfractaires et des
mutilés (*murci*) ; plus tard on se contenta de les faire conduire
manu militari à leurs corps, où on les soumettait aux corvées
les plus dures, et à faire entrer dans la curie ceux qui étaient
absolument impropres au service.

§ II.

DÉLITS COMMIS PAR LE MILITAIRE EN ACTIVITÉ DE SERVICE.

DÉSERTION.

207. — De même que les délits qui avaient pour but de
soustraire à l'armée des recrues qui y étaient destinées, le crime

(1) L. 4., § 10. D. de re milit., 49-16.
(2) Dion-Cassius : LVI-27.

de désertion, très-rare à l'origine, devint à la fin de l'empire extrêmement fréquent. La distinction qui existe dans notre Code militaire (art. 231 à 238), entre la désertion à l'intérieur et la désertion à l'étranger ou à l'ennemi était déjà connue à Rome, et Modestin (1) nous donne au Digeste la définition suivante de l'*emansio* (2) et de la *desertio* : L'*emansor*, dit-il, est celui qui, après s'être absenté un certain temps, revient spontanément au camp ; le *desertor* est celui qui, après une très-longue absence, est ramené à son corps par la force armée. Le premier, dit un autre jurisconsulte, c'est l'esclave qui quitte pendant quelques jours la maison de son maître pour faire une débauche ; le second, c'est l'esclave fugitif. « *Levius itaque delictum emansionis habetur, ut erronis in servis ; desertionis gravius, ut in fugitivis* (3). »

Mais il ne faudrait pas regarder la définition de Modestin comme un critérium infaillible, car on trouve d'autres fragments du Digeste qui considèrent comme *desertor*, même l'individu qui est revenu spontanément à son corps.

208. — Le cas le plus fréquent d'*emansio* se présentait quand un militaire prolongeait un congé temporaire, *commeatus*, au-delà du temps fixé. L'*emansio* était moins gravement punie que la désertion ; on tenait compte, pour l'application de la peine, du temps pendant lequel s'était prolongée l'absence (4). Si elle avait duré plus de trois ans, le militaire était déchu pour toujours de son grade, et devait attendre pour sa réintégration dix fois autant de temps qu'il en avait passé loin des drapeaux.

209. — Le plus souvent la condamnation était écartée, parce-que le coupable pouvait invoquer soit des événements de force majeure, comme des accidents de voyage (5), une inondation, une mauvaise traversée (6), une attaque de brigands (7), soit

---

(1) L. 3, § 2 et 3, *de re mil.*, D. 49-16.
(2) L. 4, § 14. D, 49-16, *de re militari*.
(3) A vrai dire, l'*emansio* se rapproche beaucoup plus du vagabondage que de la désertion. C'est ce même délit qui s'appelait *Erro*, pour les esclaves. L. 4, § 14. *de re militari*, D. 49-16.
(4) L. 14, pr., D. 49-16, *de r. m.*
(5) L. 14, pr., D. 49-16, *de re militari*.
(6) L. 14, pr., D. *cod. tit.*
(7) *Ibid.*

quelqu'autre excuse, la violence par exemple, ou l'apparition de l'ennemi, la nécessité de poursuivre un esclave fugitif (1), la défense faite par un aruspice de se mettre en route sans une expiation ou une purification préalable, les funérailles d'un parent, les *feriæ denicales*, solennités qui s'observaient dix jours après la mort du défunt, la célébration d'un sacrifice qui ne pouvait s'accomplir suivant les règles qu'en présence du militaire, « *Vel si qua hujusmodi causa fuit* » (2) ; on allait même jusqu'à excuser une prolongation d'absence motivée sur une trop vive affection pour des parents ou des alliés ou sur leur maladie (3). Enfin on se montrait très-indulgent pour les conscrits qui étaient encore censés ignorer les prescriptions de la discipline militaire (4).

D'une manière générale, l'indulgence était grande du moment où le soldat, s'étant mis en route assez à temps pour arriver au jour fixé à son corps, n'avait été retenu que par des circonstances fortuites et indépendantes de sa volonté (5).

Le législateur avait réservé toute sa sévérité à l'égard des déserteurs et ce qui contribua à augmenter la rigueur des lois à leur égard, c'est que, comme dans les provinces méridionales de la France au commencement de ce siècle, les déserteurs, pour échapper plus sûrement aux poursuites, finirent par s'organiser sous l'Empire en bandes nombreuses, tenant la campagne, pillant les villages isolés et cherchant, par la terreur qu'ils inspiraient et par des vengeances souvent terribles, à empêcher les délations qu'auraient pu faire, à leur préjudice, les paysans. Ces malheureux, opprimés d'un côté par ces réfractaires, menacés de l'autre des peines les plus sévères, s'ils étaient soupçonnés d'être de connivence avec eux, ne savaient quelle conduite tenir pour se soustraire à tant de misères et de malheurs.

211. — Les peines variaient suivant qu'on était en temps de paix ou en temps de guerre, et suivant que la désertion avait eu lieu à l'intérieur ou à l'ennemi.

(1) L. 4, § 15, D. *de re militari*, 49-16.
(2) *Ibid.*
(3) *Id.*, 4, § 15, D. *h. tit.*,
(4) *Ibid.*
(5) L. 11, pr., D. 49-16, *de re militari.*

On tenait compte du corps dont le déserteur faisait partie, de son grade, du lieu, des circonstances dans lesquelles il avait quitté son poste, de son passé, de la conduite qu'il avait menée pendant le temps de sa désertion (1) ; enfin, comme pour tous les délits militaires, on se montrait moins sévère vis-à-vis du conscrit que vis-à-vis du vieux soldat (2).

En temps de paix, le déserteur était en général puni de la relégation dans une île ; parfois on se bornait à le faire changer de corps (3). Quand il était arrêté dans une province, le président, après une instruction sommaire, devait le faire conduire à son corps pour y être jugé et adressait un rapport sur les circonstances de son arrestation, au chef de son *numerus* (4).

212. — Toutefois, lorsqu'il avait commis dans la province quelque délit de droit commun, il devait, en vertu d'un rescrit des Empereurs Sévère et Antonin, être d'abord condamné au lieu où le crime avait été commis (5). Si le délit avait été commis par plusieurs soldats à la fois et qu'ils revinssent dans un court délai, ils étaient dégradés et répartis dans des corps différents (6).

En temps de guerre, quand la désertion n'avait pas eu lieu à l'ennemi et que le coupable venait spontanément se constituer prisonnier, il n'était condamné qu'à la déportation ; s'il était livré par son père, on le faisait seulement changer de corps, pour ne pas punir par le supplice du fils le patriotisme du père (7). Si au contraire le déserteur était arrêté, il était ordinairement passible de la peine de mort (8) ; mais il y avait lieu de distinguer selon qu'il était saisi dans une ville ou dans tout autre lieu. Au premier cas, on ne pouvait le gracier ; dans le second, au contraire, il pouvait obtenir sa grâce une première fois; seulement, en cas de récidive, il devait toujours subir la

(1) L. 9, pr., D. 49-16, de re milit.
(2) L. 4, § 13, D. 49-16, *de re milit.*
(3) L. 5, § 1, D. 49-16, *de re milit.*
(4) L. 3, § 1, D. 49-16.
(5) L. 28, § 15, D. 48-19, *de pœnis*, et L. 3, § 1, D. 49-16, *de re milit.*, L. 5, § 2, D. h. tit.
(6) L. 5, § 9, D. *de re milit.*, 49-16.
(7) L. 13, § 6, D. h. tit., 49-16.
(8) L. 5, § 1 et 3, D. 49-16, *de re milit.*

peine capitale (1), sauf toutefois s'il était repris plus de 5 ans après sa désertion, auquel cas sa peine était commuée en celle de la déportation (2).

213. — La désertion à l'ennemi était considérée comme le plus grand crime qu'un soldat pût commettre. Aussi avait-on édifié contre le transfuge tout un système de pénalités extrêmement rigoureuses et qui, pour la plupart, ne s'appliquaient aux militaires que dans ce cas spécial (3). Lorsque des soldats coupables de ce crime tombaient entre les mains de la justice, on les mettait à la torture, on leur coupait les jambes ou les mains, on les crucifiait, on les jetait aux bêtes, on les condamnait au supplice de la fourche (4), pour les brûler vifs ensuite (5), ou les précipiter du haut de la roche Tarpéienne (6). Les juges avaient pleins pouvoirs pour appliquer ces différentes peines, suivant les circonstances du fait. On menaça même de la dégradation et de la perte de ses biens le président de province qui montrerait trop de condescendance dans la répression de ce genre de délit (7).

A l'origine, les biens du déserteur étaient confisqués après son décès, mais plus tard on modifia cet état de choses en décidant que tout s'éteindrait avec la mort du coupable.

214. — En dépit de toutes ces peines, le nombre des déserteurs s'accrut à la fin de l'empire dans des proportions considérables. En vain, pour y mettre un frein, encouragea-t-on les dénonciateurs, en leur promettant la liberté s'ils étaient esclaves, l'exemption des charges publiques s'ils étaient libres ; en vain, on porta contre leurs complices des peines très-rigoureu-

(1) L. 5, § 5, D. 49-16, *de re milit.*
(2) L. 13, § 6, D. 49-16, *h. tit.*
(3) L. 3, § 10, D. 49-16, *h. tit.*
(4) Comme les militaires ne pouvaient être ni appliqués à la torture ni condamnés aux bêtes ou à la fourche, on commençait par dégrader les transfuges, et ce n'était qu'après avoir cessé par là d'être soldats qu'ils subissaient ces diverses peines.
(5) V. Paul, l. 38, § 1, D. *de pœnis*, 48-19 ; Ulpien, l. 8, § 2, D. au même titre ; Ulpien, d'après ce texte, assimilerait l'ennemi au transfuge ; c'est, selon Cujas, une erreur typographique, il faut lire *ad hostes autem transfugœ*, et s'en rapporter au sens de la loi de Paul à cet égard.
(6) L. 3, § 10, l. 7, D. 49-16 et l. 38, § 1, D. *de pœnis*, 48-19.
(7) C. 1, C. *Desert. et occult.*, 12-46.

ses, les verges, la déportation ; en vain, on prononça la confiscation contre le propriétaire sur les terres duquel un déserteur
aurait été arrêté (1) et le supplice du feu contre l'intendant
coupable de recel : tout fut inutile.

Alors on voulut changer de système, et, essayant de la douceur, on eut la faiblesse d'accorder des délais aux intendants et
aux propriétaires avec menace d'appliquer les peines dans toute
leur rigueur s'ils n'en profitaient pas pour livrer les coupables. On finit même par déclarer que ceux-là seulement seraient
réputés déserteurs qui quitteraient leurs corps en temps de
guerre. « *Desertor habebitur qui belli tempore aberit a si-
gnis* (2). »

215. — Il y avait un certain nombre de délits qui avaient été
assimilés à la désertion et punis de la même peine : Il faut ranger dans cette classe le fait par une sentinelle d'abandonner son
poste (3), par un soldat de quitter une tranchée (4) au moment
de l'attaque ou de sortir de son rang sur le champ de bataille (5).
On punissait encore des peines de la désertion celui qui abandonnait ses armes sur le lieu du combat (6) ou les vendait en
totalité (7); la sentinelle qui se laissait surprendre par l'ennemi ;
le prisonnier de guerre qui manquait une occasion favorable de
s'enfuir (8).

Malgré la fréquence des désertions que semblent signaler les
différents textes auxquels nous nous sommes reportés, il paraît
que les bandits étaient encore plus nombreux que les déserteurs
et qu'on les redoutait davantage.

Un rescrit d'Adrien permet en effet de faire remise de leur
peine aux déserteurs quand ils auront arrêté un grand nombre de bandits (9).

(1) L. 1, C. 12-46, *de desertorib. et occultatorib.*
(2) C. 1, C. *de desertorib. et occultatoribus eorum*, 12, 46.
(3) L. 3, § 6 et l. 10, D. 49-16, *de re mil.*
(4) L. 3, § 4, D. 49-16, *de re mil.*
(5) L. 3, § 16, D. id. id.
(6) L. 3, § 15, D. 49-16, *de re mil.*
(7) L. 8, § 5, D. *hoc. tit.*
(8) L. 8, § 8, D. *eod. tit.*
(9) L. 14, § 1, D. 49-16, *de re milit.*

216. — Le traître, c'est-à-dire celui qui pactisait avec l'ennemi, qui lui donnait des renseignements sur la marche des
armées, ou trahissait les plans des généraux, commettait un
crime assimilé à la désertion à l'ennemi et puni des mêmes
peines. « *Proditores capite punientur ; nam pro hoste, non pro*
milite habentur (1). D'ailleurs, quelle que fût la personne qui se
rendait coupable de trahison, que ce fût un civil ou un militaire, un homme ou une femme, il devait répondre de son délit
devant des juges militaires et subir les peines rigoureuses portées contre le transfuge (2).

217. — Chose bizarre, le suicide, qui, dans la société romaine,
était considéré comme un usage légitime de la liberté humaine,
excusé, glorifié même par la philosophie stoïcienne, devenait
un crime s'il était commis par un militaire. On considérait que
le soldat ne s'appartenait pas à lui-même, qu'il devait à l'état sa
vie et ses services, et qu'en attentant à ses jours il commettait
un vol envers la patrie, une forfaiture, une sorte de trahison
qui méritait le dernier supplice (3).

Mais la force de l'opinion avait exercé son influence sur la rigueur de la discipline, et cette législation sévère avait été tem-
pérée par l'admission d'un grand nombre de circonstances atténuantes. En vertu d'un rescrit d'Adrien, on devait rechercher
s'il fallait attribuer la tentative de suicide à des douleurs trop
vives, au dégoût de la vie, à la maladie, à un accès de folie, à
la crainte du déshonneur, à la douleur d'avoir perdu une personne aimée ; en pareil cas, on se bornait à renvoyer le coupable avec un congé ignominieux, « *Ignominia mittatur,* » et on
lui faisait grâce de la vie (4). Quant à ceux qui avaient attenté à
leurs jours dans un moment d'ivresse ou de débauche, ils
étaient envoyés dans un autre corps (5).

---

(1) L. 7, D. 49-16, *de re milit.*
(2) L. 58, § 1, D. *de pœnis,* 48-19 et L. 6, § 4, D. 49-16, *de re milit.*
(3) L. 6, § 7, D. 49-16, — L. 58, § 1, D. *de pœnis,* 48-19.
(4) L. 6, § 7, D. 49-16, *de re milit.*
(5) L. 6, § 7, *in fine,* D. 49-16.

218. — La lâcheté, elle aussi, était sévèrement réprimée. Celui qui le premier avait pris la fuite sur le champ de bataille (1), celui qui feignait une maladie pour ne pas se battre (2), ou qui, pouvant défendre son chef, le laissait massacrer par crainte (3), encourait la peine de mort; on se bornait à dégrader et à faire changer de corps (4) celui qui avait abandonné ses armes.

DÉLITS D'INSUBORDINATION.

219. — Les lois les plus rigoureuses avaient été édictées pour contenir la bravoure indisciplinée du soldat et le maintenir dans le respect et l'obéissance la plus passive, je dirai presque la plus servile. Chez les Romains, disait Josèphe (5), c'est une chose infâme que de vaincre sans ordre ; c'était même un crime puni (6) de mort. Les exemples en sont nombreux : c'est le jeune Manlius qui, malgré l'édit du consul, son père, accepte la provocation d'un cavalier latin, le tue, et paie de sa vie cette désobéissance(7) ; c'est ce maître de la cavalerie qui, en l'absence du dictateur Papirius Cursor, trouvant une occasion favorable de livrer bataille, en profite malgré la défense qui lui en a été faite, met l'armée ennemie en déroute et ne doit d'échapper au supplice qu'à l'intervention du peuple et aux supplications du Sénat (8).

Aussi la soumission des troupes était telle que Scipion, prêt à passer en Afrique, pouvait dire en montrant avec confiance son armée : « De tous ces soldats, il n'y en a pas un qui, à mon premier signal, ne monte sur cette tour et ne se précipite en bas la tête la première, si je le lui ordonne (9).

(1) L. 6, § 5, D. 49-16, de re milit.
(2) L. 6, § 5, D. 49-16.
(3) L. 3, § 22, — L. 6, § 8, D. 49-16, de re milit.
(4) L. 3, § 13, D. hoc. tit.
(5) Bell. Jud., VI-5.
(6) L. 3, § 13, D. 49-16, de re milit.
(7) Tite-Live : VIII-7, sur Manlius.
(8) Tite-Live : VIII-30.
(9) Plutarque : in apophth.

220. — En cas de conjuration, c'est-à-dire de complot entre les soldats et les officiers pour arriver à entraver les ordres du général ou de l'Empereur, les coupables étaient soit punis de mort en bloc, soit seulement décimés. Parfois aussi, on se bornait à les rayer des contrôles de l'armée (1).

221. — Quand il n'y avait eu qu'un mouvement d'une importance secondaire et facile à comprimer, des plaintes, des réclamations, « *vociferationem aut levem querelam*, » les séditieux n'encouraient que la dégradation militaire (2).

Si la rébellion s'était traduite par des actes de violence, si par exemple un soldat avait frappé son chef, il était sans rémission puni de mort (3) ; lorsqu'il s'était borné à éviter un coup qui lui était destiné ou bien à arrêter le bras du centurion qui allait le frapper de son cep de vigne, on le condamnait seulement à changer de corps (4), « *militiam mutabat*. »

Parfois, à la suite d'une sédition, pour éviter le châtiment qu'ils avaient mérité, les coupables se massacraient les uns les autres ; il en fut ainsi notamment après la révolte des légions de Pannonie. Germanicus avait annoncé à Cœcina que si, à son arrivée, on n'avait pas fait justice des principaux séditieux, il décimerait l'armée. Cet avis fut communiqué aux centurions et aux *signiferi* dont on était sûr. On gagna par leur entremise une partie des légionnaires ; ceux-ci, à un signal donné, s'élancèrent sur leurs camarades désarmés et le massacre le plus affreux s'accomplit pendant plusieurs heures sans qu'aucun officier eût le courage d'intervenir pour l'arrêter, ce qui faisait dire à Germanicus : « Ce n'est pas une répression, c'est un désastre (5). »

SORTIE DU CAMP. VENTE D'ARMES ET D'EFFETS D'ÉQUIPEMENT.

Il était formellement interdit au soldat de sortir du camp, ne fût-ce que pour quelques instants. Ceux qui méconnaissaient

---

(1) L. 3, § 19 et 21, D. 49-16, *de re milit.*, et Suétone sur Octave : ch. 24.
(2) L. 3, § 20, D. 49-16, *de re milit.*
(3) Tacite : *Annales*, I-44.
(4) L. 6, § 1, D. 49-16, *de re milit.*
(5) L. 13, § 4, D. 49-16, *de re milit.*

cette prohibition étaient frappés de peines qui variaient suivant la manière dont ils s'étaient échappés. Le coupable avait-il sauté le fossé du camp, il était renvoyé de l'armée (1) ; avait-il franchi le retranchement ou était-il rentré en escaladant la palissade du camp, il encourait la peine de mort (2).

223. — Nous avons vu que la vente complète de ses armes et de son équipement par un soldat était aussi sévèrement punie que la désertion ; il en était de même lorsqu'il avait vendu son bouclier, son casque, sa cuirasse ou son épée. Mais, s'il n'avait vendu que ses chaussures ou sa casaque, comme ce n'était plus une partie essentielle de son armement, il était seulement soumis au supplice des verges (3). Le militaire qui avait dérobé les armes ou les objets d'équipement de son camarade encourait la dégradation militaire (4).

COUPS ET BLESSURES.

224. — Le soldat qui frappait son camarade et le blessait était plus ou moins sévèrement puni, selon qu'il avait ou non fait usage de ses armes. Dans le dernier cas, si par exemple il avait frappé sa victime avec une pierre, il était renvoyé de l'armée ; dans le premier, il était passible de la peine de mort (5).

Nous arrêterons là notre étude des délits militaires, sans entrer dans les détails minutieux et dénués d'intérêt des infractions aux règles les moins importantes de la discipline. Nous passons à l'étude des diverses peines établies pour réprimer les nombreux délits que nous venons d'énumérer et sanctionner cette discipline exacte et sévère qui fut la force de l'armée romaine et qu'un historien a pu appeler à juste titre la garde la plus fidèle de l'Empire, « *Sanctissima imperii nostri custos* (6). »

(1) L. 3, § 18, D. 49-16, de re milit.
(2) L. 3, § 17, D. 49. hoc. tit.
(3) L. 14, § 1, L. 3, § 15, D. 49-16, de re milit.
(4) L. 3, § 14, D. de re milit., 49-16, et Sichtermann : de pœnis militarib. Roman. dissertatio, cap. 11.
(5) L. 6, § 3, D. 49-16, de re mil.
(6) Valère-Maxime : VI-1.

SECTION II.

Peines militaires.

———

225. — Il y a deux manières d'inspirer l'horreur pour les crimes : la première est de ne pas les supposer possibles, de ne les punir d'aucune peine ; c'est ce que fit Solon à l'égard du parricide, c'est ce que nos législateurs modernes ont fait pour l'inceste ; la seconde consiste à les punir de supplices terribles qui frappent et effraient l'imagination, c'est celle que choisirent les Romains. Aussi, la législation pénale militaire était-elle à Rome d'une rigueur extrême et tout à fait propre à inspirer le respect et l'observation de la discipline : la peine de mort est écrite à tous les articles du Code militaire de Rufus, et l'historien Josèphe pouvait dire avec vérité : « La crainte rend les Romains plus diligents, car non seulement pour la désertion, mais pour la moindre négligence, il y a des peines capitales (1). »

Il y avait cependant certaines peines applicables aux citoyens qui ne l'étaient point aux militaires. Ainsi ils ne pouvaient être ni jetés aux bêtes, ni soumis à la torture ou au supplice de la fourche, ni condamnés *in metallum* ou *in opus metalli* (2).

---

(1) Josèphe : *Bell. Jud.*, loc. cit.
(2) Entre ces deux peines il n'y avait qu'une différence : le condamné *in metallum* n'était même pas délivré de ses chaînes pour travailler ; le condamné *in opus metalli* jouissait de cet avantage. l. 8, § 6, D. *de pœnis*, 48-19.

On a vu pourtant qu'on avait dérogé à ce principe dans un cas spécial, en haine des transfuges (1).

On peut diviser en trois catégories ces diverses peines, suivant qu'elles étaient seulement pécuniaires, ou purement infamantes ou enfin corporelles.

A. PEINES PÉCUNIAIRES.

226. — La peine pécuniaire par excellence était *l'amende*, (*pecuniaria mulcta*) (2). Elle se prélevait sur la part de butin qui revenait au soldat et pouvait, au moins dans l'opinion de Sichtermann (3), être poursuivie sur ses biens personnels ; on l'appliquait surtout aux officiers. L'amende par elle-même était une peine sans grande gravité, mais elle devenait très-dangereuse si elle se renouvelait, puisque trois amendes encourues par le même soldat entraînaient la peine capitale (4).

227. — En outre, le militaire pouvait encore être privé de sa solde (*stipendio privari*). C'est ainsi qu'une légion qui avait laissé tuer en Ligurie le consul Petilius fut privée de paye pendant six mois (5). C'était ce qu'on appelait *ære dirui, être cassé aux gages*. On inscrivait cette punition sur le registre de paye en plaçant ces mots : « *resignatum æs* » en regard du nom du soldat qui en était frappé.

228. — Enfin, il y avait encore une peine qui était tout à la fois pécuniaire et morale, c'était la *censio hastaria* (6). Le militaire, obligé à titre de punition de remettre sa lance entre les mains de son centurion, devait, pour en redevenir possesseur, subir une retenue sur sa solde.

---

(1) L. 3, § 1, l. 3, § 19, D. *de re milit.*, 49-16. V. *Supra*, p. 188, n° 213.

(2) L. 3, § 1, D. *hoc. tit.* Cette peine était peu appliquée. Denys d'Halicarnasse, L. 8, et Dion-Cassius, L. 5 et 6, ne la citent qu'au sujet des Romains qui appelés au service n'allaient pas faire inscrire leurs noms sur les registres de recrutement.

(3) Polybe : VI.

(4) Valère-Maxime : II-7 — Tite-Live : III-29.

(5) *De pænis militar. Roman. dissert.*, C. 15.

(6) Schwebelius (Strasbourg, 1805, in-8), *Comment.*, sur Végèce : C. 4, l. 3 — Festus : V° *Censio*.

B. PEINES PUREMENT INFAMANTES.

229. — Ces peines s'appliquaient tantôt comme peines principales, tantôt comme peines accessoires. La plus importante
était le congé infamant, *l'ignominiosa missio* (1), infligée comme
peine principale ou comme peine accessoire. Cette flétrissure
était prononcée dans le premier cas, par le général, en présence
de toute l'armée. Aussitôt que la formule sacramentelle « *tud
operâ non jam utar* » avait été prononcée, le coupable sortait
des rangs, était dépouillé de ses armes, de ses vêtements, même
de ses chaussures et chassé du camp. Il n'avait plus rien du
soldat.

Parfois la dégradation n'avait pas lieu ; en pareil cas, la feuille
de congé, les *testimonialis* du militaire devaient mentionner
formellement que le renvoi était prononcé pour cause d'igno-
minie (2).

César raconte dans ses Commentaires sur la guerre d'Afrique (3) comment il punit de cette peine un tribun militaire,
C. Avienus, qui avait à son départ de Sicile rempli un vaisseau de
ses bagages et de ses provisions sans y mettre un seul soldat (4).

Quelquefois aussi le congé ignominieux était encouru comme
peine accessoire, lorsque le coupable avait été frappé d'une
condamnation afflictive et infamante. On désignait alors cette
peine sous le nom d'*exauctoratio*, dégradation, parce que cette
dégradation ou enlèvement des insignes militaires précédait
ordinairement l'expulsion ignominieuse de l'armée.

Lucain (5) nous a conservé une formule d'*ignominiosa missio* :

« *Tradite nostra viris, ignavi, signa, quirites.* »

(1) L. 3, § 1, D. de re milit., 49-16.
(2) L. 2, § 2, D. de his qui notantur infamiâ, III-2 — l. 13, § 3, D. de re
milit.
(3) César : Bell. Afri., 54.
(4) L. 2, § 2, D. de re milit., 49-16.
(5) Pharsale : liv. 5 — Lampridius : Hadr., cap. 54.

230. — Mais qu'elle soit expresse ou tacite, l'*ignominiosa missio* emportait toujours note d'infamie (1). Celui qui était ainsi chassé de l'armée ne pouvait plus disposer de son pécule *castrense* et son testament fait au service n'était pas valable pendant l'année qui suivait la *missio*. Il était exclu de la tutelle comme indigne et si, contrairement aux Constitutions impériales que nous avons vues, il avait acheté une terre de rapport dans la province même où il servait, il était jusqu'à sa mort exposé aux dénonciations et à la confiscation qui en était la suite. Il pouvait être appliqué à la torture, condamné *in metallum*, sans avoir le droit d'exciper de sa qualité de militaire. Le séjour de Rome, des grandes villes et des lieux où se trouvait le général qui avait prononcé sa condamnation, lui était interdit, ainsi que le service dans les palais impériaux (2).

Quelquefois le licenciement en masse avait un caractère ignominieux. C'est en licenciant ainsi une légion révoltée, que César a flétri ses soldats du nom de *Quirites*, exprimant par là qu'ils avaient cessé d'être soldats (3).

Parfois aussi la *missio ignominiosa* était une peine temporaire, nous en avons vu un exemple. Le temps de la peine expiré, le militaire reprenait ses fonctions et pouvait même regagner son grade, mais seulement après un temps égal à dix fois la durée du congé infamant prononcé contre lui.

231. — Le changement de service, *militiæ mutatio*, n'était au contraire jamais temporaire. Le soldat frappé de cette peine descendait à un service inférieur : le cavalier devenait fantassin (4), le légionnaire servait dans les vélites, sans qu'on leur tînt compte de leurs services antérieurs ; souvent même on leur re-

(1) L. 2, § 2, D. de re milit., 49-16 — C. 3, C. 12-56, de re milit.

(2) L. 2, § 2 et § 4, D. 5-2, de his qui not. infamiâ — l. 13, § 3, D. 49-16, de re milit. — l. 8, § 5, D. 27-1, de excusationibus, C. 5, C. 12-56, de re militari et l. 3, D. 47-17, de furib. balneariis.

(3) On a fait grand honneur à l'armée romaine de cette anecdote. C'est bien à tort : cette épithète de *quirites*, qui désignait les habitants d'une des trois tribus réunies par Romulus, lors de la fondation de Rome, n'aurait pas certainement effarouché la susceptibilité des soldats des premiers temps de la République, et elle vient confirmer ce fait, que les soldats de César avaient oublié leurs familles et leur patrie, pour devenir les humbles valets de leur général. Sichtermann : C. 13, et Maignien : *Le Soldat Romain*. Correspondant des 10 mars et 10 mai 1869.

(4) Valère-Maxime : L. 2, C. 7.

tenait leur solde ; ce fut la punition des prisonniers que Pyrrhus renvoya sans rançon (1).

232. — La *gradus dejectio*, perte du grade (2), était une peine analogue, mais spéciale aux officiers qu'on faisait descendre à un grade inférieur, ou même au rang de simple soldat. Un exemple bien connu c'est celui du consul Minutius, réduit par son collègue Cincinnatus au grade de lieutenant (3).

Si l'officier avait commis une faute plus grave, il pouvait encourir la destitution avec le désarmement, ce qui constituait tantôt une peine accessoire et tantôt une peine principale.

233. — Telles étaient les peines infamantes les plus graves ; mais il y avait tout un arsenal de punitions moins importantes, qui avaient aussi un caractère humiliant et dont le but était surtout d'agir sur le moral et l'amour-propre des soldats. Ainsi, quand des soldats s'étaient mal comportés, on les notait comme lâches à la face de toute l'armée ; on les faisait camper hors des retranchements, « *tendere extra castra,* » où ils demeuraient exposés aux attaques des ennemis et au mépris de leurs camarades (4). Parfois même on imposait aux soldats d'un corps tout entier l'obligation d'élever les baraquements où ils devaient prendre leurs quartiers d'hiver, à plus de 10,000 pas de toute ville fortifiée ; « *extra oppida hibernare.* »

On infligea notamment cette punition aux troupes de Fulvius, malgré les réclamations des tribuns (5).

De même, on envoyait, pour certaines fautes, les militaires dans une place forte, ou bien encore en campagne; on les reléguait dans les corps d'affranchis qu'on levait dans les circonstances difficiles, « *ut libertini milites ;* » ou bien encore on les faisait marcher avec les bagages et les captifs, « *in itinere cum impedimentis iter facere* (6). »

S'ils restaient avec leurs compagnons d'armes, ils pouvaient

(1) L. 3, § 1, D. 49-16, *de re milit.* — Tite-Live : XXV-6.

(2) Il ne faut pas traduire *degradatio* par dégradation, c'est *exauctoratio,* enlèvement des insignes qui a ce sens ; *la dégradatio,* c'est la cassation du grade.

(3) Tite-Live : III-29.

(4) Valère-Maxime : II-7 — Frontin : II-1 — Tite-Live : X-4 — Tacite : *Annales,* XIII-36.

(5) Schwebelius : *Commentaire sur le livre 3, ch. 4, de Végèce.*

(6) Ammien Marcellin : L. 25, ch. 1.

encore être punis de diverses manières. Ainsi on les forçait à monter la garde devant le *prætorium* avec une perche de 10 pieds (*cum decempedis stare*) ; de prendre leurs repas debout (*cibum stans capere*) ou avec un vêtement usé ; de paraître aux exercices sans armes et sans chaussures militaires (*nudis pedibus*) (1), ou sans ceinture si c'était un centurion (2) ; on leur donnait de l'orge au lieu de blé dans les vivres de chaque jour, « *hordeum pro tritico.* » Cette peine était fréquemment usitée et les maîtres d'armes, *Lanistæ* ou *doctores armorum*, l'appliquaient notamment aux soldats qui ne profitaient pas suffisamment des leçons qu'ils leur donnaient sous la surveillance des tribuns (3).

Enfin, les militaires gradés étaient souvent contraints par punition à faire les mêmes travaux manuels que leurs subordonnés, ainsi on les obligeait à porter des gazons pour former le recouvrement du retranchement, *cespitem portare*, ou à monter des gardes supplémentaires.

U. PEINES CORPORELLES.

234. — Parmi les peines corporelles les moins rigoureuses, on peut citer en premier lieu, la *castigatio*, peine passagère qui n'entraînait ni amende, ni surcroît de travail ; et on peut rappeler comme exemple, lorsque le soldat montrait trop de lâcheté et de paresse, la coutume où l'on était de lui ouvrir une veine (4) et de lui tirer une quantité de sang déterminée.

Montesquieu, s'appuyant sur Aulu-Gelle, explique ainsi cette punition :

La force physique étant la qualité la plus estimée du soldat, c'était l'abaisser à tous les yeux que de lui enlever la source de cette force et le priver d'un sang qu'il devait à sa patrie.

---

(1) La chaussure militaire s'appelait *caliga*, de là vient le mot *caligatus*, troupier.

(2) Cette portion du vêtement étant essentielle au moment du combat, on forçait ainsi ceux à qui on l'enlevait à rester au camp comme indignes de combattre. Frontin : *Stratég.*, IV-1-27-28.

(3) Végèce : I-11 et 12.

(4) Aulu-Gelle : Liv. 10, C. 8 — Sichtermann : loc. cit., ch. 11 — Frontin : IV-1-16.

235. — L'aggravation de corvées, *munerum indictio*, était en général imposée aux fuyards, c'était à ceux qui avaient été frappés de cette peine qu'incombait la charge de creuser les fossés autour du camp et d'accomplir les travaux les plus pénibles ; on leur enlevait de plus leurs armes, comme étant indignes de les porter (1).

236. — La peine des verges (2) (*virgis cœdi*), qui s'appliquait soit comme peine accessoire, soit comme peine principale (3), était réputée la plus humiliante et la plus indigne d'un citoyen romain. En général, celui qui l'encourait était privé de la liberté et vendu comme esclave. Certains auteurs ont pensé que cette peine ne pouvait être appliquée qu'aux troupes auxiliaires, en vertu de la loi Porcia. C'est à tort, la loi Porcia en effet avait pour but d'empêcher que les citoyens romains ne fussent battus de verges sur l'ordre des magistrats municipaux ; mais elle n'avait eu aucune influence sur les lois pénales militaires, et n'empêchait pas les juges de punir des verges les soldats coupables de certains crimes.

237. — Mentionnons encore un autre supplice analogue, mais qu'il ne faut pas confondre avec les verges, c'est la bastonnade (*fustuarium*) ; elle se donnait avec des branches de vigne, insigne du commandement des centurions. C'était là une sorte de privilège dont les soldats romains se montraient très-jaloux et ils se seraient crus déshonorés s'ils avaient été frappés avec des baguettes d'un autre bois (4), un pareil outrage n'était réservé qu'aux auxiliaires (5) ; c'est à cet usage que se rapporte le sobriquet de « *cedo alteram* » (donne-m'en un autre) infligé d'une manière générale par les soldats aux centurions, parce que ceux-ci avaient sans doute l'habitude, après avoir cassé un cep de vigne sur le dos (6) d'un de leurs hommes, d'en demander un second pour continuer.

---

(1) Frontin : IV-1 —Plutarque : *Lucullus* — Modestin : l. 3. § 1, D *de re milit.*

(2) Cette peine existait encore autrefois dans l'armée française; c'était ce qu'on appelait, d'après Pothier, être passé par les baguettes.

(3) Valère-Maxime : 2-7 — Frontin : liv. 4, ch. 1, en donnent des exemples.

(4) De même de nos jours les soldats autrichiens se croiraient déshonorés si on se servait pour leur donner la schlague d'autre chose que d'une branche de noisetier. V. Guyho., loc. cit., p. 208.

(5) Tacite : *Annales.*, I-23 — Juvénal : *Satires*, VIII-247 — Pline : XIV-1.

(6) Pour des motifs semblables on avait surnommé je ne sais quel centurion, *Scirpi-*

Quand un soldat avait encouru ce châtiment, le tribun commençait à le frapper légèrement ; à ce signal tous les soldats se ruaient sur le patient (1) et faisaient pleuvoir sur ses épaules une grêle de coups, telle, que s'il n'était pas assez heureux pour s'ouvrir un passage et échapper par la fuite à ses bourreaux, il devait fatalement succomber.

Cette peine était réservée à l'officier subalterne qui, chargé d'une ronde, *circuitor*, s'était montré négligent dans son service, à ceux qui volaient dans le camp, aux faux témoins, à ceux qui abusaient de leur corps, ou qui avaient été trois fois punis pour la même faute (2).

238. — Certaines peines avaient pour objet de punir la partie du corps qui avait servi à commettre le délit ; c'est ainsi qu'on coupait les jambes aux transfuges à qui on faisait grâce de la vie (3) : « *crurum exsectio* » et qu'on amputait la main au voleur, « *manuum amputatio* (4). »

239. — Il y avait encore l'esclavage (*in servitutem adactio*). Lampride, dans la vie d'Alexandre Sévère, mentionne cette peine comme ayant été infligée à un soldat qu'une vieille femme accusa auprès de l'Empereur de l'avoir violentée. Le soldat fut dégradé, chassé de l'armée et donné comme esclave à la vieille femme. Cette peine était parfois aussi encourue par ceux qui ne donnaient pas leur nom à inscrire sur le livre du censeur ou qui cherchaient par quelque fraude à se soustraire au recrutement.

240. — Quant à la peine de mort, elle était appliquée de diverses manières, suivant les circonstances : à l'origine, on précipitait le coupable de la roche Tarpéienne, si on se trouvait à Rome. Si on était en campagne, on le pendait à un *arbre malheureux*, c'est à-dire qui n'était point planté et qui ne portait point de fruits, comme un peuplier. Plus tard, la forme la plus usitée fut la décollation avec l'épée si le crime était un crime militaire, par

cus, à cause du jonc avec lequel il châtiait les soldats. Tite-Live : 34-17 — Tacite : *Annales*, I-23 — Pline : XIV-1.

(1) Polybe : VI-37 — Tacite : *Annales*, I-44 — Horace : *Epodes*, IV — Cicéron : *Verrines*, III-29.

(2) Sichtermann : ch. 3 — Polybe : VI-37.

(3) Ammien Marcellin : *Hist. rom.*, liv. 23.

(4) Valère-Maxime : II-7 — Frontin : IV-1.

la hache du licteur, s'il s'agissait d'un délit de droit commun. Dans le premier cas c'était un soldat qui remplissait l'office de bourreau ; on l'appelait « *speculator,* » « *miles decollandi artifex* (1). »

Parfois, et pour des crimes d'une nature spéciale, on condamnait les coupables à être percés de flèches, « *Sagittis eminus configi,* » brûlés vifs, « *vivos comburi,* » attachés aux fourches patibulaires, accablés de pierres, « *lapidibus cooperiri;* » on les crucifiait même, « *in crucem tolli,* » et en pareil cas on laissait leurs cadavres sans sépulture ; le plus souvent néanmoins, après les avoir laissés exposés un certain temps, on les jetait dans un fleuve ou une rivière (2).

Un genre de supplice qui était encore assez usité et qui s'est perpétué jusqu'à la fin du siècle dernier, c'était l'écartèlement ; on ne l'appliquait qu'au soldat convaincu d'adultère avec la femme de son hôte.

241. — Enfin, Julius Capitolinus rapporte dans la vie d'Opilius Macrinus, le châtiment qu'ordonna cet empereur contre deux soldats qui avaient violé une esclave (*ancilla*) de leur hôte ; il les fit enfermer et coudre tout vivants dans le ventre de deux bœufs d'une grandeur extraordinaire qu'il avait fait éventrer à cet effet.

Mais le supplice le plus terrible était celui qui consistait à noyer le coupable et à jeter sur son corps une claie chargée de pierres pour l'empêcher de s'échapper à la nage ; c'était ce qu'on appelait « *sub crate necari* (3). » Pendant qu'on procédait à ces supplices, un centurion répétait de temps en temps le nom des condamnés et dans la noyade, lorsque le coupable disparaissait sous les flots, il s'écriait : « X..., qui a commis tel crime, est puni par la privation des éléments, principe de tout ce qui existe ; » il y avait dans cette proclamation, faite au milieu du silence et de la stupéfaction générale, quelque chose d'imposant et de solennel bien propre à impressionner les assistants.

---

(1) Tacite : *Annales,* I-48 — Tite-Live : I-26 — II-5 — II-59 — Suétone : *Caligula,* ch. 32.
(2) Tite-Live : XXX-43 — Valère-Maxime., II-7-15 — Sichtermann : ch. 8.
(3) Tite-Live : I-51 — IV-50 —Dezobry: *Rome au siècle d'Auguste,* I, p. 301.

En présence de pareils supplices, on a peine à partager l'enthousiasme de Tite-Live (1), quand il prétend « qu'aucun peuple
ne peut se vanter d'avoir établi des peines plus douces que le
peuple Romain. » Il pouvait avoir raison, s'il comparait la législation pénale de Rome à celle des peuples d'Orient et des anciens habitants de l'Italie, tels que les Etrusques et les Samnites,
mais il faut avouer qu'en dépit du progrès dont il se montre si
fier, la répression des délits était encore d'une cruauté barbare (2).

242. — Lorsqu'un corps tout entier s'était rendu coupable
d'un crime capital, pour ne pas faire mourir tous les coupables,
on recourait à la décimation. Le général après avoir assemblé
l'armée, ordonnait d'amener devant lui les accusés. Il commençait par faire mettre à mort les officiers et les signifères, puis
plaçant dans un casque les noms des soldats inscrits sur des billets séparés, il tirait, suivant la nature de la faute, dix, quinze,
vingt, cinquante bulletins, etc.; les dix, quinze, vingt, cinquante
victimes du sort étaient sur-le-champ décapitées en présence
de toute l'armée. Les autres coupables en étaient quittes pour le
blâme et la menace d'un sort pareil. « Le danger et la crainte
» planant sur tous, dit Polybe (3), les chances du sort étant in-
» certaines, il résulte de cette coutume la punition la plus pro-
» pre à effrayer les soldats et à les exciter à réparer leur
» faute. »

Le plus souvent on n'exécutait même pas tous ceux que le
sort avait désignés ; on se bornait à en condamner un ou deux
sur cent (4); car ce tirage au sort, dit Cicéron, n'avait été établi
que pour ménager le sang des citoyens, sans laisser les crimes
impunis (5).

Le premier emploi de la décimation est attribué par Tite-Live
à Applus Claudius. Crassus y recourut souvent, et ce devint, à

(1) Tite-Live : I-28.

(2) D'ailleurs, ces rigueurs ont dû beaucoup contribuer aux succès des Romains ;
de même que de nos jours, des rigueurs semblables employées dans la marine anglaise
ont assuré à l'Angleterre l'empire des mers. V. A. du Boys : *Histoire du Droit,
criminel*, I-431.

(3) Polybe : VI-38.

(4) Appien : *de Bell. Civ.*, III — Frontin : IV-38.

(5) Cicéron : *Pro Cluent.*, 46 -- Frontin : IV-1-46.

la fin de la République et sous l'Empire, une mesure souvent employée pour raffermir la discipline (1).

213. — La décimation a eu ses apologistes : « Par ce supplice, dit Lessac, la discipline des Romains, aussi sage que forte, ne privait point la patrie d'une troupe utile ; elle l'épurait en versant une partie de son sang. De ce sang répandu naissaient des victoires (2). » Quoi qu'il en soit, on ne peut s'empêcher de trouver bien barbare un châtiment qui souvent atteignait l'innocent en épargnant le coupable.

APPENDICE.

Récompenses militaires.

---

211. — Division de ces récompenses. — A. **215.** — Les *Commoda* : Solde. — **216.** *Donativum.* — **217.** Butin. — B. **218.** — Les *Præmia* : Double ration de vivres. — **219.** Citation à l'ordre du jour. — **220.** Récompenses réservées aux chefs d'armée : Dépouilles opimes. — **221.** L'ovation. — **222.** Le triomphe. — C. **223.** Les *Dona.* — **224.** Les couronnes. — **225.** Considération attachée à ces divers trophées.

214. — Comme compensation aux châtiments nombreux et terribles qui frappaient ceux qui avaient méconnu leurs devoirs de soldat, on avait établi, pour les bons et les braves, des récompenses aussi variées que bien appropriées à la diversité des services, et capables de faire affronter les plus grands périls.

---

(1) Plutarque : *Crassus,* 10 — Appien : *B. Civ.*, I-118 — III-43-53 — II-47 — *Illyr* : 26 — Plutarque : *Antoine,* 39.
Nos mœurs ne s'accommodent plus d'un tel moyen de répression. Schiller rapporte pourtant qu'en 1642, l'archiduc Léopold, s'étant laissé battre à Leipzig par Torstenson, décima à Rackonitz, en Bohême, un régiment de cavalerie qui avait pris la fuite.
(2) V. *Dict. de la Conversation,* t. 58, § 311.

On peut les diviser en trois catégories : *commoda, præmia, dona* (1).

A. 248. — Les commoda sont des avantages faits en masse à tous les soldats : ainsi la solde, le *donativum*, la part du butin. On a vu comment la solde doublée par Jules-César n'avait subi à partir de cette époque que des variations peu sensibles. Elle reçut cependant en réalité un accroissement notable sous l'Empire, si c'est seulement à partir d'Alexandre Sévère, comme on le croit généralement, qu'on cessa de prélever sur elle une certaine retenue afin de payer les fournitures et les vivres des soldats.

Parfois, à la suite d'un succès éclatant ou bien encore à l'occasion d'un triomphe, on accordait à toute l'armée double froment et double paye. Or, la ration de blé étant mensuelle, il faut entendre par là un *menstruum* double et une solde double également pendant cet espace de temps (2).

246. — Quant au *donativum*, il consistait dans des largesses que le général distribuait en bloc à ses troupes après une victoire ou à l'occasion de son triomphe. Ce *donativum* était très-important et dépassait généralement de beaucoup la solde d'une année. C'est ainsi que Jules-César, dans son quadruple triomphe des Gaules, d'Egypte, de Pharnace et de Juba, fit distribuer à chaque soldat, à ce titre, 5,000 deniers (4,100 fr.) ; à chaque centurion le double du soldat, c'est à-dire 8,200 fr. ; à chaque tribun de légion et à chaque préfet de cavalerie, le double du centurion, ou 16,400 fr.

Il est vrai qu'il exposa dans cette solennité aux yeux du peuple étonné, 60,000 talents d'argent et 2,800 couronnes d'or, le tout représentant environ 350 millions de francs (3).

Le *donativum* n'était pas remis en entier au légionnaire : on en déposait une partie entre les mains des signifères, sous-officiers choisis parmi les jeunes soldats les plus instruits et les plus honnêtes. La somme ainsi remise était déposée dans un

---

(1) Cette distinction est empruntée au *Traité des récompenses militaires de* Franciscus Robertollus.

(2) Tite-Live : 37-89 et passim.

(3) Appien : *B, C.*, II-102. Appien, comme les auteurs grecs, emploie le mot drachme comme équivalent du mot latin *denier*, le denier valant environ 82 centimes.

coffre qui contenait dix compartiments, affectés chacun à une cohorte spéciale. Enfin, dans une dernière case, étaient réunies les offrandes faites par chacun dans le but de former une *masse* destinée à subvenir aux dépenses d'enterrement des *contubernales* qui venaient à mourir sans ressources.

Ce dépôt forcé d'une partie du *donativum* avait cet excellent résultat d'assurer au soldat, pour l'époque de sa retraite, une petite épargne, et surtout de l'attacher à son drapeau qu'il défendait avec d'autant plus de courage que sa fortune était attachée à sa conservation. On arrivait ainsi à faire servir à l'intérêt de l'état l'avarice du soldat.

247. — Quant au butin, tout militaire en profitait dans une certaine mesure qui variait suivant la richesse des dépouilles et la générosité du général. Malheur à lui s'il réservait une trop large part pour le Trésor public ou s'il arrêtait trop tôt le pillage ! Il était certain d'être dénoncé aux comices comme traître et concussionnaire, ou bien, s'il parvenait à conserver son commandement, il risquait de voir ses soldats se laisser battre à dessein pour venger leur avarice méconnue (1).

Aussi voit-on les généraux exploiter ces sentiments : ce n'est plus en leur parlant de leurs devoirs, mais en faisant miroiter à leurs yeux avides, l'espoir d'un riche butin, que Metellus conduit ses soldats à la victoire, « *prædam benigne ostentat* (2). »

On a beaucoup discuté sur la question de savoir en quoi consistait le butin que le soldat pouvait s'approprier, et quand il pouvait s'emparer à la guerre d'une chose réputée telle. D'abord il en faut exclure évidemment les immeubles, qui, s'ils étaient enlevés à leurs anciens propriétaires, étaient attribués au Trésor public et généralement vendus à son profit, aux enchères, comme *ager publicus*. Le butin des soldats ne pouvait donc consister qu'en objets mobiliers. Mais quand pouvait-il les conserver ?

Les uns prétendent que le soldat était obligé de remettre au général tout ce qu'il avait pu prendre, et qu'il ne pouvait conserver légitimement que la part qui lui était attribuée par ses chefs.

(1) C'est ce qui arriva à Appius et à Fabius.
(2) Tite-Live : 38-24 — IV-34.

D'autres soutiennent qu'il ne pouvait garder que ce qu'il avait pris avant que l'ennemi n'eût commencé à s'enfuir, tout le reste tombant dans le butin général.

Enfin, d'après une dernière opinion, le soldat aurait pu s'attribuer tout ce dont il s'était emparé.

B. 248. — Les PRÆMIA étaient des avantages particuliers accordés aux militaires qui s'étaient spécialement distingués.

Il faut citer entre autres le *congiarium* ou allocation d'une double ration de vivres. A l'origine, la distribution s'en faisait à la fin de la campagne et elle profitait à la famille du légionnaire. Quand la solde fut créée, on établit le *pretium*, supplément individuel de solde. Dès lors il y eut des hommes à ration et à paye simples, *simplares;* à paye et demie, *sesquiplares;* à double paye, *duplares* ou *duplicarii* (1).

Tantôt les récompenses consistaient en un supplément de blé ou en une augmentation de paye seulement, tantôt dans le cumul des deux faveurs réunies (2).

249. — Il y avait encore la citation à l'ordre du jour, *laudatio*. Le général assemblait la légion, appelait devant lui ceux qui s'étaient spécialement distingués. Il commençait par les féliciter de leur valeur et rappelait ensuite les hauts faits qu'ils avaient précédemment accomplis (3).

Souvent aussi on récompensait, par une promotion à un grade plus élevé, une action d'éclat.

250. — Il y avait des récompenses réservées aux chefs d'armée : c'étaient les dépouilles opimes, l'ovation et le grand triomphe.

Le général romain qui tuait le chef d'une armée ennemie en combat singulier remportait les dépouilles opimes, *spolia opima*. On qualifiait ainsi les dépouilles du vaincu, qui étaient suspendues dans le temple de Jupiter Feretrius, avec une inscription portant le nom du vainqueur.

251. — L'ovation était aussi une récompense accordée au général victorieux : il faisait son entrée à Rome à pied ou à cheval, puis immolait une brebis (*ovem*) au Capitole, ce qui fit donner à cette solennité le nom d ovation.

---

(1) Varron : *Ling. lat.,* V. 90.
(2) Tite-Live : XXIII-20 — Jules César : *B. C.,* III-53.
(3) Polybe : VI-39.

252. — Mais la récompense, par excellence, ce fut le grand triomphe (*triumphus*), cérémonie grandiose et imposante, vraiment digne de la majesté romaine.

Elle était accordée au général, qui, dans une guerre légitime contre l'étranger, *justo et hostili bello*, avait tué dans une seule action 5,000 ennemis, et reculé par cette victoire les limites de l'Empire (1).

Le vainqueur, le front ceint d'une couronne de lauriers, vêtu d'une robe écarlate, assis sur un char traîné par quatre chevaux blancs et entouré de ses plus jeunes enfants, s'avançait, précédé du Sénat, escorté de ses officiers, suivi par ses légionnaires portant des branches de laurier, vers le Capitole, à travers des rues jonchées de fleurs, et en passant sous des arcs-de-triomphe élevés en son honneur.

Devant lui, on portait les dépouilles des ennemis, les tableaux des villes prises et des provinces conquises. Puis venaient les rois ou chefs ennemis chargés de chaînes d'or et d'argent. Derrière eux, marchaient les captifs et les taureaux qu'on devait immoler.

Le cortége traversait le *velabrum*, montait la *via sacra*, et le forum jusqu'au temple de Jupiter Capitolin, où se faisait le sacrifice. Pendant toute la cérémonie, les soldats faisaient entendre leurs chants de triomphe et célébraient par de joyeux propos les succès de leur chef.

Il n'y avait pas toujours d'ailleurs que des compliments dans ces hymnes grossiers; le jour du triomphe était pour la soldatesque ce qu'était pour les esclaves la fête des Saturnales; la discipline faisait place à la licence, et Suétone (2) nous rapporte quelques-uns des compliments qui furent adressés par ses soldats à Jules-César lors de son triomphe des Gaules.

Romains, veillez sur vos femmes ; nous ramenons le chauve adultère.
En Gaule, il gaspilla dans la débauche l'or qu'il avait emprunté ici.

« *Urbani servate uxores, mœchum calvum adducimus.*
» *Aurum in Gallia effutuisti : heic sumpsisti mutuum.* »

(1) Cicéron : *Déjotar*, 3 — Valère-Maxime : II-8.
(2) Suétone : *César*, 51 : voir encore au § 49, d'autres insultes plus graves et intraduisibles.

De pareilles libertés paraissent bien surprenantes, mais elles s'expliquent à raison des circonstances ; et d'ailleurs, d'après les mœurs de l'antiquité, la discipline obligeait le soldat à l'obéissance aux lois militaires, sans l'astreindre comme chez nous au respect de la personne du chef.

C. 253. — Les DONA étaient des armes ou des objets de luxe accordés aux soldats en souvenir d'une action d'éclat. De même, à la fin du siècle dernier, sous la première République, on distribuait des armes d'honneur à nos ancêtres.

A Rome, c'étaient des lances d'honneur (*hasta pura*), des phalères, des colliers, des drapeaux, des bracelets, des corniciles.

La lance d'honneur (1) était sans fer et servait à récompenser un premier exploit.

La phalère était une chaîne d'or qui passait derrière le cou et tombait sur la poitrine.

> « *Tum merita æquantur donis, ac præmi. . . . . .* »
> « *Sanguine parta capit. Phaleris hic pectora fulget* (2). »

Les colliers étaient d'or pour les Romains, d'argent pour les auxiliaires. Ils se portaient autour du cou,

> « *Hic torque aurato circumdat bellica colla* (3). »

Ceux qui en étaient décorés s'appelaient *torquati*. C'était un honneur dangereux pour ceux qui, l'ayant obtenu, s'en rendaient indignes dans la suite. De même qu'autrefois le chevalier qui avait forfait à ses devoirs, ils payaient de leur vie cet oubli de leur dignité (4).

Les drapeaux, *vexilla*, étaient une récompense propre aux officiers et aux chevaliers. Ils étaient de couleurs différentes : écarlates pour l'armée de terre, bleus pour la marine.

Les bracelets, *armillæ*, étaient d'argent, ils ne se donnaient

---

(1) Virgile : *Enéide*, VI-760.
(2) Silius Italicus : XV-253.
(3) Silius Italicus : XV-257.
(4) Tite-Live : II-59 et Gruter. : XCVI-1.

qu'aux légionnaires. Quant aux cornicules, *cornicula*, c'étaient de longues aigrettes que les cavaliers attachaient sur le côté de leurs casques.

Ces diverses récompenses étaient en général, comme de nos jours la médaille militaire, accompagnées d'avantages pécuniaires, parfois même de l'exemption de fonctions onéreuses; en pareil cas on appelait *bénéficiaires* ceux qui en jouissaient (1).

254. — Enfin on décernait encore des couronnes.

La *corona castrensis* ou *vallaris* était une couronne d'or, décernée à celui qui, le premier, avait franchi les retranchements du camp ennemi. La couronne *murale* était également d'or, et accordée à celui qui, le premier, avait escaladé les murailles d'une ville assiégée (2).

« *Ille nitet celsus muralis honore coronæ* (3). »

L'officier qui avait détruit une flotte, avait droit à la couronne navale, « *classica aut rostrata corona* (4). »

Lorsqu'un soldat avait sauvé un citoyen romain et que l'armée romaine était restée maîtresse du champ de bataille, il recevait la couronne civique, *corona civica*; bien que composée seulement d'une branche de chêne, elle n'en était pas moins la plus honorable. Elle portait ces mots : « *ob civem servatum.* » Celui qui l'obtenait était exempté des charges publiques et cette faveur était même accordée à son père ; enfin il prenait place au théâtre parmi les sénateurs qui se levaient à son arrivée en signe de respect (5).

255. — La considération qui s'attachait à ces glorieux trophées était telle qu'on vit le Sénat, pour remplacer ceux de ses membres morts à la guerre, après avoir épuisé la liste de ceux qui avaient occupé une magistrature curule, choisir, parmi ceux qui n'avaient exercé aucune fonction de cette nature, les citoyens

(1) Gruter : DLI-3.
(2) Tite-Live : XXVI-48 — Aulu-Gelle : V-6.
(3) Silius Italicus : XV-258.
(4) Aulu-Gelle . V-6 — Pline : *Hist. nat.*, XVI-3 et 4 — Velleius Paterculus : II-81.
(5) V. Cicéron : *Planc.*, 50 — Tacite : [*Ann.*, III-21 — XV-12 — Pline : XXI-4 — Valère-Maxime : II-8.

12

qui avaient des dépouilles ennemies dans leur maison ou qui avaient obtenu une couronne civique (1).

⁂

SECTION III.

Compétence des juridictions militaires en matière criminelle.

256. Quels étaient les juges compétents pour connaitre des délits, même de droit commun, commis dans un camp? — **257.** Les militaires seuls relèvent en principe de la juridiction des tribunaux militaires. — **258.** Est-ce la qualité du militaire ou la nature du délit qui détermine la compétence ? Controverse. — **259.** Le militaire ne pouvait être cité comme témoin que devant des tribunaux militaires.

256. — Nous avons vu quels étaient les délits militaires, et les peines spéciales destinées à les réprimer. Il nous faut rechercher maintenant quelle était la compétence des juridictions militaires, dont nous avons étudié précédemment l'organisation, en matière criminelle.

Quand un militaire avait commis un délit de droit commun, devant quelle juridiction devait-il en répondre ? Suivant quelle procédure l'affaire était-elle instruite ? Etait-ce la qualité de militaire ou la nature du délit qui fixait la compétence ?

Il est d'abord un certain nombre de cas qu'il faut examiner parce qu'ils ne soulèvent aucune difficulté : ainsi, tout le monde est d'accord pour reconnaitre que le délit, même de droit commun, commis au camp, relevait de la juridiction militaire seule, sans qu'il y eût lieu de distinguer s'il émanait d'un militaire ou d'un civil : c'était une conséquence de ce principe que tout crime devait être jugé au lieu où il avait été commis ; et d'ailleurs la discipline elle-même exigeait que les infractions aux lois militaires fussent jugées sur-le-champ par les tribunaux militaires.

257. — Un autre point qui est également hors de doute, c'est

qu'en principe, les soldats seuls étant soumis à la juridiction
des tribunaux militaires, il fallait avoir cette qualité pour en
être justiciable. Ainsi, les recrues qui, n'étant pas encore
« *relatæ in numeros* », commettaient un délit, étaient jugées par
les tribunaux ordinaires. Il en était encore de même des *adcrescentes*, soldats surnuméraires, que nous avons vus, sous l'Empire, s'exercer dans les camps en attendant des vacances (1) :
« *Qui ultra statutos militant, civilium judicum sententiis subja-
cent* (2). »

Enfin, quand un citoyen avait commis un délit avant d'entrer
au service, quoiqu'il devint postérieurement militaire, il n'en
restait pas moins justiciable des tribunaux criminels ordinaires
devant lesquels il aurait eu à en répondre comme civil (3).

288. — Mais on est loin de s'entendre sur la question de
savoir si c'était la qualité du militaire ou la nature du délit qui
déterminait la compétence (4), et on peut invoquer, à l'appui de
l'affirmative ou de la négative, des textes tellement précis qu'au
premier abord la solution à donner peut paraître embarrassante.
Nous nous rangeons cependant à la première opinion et nous
pensons que c'était la qualité du militaire qui était attributive
de la compétence du tribunal.

Pour soutenir que c'était la nature du délit qui la déterminait,
on a argumenté d'abord des termes de la loi 2, pr., au Digeste
de re militari : « *Militum delicta aut propria sunt, aut cum
cœteris communia ; unde et persecutio, aut propria aut communis est,* » et l'on a fait ressortir le rapport qui existe entre le
caractère du fait délictueux et celui de la *persecutio*, expression
qui comprenait, dit-on, à la fin de l'Empire, tout à la fois, l'action, la procédure et la compétence.

Nous répondons, que sans doute quand un crime de droit
commun avait été commis par un militaire, la *persecutio* était
communis : mais que ce mot *persecutio* n'a pas un sens aussi
étendu que celui qu'on veut bien lui donner ; il signifie simplement la procédure, l'ensemble des formes d'instruction à suivre

(1) V. *supra*, n° 78, page 57.
(2) C. 3, C. *de offic. mag. milit.*, 1-29.
(3) L. 7 et 30, D. *de Judiciis*, V-1.
(4) Voët : *Comment.*, ad. *Pand.* 1-272.

et la peine à appliquer. En un mot, quand un militaire avait commis un crime de droit commun, c'était, il est vrai, un tribunal militaire qui le jugeait, mais suivant les règles de la procédure criminelle ordinaire, et en appliquant les peines de droit commun.

On s'appuie encore, dans l'opinion contraire, sur certains textes, notamment sur la loi 3, pr., au Digeste *de re militari*, qui défère au jugement du Président de la province le déserteur qui s'est rendu coupable d'un délit de droit commun autre que la désertion. Ce même texte décide que le militaire qui commettait un crime de droit commun devait être puni sur le lieu même du délit, prescription qui, dit-on, ne pouvait être exécutée que si le coupable comparaissait devant le tribunal criminel de droit commun.

Enfin, on remarque que la juridiction militaire étant exceptionnelle, dès qu'un doute pouvait s'élever, dès que la connaissance d'une nature d'affaires ne lui avait pas été spécialement déférée, elle n'était plus compétente pour en connaître.

Ces raisons ne nous semblent pas plus décisives que les précédentes ; la loi 3, en déférant au jugement du Président de la province le déserteur qui a commis un crime prévu par la loi pénale ordinaire, ne fait qu'apporter une dérogation aux principes généreux, dérogation qui confirme la règle. De plus, nous ne trouvons rien dans la fin de ce texte qui indique que ce soit devant le tribunal criminel ordinaire que doive comparaître le militaire coupable d'un délit de droit commun. Modestin dit simplement en effet que le militaire coupable devra être jugé sur le lieu même du crime, c'est-à-dire par le juge militaire de la circonscription où le délit avait été commis, et non par celui du corps auquel appartenait le soldat (1).

Nous pouvons d'ailleurs invoquer à l'appui de notre système des textes formels et nombreux du Digeste et du Code :

C'est d'abord la Constitution première, au Code, *de officio magistri militum*, I-29, qui décide, que, de même que les Comtes et les Maîtres de la milice n'ont aucune juridiction sur les habitants des provinces, de même, les militaires ne relèvent en au-

(1) V. Voët : *Comment. ad Pandect.*, t. I, p. 272.

cune manière de celle des Préfets. Il y a donc, on le voit, une distinction incontestable entre les deux situations de *paganus* et de *miles*, distinction dont l'opinion que nous combattons ne tient aucun compte.

C'est la loi 9, au Digeste, *de custodiâ et exhibitione reorum* qui porte que les soldats qui commettent un délit quelconque, doivent être remis, pour être jugés, à celui sous les ordres duquel ils combattent.

Enfin nous avons encore à citer deux Constitutions, qui nous paraissent pleinement décisives : La première, qui forme la Constitution 6, au Code *de jurisdictione*, III-13, est ainsi conçue : « *Constat militarem reum, nisi a suo judice, nec exhiberi posse, nec, si in culpa fuerit, coerceri.* » Quant à la seconde (1), elle prescrit au Président de la province de faire arrêter les militaires qui se rendraient coupables de crimes de droit commun, et de les renvoyer devant les magistrats militaires, « *vel propter causæ meritum, vel etiam personæ qualitatem.* »

259. — Outre le droit qu'avait le militaire en activité de n'être justiciable que d'un tribunal militaire, il avait de plus celui de ne se déranger de son service pour comparaître comme témoin en justice, que quand il était cité par des juges militaires.

(1) C. 1, C. de *exhibendis et transmittendis reis*, IX-3.

CHAPITRE IV.

DES VÉTÉRANS ET DES COLONIES MILITAIRES.

SECTION I.

Du congé.

---

260. — Servius Tullius, d'après Tubéron (1), avait, comme on l'a vu, fixé à dix-sept ans l'âge auquel les jeunes gens devaient entrer sous les drapeaux pour demeurer au service jusqu'à quarante-six ans. Ce n'est pas que chaque citoyen romain ait été obligé d'y demeurer vingt-huit ans de sa vie, mais pendant cette période on pouvait lui imposer un service qui varia entre seize et vingt ans dans l'infanterie et qui était fixé à dix ans dans la cavalerie (2).

---

(1) Aulu Gelle : X-28.
(2) Tite-Live : XLIII-14 — Polybe : VI-4 — Plutarque : Caïus Gracchus, 5.

A l'expiration de ce délai, le soldat avait droit à son congé et pouvait obtenir le titre de vétéran.

261. — Il y avait diverses sortes de congés : le congé honorable, *missio honesta ;* le congé motivé, *missio causaria ;* le congé ignominieux, *missio ignominiosa ;* enfin on accorda même à certaines époques des congés de faveur, *missiones gratiosæ* (1).

262. — Le congé honorable s'accordait sur la demande du soldat, après l'accomplissement du temps de service réglementaire, « *post solemnia stipendia,* » c'est-à-dire au bout de seize ans à l'origine. Auguste établit, en prolongeant le temps de service (2), deux degrés de congé légitime. Dès lors, après avoir rempli leurs seize années de service, les militaires durent rester quatre ans encore à l'armée dans les cadres des vétérans, « *sub vexillum veteranorum,* » avec exemption de gardes, de corvées et des autres charges militaires, « *cæterorum immunes, nisi propulsandi hostis* (3). » Il y eut dès lors un demi-congé accordé après seize ans de service et appelé *exauctoratio* (4) et un congé définitif qu'on n'obtenait que quatre ans après, la *plena missio.*

En même temps qu'Auguste opérait ces diverses modifications dans le temps de service, exigé des légionnaires pour mériter l'*exauctoratio* ou la *plena missio,* il en réduisait, par une faveur spéciale, la durée à douze et à vingt ans (5).

En 758, il augmenta de quatre ans la durée du service pour tous les militaires (6) et cet état de choses fut maintenu sous Tibère et ses successeurs (7). Les Empereurs arrivèrent même

---

(1) Cpr., l. 13, § 3, D. 49-16, *de re milit.* et l. 2, § 2, D. *de his qui not. infam.,* 3-2.

(2) Suétone : *Auguste,* 49.

(3) Tacite : *Annales,* I-56 et C. 2, C. *de re militari,* 12-36.

(4) On n'est pas d'accord sur les avantages qui appartenaient aux *exauctorati* (Suétone : *Auguste,* 24). — Ce que l'on peut affirmer, c'est qu'ils étaient libérés du serment militaire. Tite-Live : VIII-34 — XLI-5. — Il ne faut pas confondre cette *exauctoratio,* qui constituait le demi-congé, avec la peine de l'*exauctoratio,* ou congé ignominieux tacite dont nous avons parlé, qui en différait essentiellement et dont il est question dans la loi 2, § 2, D. *de his qui not. inf.,* 3-2. V. Tacite : *Hist.* I-20.

(5) Dion-Cassius : LIV-25.

(6) Dion-Cassius : LV-23.

(7) Tacite : *Ann.,* I-17-26 — Dion-Cassius : 57-4. Ces divers changements expliquent l'erreur dans laquelle sont tombés deux auteurs, Servius et Isidore, en

à faire de la concession du congé une affaire purement arbitraire, où la faveur jouait le principal rôle (1).

Ce fut là une des principales causes des révoltes fréquentes qui se produisirent si souvent dans les légions sous l'Empire, et nous voyons, au début du règne de Tibère, les légions révoltées s'en plaindre amèrement : « *quod tricena aut quadragena sti-* » *pendia, senes, et plerique truncato ex vulneribus corpore,* » *tolerent* (2). »

Il y avait encore sous la République une autre classe de soldats, les *emeriti milites.* C'étaient, pour ainsi dire, des vétérans parmi les vétérans : on n'obtenait ce titre qu'après 27 à 30 ans de service.

Parfois aussi le congé honorable était accordé pour des causes autres que l'accomplissement du temps réglementaire de service. Ainsi l'obtenaient les militaires qui avaient été nommés à certaines magistratures, ceux élevés au sacerdoce ou ceux encore dont, par faveur ou pour une action d'éclat, le Sénat ou le Consul ordonnait la libération définitive.

263. — Le congé résultait pour le soldat de la délivrance de lettres de vétérance, *litterœ testimoniales,* qui contenaient ses états de service. On peut se faire une idée de ce qu'elles renfermaient, d'après le passage suivant, où Tite-Live fait raconter par un centurion primipile lui-même, ses campagnes et ses services (3), et qui permet de se rendre un compte assez exact de la condition d'un soldat sous la République.

« Sp. Ligustinus, de la tribu Crustumine : je suis Sabin de naissance, *quirites,* mon père m'a laissé un arpent de terre et la petite chaumière où je suis né, où j'ai été élevé et que j'habite encore aujourd'hui. Quand j'ai été en âge, mon père m'a donné pour femme la fille de son frère ; elle ne m'a rien apporté que sa liberté (4), sa pudeur et une fécondité assez grande pour suf-

soutenant que la durée réglementaire du service était de vingt-cinq ans. V. Servius : ad. *Virg. (Eneid.,* 8 1 — Isidore : *Orig.,* 9-3.

(1) L. 2, § 2, D. *de his qui not. inf.,* 3-2.
(2) Tacite : *Annales,* I-17.
(3) Tite-Live : XLII-34. On voit, par ce texte, suivant quelles règles s'opérait l'avancement dans l'armée romaine. V. d'ailleurs sur ce point Lamarre : *de la milice romaine,* ch. V.
(4) C'est-à-dire qu'elle était de condition libre et non esclave.

fire à une maison opulente. J'ai six fils et deux filles, mariées toutes deux; quatre de mes fils ont la toge virile, deux la prétexte. J'ai servi d'abord sous les consuls P. Sulpicius et C. Aurelius; j'ai été ensuite simple soldat deux ans, dans l'armée qui a combattu en Macédoine contre Philippe. La troisième année, pour mon courage, T.-Q. Flaminius me fit centurion de la dixième compagnie des hastats. Après la défaite de Philippes, transporté en Italie et libéré, je suis parti aussitôt comme volontaire sous les ordres de M. Porcius en Espagne; cet habile appréciateur du mérite militaire m'a nommé premier hastat de la première centurie. Parti pour la troisième fois comme volontaire, dans l'armée d'Etolie, contre Antiochus, j'ai été nommé premier *princeps* de la première centurie. Après la déroute de ce prince et la soumission de l'Etolie, nous avons été ramenés en Italie. Là encore j'ai fait 2 ans de service, puis une campagne de 2 ans en Espagne.

» J'ai été un de ceux que Flaccus a emmenés pour triompher avec lui à cause de leur bravoure. A la prière de Tib. Gracchus, je suis allé dans sa province; quatre fois en peu d'années j'ai conduit le premier manipule des triaires; trente-quatre fois j'ai été récompensé de mon courage par mes généraux, j'ai reçu six couronnes civiques, j'ai servi vingt-deux ans et j'ai plus de cinquante ans. »

Pour les officiers, ils étaient censés avoir reçu leur congé quand, sur leur demande, ils avaient été remplacés et quand ils avaient remis leur service au successeur qu'on leur avait envoyé.

264. — Une fraude qui devait être bien fréquente, si l'on en juge par la multiplicité des Constitutions impériales rendues pour la défendre, c'est celle qui consistait à obtenir des lettres de vétérance, en gagnant à poids d'or les officiers chargés de les délivrer. On comprendra combien cette fraude était productive, quand nous aurons examiné les avantages importants attachés à la qualité de vétéran (1).

265. — Pour obtenir un congé honorable, il fallait un temps de service déterminé; mais si le soldat avait été absent de l'ar-

---

(1) L. I., C. Th., *de testimonial.* et l. 12, C., *de veterania,* 12-17.

mée pendant un certain temps, cette période d'absence comptait-elle pour les dix ou les vingt ans ?

Il fallait distinguer : s'il avait déserté à l'ennemi, alors même que l'Empereur lui aurait fait grâce, on avait décidé qu'il ne pourrait bénéficier de son temps de séjour chez l'ennemi, et n'avait par conséquent droit, ni à réclamer sa solde pendant son absence, ni à compter le temps de sa captivité pour former les vingt ans et obtenir le congé honorable avec tous ses avantages (1).

S'il avait été fait prisonnier de guerre, à son retour, il ne pouvait prétendre à la solde à laquelle il aurait eu droit sans sa captivité, mais il pouvait être admis à faire entrer en compte, comme passé au service, le temps de sa captivité.

Pour obtenir cette faveur il suffisait, s'il jouissait, comme soldat, d'une bonne réputation, qu'il affirmât être tombé entre les mains de l'ennemi comme prisonnier, non comme transfuge, et on le croyait sur parole. Que si au contraire on avait affaire à un mauvais soldat, on ne devait plus alors ajouter foi à son affirmation ; il fallait consulter son passé et faire sur son caractère, sur ses habitudes, une sorte d'enquête (2) ; et c'était seulement dans le cas où cette enquête lui était favorable qu'il bénéficiait de son temps de captivité.

266. — La deuxième sorte de congé était le *congé motivé*, *missio causaria* ; il avait lieu quand le soldat était atteint de blessures, de maladies ou d'infirmités incurables, comme aujourd'hui le congé de réforme, « *cum quis vitio animi vel corporis minus idoneus militiæ renunciaretur* (3) ; » ce congé, qui était aussi honorable que le premier (4), donnait, à peu de chose près, droit aux mêmes avantages (5).

Bien qu'il fût accordé après quelques années seulement de service, on verra pourtant qu'il y avait lieu de remarquer, au point de vue des excuses de tutelle, après quel laps de temps il avait été obtenu (6).

(1) C. 1 et 5, C. 12-36, de re militari.
(2) Cpr., l. 3, § 12 — l. 5, pr., § 6 et § 7, D. de re militari, 49-16.
(3) L. 13, § 3, D. de re militari, 49-16.
(4) C. 8, C. 12-36, de re militari.
(5) L. 13, § 2, D. de re milit., 49-16.
(6) L. 8, § 3, D. 27-1, de excusationibus.

267. — Pour éviter les fraudes qui auraient pu se glisser dans la concession de ces sortes de congé, on en avait subordonné l'obtention aux formalités suivantes : Des médecins devaient vérifier si le militaire était réellement rendu impropre au service par sa maladie. Était-elle reconnue incurable, y avait-il réellement lieu d'accorder le congé motivé? on se rendait devant le juge compétent qui, après une enquête, accordait le congé s'il le jugeait convenable (1).

Une fois ce congé obtenu, alors même que les causes qui rendaient le soldat impropre au service seraient venues à disparaître, il lui était interdit (2) de rentrer à l'armée.

268. — Quant au congé infamant, la *missio ignominiosa*, nous en avons déjà étudié les conséquences juridiques à propos des peines militaires ; nous n'avons pas à y revenir.

269. — Il y avait une autre forme de congé qui était de pure faveur et qui ne faisait, comme dit Ulpien, que de faux vétérans : c'était la *gratiosa missio*. Les généraux l'accordaient à ceux de leurs protégés qu'ils voulaient libérer des charges du service militaire. Ce congé n'était pas définitif et ne procurait pas à ceux qui en jouissaient les avantages de la vétérance. Si donc le besoin de soldats se faisait impérieusement sentir, si un censeur rigide s'apercevait de la fraude, le congé était révoqué et le soldat reprenait son service.

Parfois enfin, le congé résultait, pour les soldats qui étaient entrés au service afin d'échapper à certaines charges, de la découverte de leur fraude (3). Nous l'avons vu déjà notamment à propos des curiaux.

270. — Il en était de même pour ceux qui, exclus de l'armée, s'y glissaient clandestinement, comme les juifs, les hérétiques et les clercs ; quant à ces derniers, la fraude contraire semble cependant avoir été plus fréquente, car les textes, qui prévoient le cas où un prêtre aurait dissimulé son caractère sacré pour se faire soldat, sont moins nombreux que ceux qui ont pour effet d'empêcher que des militaires se fassent prêtres afin d'échapper au service. En pareil cas, les Empereurs déployaient

(1) C. 6, C. 12-36, *de re milit.*
(2) C. 6, C. 12-36, *hoc. tit.*
(3) L. 2, § 2, D. III-2, *de his qui not. infam.*

la dernière rigueur : les réfractaires étaient arrachés à leurs couvents, enlevés à leurs églises, et replacés dans le rang.

De même encore, quand un *payanus*, pour se rendre plus redoutable à son adversaire et l'enlever à ses juges naturels, s'était attribué indûment la qualité de militaire et qu'il ne consentait ni à faire défaut, ni à transiger, il était exclu de l'armée (1).

Cette dernière espèce de congé, dont nous venons de rechercher les diverses applications, n'avait rien de déshonorant, « *existimationem non lædit* (2). »

Parfois le congé était accordé en masse à un corps tout entier qu'on licenciait, et il n'en résultait pour le soldat aucune honte.

271. — Quant au congé temporaire, *commeatus*, il s'accordait pour un temps plus ou moins long, suivant les circonstances et la volonté du chef ; celui qui s'éloignait d'un corps sans être muni d'une permission en règle, était considéré comme déserteur et puni comme tel, sauf l'admission de certaines circonstances atténuantes que nous avons précédemment indiquées (3).

Pendant la durée de son congé temporaire, le militaire ne pouvait se prévaloir de sa qualité pour jouir des immunités et des faveurs accordées à ceux qui étaient absents pour le service de l'Etat (4).

A la fin de l'Empire, ces congés temporaires donnaient lieu à toutes sortes de fraudes. Les chefs de corps, soit par corruption, soit par faiblesse, en accordaient avec une facilité déplorable et pour un laps de temps souvent fort long ; ce qui était plus triste et plus dangereux, c'est que c'était toujours quand une guerre était imminente qu'on en voyait le nombre s'augmenter, et ils prenaient alors des proportions incroyables.

D'un autre côté, les liens de la discipline étaient tellement

---

(1) L. 4, § 8, D. *de re militari*, 49-16.
(2) L. 2, § 2, *in fine*, D. *de his qui not. infam.*, 111-2.
(3) L. 11, pr., D. *de re militari*, 49-16 — C. 2, C. *de commeatu*, 12-15 — L. 3, § 7, D. *de re militari*.
(4) L. 1, D. *de re militari*, 49-16 — L. 51, *in pr.*, D. *ex quibus causis majores restituant*, et l. 2, § 6, D. *ad municipalem*, 50-1.

relâchés que les soldats, une fois dans leurs foyers, y demeuraient indéfiniment et prolongeaient à leur gré un congé qui
souvent avait déjà été beaucoup trop largement octroyé. De
nombreuses Constitutions impériales s'efforcèrent de remédier
à ces abus : Constantin recommande aux préfets et aux tribuns
de ne donner des congés qu'avec une extrême réserve en temps
de paix, et leur défend absolument, sous peine de mort, d'en
accorder en temps de guerre (1). Valentinien et Théodose décident que les militaires, qui, ayant obtenu un congé temporaire,
l'auront prolongé indûment, verront reculer l'époque de leur
retraite, d'un temps proportionnel à celui de leur absence (2).

SECTION II.

Des vétérans et des avantages qui leur furent accordés.
Colonies militaires.

(1) C. 1, C. *de commeatu*, 12-45.
(2) C. 2 et 3, C. *de commeatu*, 12-45.

272. — A toute époque, pour qu'une armée soit réellement forte et en état de supporter les fatigues de la guerre, il faut qu'elle renferme un noyau de vieilles troupes. Si en effet, comme le remarque avec beaucoup de justesse, Cicéron, les conscrits ont pour eux la vigueur et la force de l'âge, l'habitude seule, apprend à supporter la fatigue et à mépriser les blessures. « Quand on relève les blessés, le conscrit, ne fût-il que légèrement atteint, pousse de honteux gémissements, le vétéran seul sait aussi bien résister à la douleur qu'aux dangers (1). »

273. — Aussi la plus grande préoccupation des généraux, lorsqu'ils levaient des troupes, était-elle d'y incorporer le plus grand nombre possible de vétérans ; ils comprenaient que là serait le nerf de leur armée, son plus solide élément de résistance, et ils cherchaient par tous les moyens à en recruter le plus qu'ils pouvaient. Aussi les soldats ne terminaient-ils une campagne que pour en commencer une autre. On en trouve à chaque pas des exemples dans les auteurs : ainsi Scipion emmène en Espagne les anciens soldats de Marcellus, qui s'étaient endurcis dans la campagne de Sicile ; à peine revenus d'Afrique, Sulpicius les enrôle à son tour, en dépit des protestations du tribun Bœbius qui réclame contre cette suite non interrompue de guerres sans fin (2). De même Quintus Flaminius emmène contre les Grecs les vétérans des guerres d'Afrique et d'Espagne, gens d'un courage éprouvé (3), « *spectatæ virtutis milites,* » sur lesquels il peut compter et dans les guerres de Macédoine on voit de nouveau requérir les vétérans jusqu'à 50 ans et au-delà (4).

274. — Épuisés par ces levées incessantes, les Latins réclamèrent énergiquement, mais en vain. « Si les vieux soldats, disaient-ils avec raison, ne reviennent pas dans leurs foyers et

(1) Cicéron : *Tusculanes*, II-38.
(2) Tite-Live : 31-6.
(3) Tite-Live : 32-3.
(4) Tite-Live : 42—31,33.

qu'on en lève tous les jours de nouveaux, il n'y aura bientôt plus personne (1) ; « c'est ce qui se produisit ou à peu près. A force de transformer le sol de leurs ennemis en solitude (2), les Romains s'épuisèrent eux-mêmes, et leur race de petits propriétaires finit par disparaître.

A la fin de la République, pendant les guerres civiles, les anciens soldats furent encore plus recherchés. Les divers généraux en composent des corps d'élite auxquels ils confient plus spécialement la garde de leur personne (3). Nous avons vu comment Auguste organisa des corps spéciaux de vétérans, à la fidélité et à l'expérience desquels il pût remettre le soin de veiller à sa sécurité personnelle et à celle de l'Empire.

275. — Ce ne fut pas une création nouvelle, mais l'application généralisée de précédents qui avaient existé sous la République.

De bonne heure, en effet, il y avait eu des corps spéciaux de vétérans, il y en avait même de deux sortes : les *evocati*, soldats qui, ayant obtenu leur congé honorable, consentaient à s'enrôler encore, comme volontaires, sous les ordres d'un général, qui savait les séduire par ses promesses (4) ; ou qui étaient rappelés sous les drapeaux en vertu d'un appel nommé *evocatio*. Marius en avait formé un corps spécial (5) ; et Cicéron en emmena une troupe avec lui quand il alla comme proconsul en Cilicie (6) ; c'était en général dans leurs rangs que se recrutaient les centurions (7), ou bien encore on les répartissait par petits pelotons dans les diverses légions pour leur confier la garde de l'aigle (8).

Lorsqu'ils rentraient de cette façon sous les drapeaux, on les dotait de priviléges et de prérogatives honorables, ainsi ils

---

(1) Tite-Live : 27-9.
(2) Tite-Live : I-19 — VI-12, « *Vix seminario exiguo militum relicto, servitia romana ob servitudin in vindicant.*
(3) Cæsar : *Bel. Alex.*, 53.
(4) Cæsar : *Bell. Gal.*, 3-20 — 7, 59.
(5) Salluste : *Jugurt.*, 84.
(6) Cicéron : *Epis. fam.*, 15, 4, 3.
(7) Cæsar : *Bell. Civ.*, I-3 — I-17 — III-53-III — 91 — Velleius Paterculus : II-70 — Valère-Maxime : 9-9.
(8) Cæsar : *Bel. Civ.*, 3-9.

n'étaient inscrits ni dans les légions, ni dans les cohortes, à moins qu'ils n'en fussent les chefs. Ils n'étaient soumis à aucun officier, soit tribun, soit centurion, et ne relevaient que du général lui-même.

Ils disparurent sous l'Empire avec la création des armées permanentes. Il y eut bien encore dans la garde impériale un corps d'*evocati*, mais ce n'était plus comme autrefois d'anciens soldats libérés du service et engagés volontairement, mais des soldats d'élite, recrutés dans les divers corps de l'armée, et chargés des mêmes fonctions que les prétoriens (1) ; c'étaient, pour ainsi dire, les vétérans de la garde impériale.

276. — A côté des *evocati* nous rencontrons ensuite les vétérans, appelés aussi plus tard *vexillarii*. C'étaient d'anciens soldats que l'on tirait soit d'une colonie militaire, soit d'une légion, pour en renforcer une autre, et qui combattaient dès lors avec cette nouvelle légion (2).

En échange des services exceptionnels qu'on demandait aux vétérans, on avait songé de bonne heure à leur accorder certains avantages qui, en leur assurant des moyens d'existence après les années de service, devaient leur faire trouver moins long le temps qu'ils passaient sous les drapeaux.

277. — Dans le principe on leur faisait des distributions d'argent ; c'est ainsi, par exemple, qu'en vertu d'un plébiscite rendu sur la proposition de Tiberius Gracchus, tous les trésors d'Attale furent apportés à Rome et distribués aux vétérans, pour leur permettre d'acheter des terres ou de cultiver et d'améliorer celles qu'ils possédaient. Mais c'étaient là des avantages trop précaires et dont l'insuffisance se fit bientôt sentir.

278. — Aussi prit-on l'habitude de distribuer une partie du territoire conquis sur l'ennemi à ceux qui s'étaient le plus spécialement distingués pendant la campagne.

A l'origine, pareille faveur n'était accordée qu'aux vieux soldats ayant de 25 à 30 ans de service (3), les *emeriti milites;* puis cet usage se généralisant, ce furent de véritables colonies qu'on

(1) Dion-Cassius : 55-24.

2) Plutarque : *Antoine*, 16 — *Brutus* : 22 — Appien : *B. C.*, V-51 — III-66.

(3) Frontin : *Strat.*, IV-3-12.

conduisit dans les pays conquis et entre lesquelles on répartit
les terres propres à la culture.

A la différence des colonies ordinaires, ces colonies militaires
n'étaient pas créées en vertu d'un sénatus-consulte, mais par la
simple décision du général, qui les organisait lui-même sans
l'intervention d'aucun commissaire (1).

A la suite de la guerre, pour le droit de cité, les chefs militaires décrétèrent d'importantes confiscations qui servirent à
fonder des colonies de ce genre (2). Marius, Sylla, continuèrent
ces traditions : celui-ci confisqua, en 672, les territoires de tous
les municipes qui s'étaient montrés hostiles à sa cause, et les
répartit, pour la plupart, entre ses légionnaires (3). Ce n'était
plus, on le voit, comme autrefois aux dépens des peuples ennemis vaincus, qu'on dotait les militaires, c'était avec des terres
romaines ; et ce triste exemple ne devait être que trop suivi.
César, Antoine, Octave, confirmèrent ce qu'avait fait Sylla et
fondèrent de nouvelles colonies, qui furent appelées *Augustœ* ou
Juliœ (4).

Octave, devenu empereur, établit même en Italie, sur le territoire de dix-huit cités des plus florissantes, un grand nombre
de vétérans, de barbares, comme les appelle Virgile, dont le
père était un des spoliés.

> *Impius hœc tam culta novalia miles habebit !*
> *Barbarus has segetes...*

Touché des plaintes de tant de malheureux, et pour éviter des
troubles, le nouvel empereur essaya, il est vrai, quelques années
plus tard, de couvrir d'une apparence d'équité ces odieuses
confiscations, en affectant d'indemniser les propriétaires dé-
possédés, soit en argent, soit en revenus d'autre nature (5),
soit en leur donnant des terres abandonnées dans d'autres lieux.

---

(1) Valter : *Geschichte des Römischen Rechts,* liv. 1, ch. 30.
(2) Velleius Paterculus : I-14.
(3) Appien : *de Bell. Civ.,* I-96-100-104 — II-94-119-133-140-141 —
Florus : III-21.
(4) Suétone : *Aug.,* 46.
(5) Appien : *de Bel. Civ.,* IV-3 — V-3-12 à 16-19 à 27 — Dion-Cassius :
XLIX-14 — LI-4.

Sous l'Empire, l'institution des colonies militaires se maintint : seulement on prit l'habitude d'y retremper l'esprit militaire en y envoyant des garnisons tirées des villes voisines (1). Ce fut Gallien qui fonda à Vérone la dernière de ces colonies.

279. — Les développements donnés à cette institution s'expliquent aisément, si on considère que Rome avait trouvé dans ce mode de récompense, pour ses anciens soldats, le moyen le plus sûr de conserver ses conquêtes.

Grâce en effet à la haine persistante qui existe toujours entre vainqueurs et vaincus, elle était assurée que rien ne pouvait mieux retenir sous le joug les provinces conquises, que ces établissements, qui n'étaient en réalité que des garnisons permanentes, envoyées au milieu du pays ennemi pour le surveiller et le maintenir dans l'obéissance. Non-seulement le patriotisme, mais l'intérêt personnel devaient faire de tous ces colons des surveillants jaloux des populations vaincues, puisqu'ils auraient été les premières victimes d'un soulèvement, s'il s'en était produit.

280. — Dès qu'un territoire ou une ville, étaient désignés comme le siége d'une colonie militaire, on les entourait d'un rempart s'il n'en existait pas encore, et les vétérans de la légion désignée pour les occuper s'y rendaient, en ordre de bataille, avec leurs chefs et leurs étendards, afin d'éviter toute résistance de la part des propriétaires spoliés (2).

281. — Quant au partage et à l'assignation des terres, on usait des mêmes procédés que pour les colonies ordinaires et on suivait un ensemble de régles ayant un caractère solennel et religieux et empruntées au rite des Etrusques (2).

Ainsi, l'agrimensor, après avoir déterminé les quatre points cardinaux, traçait, à l'aide de jalons, deux grandes lignes allant du Nord au Sud et de l'Est à l'Ouest, et se coupant à angle droit ; l'une de ces lignes s'appelait *Decumanus Maximus*, et

---

(1) Quand les charges imposées aux curiaux les poussèrent, pour y échapper, à l'abandon même de leurs terres, ces terres devinrent l'objet de nouvelles distributions, et ce fut là une des causes qui contribua à arrêter pendant quelque temps encore la décadence de l'esprit militaire et la chute de l'empire.

(2) Appien : *B. C.*, 2, 119 — 4-2, 85 — 5-5, 12 — 2-120, 111 — 3-81.

(3) Hygin : *de limit. Constit.*, § 150 — Fragm : *de limit.*, § 215 et 238 et Siculus Flaccus : *de conditione agrorum*, passim.

l'autre *Cardo Maximus*. Ce jalonnement terminé, on menait des lignes parallèles, régulièrement distantes, appelées *decumani* et *cardines minores*. On obtenait de cette manière un nombre de carrés égal à celui des assignations à faire aux différents soldats, et dont on indiquait les limites à l'aide de bornes portant le numéro du *cardo*, que l'*agrimensor* posait et taillait lui-même, suivant certains types déterminés.

On tenait compte dans ces assignations du grade, de la qualité de vétéran, et de la valeur des terres, *pro æstimio ubertatis assignabant*; et entre soldats le partage se faisait par la voie du tirage au sort.

282. — Pour faciliter l'exploitation, les différentes parcelles étaient séparées par des chemins ou des sentiers qui étaient soit publics, soit privés, suivant leur importance. Les deux voies principales suivaient la ligne tracée par le *decumanus* et le *cardo maximus* (1) ; les autres s'appelaient *actuarii* (2), *linearii*, *subrunciri*, etc.

Le territoire ainsi partagé, on en dressait un plan, qui était conservé dans la colonie sur une table d'airain et déposé aux archives de l'Empire.

283. – On attribuait encore à la colonie, en dehors de ces terres, des forêts et des pâturages dont les colons avaient l'usage. Quant aux parcelles qui leur étaient assignées, ils en avaient non-seulement la jouissance, mais la propriété perpétuelle, propriété quiritaire ou non, suivant que la colonie était située en Italie ou en province. A une certaine époque, sous César, cette propriété avait reçu une limitation ; le vétéran ne pouvait aliéner sa part qu'après vingt ans, depuis l'assignation qui lui en avait été faite. Mais cette prohibition fut bientôt abolie, et les aliénations, les partages, les échanges, amenèrent de grandes modifications dans les limites primitives (3).

284. — D'ailleurs, quand une colonie était établie, il fallait pour la perpétuer, y envoyer de temps en temps de nouveaux

(1) Elles avaient 20 pieds de largeur.
(2) Il y avait un *actuarius* ou *quintarius* entre chaque cinq parcelles : ils avaient 12 pieds de largeur et comptaient aussi parmi les chemins publics. V. Hygin : *de limit. const.*, § 169.
(3) Hygin : *de genere controvers.*, § 151-152.

colons et y faire de nouvelles assignations (1), sans quoi elle se
fût bien vite éteinte. Pour ces vétérans en effet, la véritable famille, c'étaient leur légion, leurs *contubernales*; aussi les
voyait-on rarement se marier et élever des enfants, si bien que
leur maison s'éteignait généralement avec eux. Ce qui le prouve
bien, c'est la difficulté qu'éprouva Néron à coloniser Antium
avec les vétérans qu'il voulut y établir (2).

Quand une colonie était complétement éteinte, on y envoyait
une colonie nouvelle, qui procédait à une nouvelle délimita-
tion, suivie de l'assignation de terres.

285. — Les soldats qui étaient ainsi transformés en colons,
sortaient de la condition militaire pour reprendre leurs droits
de citoyens romains. Le mariage, *jus connubii*, cessant de leur
être interdit, ils pouvaient faire des concubines qu'ils avaient
eues à l'armée leurs femmes légitimes; et on accordait le droit
de cité (3) aux enfants qui avaient pu leur naître, pendant leur
séjour à l'armée, de leur union avec ces femmes : « *Quos sus-
ceperint ex mulieribus quæ secum concessâ consuetudine vixisse
probatæ sint* (4). » Mais, pour des raisons que nous avons indiquées, ils usaient peu de cette faculté.

286. — Ce n'était pas tout de leur donner des terres, ceux qui
avaient contracté des dettes à l'armée, et qui avaient dû consacrer à les payer, la masse et la part des *donativa* qu'on leur
remettait au moment de leur congé, se trouvaient, faute de
pouvoir acquérir le matériel indispensable, et payer les premiers frais de culture, dans l'impossibilité de tirer parti des
terres dont on venait de les doter. Aussi, sous l'Empire, leur
accordait-on pour ces premières dépenses une somme de 85
solides (5) (environ 1,500 fr.). De plus Valentinien ordonna de
leur fournir les bœufs nécessaires à la culture, « *animalia,* »

(1) En prévision de ces assignations, on avait la coutume, lors de la création d'une
colonie, de laisser en dehors des jalonnements une certaine portion de territoire sans
la partager (*loca extraclusa, fundi excepti*), qui devenait l'objet d'une nouvelle
assignation. Frontin : *de agror. qualit.*, 8.
(2 Tacite : *Annales*, XIV-27.
(3) C. Végèce : 2-3 et J. Lange : loc. cit., p. 59.
(4) Suétone : *Auguste*, c. 45.
(5) Dion-Cassius : 54-25.

et cent mesures de semences différentes, « *semina* » (1). Les vétérans de la Garde obtenaient une part double des légionnaires dans tous ces avantages.

287. — Cette institution des colonies militaires, bien que la violence et la plus extrême dureté eussent présidé à leur établissement, eut d'excellents résultats ; elle rapprocha, en opérant entre elles un heureux mélange, des nationalités différentes, et plia aux mœurs d'hommes habitués à une discipline sévère des populations déjà affaiblies et démoralisées ; « *specie deductarum per orbem terræ legionum, additis provincialium validissimis, fesso imperio subventum est* (2). » Mais elles ne donnèrent pas lieu à la création d'institutions civiles durables (3).

288. — Malgré leurs avantages, les colonies militaires étaient une institution insuffisante à récompenser les services d'une armée qui augmentait chaque jour, surtout après la création des armées permanentes et des corps de vétérans. Aussi, sous Auguste, fallut-il songer à garantir d'une autre manière la retraite de ceux à qui on ne pourrait donner des terres, et leur assurer une vieillesse heureuse. Ce prince, après avoir modifié la durée du service des légionnaires, accorda, au lieu de terres, une somme d'argent à tous ceux qui avaient régulièrement terminé leur temps de service. Il la proportionna aux différents grades, et créa, pour en assurer le paiement, la caisse dont nous avons déjà parlé.

Puis, quelques années après, les soldats n'étant pas satisfaits et cette somme ayant été reconnue insuffisante, pour éviter que la misère ne les portât à se révolter, il augmenta leur pension, qu'il éleva à 20,000 sesterces ou 5,375 fr. pour les prétoriens et à 12,000 sesterces ou 4,300 fr. pour les légionnaires.

289. — Avec cette augmentation de solde il fit coïncider une augmentation proportionnelle de la durée du service, et ces

(1) On mesurait ces semences dans des *congiaria*, mesure légale de 10 livres, et certains auteurs font remonter à cette coutume, l'étymologie du mot congé. V. C. 5 et 8, C. Th., *de veteranis* et le *Commentaire* de J. Godefroy.

(2) Tacite : *Annales*, XI-24.

(3) Tacite : *Ann.*, XIV-27.

modifications amenèrent ce résultat qu'un plus grand nombre
de vieux soldats mourant à l'armée, la caisse militaire se trouva
allégée d'autant (1).

Ce règlement d'Auguste subsista sous ses successeurs, jusqu'à
Caracalla tout au moins (2), mais avec de nombreuses vicissitudes : quelques Empereurs en effet, obéissant à des sentiments de
cupidité, ou n'étant pas en état de satisfaire aux obligations
qu'il leur imposait, cherchèrent à l'éluder. Tibère par exemple,
au dire de Suétone (3), ne craignait pas de retenir, le plus longtemps possible, ses vétérans sous le *vexillum*, dans l'espoir que
leur mort viendrait avant l'heure de la pension : « *Missiones
rarissimas fecit, ex senio mortem, ex morte compendium, cap-
tans.* » De là, les révoltes des légions du Rhin et de Pannonie,
que durent calmer Drusus et Germanicus. Aussi est-ce un des
sujets de plainte sur lesquels insiste le plus le soldat Percennius
dans son allocution à ses compagnons révoltés : « Nous avons
assez longtemps péché par faiblesse, s'écrie-t-il, supportant
trente ou quarante ans de service, vieux et la plupart estropiés
par nos blessures. Notre congé ne met même pas un terme à
nos misères, mais on nous retient près du *vexillum*, et sous un
autre nom (4), nous avons à endurer les mêmes fatigues. L'un
de nous survit-il à tant de hasards, on l'entraîne dans des contrées lointaines, où on lui donne à exploiter des marécages et
des montagnes incultes. Le service militaire, si pénible, est
sans profit : on estime à dix as par jour, l'âme et le corps d'un
soldat. Avec cela il faut s'habiller, s'armer, se procurer des tentes : il faut acheter l'exemption des corvées et des mauvais
traitements des centurions; et à toutes ces misères, ces coups,
ces blessures, ces rigueurs de l'hiver et de l'été, ces guerres
périlleuses, il n'y a pas de terme ! »

Germanicus tente en vain de calmer cette légitime indignation : ses vétérans, feignant de lui baiser la main, insèrent ses
doigts dans leur bouche édentée, pendant que d'autres lui mon-

(1) V. Dion-Cassius : LIII-25-26 — LIV-25 — LV-25 — Tacite : *Annales*,
I-17-14-27.
(2) J. Lange : loc. cit., p. 40 et 57.
(3) Suétone : *Tibère*, c. 65.
(4) *Evocati exauctorati*.

trent, à côté des glorieuses cicatrices de leurs blessures, les traces laissées par la baguette du centurion.

Ces récriminations, ces plaintes, pouvaient être quelque peu
exagérées, mais assurément celles qui étaient relatives à la prolongation du service, n'étaient que trop fondées.

Caligula alla plus loin : pour éviter de payer leur pension aux
vétérans, il leur donnait, quelque temps avant l'expiration de
leur service, un congé de réforme (1), *causaria missio,* fondé
sur de prétendues infirmités. Il fit mieux encore, et, trouvant
trop considérable leur pension de retraite, il la réduisit de
moitié (2).

290. — Cependant ces mesures sont exceptionnelles et on
peut dire qu'en général les Empereurs, ayant tout intérêt à s'attacher les vétérans, ne leur ménagèrent pas leurs faveurs et les
traitèrent avec distinction. Outre leurs pensions ou les assignations de terres dans des colonies militaires, ils jouissaient de
certains honneurs, comme du droit de porter le cep de vigne
de même que les centurions, ainsi que de certaines exemptions
d'impôts.

C'est ainsi qu'ils étaient exemptés de l'impôt foncier, quant
aux terres qu'ils tenaient de la munificence impériale (3). Tout
ce que l'état leur demandait, c'était de rendre les conquêtes durables en surveillant les vaincus et en prévenant leurs révoltes.
De même, si au lieu de s'adonner à l'agriculture, ils se livraient
au commerce ou à l'industrie, ils étaient dispensés du droit de
halle, du droit d'entrée (*portorium*) (4), de la patente (*lustralis
collatio*) (5). Ces immunités d'abord partielles, devinrent plus
tard absolues.

De même encore, ils jouissaient de l'exemption des impôts
personnels et de la charge de collecteur; ils n'étaient pas soumis aux corvées pour l'entretien des routes et n'étaient tenus
que des premières dépenses exigées par leur création. Enfin,
ils avaient la liberté de se choisir un domicile là où ils le
jugeaient convenable (6).

(1) Suétone : *Caligula,* c. 44.
(2) Suétone : *Caligula,* loc. cit.
(3) C. 5 et 8, C. Th., *de veteranis.*
(4) C. 2 et 9, C. Th., *de veteranis.*
(5) C. 7, C. Th., *de lustral. collation.*
(6) C. 4, C. Th., *de re milit.* — C. 4, *de veteranis.*

S'il s'agissait de soldats ayant servi dans la Garde impériale (*protectores in sacro palatio*), ils étaient de plus dispensés de toutes charges déplaisantes comme celles des *turmarii* et des *temonarii*. Ils avaient droit à des places honorables dans les cérémonies, ils étaient protégés contre toute insulte par des lois extrêmement sévères.

L'officier public, qui les aurait obligés trop souvent à justifier de leurs titres, était passible, pour cette tracasserie, d'une amende de cinq livres d'or. Ces soldats de la garde étaient non seulement exempts pour eux-mêmes de l'impôt personnel, mais ils en exemptaient encore leurs femmes, leurs enfants, leurs parents, même leurs esclaves et leurs gens de service (1); enfin, ils n'avaient ni à concourir à la construction des navires, ni à payer la contribution foncière du *cheval de guerre*.

291. — Quant à l'extension de cette dispense d'impôts à d'autres personnes, il fallait distinguer pour les soldats ordinaires, suivant qu'ils appartenaient à un grand ou à un petit *laterculum*, à des légions *comitatenses* ou *ripenses*.

Le militaire était-il *majore laterculo* et dans un *numerus comitatensis* ou *ripensis?* tant qu'il était en activité, il exemptait du cens ses parents et sa femme. Après son congé, s'il était *emeritus*, il exemptait encore sa femme ; sinon, et à la condition toutefois qu'il eût obtenu un congé honorable, il n'exemptait plus que lui-même, quelque temps qu'il eût servi dans un *numerus comitatensis*, ou après 20 ans de service, dans un *numerus ripensis*.

Etait-il *minore laterculo ?* En activité, il était seul exempt. Après sa retraite, s'il était *emeritus*, sa femme jouissait du même privilége ; sinon, s'il avait obtenu un congé honorable, il exemptait lui et sa femme, quelque temps qu'il eût servi dans une légion *comitatensis*. Il s'exemptait seul s'il avait servi de 15 à 24 ans dans une légion *ripensis*. Après 24 ans, il exemptait aussi sa femme.

292. — Les vétérans de la Garde ne pouvaient être jugés que par les *Rectores provinciæ* ou le préfet du prétoire. A quelque corps qu'ils appartinssent, s'il arrivait qu'ils fussent arrêtés sur le soupçon d'un crime, la considération qu'on avait pour leur

(1) C. 3, *de testimonial.*, C. Th. — C. 8 et 12, *de veteranis.*

qualité de vétérans les suivait jusque dans les prisons. Ils y occupaient un lieu séparé et y étaient traités avec ménagements.

Leurs descendants mâles, quand le vétéran venait d'un *numerus comitatentis* ou *ripensis*, jouissaient des mêmes priviléges que leur père, mais à la condition de servir à leur tour.

293. — Quand, dans un procès, la qualité de vétéran était contestée, à qui incombait la charge de la preuve? Accurse en dispensait le vétéran, quand il était de notoriété publique qu'il jouissait des avantages attachés à la vétérance, quand en un mot il avait la quasi-possession de cette qualité. Doneau soutenait au contraire qu'il ne pouvait y avoir quasi-possession des avantages attachés à la vétérance. Car, disait-il, si le vétéran se refuse à supporter une charge, il n'y a là qu'une abstention ; il n'y a pas un fait pouvant servir de point de départ à une quasi-possession.

La preuve se faisait au moyen de la présentation des lettres de vétérance, *testimoniales* (1) ; à leur défaut, elle pouvait se faire par témoins.

294. — Les avantages de la vétérance s'étendaient même au-delà de la mort ; la légion dont ils avaient fait partie leur faisait des funérailles honorables et l'on étalait sur leur monument funèbre les titres glorieux que leur avaient mérité leurs services.

D. M.
Et memoriæ æternæ Attoni Constantis
Veterani, legionis XXII. Remissus
Honesta missione, castris inter
Cæteros conveteranos suos revocatus.
Bello interfectus obiit (2).
. . . .
. . . .

Si par ignorance de ses droits, le vétéran avait accepté une fonction qu'il était en droit de refuser, comme celle de *collector* ou de *susceptor* par exemple, il devait en remplir les devoirs ;

---

(1) C. 4, C. Th., *de veteranis*, 7-20 — C. 1, *de testimonialibus*, C. 7, *de re militari*.
(2) Gruter : § 524.

mais il pouvait se prévaloir ensuite de sa vétérance, pour en refuser une semblable ; son droit demeurait intact.

295. — Quand il menait une conduite indigne de son rang et de sa condition, s'il s'adonnait à la débauche ou à la maraude, au lieu de s'occuper d'agriculture, de commerce ou d'industrie, il pouvait être déchu de son titre de vétéran, privé des droits qui y étaient attachés et réduit à la condition d'un simple *paganus* (1).

✥

SECTION III.

Condition juridique des vétérans.

I. DROIT CIVIL.

296. — Condition civile des militaires qui quittaient l'armée avant l'expiration de leur temps de service réglementaire. — **297.** Condition civile des vétérans proprement dits. — **298.** *Quid* du testament qu'ils avaient fait à l'armée? — **299.** *Quid* de l'exemption de tutelle? avantages spéciaux accordés à ce titre aux vétérans. — **300.** *Quid* des vétérans de la garde impériale? — **301.** Condition des vétérans au point de vue criminel. — **302.** Anecdote.

296. — Avant d'examiner la condition civile des vétérans proprement dits, qui, après leur temps de service réglementaire, *post solemnia stipendia*, avaient obtenu un congé honorable, il faut dire un mot des militaires qui quittaient l'armée, avant l'accomplissement de ces *solemnia stipendia*, pour un motif quelconque autre qu'une maladie ou une infirmité incurables, cas auquel ils obtenaient, comme on l'a vu précédemment, la plupart des avantages attachés à la vétérance (2).

Ils avaient droit à quelques priviléges fort réduits et générale-

(1) C. 3, C. 12-17, *de veteranis*.
(2) L. 13, § 2, D. 49-16, *de re milit.* — L. 8, § 5, D. 27-1, *de excusat.*

ment temporaires. Mais la majeure partie des priviléges accordés aux vétérans leur étaient refusés. C'est ainsi, pour n'en citer qu'un exemple, qu'en pareil cas, celui qui avait cessé d'être militaire ne jouissait plus du privilége de conserver son testament militaire, valable pendant la durée d'une année après sa sortie du service.

Quant à l'exemption de la tutelle et des autres charges civiles, il fallait, pour savoir si l'ancien militaire jouissait ou non de l'immunité et dans quelles limites, rechercher combien de temps il était resté à l'armée. Y était-il resté moins de 5 ans ? Il n'avait droit à aucune exemption. Après 5 ans de service, il était dispensé de la tutelle pendant un an; après 8 ans, pendant 2 ans ; après 12 ans il en était exempté pour 5 ans ; après 16 ans pour 4 ans. S'il avait 20 ans de service et que, malgré ses droits acquis, il eût quitté l'armée avant d'avoir obtenu son congé, il jouissait des mêmes priviléges que les vétérans, quant à l'exemption des diverses charges civiles. Il n'y avait exception à cette règle que pour les gardes de nuit de Rome, qui n'avaient jamais d'exemption que pour un an (1).

297. — Nous arrivons maintenant aux vétérans qui, après 20 ans de service, obtenaient un congé honorable ou même un congé de réforme, *causaria missio*. Ils étaient déchargés de la plupart des incapacités (2) qui frappaient les soldats en activité, tout en conservant de l'état militaire certains priviléges sans modifications et dans les mêmes limites que les militaires en activité ; comme par exemple le bénéfice de compétence, la propriété du pécule *castrense*, quoique fils de famille. Il y avait d'autres avantages, au contraire, qu'ils n'avaient plus que d'une manière plus restreinte. C'est ainsi, qu'une fois sorti du service, l'ancien soldat ne pouvait tester valablement, *jure militari*.

298. — Mais le testament qu'il avait fait à l'armée retombait-il immédiatement sous l'application du d. it commun ?

Les jurisconsultes répondent affirmativement toutes les fois qu'il s'agit d'un *præfectus*, d'un tribun ou de tout autre chef qui ne quitte le service qu'à la condition de recevoir un succes-

(1) L. 8, § 3 et § 4, D. *de excusat.*, 27-1.
(2) C. 1, C. *de veteranis*, 12-47.

seur (1). A l'égard des simples soldats, on distingue : ont-ils encouru le congé ignominieux, la *missio ignominiosa* ? Le testament cesse immédiatement de valoir s'il n'est pas conforme aux règles du droit commun. Il en est de même encore du soldat qui subit la dégradation, *exauctoratio*, ou qui reçoit son congé pour n'avoir cherché dans la carrière militaire qu'un moyen de se soustraire à certaines charges (2). Ont-ils, au contraire, obtenu un congé de réforme ou un congé honorable ? Le testament vaut encore, *jure militari*, une année entière. Cette décision était juste, car, après son congé, les motifs pour lesquels on avait accordé cette faveur au militaire n'existaient plus, puisqu'il ne rendait plus de services à son pays pour qui il était plutôt une charge, et que du reste son service ne l'empêchait plus de se soumettre aux formalités imposées par la loi civile et de consulter des praticiens et des jurisconsultes ; il n'y avait donc plus aucune raison pour le dispenser de l'emploi des formes ordinaires. Cependant, pour lui donner le temps de prendre ses mesures, on lui avait accordé le délai d'un an.

A ce propos s'était soulevée la question suivante : si le militaire meurt dans l'année de son congé et que la condition qu'il a pu apposer à l'institution d'héritier ne se réalise qu'après l'année, faudra-t-il dire qu'elle ne s'accomplira utilement qu'autant que le testament satisfera aux exigences du droit commun ? Justinien répond négativement (3), sans doute parce que la pensée de la loi est d'accorder un an au militaire congédié pour refaire son testament, et non pas d'exiger que le testament antérieur produise son effet dans l'année du congé.

Si, étant encore au service, le vétéran avait fait un testament suivant les formes du Droit civil, mais dans lequel il instituait entre autres héritiers une personne qu'il ne pouvait instituer qu'en sa qualité de militaire, puis, qu'ensuite, il vint à mourir après l'année à dater de sa retraite, le testament cessait d'avoir effet à l'égard de cet héritier, mais à son égard seulement.

299. — Quant à l'exemption de tutelle, il fallait faire de nombreuses distinctions. Pendant la première année après son congé, la dispense était absolue. Après ce délai s'il s'agissait

(1) L. 21, D. *de testament. milit.*, 29-1.
(2) L. 2, § 2, D. *de his qui not. inf.*, III-2.

de la tutelle d'un *paganus*, il jouissait encore d'une exemption absolue et perpétuelle, mais il était obligé d'accepter la tutelle des enfants d'un militaire ou d'un autre vétéran (1). Toutefois cette charge était encore restreinte dans certaines limites. D'une part le vétéran n'était tenu d'accepter qu'une seule tutelle à la fois, c'est-à-dire, qu'une tutelle une fois acceptée, il était dans la même situation qu'un civil qui en avait trois à exercer en même temps. De plus, par enfants, il ne fallait entendre que le fils et non les petits-fils de militaires ou de vétérans (2).

Il est encore un privilége relatif à la tutelle qui avait été accordé aux vétérans et dont il nous reste à parler.

L'existence d'un certain nombre d'enfants était une cause d'excuse de tutelle ; ce nombre était très-variable. Trois enfants vivants suffisaient à Rome, il en fallait quatre en Italie, ou cinq en province (3). En général, on ne comptait pas les descendants par les filles, car ils étaient attribués à leur famille paternelle. Il y a cependant à cette règle une exception remarquable : celui qui donne sa fille en mariage à un vétéran prétorien, profite des avantages réservés ordinairement au grand-père paternel : « *Et quo facilius veterani nostri soceros repuriant* (4). »

Il y avait enfin des faveurs spéciales accordées à certains vétérans : ainsi l'ancien centurion primipile, celui qui avait commandé la première cohorte des *Pilani*, n'était obligé d'accepter que la tutelle des enfants d'un collègue mort sur le champ de bataille ou dans un service commandé (5).

Un rescrit de Sévère avait déchargé de toute tutelle, sans exception, l'ancien tribun d'une cohorte prétorienne (6).

Lorsqu'on voulait imposer au vétéran une tutelle qu'il ne devait pas supporter, il devait faire valoir ses motifs d'excuse devant le juge compétent, dans les délais et les formes ordinaires, car s'il eût négligé cette réclamation, il devait remplir les fonctions qu'il avait acceptées sans protestation (7).

---

(1) L. 8, pr., D. *de excusat.*, 27-1.
(2) L. 8, pr., D. *de excusat.*, 27-1.
(3) C. 1, C. *qui numer. lib. se excus.*, 5-66.
(4) *Fragm. Vaticana*, § 195.
(5) L. 8, § 12, D. *de excusat.*, 27-1.
(6) L. 9, D. *de excusat.*, 27-1.
(7) C. 2, C. *de excusat. veteran.*, V-65.

500. — Seuls, les vétérans de la Garde impériale, *prolectores in sacro palatio*, conservaient, après leur retraite, les avantages dont ils pouvaient se prévaloir en activité, et jouissaient de l'exemption absolue et perpétuelle de toute tutelle et curatelle.

II. DROIT CRIMINEL.

501. — Au point de vue du Droit criminel, les vétérans conservaient la plupart des avantages accordés aux militaires en activité : ainsi ils ne pouvaient être soumis à la torture, condamnés *in metallum* ou *in opus metalli*, soumis au supplice des verges, jetés aux bêtes. Mais ils retombaient sous la juridiction des tribunaux ordinaires, et ne pouvaient plus commettre que des délits de droit commun du jour où ils avaient obtenu leurs lettres de vétérance.

502. — Cette situation si favorable, ces nombreux priviléges qui étaient accordés aux vétérans, n'avaient pu cependant satisfaire leur avidité ; ils se trouvaient, malgré tout, très-malheureux et ne cessaient de poursuivre les Empereurs de leurs réclamations et de leurs plaintes.

Nous citerons à ce propos, une anecdote rapportée dans la loi 1, au Code, *de veteranis*, 12-47, qui présente un certain intérêt, en ce sens, qu'elle donne une idée des ménagements avec lesquels on traitait ces vétérans et qu'elle trace un tableau rapide et fidèle de leur condition juridique et politique aux derniers temps de l'Empire.

« L'Empereur entre ; les préfets, les tribuns, les hauts personnages de la cour le saluent par ces paroles : « Constantin, » salut, que Dieu vous conserve à notre amour ; telle est l'ex-» pression sincère de nos vœux, nous le jurons. »

Les vétérans se rassemblent et l'interpellent : « Constantin, » pourquoi nous avez-vous fait vétérans, si c'est pour ne nous » montrer aucune bienveillance ? » « Je n'ai pas cessé, répond » l'Empereur, de témoigner ma sollicitude à mes vieux compa-» gnons d'armes, et elle s'augmente chaque jour. » L'un d'eux, » le vétéran Victorinus, s'écrie alors : « Nous ne tolérerons pas » d'être écrasés plus longtemps, sous le poids des charges de » tout genre qui nous accablent ! » « Expliquez donc plus claire-

» ment, dit alors l'Empereur, quelles sont ces charges qui
» pèsent si lourdement sur vous. » « C'est à vous de le voir, »
» lui répondent-ils d'un commun accord.

» Eh bien, réplique Constantin, je crois qu'il est difficile de
» mettre en doute ma générosité à l'égard de mes vétérans :
» aucun de vous n'a à supporter des charges civiles ou des
» corvées ; aucun de vous n'a à exercer des fonctions publiques,
» ni à payer soit des contributions, soit des droits de halle ou
» de vente dans les ventes et les marchés.

» Les percepteurs d'impôts ne troublent pas le repos qui est
» légitimement dû à vos glorieux services. Nous avons enjoint
.» aux employés du fisc eux-mêmes de ne pas vous inquiéter.

« Vous pouvez acheter et vendre, vous livrer au commerce,
» vous adonner à l'industrie ou aux affaires, sans rencontrer
» aucun obstacle. Et non-seulement, dans les temps heureux
» où nous vivons, vous pouvez jouir paisiblement de l'intégrité
» des bénéfices que vous pouvez réaliser, mais nous vous avons
» encore accordé, de plus, pleine et entière immunité de toutes
» charges corporelles ou personnelles, même de celles relatives
» à l'entretien des routes (1) ! »

La sollicitude impériale alla même jusqu'à ordonner aux
citoyens de porter aux vétérans le respect et la considération
dus à leur rang, et à punir de peines sévères ceux qui leur auraient dit des paroles inconvenantes ou des injures (2).

---

(1) Cette scène se passait à Beauvais, aux calendes de mars de l'année 320
(ap. J.-C.).
(2) C. 2, C. *de veteranis*, 12-47.

CHAPITRE V.

DES PRISONNIERS DE GUERRE.

SECTION I.

Des captifs dans l'antiquité.

---

303. — Tite-Live fait grand honneur à ses concitoyens de la coutume ancienne à Rome, dit-il, d'épargner les vaincus et de montrer de la clémence à leur égard (1); mais c'est en vain qu'on cherche dans les fastes de leur histoire ce qui a pu donner au grand historien une idée si favorable de leur générosité : à Rome, comme chez tous les peuples de l'antiquité, le sort le plus affreux était réservé aux vaincus, et le « væ victis » de Brennus était la parfaite expression des mœurs et de l'esprit du temps.

---

(1) Tite-Live : XXXIII-12. — L'antique Code de Manou, le législateur de l'Inde (VII-91 et suiv.), reconnait déjà l'obligation d'user de ménagements envers les prisonniers. C'est un exemple de modération bien rare dans l'antiquité et qui donne une haute idée de la civilisation de l'Inde.

A l'origine, on ne faisait point de prisonniers ; après la victoire commençait la boucherie, on massacrait, on égorgeait tout, valides ou blessés, armés ou désarmés, peu importait ; rien ne devait échapper à la férocité du soldat, à sa soif de sang, « *non jam pugna, sed trucidatio veluti pecorum fieri* (1).* » Lors de la prise de Tarquinies, après que les Romains sont fatigués et repus de carnage, il reste encore un grand nombre de captifs ; le chef de l'armée en fait choisir trois cent cinquante, parmi les plus nobles, pour les envoyer à Rome, puis ordonne aux soldats de massacrer les autres : « *vulgus aliud trucidatum.* » A Rome, où l'on n'avait plus pour excuse la fièvre du combat, ils ne rencontrèrent pas plus d'humanité ; on les fit battre de verges et conduire au dernier supplice (2).

504. — Les généraux eux-mêmes poussaient les soldats à ces exécutions, qu'ils croyaient d'un salutaire exemple pour terrifier l'ennemi. C'était la politique de César, dont on a tant vanté la douceur et qui célèbre lui-même sa longanimité à chaque page de ses œuvres ! C'était sous l'empire de ces idées qu'il faisait étrangler notre noble et malheureux Vercingétorix, après l'avoir lâchement traîné au Capitole derrière son char de triomphe ! C'était sans doute encore dans un but analogue qu'il ordonnait le massacre en masse des Nerviens ! Il put, il est vrai, dans cette circonstance, donner un libre cours à son *humanité*, et c'est avec une certaine fierté qu'il se vante d'avoir fait reconduire à la frontière, leurs femmes, leurs enfants et leurs vieillards, tristes débris d'une grande nation qui venait de périr.

C'était la politique de Germanicus, la victime de Pison, que Tacite a su rendre si intéressante, quand, à la prise de Crémone, il s'écrie en excitant le soldat au carnage : « Il ne nous faut pas » de captifs, il n'y a qu'une extermination qui puisse mettre fin » à la guerre (3). »

C'était celle de Titus enfin, dans la guerre de Judée (4), lorsque *les délices du genre humain* ordonnaient le massacre d'une foule de captifs, dont la garde eût pu causer quelque em-

(1) Tite-Live : XXVIII-16.
(2) Tite-Live : VII-19.
(3) Tacite : *Annales*, II-21.
(4) Josèphe : *Bel. Jud.*, 12 — V. aussi Maignien : *Le suld. rom.*, passim.

14

barras : il les fait crucifier en si grand nombre, que l'espace
manquait pour les croix et les croix pour les corps ! A la fin,
fatigué de ce spectacle, le clément Empereur éprouve le besoin
de montrer sa générosité, et veut bien épargner quelques
jeunes gens, les plus remarquables par leur taille et leur beauté.
Ne faut-il pas d'ailleurs se réserver quelques distractions pour
la paix et faire la part du cirque ? Mais l'esclave ne ratifie pas
l'indulgence du maître, et l'affranchi Frontin, à qui on les confie,
les laisse lentement mourir dans les angoisses de la faim. Quelques centaines seulement de ces malheureux devaient survivre
à ces tortures, pour être, peu de temps après, jetés aux bêtes,
aux applaudissements des habitants de Béryte et de Césa-
rée !

305. — D'assez bonne heure, cependant, l'intérêt et l'avarice
l'emportèrent sur la cruauté du soldat ; on épargna les captifs
pour en faire des esclaves : c'est même à cette idée, qui fait de
la guerre la première et la principale source de l'esclavage,
que se réfèrent les deux expressions de *servi* et de *mancipia*,
par lesquelles on désignait à Rome les esclaves. *Servi*, selon
Florentinus et Justinien, viendrait de *servati*, et signifierait que
le général qui pouvait mettre à mort ses prisonniers pouvait aussi
leur laisser la vie sauve en leur enlevant seulement la liberté :
« *Servi ex eo appellati sunt, quod imperatores captivos vendere
ac per hoc servare nec occidere solent: quin etiam, mancipia ex
eo dicti sunt quod ab hostibus manu capiuntur* (1). »

306. — Ce principe, que les prisonniers faits à la guerre peuvent être réduits en servitude, était une règle généralement
admise dans le droit des gens de l'antiquité ; on prétendait
même l'expliquer par un raisonnement. On a le droit, disait-on,
de mettre à mort l'ennemi vaincu ; ne peut-on pas le conserver
pour soi et suspendre cette mort qu'on pouvait lui donner sur-
le-champ ?

307. — Ce raisonnement pèche par la base ; sans doute la
légitime défense peut avoir donné naissance au droit de tuer
l'ennemi quand il combat. Mais s'il est vaincu, l'attaque cesse,
la défense doit cesser aussi, et ce serait violer toutes les règles

_____

(1) L. 4, D. *de statu hominum.*

du droit que de le mettre à mort quand il est désarmé et à la merci du vainqueur (1).

508. — Quoi qu'il en soit, l'esclavage fut un bienfait dans ces temps barbares, si tant est que la vie sans la liberté soit préférable à la mort. Mais aussi, quand on avait la vie sauve, à quel prix n'achetait-on pas cette existence vouée dès lors à la servitude ? Aucune cruauté, aucune mutilation, si barbare qu'elle fût, n'arrêtait le vainqueur, préoccupé avant tout de rendre son prisonnier inoffensif. César fait trancher le poignet droit aux glorieux défenseurs d'Uxellodunum; d'autres fois ce sont les deux mains, ou les jarrets, ou encore le pouce de la main droite, qu'on coupe aux malheureux captifs, pour leur ôter toute idée de révolte, et si, malgré ces odieuses mutilations, il restait encore quelque appréhension de les voir s'échapper, on les marquait au visage avec un fer rouge portant l'image d'une chouette.

Il est vrai que, dans le camp opposé, on ne trouvait guère plus d'humanité, et l'on sait avec quels raffinements barbares les Germains assouvirent sur les soldats de Varus cette férocité instinctive qui a toujours caractérisé leur race.

509. — La guerre étant à Rome à l'état permanent, il y eut lieu de régler la situation des citoyens qui tombaient aux mains des ennemis ; c'est sur cette législation soigneusement élaborée par les jurisconsultes qu'il faut nous arrêter.

A l'origine, cette hypothèse n'était pas prévue par la loi, et il semble qu'on n'ait pas admis tout d'abord, la possibilité d'un soldat romain prisonnier de guerre. Quand enfin il fallut se rendre à l'évidence, on ne s'occupa en premier lieu que de celui qui, vaincu et captif, parvenait à s'évader au cours même des hostilités, ou de celui qui était assez heureux pour s'enfuir, après avoir été surpris chez l'ennemi (2) par la déclaration de guerre. On tenait leur captivité pour non avenue, et ils étaient censés n'avoir pas cessé de jouir de leurs droits. Ce n'est qu'à la fin de la République, au temps de Sylla, que le législateur s'occupe du citoyen mort en captivité et valide son testament antérieur à cette captivité.

(1) V. M. Ortolan : *Explicat. des Instituts*, II, page 59.
(2) L. 12, pr., D. 49-15, *de captivis.*

310. — Nous allons rechercher les effets de la captivité quant à la personne et aux biens du prisonnier de guerre ; puis nous étudierons la condition du captif de retour et le *postliminium*. Mais il est une question qu'il faut résoudre tout d'abord : qu'entend-on par captif ?

C'est le citoyen pris par l'ennemi pendant ou après la bataille, ou bien encore celui, qui, surpris en pays étranger par la déclaration de guerre, y est retenu prisonnier.

Il résulte de là, que la législation relative aux captifs n'est pas exclusivement réservée aux militaires ; mais, comme ils sont plus que tous autres, exposés par état, à tomber aux mains de l'ennemi, ce sera presque toujours à eux qu'on aura à l'appliquer. Aussi Pothier disait-il avec raison, qu'elle était intimement liée au régime militaire, *proximam et conjunctissimam*.

311. — Pour être prisonnier de guerre et avoir droit aux dispositions que la loi romaine édicte en leur faveur, il faut donc se trouver entre les mains des ennemis, *hostes*, et on ne comprend sous cette dénomination, dans son sens propre, que ceux à qui le peuple Romain a déclaré la guerre, ou qui la lui ont déclarée suivant les rites et la formule d'usage consacrés par le droit des gens (1), « *hostes sunt quibus bellum* PUBLICE *populus romanus decrevit vel ipsi populo romano* (2). »

Cependant il était certains peuples qui n'observaient pas les règles du droit des gens, *jus gentium*, et qui pourtant étaient, en raison de leurs déprédations continuelles, en état d'hostilité permanent avec Rome. Ceux-là n'étaient pas assurément des *hostes* dans le sens propre du mot, mais c'étaient néanmoins des ennemis, et on appliquait aux prisonniers qu'ils pouvaient faire la législation spéciale organisée pour les *hostes* (3).

Au contraire, on ne considère pas comme captifs les prisonniers faits dans une guerre civile (4), ou bien encore par des pirates ou des voleurs (5). Ils sont simplement regardés comme

(1) L. 24, D. 49-15, *de captivis.*
(2) Cela résulte encore de la l. 5, § 1, D. *de captivis*, où Pomponius rapproche le mot *hostes* du mot *bellum*, guerre ouverte.
(3) L. 5, § 2, D. 49-15, *de captivis.*
(4) L. 21, § 1, D. id., *de captivis.*
(5) L. 19, § 2, D. 49-15. Ceux-ci n'étaient même pas considérés comme esclaves ; il y avait seulement un état de fait, ils étaient *in servitute.*

absents (1). D'où la conséquence que le prisonnier fait dans une
guerre civile ou par des voleurs pourra être nommé tuteur,
tandis que le captif proprement dit ne peut même pas conserver la tutelle qu'il exerçait, car il n'est plus au nombre des
citoyens, sa liberté étant subordonnée à la condition de son
retour dans sa patrie (2).

312. — Pour qu'il y eût guerre « *bellum* » entre le peuple
Romain et une autre nation, envisagée comme *hostis*, il fallait que
ce peuple eût une autonomie propre et que, s'il était lié par des
traités d'alliance, soit avec Rome, soit avec une autre puissance,
il n'en résultât pas pour lui une position trop inférieure et qui
lui enlevât une partie de sa liberté. « *Ita ut intelligatur alterum*
populum superiorem esse : non ut intelligatur alterum non esse
liberum. »

Le jurisconsulte Proculus (3), dans la l. 7, pr., semble con-
tredire ce qu'il avance ensuite dans le § 1 de la même loi que
nous venons de citer, et prétend que, malgré leur qualité d'é-
trangers, *externi*, les peuples alliés de Rome, *fœderati*, quoique libres, ne pouvaient pas être considérés comme *hostes* (4) ;
ce qui est plus manifeste encore, c'est qu'il paraît être en désaccord avec un jurisconsulte qui lui est postérieur, avec Paul,
dans la l. 19, pr., au même titre. Pothier explique cette contradiction entre les textes par une controverse qui aurait existé de
longue date, à ce sujet, entre les jurisconsultes, controverse à
laquelle Cicéron fait allusion dans son *de Oratore* (5), et qui se
serait terminée par le triomphe de l'opinion de Proculus, c'est-
à-dire par le refus de l'application du *postliminium* et de ses
avantages aux captifs faits dans une guerre avec des alliés,
fœderati.

Nous préférons penser avec Cujas que cette dissidence n'est

___

(1) L. 199, pr. et § 1, D. *de verb. significat.*, 50-16.
(2) Cujas : *Observationes*, liv. 7, ch. 4.
(3) L. 7, pr. et § 1, D. *de captiv.*, 49-15.
(4) Voici la traduction de ce passage : « Lorsque quelqu'un de nos concitoyens
était devenu par captivité esclave d'un peuple fédéré, et qu'après avoir reconquis sa
liberté il était revenu dans ses foyers, nos ancêtres discutaient sur la question de
savoir si, par l'effet du droit de retour (*postliminium*), il était rentré dans sa patrie. »
(5) L'intérêt de cette question consistait dans l'application aux captifs du *postli-*
minium.

qu'apparente et doit s'expliquer par cette considération qu'il y avait plusieurs catégories de traités. Ainsi dans le *principium* de la loi 7, il s'agirait de nations, qui n'ont, en vertu des traités, conservé que la liberté, comme les *déditices*, par exemple, qui s'étaient livrés à discrétion, *in ditione populi Romani*, et avaient ainsi perdu leur dignité, leur individualité. Tels seraient encore ceux que Proculus comprend dans son expression de *fœderati* et *liberi*. Ces peuples n'étaient pas considérés comme ayant cette liberté honorable qui leur permettait de traiter sur le pied d'égalité avec Rome ; si on leur donnait le titre d'alliés, c'était par pur ménagement, et pour flatter leur amour-propre. Mais, à vrai dire, ils étaient bien plutôt des sujets. Si donc ils portaient les armes contre Rome, on devait les traiter comme des *rebelles*, non comme des *ennemis*. Leur peine, en pareil cas, serait établie non par le droit de la guerre, mais par le droit (1) pénal, et les prisonniers qu'ils pouvaient faire n'avaient pas le droit de se prévaloir des avantages accordés aux captifs.

SECTION II.

Des effets de la captivité.

§ I.

SUR L'ÉTAT DU CAPTIF ET DES PERSONNES EN SA PUISSANCE.

313. Condition sociale du captif. — **314.** Lorsque le captif meurt en captivité, à quel moment s'opère le changement d'état des enfants placés sous sa puissance ?

(1) L. 7, § 2, D. *de captivis*, 49-15.

— 215 —

313. — Le captif est esclave, mais esclave sous condition ; sous la condition qu'il ne reviendra pas ; et, s'il revient, il recouvrera tous ses droits en vertu d'une fiction dite du *postliminium*. Quant aux personnes qui étaient sous sa puissance, leur état demeure incertain pendant toute la durée de sa captivité; revient-il? ses fils de famille seront censés avoir toujours conservé cette qualité en vertu de la fiction du *postliminium*. Meurt-il au contraire en captivité ? les personnes, soumises à sa puissance, ont cessé de l'être au jour de sa captivité, et à ce moment elles sont devenues *sui juris*, en vertu d'une autre fiction établie par la loi Cornelia, portée sous Sylla, en l'an 673 de Rome (1). Cette fiction de la loi Cornelia était générale et s'appliquait non seulement au testament du captif qu'elle validait, mais à toutes les autres parties du droit, *in omnibus partibus juris*.

314. — Tous les jurisconsultes étaient d'accord pour le décider ainsi, à l'époque de Tryphoninus et d'Ulpien (2). Mais il semble bien résulter du § 129 du *Commentaire* I de Gaïus que de son temps il y avait des doutes sur l'époque du changement d'état des fils de famille du captif, et qu'on se demandait si c'était au jour de la captivité de leur père, ou au jour de sa mort que ces fils devenaient *sui juris*.

La question avait un grand intérêt, Tryphoninus nous le signale (3) et le voici : Le fils de famille pouvait acquérir pendant la captivité de son père par stipulation, par tradition, par legs. Les choses ainsi acquises, à qui appartiendraient-elles ? Si elles appartenaient au fils, à quel titre les aurait-il? Serait-ce comme

(1) L. 12, § 1, D. *de captivis*, 49-15.
(2) L. 18 et l. 12, § 1, D. *de capt.*, eod. tit.
(3) L. 12, § 1, D. *de capt.*, 49-15.

acquéreur *sui juris*, comme propriétaire, ou bien comme héritier de son père? Ce pouvait être très-important à savoir, car en supposant que le fils ait été exhérédé dans un testament fait par le père prisonnier de guerre, avant sa captivité, et qu'un tiers ait été institué héritier ; si par application de la fiction de la loi Cornelia, on fait rétroagir au jour de la captivité du père, le changement d'état du fils de famille, si on admet que c'est à partir de ce jour qu'il est devenu *sui juris*, il aura droit aux acquisitions qu'il aura pu faire à dater de ce jour; sinon, ce sera l'héritier institué qui y aura droit en cette qualité.

On ne comprend pas d'ailleurs très-bien les doutes de Gaïus, car, même en admettant qu'on se soit refusé à appliquer aux questions d'état en général et à notre hypothèse en particulier la fiction de la loi Cornelia, il est encore certain, qu'en vertu des principes généraux, le fils de famille devenait *sui juris* du jour de la captivité de son père, si celui-ci ne revenait pas ensuite. En effet la captivité rendait le père esclave, mais grâce au *postliminium*, c'était un esclavage sous la condition résolutoire de son retour, qui, cette condition venant à défaillir, rétroagissait au jour de la captivité. C'était donc de ce jour que, le captif étant devenu esclave, sa puissance s'était éteinte et que son fils de famille avait acquis la qualité de *sui juris*.

On pense généralement que Gaius a laissé échapper une certaine erreur dans l'exposé de la controverse ou que son texte a subi des modifications. De son temps, l'application de la fiction de la loi Cornelia à toutes les parties du droit n'était pas admise sans conteste comme à l'époque d'Ulpien, et, suivant certains auteurs, la mort du captif ne rétroagissait pas toujours au jour de sa captivité, mais tous étaient obligés d'admettre que le captif, si la condition résolutoire de son retour venait à défaillir, avait toujours été esclave de l'ennemi. La controverse roulait donc à notre avis, non pas comme le dit Gaïus sur l'époque à laquelle le fils de famille devenait *sui juris*, car c'était évidemment au jour de la captivité du père, mais sur l'événement qui lui donnait cette qualité. Etait-ce la mort du père qui, par l'effet de la fiction de la loi Cornelia, remontait au jour de cette captivité? Etait-ce l'esclavage qui était confirmé à sa date, par la défaillance de la condition résolutoire du retour du *paterfamilias?*

Voici dans quelle hypothèse la question présentait de l'intérêt. Si dans un testament antérieur à sa captivité, le père a
donné à son fils impubère un substitué pupillaire, cette substitution n'aura de force qu'autant que c'est la mort du père qui
rend l'impubère *sui juris*, car alors cet impubère ne devient
pas *paterfamilias* du vivant de son père (1).

Quoi qu'il en soit, il est certain que l'état des enfants du prisonnier de guerre demeurait en suspens pendant toute sa captivité et que son retour ou son décès y mettaient seuls un
terme ; mais s'il ne revenait pas, ou si on n'avait pas connaissance de son décès, restait-on indéfiniment dans cette incertitude ? Les textes sont muets à cet égard, et cependant, il parait
résulter de la l. 18, D. *de captivis*, que la fiction de la loi Cornelia s'applique à cette hypothèse, puisqu'on y parle de celui
qui n'est pas revenu de captivité, « *qui reversus non est ab
hostibus.* »

315. — Toutefois on en est réduit à de simples conjectures
sur la question de savoir après combien de temps d'absence
devait s'appliquer cette présomption de mort.

Attendait-on que la centième année du captif fût accomplie,
ou pouvait-on recourir au magistrat, qui, après enquête, aurait
attribué éventuellement et sauf retour du père, la qualité de
paterfamilias et de *sui juris* au fils du captif ? c'est ce qu'on
ignore. Tout ce que nous savons, c'est qu'une Constitution de
Dioclétien (2) exige, pour la translation des droits du captif à
ses héritiers, la certitude de son décès, « *quum captos apud
hostes mortuos esse cognoscitur.* » Afin d'éviter ce résultat on
verra que le préteur accordait au cours même de la captivité
une *bonorum possessio decretalis*.

De ce que l'état du père captif et de ses fils en puissance
restait incertain pendant la durée de la captivité, il résulte que
leurs droits, liés à cet état, demeuraient eux-mêmes en suspens, sauf une exception relative au mariage des enfants du
captif. Si donc on suppose qu'au cours de la captivité du père,
le fils vienne à décéder sans avoir fait de testament, on ne

(1) Cpr.—L. 10, pr., D. *de captiv.*, 49-15. — L. 41, § 2, D. 28-6, *de vulg.
subst.*
(2) C. 4, C. *de postliminio*, VIII-51.

pourra demander aucune *bonorum possessio edictalis* sur ses
biens avant de connaitre l'époque du décès du père, et de
savoir si à ce moment le fils était *sui juris* (1). Mais le préteur
pouvait accorder aux héritiers du fils prédécédé, la *bonorum
possessio decretalis* pour leur permettre de recueillir cette hérédité, si leur auteur venait à mourir durant l'incertitude, et par
conséquent avant toute adition possible (2).

Si c'est un fils de famille qui est prisonnier de guerre, son
état, la puissance de son *paterfamilias* sur lui, et tous les droits
qui s'y rattachent demeurent en suspens.

§ II.

EFFETS DE LA CAPTIVITÉ SUR LE MARIAGE DU CAPTIF ET SUR CELUI DE SES ENFANTS.

316. — A ce point de vue, la législation fut très-rigoureuse
dans l'ancien droit et le droit classique : elle faisait résulter de
la captivité, la dissolution du mariage considéré comme étant
essentiellement un état de fait, et décidait ainsi, même en
dépit de la volonté formelle de la femme et quoiqu'elle continuât à habiter la maison conjugale (3). Mais elle s'adoucit peu à
peu sous l'influence du christianisme, jusqu'à ce que l'indisso-
lubilité du mariage eût été proclamée par l'Empereur Léon le
Philosophe.

317. — Ces variations dans la législation ont obligé les rédacteurs du Digeste, pour faire cadrer avec la législation en vigueur
à leur époque les textes des jurisconsultes classiques, à les

---

(1) L. 2, § 3, D. *unde legitimi*, 38-7.
(2) L. 1, § 1, D. XXXVIII-17, *ad senatus-consultum Tertull.*, —l. 4, § 5,
D. *de bonor poss. contra tabulas*, 37-4 — l. 81, D. *de adq. vel omitt.
hæred.*, 29-2
(3) Cpr., l. 1, D. *de divortiis*, 24-2 et l. 12, § 4, D. *de captivis*, 49-15.

modifier et à les remanier. Mais, ces modifications n'ayant pas
été faites d'une façon générale, on trouve de nombreux textes
appartenant à des jurisconsultes contemporains, et qui sont en
contradiction manifeste. C'est ainsi qu'à la l. 1 de Paul, D. *de
divortiis* et à la l. 12, § 4, de Tryphoninus, au D. *de captivis*,
qui posent en principe la dissolution du mariage par la captivité, on pourrait opposer la l. 6 *de divortiis*, où Julien nous dit
au contraire que la femme du captif doit être considérée comme
ayant qualité de femme mariée, puisqu'elle ne peut se remarier
« *temere*, » sans formalités préalables, ajoutant qu'elle n'aura
jamais la faculté de se remarier tant que l'existence de son mari
captif sera connue, et que, lorsqu'il y aura incertitude sur la vie
du prisonnier de guerre, sa femme n'aura le droit de convoler à une nouvelle union qu'à l'expiration d'un délai de cinq
ans.

Mais le style et la rédaction de ce texte suffiraient à établir
qu'il est en partie l'œuvre de Tribonien, alors même que nous
n'en trouverions pas la preuve évidente dans le ch. 7 de la Novelle 22, où Justinien donne exactement la même solution, en
la fondant sur un motif d'humanité.

De même encore, il faut reconnaître des interpolations dans
un autre texte : la l. 8, D. *de captivis*, où Paul, après avoir reconnu que la captivité dissout le mariage, puisqu'il faut le consentement de la femme et l'absence d'un nouveau lien conjugal
pour que son mari de retour puisse la reprendre, revient implicitement sur ce qu'il a dit et se contredit pour ainsi dire lui-
même, en condamnant aux peines du divorce sans cause, *pœnis
dissidii*, la femme qui refuse son consentement sans motifs valables (1).

Il y a là-dessous une évidente interpolation, car outre que les
mots *post constitutum tempus*, « après le temps fixé par la
Constitution, » temps qui n'est fixé que par la Novelle 22 de
Justinien, et les expressions *causa probabilis* et autres d'une
basse latinité, indiquent l'immixtion de Tribonien dans ce texte ;

(1) On est généralement d'accord pour substituer dans cette l. 8, *de captivis*, D.
49-15, le mot *noluerit* à *voluerit*, quoique cependant on puisse à la rigueur l'expliquer telle qu'elle est conçue de la manière suivante : « Si la femme a voulu se remarier sans motif valable, avant le temps fixé par la Constitution. »

une autre loi du même jurisconsulte, de Paul (1), contredit la fin de la l. 8 ; il y déclare en effet, que la captivité est comprise dans les causes de dissolution du mariage.

Il est d'autres textes qu'on ne peut repousser comme renfermant des modifications émanées des rédacteurs du Digeste et qui pourraient au premier abord servir de base à une argumentation tendant à établir que la captivité ne dissolvait pas le mariage, que le mariage n'était pas un état de fait et que la fiction du *postliminium* s'y appliquait. Le plus important de ces textes est une Constitution des Empereurs Sévère et Antonin (2), d'après laquelle, si une femme captive avec son mari vient à mettre au monde un enfant conçu des œuvres de ce mari chez l'ennemi, puis, qu'ensuite elle revienne sur le territoire romain avec cet enfant et son mari, l'enfant sera légitime ; mais si elle revient sans son mari, l'enfant sera *spurius*, considéré comme né d'un père inconnu.

En pareil cas, en effet, le mariage des parents ayant été dissous par leur captivité et les deux époux n'ayant pu revenir ensemble, leur union n'avait pas recouvré rétroactivement sa force première ; l'enfant, d'un autre côté, n'était pas né au moment où son père avait été fait prisonnier, de telle sorte que l'application de la loi Cornelia ne pouvait lui être d'aucune utilité.

Le seul but de ce texte, à notre avis, c'est de poser cette règle, que l'enfant conçu et né de citoyens romains en captivité, peut invoquer le bénéfice du *postliminium*, quoique n'ayant jamais été personnellement fait prisonnier. Mais on peut dire sur cette Constitution : le mariage n'était pas dissous par la captivité ; ce n'était pas un état de fait, puisque le *postliminium* des parents et de l'enfant va le faire revivre. Comment donc faire cadrer cette décision avec celles que nous avons citées ?

Nous répondons que le *postliminium* dans notre hypothèse s'applique non pas au mariage, mais aux personnes : par l'effet

---

(1) L. 56, *soluto matrimonio*, D. 24-3.

(2) Elle forme la Constitution première au Code *de postliminio*, 8-51, et est rapportée par Marcien dans la l. 25, au D. *de captivis*, 49-15 et Ulpien, dans la l. 9 au même titre, s'y réfère.

de cette fiction, les conjoints recouvrent leur qualité de citoyen et sont censés ne l'avoir jamais perdue : donc, en droit, les cérémonies usitées pour le *matrimonium* ont été maintenues, leur effet eût été détruit si l'état de fait n'y eût été conforme ; mais, dans notre hypothèse, les époux étant en fait restés ensemble, on ne peut pas dire que l'état de fait a été contraire à la conservation de l'effet de ces cérémonies.

318. — Ainsi donc, dans le droit classique et jusqu'aux Empereurs chrétiens, le mariage fut dissous par la captivité, il y avait pourtant un cas spécial où il en était autrement ; c'était quand le captif était marié avec son affranchie ; en pareil cas, *propter patroni reverentiam*, elle ne pouvait convoler à une nouvelle union (1). Tel était du moins l'avis de Julien rapporté par Ulpien.

On peut évidemment encore tirer de ce texte un argument *a contrario*, en faveur de l'opinion qui, sauf dans cette hypothèse exceptionnelle, proclame la dissolution du mariage comme conséquence de la captivité de l'un des époux.

319. — Sous l'influence du christianisme, cette législation changea. Une Constitution de Constantin (2), rendue en l'an 357, punit de la perte de sa dot et du dernier supplice, la femme du militaire qui, privée des nouvelles de son mari, se serait mariée clandestinement, et sans remplir les formalités légales (3).

D'abord la femme ne pouvait songer à se remarier, qu'autant qu'il s'était écoulé quatre ans depuis la réception des dernières nouvelles de son mari, parti pour la guerre. Après l'expiration de ce délai, si elle voulait convoler à une nouvelle union, elle devait signifier acte de son intention au chef du corps dont son mari faisait partie. C'était, on le voit, un moyen très-pratique de s'assurer de la mort de ce dernier ou de son existence, et tout au moins de recueillir les renseignements les plus exacts sur son sort.

320. — Justinien cependant abolit ces formalités dans sa Novelle 22, ch. 7, mais pour y revenir plus tard. Il décide dans

(1) L. 45, §6, *de ritu nuptiarum*, D. 23-2.
(2) C. 7, C. *de repudiis*, V.-17.
(3) C'est à ces formalités que Tribonien fait allusion par le mot *temere*, qu'il a introduit dans la l. 6 de Julien, *de divortiis*, 24-2.

cette Novelle que le mariage subsistera tant que la vie du captif sera certaine, sous peine pour le contrevenant de la perte de la donation, *propter nuptias*, si c'est le mari, de la dot, si c'est la femme. Si la vie du captif est incertaine, l'autre époux peut contracter une nouvelle union au bout de cinq ans, et le premier mariage est dissous par la captivité dans des conditions analogues à celles qui se produisent en cas de divorce par consentement mutuel.

Plus tard, dans la Novelle 117, ch. 11 (1), il apporta encore des modifications dans cette matière. D'après cette Novelle, le mariage subsiste pendant toute la durée de la guerre dans laquelle est engagé le mari militaire, même en l'absence de toute nouvelle venant de lui. Si la femme apprend la mort de son mari, et qu'elle veuille se remarier, elle doit alors interroger les premiers archivistes de la légion dont il faisait partie, *priores numeri chartularios*, ou le tribun lui-même, et leur faire jurer sur les Évangiles que son mari est mort, après quoi, elle doit encore rester une année sans contracter mariage. En cas d'inobservation de ces formalités, elle encourait, ainsi que son complice, les peines de l'adultère.

Lorsque les officiers avaient fait un faux serment, ils étaient punis sévèrement, et le mari pouvait reprendre sa femme si bon lui semblait. L'empereur Léon le Philosophe alla plus loin encore, et dans sa Novelle 33, obligea la femme à fournir la preuve du décès de son premier mari, en prononçant contre celle qui enfreindrait cette disposition, les peines de l'adultère.

321. — Nous arrivons au mariage des enfants du captif. Nous avons vu que l'état de ces enfants restait incertain pendant la durée de la captivité, ainsi que les droits qui s'y rattachaient. Nous allons constater une exception à cette règle : elle est relative à leur mariage et a eu pour but de remédier à l'impossibilité dans laquelle ils se seraient trouvés de contracter une union légitime. En effet, d'après les principes, tant que le père était vivant, il pouvait revenir, et par l'effet du *postliminium*, ses enfants étant considérés comme n'ayant jamais cessé d'être sous sa puissance, le mariage qu'ils auraient pu contracter sans son

(1) Authent. Collat. VIII-18.

consentement était nul. Que si au contraire il était retenu captif chez l'ennemi, il ne pouvait, dans cette situation, donner un consentement valable. Or, on ne pouvait laisser les enfants dans une situation semblable, soit qu'on se plaçât au point de vue particulier de la condition des enfants, soit même qu'on ne se préoccupât que de l'intérêt général, « *publica nuptiarum utilitas* (1). »

Les filles ne donnant pas d'enfants à la famille de leur père, on avait considéré qu'il était moins grave de leur permettre de se marier sans le consentement du père captif, puisque le motif principal pour lequel on exigeait ce consentement, à savoir qu'on ne pouvait donner à quelqu'un un héritier contre sa volonté, n'existait pas quant à elles. Aussi, ce fut à elles que l'on permit de se marier tout d'abord, puis ensuite on accorda la même faveur aux fils (2), pourvu toutefois que le conjoint fût de condition telle, que le père n'eût pas refusé son consentement au mariage : « *dummodo eam filius ducat uxorem, vel filia tali nubat, cujus conditionem certum sit patrem non repudiaturum* (3). »

Dans un certain nombre de textes qui établissent cette exception aux principes généraux, on exige que les enfants pour se marier laissent écouler un délai de trois ans depuis la captivité de leur père. Mais ici encore, il faut voir avec Cujas une interpolation de Tribonien, et même une interpolation assez maladroite, puisque n'ayant pas fait cette correction partout (4), il arrive ainsi à mettre Paul en contradiction avec lui-même (5).

(1) L. 12, § 3, D. *de captivis*, 19-15.
(2) L. 12, § 3, D. *de captivis* — l. 9, § 1, D. 23-2, *de ritu nuptiarum*, — l. 11, D. *de captivis*. — Paul : *Sent.*, liv. II, t. 19, § 2.
(3) L. 11, D. 23-2, *de ritu nuptiar*.
(4) L. 12, § 3, D. *de captivis*.
(5) Cpr., l. 10, D. 23-2, *de ritu nupt*. et *Sent*. de Paul : liv. II. tit. 19, § 2.

§ III.

EFFETS DE LA CAPTIVITÉ SUR LES BIENS DU CAPTIF.

————————

322. — Nous savons que pendant la captivité les droits du prisonnier de guerre existaient sous condition résolutoire. Il continuait donc, grâce à la faveur du *postliminium*, à être considéré comme propriétaire des biens qu'il laissait au jour de sa captivité. En général, le préteur nommait, pour les administrer et surveiller les intérêts du captif, un curateur (1), qui devait donner des fidéjusseurs et promettre, sur la stipulation d'un esclave du captif, ou à son défaut, d'un *servus publicus*, « *rem captivi salvam fore* (2). » La nomination de ce curateur n'empêchait pas d'ailleurs le captif d'invoquer à son retour la *restitutio in integrum* (3). Ce curateur devait gérer et administrer les biens du captif, il pouvait demander, eu égard aux successions qui venaient à lui échoir au cours de sa captivité, une *bonorum possessio decretalis*, mais ses pouvoirs n'allaient pas jusqu'à faire pour le prisonnier de guerre adition d'hérédité (4).

323. — A la différence des droits de propriété qui étaient en suspens pendant la captivité, la possession dont jouissait le prisonnier de guerre au jour où il avait perdu la liberté, était interrompue, en vertu de ce principe, que celui qui est l'objet d'une possession ne peut en même temps posséder en son propre

————————

(1) L. 7, § 1, D. *de tutelæ et rationibus*, 27-3 — l. 6, § 2, D. *quib. ex causis in possessione*, 42-4 — l. 59, § 1, *de reb. auctor judicis*, D. 42-5.
(2) L. 3, C. *de postliminio.*
(3) L. 15, pr. et § 1, D. *ex quib. caus. majores*, 4-6.
(4) L. 90, *de adquir. vel. omitt. hered.*, D. 29-2.

nom (1), et le *postliminium* lui-même était impuissant, en cas
de retour du captif, à lui restituer l'effet de la possession pendant la durée de la captivité ; car, la cessation de la possession
étant un fait comme la possession elle-même, il ne dépend pas
d'une fiction de faire regarder comme non fait ce qui l'est, et
comme fait ce qui ne l'est pas. « *Possessio plurimum facti
habet, causa vero facti non continetur postliminio* (2). »

La fiction de la loi Cornelia au contraire s'appliquait en un
certain sens aux choses de fait comme aux droits ; voici en quel
sens : il résulte de ce qui précède que la captivité interrompt
l'usucapion sur les choses que le captif possédait par lui-
même (3) ; mais, s'il vient à mourir en captivité, la fiction de la
loi Cornelia fera considérer les objets qu'il a possédés comme
possédés par son hérédité, hérédité qui, en sa qualité de personne morale, peut usucaper et transmettre la chose usucapée
à l'héritier.

On arrive donc ainsi à ce résultat que, grâce à la fiction de la
loi Cornelia, l'héritier pourra se prévaloir d'une usucapion à
laquelle son auteur ne pourrait prétendre en s'appuyant sur la
fiction du *postliminium*.

Quant aux choses que les fils et les esclaves du captif possédaient à titre de pécule, ou dont ils avaient acquis la possession
au même titre depuis la captivité de leur père ou de leur maître, la possession en subsistait sur la tête du captif, tant que ces
objets ne passaient pas en d'autres mains, et dès lors l'usucapion pouvait s'en accomplir ainsi à l'insu du captif (3).

---

(1) L. 51, § 4, D. *de adquir. rer. dominio*, 41-1 — l. 118, *de regul. juris*,
D. 50-17.
(2) Papinien : l. 19, *ex quib. causis majores*, D. 4-6.
(3) L. 23, § 1, *eod. tit.* — l. 12, § 2, D. *l. captivis.*
(4) L. 29, D. *de captivis* et l. 44, § 7, D. 41-3, *de usucap. et usurecept.*

SECTION III.

Du postliminium.

—————

324. — Nous venons de voir dans la section qui précède la situation du captif, de son conjoint et des personnes sous sa puissance, au cours de la captivité. Mais cette captivité peut prendre fin de diverses manières. Le captif peut en effet revenir, soit qu'il parvienne à s'échapper des mains de l'ennemi, soit que les armées romaines le reprennent, soit enfin qu'il se rachète lui-même ou qu'un de ses concitoyens paie sa rançon. Il peut aussi arriver qu'il meure chez l'ennemi.

Dans le premier cas, c'est le *postliminium* qui s'applique ; dans le second, c'est la loi Cornelia. Examinons d'abord le *postliminium*.

Le *postliminium* est une fiction juridique en vertu de laquelle on considère, comme n'ayant jamais été captif, le citoyen romain qui parvient à sortir des mains de l'ennemi après avoir été fait prisonnier (1).

(1) L. 32, § 1, D. *de hæred. instituendis*, 28-5.

Le *jus postliminii* est le droit qu'a un captif de se prévaloir de cette fiction.

Suivant Justinien (1), l'étymologie de ce mot *postliminium* viendrait de *limen*, seuil, confins de l'Empire, et de *post*, après, derrière. Heineccius au contraire pense que *limen* doit conserver ici son sens propre, et il appuie son opinion sur une coutume bizarre qui nous est révélée par Plutarque (2). Les captifs croyaient, quand ils étaient de retour, qu'il était de mauvais augure de rentrer dans leur maison par le seuil de la porte, et ils s'y introduisaient *per tegulas et impluvium*, par le toit et la cour, situés *post limen*, sur les derrières de la maison.

325. — Il y a deux espèces de *postliminii* : le *postliminium* dont nous avons parlé jusqu'ici et qui s'applique aux personnes, qu'on nomme *postliminium* actif et le *postliminium* qui s'applique aux choses captives, qui sortent du pouvoir de l'ennemi, pour les faire revenir aux mains de leur ancien propriétaire. C'est le *postliminium* passif, *postliminium rerum*. Nous n'avons à traiter que du premier, du *postliminium* actif. Remarquons toutefois avec Pomponius (3) qu'il est un cas où le *postliminium* est à la fois actif et passif, c'est quand il s'exerce dans la personne du fils; en pareil cas, il est actif, en ce sens qu'il lui restitue tous ses droits de liberté, de cité et de famille; passif, puisqu'il redonne sur lui à son *paterfamilias* ses droits de puissance paternelle.

326. — A quelles personnes s'appliquait cette fiction ? à toute personne libre quels que fussent son sexe ou sa condition, qu'il s'agit d'un *paterfamilias* ou d'un fils de famille, d'une femme ou d'un homme, d'un affranchi ou d'un ingénu, d'un militaire ou d'un civil, peu importait. Tous pouvaient également s'en prévaloir, parce que tous avaient également le droit d'être libres (4).

Quand le prisonnier était-il considéré comme étant de retour au point de vue du *postliminium ?* Quand il avait mis le pied

(1) *Inst.*, liv. I, tit. 12, § 5, *quibus modis jus patriæ potestatis solvitur.* Heineccius : *Antiquitatum Romanarum syntagma* (Strasbourg, 1724, in-12). Comment. sur le § 5, *Inst.*, I-12.
(2) *Quæst. Rom.*, V.
(3) L. 14, pr., D. *de captivis.*
(4) L. 19, § 10, D. *de captivis.*

sur le sol romain ou sur celui d'un territoire ami ou allié. D'ailleurs il restait citoyen jusqu'à ce qu'il eût été conduit au camp ennemi; si donc, avant d'y avoir été mené, il parvenait à s'échapper, il n'aurait jamais été captif et le *postliminium* ne lui serait pas nécessaire (1).

327. — Voyons maintenant quelles sont les conditions dont la réunion est nécessaire pour que le *postliminium* puisse s'appliquer.

Il fallait en premier lieu que le captif ne se fût pas rendu à l'ennemi : « *Postliminio carent, qui armis victi hostibus se dederunt* (2). » Quelles que fussent les circonstances dans lesquelles il avait été fait prisonnier, eût-il été entouré d'ennemis, écrasé par le nombre, de même qu'il ne pouvait fuir sans se déshonorer, de même il ne pouvait, sans forfaire à ses devoirs de citoyen et de soldat, mettre bas les armes.

« Que vouliez-vous qu'il fît contre trois? — Qu'il mourût !
« Ou qu'un beau désespoir alors le secourût. »

S'il avait eu un moment de faiblesse, s'il avait préféré la vie à l'honneur, il était à jamais déchu de ses droits de citoyen. On n'admettait pas alors, comme on ne l'a que trop fait depuis, qu'un soldat pût impunément capituler avec sa conscience et son devoir !

328. — Les transfuges ne jouissaient pas non plus du *jus postliminii*, car on les considérait plutôt comme des ennemis que comme des citoyens (3). On avait même sacrifié en pareil cas aux besoins de la discipline les droits du père, qui voyait sa puissance paternelle sur son fils transfuge anéantie, « car, dit Paul, la tendresse paternelle est moins ancienne chez les Romains que la discipline militaire. *Quia disciplina castrorum antiquior fuit parentibus Romanis quam charitas liberorum* (4). »

(1) L. 5, § 1, l. 19, § 3, D. *de captivis*.
(2) L. 17, D. *de captiv*.
(3) L. 19, § 4, D. *de captivis* — l. 14, D. *ex quib. caus. maj.* — l. 51, pr., D. *de adquir. rer. dom.*, 41-1.
(4) L. 19, § 7, D. *de captivis*.

Étaient encore frappés de la même exclusion les captifs qui, ayant la faculté de retourner dans leur pays en vertu d'un traité, ne profitaient pas de cet avantage, et restaient volontairement en pays ennemi (1).

Pour que le captif eût le droit de se prévaloir du *jus postliminii*, la captivité ne devait pas avoir sa source dans une condamnation le livrant à l'ennemi, condamnation qui était encourue en cas de violation de certaines prescriptions du droit des gens, comme, par exemple, quand on s'était porté à des voies de fait envers des ambassadeurs étrangers. Si la captivité était motivée sur un délit de cette nature, le prisonnier, de retour à Rome, ne pouvait réclamer le bénéfice du *postliminium*, qu'autant qu'il avait été « *receptus*, » c'est-à-dire réhabilité par une loi.

Il y avait eu d'ailleurs une controverse entre deux anciens jurisconsultes, Brutus et Scœvola, sur la question de savoir, si en pareil cas, le condamné avait ou non perdu la qualité de citoyen romain (2), et Pomponius nous rapporte une circonstance dans laquelle la question s'était posée en fait.

Un citoyen, Hostilius Mancinus, avait été livré en vertu d'un sénatus-consulte aux habitants de Numance. Ceux-ci ayant refusé de le recevoir, il se présenta à son retour au Sénat ; mais un tribun du peuple demanda et obtint son expulsion en se fondant sur ce qu'il avait perdu sa qualité de citoyen. Il fallut une loi pour le rétablir dans son ancienne condition et il devint plus tard préteur (3).

329. — Il ne suffisait pas que le prisonnier de guerre fût revenu dans sa légion ou dans son pays ; il devait, au point de vue du *postliminium*, y revenir avec l'esprit de retour, avec l'intention d'y rester. C'est ainsi que, pendant la première guerre punique, Attilius Regulus, prisonnier des Carthaginois, envoyé à Rome pour traiter du rachat des captifs, après avoir promis de venir reprendre ses chaînes au cas de refus des Romains, ne put jouir du *postliminium*. Il n'avait en effet jamais eu l'intention de manquer à son serment, et il engagea lui-même les

(1) L. 20, D. *de captivis.*
(2) L. 4, D. *de captivis.*
(3) L. 17, D. *de legationibus*, lib. L, tit. 7 — Cicéron : *de Oratore*, I. 40.

Romains à repousser les propositions qu'il s'était chargé de leur transmettre (1).

L'esprit de retour, l'intention de rester à Rome, *l'animus remanendi*, est donc indispensable et il ne suffit pas que le captif soit en fait revenu si son cœur est ailleurs : « *Non satis est corpore domum quem rediisse si mente alienus est* (2). »

330. — Le *postliminium* a lieu soit en temps de paix, soit en temps de guerre (3).

Si le captif avait été fait prisonnier en temps de guerre et qu'il ne fût pas intervenu dans un traité de clauses spéciales modifiant les règles générales, il devait revenir en temps de guerre pour pouvoir invoquer les avantages du retour honorable. Il fallait que l'Etat retrouvât ses soldats au cours de la lutte, alors qu'il en avait besoin, et d'ailleurs on voulait habituer les citoyens à attendre leur délivrance de leur courage, de leur énergie, et non d'un traité de paix (4).

Un texte de Tryphoninus semble contrarier cette opinion (5) dans sa première partie du moins, mais comme il renferme des propositions contradictoires, il faut reconnaître avec Pierre Faber (6), Cujas et Pothier, la présence dans ce texte d'une erreur typographique, et substituer dans le premier membre de phrase le mot *id* au mot *nihil*. Avec cette modification, on peut le traduire de la manière suivante : « Le *postliminium* est également accordé en temps de paix aux prisonniers de guerre en faveur desquels cet avantage résulte d'un traité. »

Pouvaient au contraire revenir en temps de paix et se prévaloir cependant du *postliminium*, les citoyens qui, surpris par la déclaration de guerre en pays ennemi, y avaient été arrêtés. Ceux-là en effet ne pouvaient être accusés de lâcheté. Aussi fallait-il un article spécial du traité de paix pour les priver du bénéfice du *postliminium*.

Telles sont les diverses conditions dont l'existence est néces-

(1) L. 5, § 3, D. *de captivis.*
(2) L. 26, D. *de captiv.*
(3) L. 5, pr., l. 12, pr., D. *de captivis.*
(4) L. 5, § 1 et 2, D. *de captivis.*
(5) L. 12, pr., D. *de captivis.*
(6) Lib. 1-7, *semestr.*

saire pour que le captif puisse invoquer le bénéfice du *postliminium*. Recherchons maintenant les effets qu'il produit.

331. — Nous avons vu précédemment que la fiction du *postliminium* ne s'applique qu'aux droits parce que les fictions ne
peuvent rien dans le domaine des faits, et nous avons déjà parlé
sommairement du principal effet du *postliminium* qui est de
replacer le citoyen délivré et de retour à Rome, dans la situation même où il était avant sa captivité.

Ce sont les conséquences et la portée de ce principe qu'il
nous faut maintenant étudier, en distinguant selon qu'il s'agit
d'un fils de famille ou d'un *paterfamilias*.

Si le captif est fils de famille, au moment où il est fait prisonnier, et qu'il retrouve à son retour son père encore vivant,
il retombe sous sa puissance, ou, s'il s'est donné en adrogation,
sous celle de son adrogeant; et cela même au cas où l'adrogé
son père, ayant été ensuite émancipé, aurait cessé d'être en la
puissance de l'adrogeant (1).

Si le père de famille est décédé pendant la captivité du fils,
ce dernier à son retour sera considéré comme ayant été *sui juris* du jour du décès de son père et recueillera la succession
comme héritier sien (2).

332. — Le captif était-il au contraire père de famille, il reprenait à son retour ses anciens pouvoirs et sa puissance paternelle, et, comme on rattachait le sort des enfants à celui des
père et mère, il recouvrait cette puissance non seulement sur
son fils même né chez l'ennemi et revenu avec lui, mais encore
sur son petit-fils, ce dernier fût-il né en captivité, et même son
père le *filiusfamilias* y fût-il mort (3).

Non seulement le père de famille, de retour de captivité, ren-
tre dans la plénitude de sa puissance paternelle, mais il recouvre également tous ses droits. Si donc des successions se sont
ouvertes à son profit pendant son absence, il aura droit à la
bonorum possessio (4). De plus, il aura droit aussi à tout ce que

(1) L. 13, D. *de captiv.*
(2) C. 14, C. *de postl.* et Sentences de Paul, l. IV, t. 8, § 24.
(3) L. 8, l. 9, l. 14, § 1, l. 23, l. 25, D. *de captivis.*
(4) L. 1, § 11, D. *unde cognati*, 38-8 et l. 4, § 2, D. *de bonis libert.*,
38-2.

ses fils de famille auront pu acquérir pendant sa captivité (1), même à leur pécule s'ils sont morts avant son retour; enfin, il peut également réclamer toutes les acquisitions qu'ont pu faire ses esclaves.

333. — A la différence du *paterfamilias* qui est *in servitute* et qui, comme tel, étant l'objet d'une possession légale, ne peut, tant qu'il est dans cette condition, ni posséder, ni usucaper, le captif peut, on l'a vu, usucaper par ses esclaves pendant sa captivité, mais si le captif n'ayant pas de représentants, et si ses esclaves ayant acquis *à non domino*, le véritable propriétaire de la chose ainsi usucapée n'a pu revendiquer contre personne en temps utile, l'usucapion étant alors injuste, le préteur refusait de la reconnaitre et accordait contre elle la *restitutio in integrum* pendant une année à compter du retour du captif (2). Il en était de même au cas où un tiers avait usucapé contre le captif pendant qu'il était dans l'impossibilité de revendiquer (3).

A la suite de cette *restitutio in integrum*, le véritable propriétaire et le captif ont contre l'usucapion qui s'était opérée à leur préjudice, soit une action *in rem utile*, rescisoire, pour reprendre le bien usucapé, soit une action utile *ex testamento* ou une pétition d'hérédité utile pour reprendre l'hérédité dont les objets auraient été usucapés (4).

Quant à l'exception *justi dominii*, que le possesseur qui a usucapé et qui est dès lors devenu *dominus ex jure quiritium* pourrait opposer, le préteur avait le droit, *causa cognita*, de refuser de l'insérer dans la formule, ou s'il consentait à l'y admettre, il pouvait l'annihiler en la faisant suivre d'une réplique conçue dans des termes analogues à ceux-ci : « *Si non me absente usucepisti* ou bien encore *si non, dum esses absens, ne defendebaris rem meam usucepisti*, suivant les cas (5). Dioclétien et Maximien décidèrent que le préteur écarterait de la formule toute question de propriété résultant de l'usucapion et devrait admettre la revendication directe du captif de retour (6).

---

(1) L. 11, *de verb. obligat.*, D. 43-1.
(2) L. 1, § 1, D. *ex quib. caus. maj.*, 4-6.
(3) L. 1, D. *de in integr. restitut.*, IV-1.
(4) L. 17-27-41, D. *ex quib. causis major.*, 4-6.
(5) L. 28, § 5, *ex quib. causis majores*, 4-6.
(6) C. 18, C. *de postliminio*, — C. 21, C. *de rei vindicatione*, III-32.

Justinien étendit à quatre années consécutives l'année utile et, créant l'interruption civile, donna au propriétaire présent la faculté d'interrompre, par une simple protestation faite devant le magistrat, l'usucapion commencée par l'absent (1).

334. — Le testament, fait avant sa captivité par le prisonnier de guerre et qui avait été rompu par cet événement, reprenait toute sa force en vertu du *jus postliminii*. Le prisonnier, étant censé n'avoir jamais été chez l'ennemi, n'avait pas cessé de jouir de la *factio testamenti* (2). Si au contraire le captif a testé pendant sa captivité, son testament n'a aucune valeur. Le captif ne pouvait en effet valablement tester, pour cette raison qu'il fallait dans tout testament la présence d'un certain nombre de témoins citoyens romains et qu'en captivité c'était une condition impossible à réaliser (3).

Que décider quant aux codicilles faits au cours de la captivité ?

En principe « *jure subtili*, » ils ne sont pas valables (4). Cependant Tryphoninus admettait, pour des raisons d'humanité, au profit du captif de retour, la validité des codicilles faits en captivité, s'ils avaient été confirmés par avance dans un testament antérieur à la captivité. Mais son opinion n'était pas universellement adoptée et un jurisconsulte de la même époque, Marcien, la repoussait formellement pour s'en tenir aux principes généraux (5).

La fiction du *postliminium* qui replaçait le captif de retour dans sa situation antérieure n'était pas toujours avantageuse pour lui ; si par exemple il était déporté, il devait reprendre, en vertu du *postliminium*, son ancienne condition de déporté, avec résidence forcée dans une île (6). De même une femme condamnée au travail des salines n'évitait pas, par une captivité momentanée (7), l'accomplissement de sa peine, qu'elle subis-

---

(1) C. 2, C. *de Annali exception.*, VII-40 et C. 7, C. *de temp. in integr. restitut.*, II-53.
(2) L. 9, *de injusto rupto irrito facto testament.*, D. 28-3.
(3) L. 8, pr. D. *qui testament. facere possunt.* 28-1.
(4) L. 6, §3, D. *de jure codicill.*, 29-7 et l. 12, § 8, D. *de captivis.*
(5) L. 7, D. *de jure codicil.*, 29-7 et l. 13, § 8, *in fine, de captivis.*
(6) L. 12, § 13, D. *de captivis.*
(7) L. 6, D. *de captivis.*

sait à son retour. Enfin, si le captif exerçait une tutelle au jour de sa captivité, il devait la reprendre également à son retour. Dans l'intervalle, on le remplaçait momentanément par un tuteur nommé en vertu des lois Atilia ou Julia et Titia (1).

335. — Nous avons vu que le *postliminium* s'appliquait aux droits, mais non à ce qui était de pur fait. Par application de ce principe, le militaire ne pouvait réclamer de solde pour le temps qu'il avait passé au pouvoir de l'ennemi. Il ne pouvait non plus prétendre à une part quelconque dans les dons faits pendant ce temps aux soldats pour quelque motif que ce fût.

APPENDICE.

Du rachat des captifs.

356. — Nous avons jusqu'alors considéré le captif comme étant de retour, du jour où il était rentré sur le territoire de Rome ou d'un peuple ami, et comme pouvant, à partir de ce moment, se prévaloir du *jus postliminii*. Cette règle comporte des exceptions : ainsi, quand la rançon du captif a été payée par un de ses concitoyens avec de l'argent qui ne lui appartient pas et qu'il devra rembourser au rédimant, il ne pourra exercer le *jus postliminii*, qu'après s'être préalablement libéré de cette dette.

Evidemment, si c'était avec son propre argent que sa rançon eût été payée, le captif rentrerait dans la condition ordinaire et on suivrait à son égard les règles générales. Il en serait encore de même, s'il eût été racheté par certaines personnes qui lui

(1) *Instit.*, § 2, D. *de Atiliano tutore*, 1-20 — l. 1, § 2, D. *de legit. tutor.*, XXXVI-1.

fussent attachées par des liens de parenté et d'affection tels que *l'officium pietatis* leur imposât le devoir de le délivrer, par exemple ses enfants émancipés et ses plus proches parents. Si les enfants manquaient à cette pieuse obligation, on les privait, sauf au cas où ils étaient mineurs, de l'hérédité de leur père mort chez l'ennemi, hérédité qui leur aurait été attribuée en vertu de la loi Cornelia; et c'était justice, car on interprétait ainsi la volonté du père. Il était en effet naturel de penser que ce dernier eût exhérédé l'héritier qui aurait reculé devant un faible sacrifice pour le racheter.

Lorsqu'un fils a été racheté par sa mère, il n'est point dispensé des charges publiques comme n'étant pas libre et tenu de servir sa mère qui l'a racheté jusqu'à acquittement de sa rançon : en pareil cas assurément le parent ou l'enfant du . captif qui l'avait racheté ne pouvait s'appuyer sur sa créance pour empêcher le rédimé d'exercer le *jus postliminii :* son but avait dû être moins la réalisation d'un bénéfice pécuniaire que l'accomplissement d'un devoir (1).

D'ailleurs, même au cas où le rédimé était tenu de se libérer envers celui qui avait payé sa rançon et voyait ajourner jusqu'à l'acquittement de cette dette, le droit de se prévaloir du *postliminium*, cet ajournement, cette suspension de ses droits lui étaient personnels et ne frappaient que lui seul. Si, par exemple, dans l'intervalle, entre le rachat et le remboursement, une captive est devenue mère, ses enfants ne seront pas tenus comme elle du remboursement, parce que, disent les Empereurs Dioclétien et Maximien, le prix n'a pas été payé pour eux (2).

337. — Quelle était la situation du rédimé avant le remboursement ? Quelle était pendant cette période la nature du droit du rédempteur ?

Jusqu'au remboursement, nous l'avons vu, le rédimé ne pouvait se prévaloir du *postliminium*, mais sa position était préférable à celle qu'il avait chez l'ennemi ; il n'était plus esclave, ni même en servitude, seulement son rédempteur avait sur sa personne une sorte de gage que les jurisconsultes appellent gage

(1) C. 17, C. *de postlim.*, VIII-51.
(2) C. 8, C. *de postlim.* Dans ce texte, il faut, pour qu'il devienne compréhensible, remplacer le mot *nullis* par *ullis* ou *nonnullis*.

naturel, comme garantie du paiement de la créance, « *Veluti naturalis pignoris vinculum* (1). »

Il faut conclure de là que, si le rédempteur a voulu en payant la rançon du captif lui faire une libéralité, il n'a jamais eu sur le rédimé aucun droit de gage, et que celui ci peut invoquer dès qu'il est de retour le *jus postliminii* (2).

Autre conséquence de la même règle. S'il est prouvé que le rédempteur a fait remise de sa dette au rédimé, celui-ci n'est pas pour cela devenu affranchi, mais il est rétabli dans son ingénuité que lui avait fait perdre la captivité, et il n'est obligé envers les enfants du rédempteur à aucun des devoirs dont sont tenus les affranchis envers leurs patrons (3). Enfin, dernier corollaire du même principe : le rédempteur ne doit pas abuser de son gage, ni traiter la fille rédimée comme une esclave, et la prostituer, sous peine de perdre son gage.

338. — Il reste à examiner les modes d'extinction de ce droit de gage naturel ; ce sont :

1° La restitution de la rançon, restitution que le rédempteur, comme tout créancier, était obligé d'accepter, sans pouvoir réclamer directement ni indirectement une somme plus forte que celle qu'il avait déboursée pour le rachat : le droit de remboursement ayant été accordé au rédempteur dans des vues d'intérêt public, pour exciter au rachat des captifs et non pour faire réaliser des bénéfices à celui qui ne devait voir dans ce rachat que l'accomplissement d'une bonne action (4).

Pour les mêmes raisons, on avait décidé que, si le rédempteur cédait à un tiers son droit de gage sur le rédimé, ce tiers ne pourrait avoir sur lui des droits plus étendus que le rédempteur (5), et que même, au cas où le prix de cession serait plus élevé que le prix de rachat, ce serait toujours uniquement la somme déboursée pour sa rançon que le rédimé devrait restituer, sauf recours du cessionnaire contre le rédempteur par l'action *ex emplo* (6).

(1) C. 2, C. de postliminio.
(2) C. 2, C. de postliminio.
(3) C. 11, C. de postliminio.
(4) C. 6, C. hoc tit.
(5) C. 21, C. de pignor., VIII-11.
(6) L. 19, § 9, D. de captivis.

2° Le droit de gage s'éteint encore par la remise du prix de rachat, remise qui se présume du mariage entre le rédempteur et la personne rachetée (1).

3° Enfin, il y a encore extinction du droit de gage par la mort du rédimé, c'est-à-dire par la perte de la chose engagée (2).

Jusqu'au moment où le gage était éteint par un de ces modes d'extinction, le rédimé devait au rédempteur tous ses services, et était en fait, sinon en droit, dans une position analogue à celle d'un esclave.

Une Constitution des Empereurs Honorius et Théodose décida qu'après cinq années de services, « opere quinquennii, » le rédimé serait censé avoir payé sa rançon, par conséquent serait libéré vis-à-vis de son rédempteur et libre de se prévaloir du jus postliminii (3).

Quand, quelques années plus tard, vers 428, on soumit toutes les donations supérieures à 200 solides à la formalité de l'insinuation, on dispensa de cette formalité un certain nombre de donations faites dans des vues louables. Dans ce nombre, il faut placer celles qui seraient faites pour racheter des captifs.

SECTION IV.

Fiction de la loi Cornelia.

339. Origine de la loi Cornelia. — **340.** Son application à l'état des personnes. — **341.** Ses effets au regard du captif lui-même. *Quid* quant à son hérédité *ab intestat* ? — **342.** *Quid* quant à son testament et aux substitutions qu'il peut renfermer ? — **343.** Dérogation aux conséquences logiques du principe de la loi Cornelia.

339. — Il est une catégorie de captifs dont il nous reste à traiter : ce sont ceux qui meurent pendant leur captivité. Nous

(1) C. 13, C. *de postliminio* et l. 21, pr., D *de captivis.*
(2) L. 13, D. *de captivis.*
(3) C. 20, C. *de postliminio*, 8-51 — V. Ortolan : 2-471.

avons vu que dans le principe ces captifs étaient considérés comme ayant été esclaves depuis le jour de leur captivité, car la fiction du *postliminium*, étant subordonnée à la condition de leur retour, ne leur était pas applicable. C'est en l'an 673 de Rome que fut voté, sur la proposition du dictateur Cornelius Sylla (1) un plébiscite qui porte son nom, la loi Cornelia *de falsis*. Cette loi renfermait deux chapitres, l'un qui édictait certaines peines contre les faux et les suppressions en matière de testament, l'autre qui renfermait la fiction dont nous allons examiner les effets (2). Voici dans quelles circonstances cette loi fut portée.

On s'était demandé si le faux constaté sur le testament d'un militaire, fait prisonnier et mort *in servitute*, était punissable ? La négative paraissait bien évidente, car le citoyen mort en captivité ne pouvait avoir ni succession légitime ni hérédité testamentaire. Le faux ne causait plus aucun dommage et le crime semblait disparaître.

Afin de pouvoir punir le faux, même dans cette hypothèse, la loi Cornelia proclama la validité du testament et le fit reposer sur cette fiction que nous connaissons déjà et en vertu de laquelle on considère le captif mort chez l'ennemi comme décédé au moment où il a été fait prisonnier. Puis on généralisa cette fiction qui eut bientôt des applications dans toutes les parties du Droit (3).

On peut trouver des hypothèses dans lesquelles s'appliquaient à la fois la fiction du *postliminium* et celle de la loi Cornelia. Supposons qu'un père et son fils soient faits prisonniers en même temps ; le père meurt en captivité, le fils s'échappe et revient. Le père étant, grâce à notre fiction, censé mort à l'instant

(1) Certains auteurs ont cependant pensé qu'elle remontait aux guerres puniques et aurait été proposée par un des Scipions.

(2) On a émis l'opinion que la fiction n'aurait pas été instituée directement, mais tirée d'une loi de Sylla, *lex Cornelia testamentaria*, qui punissait la falsification du testament d'un captif. Mais comme cette déduction exige un certain effort d'imagination et de logique, il est plus naturel de penser que la fiction a été établie expressément. Du reste, les textes semblent la considérer comme résultant immédiatement de la loi et non d'une interprétation doctrinale. L. 10, § 1, D. *de captivis*, 49-18 — L. 12, D. 28-3.

(3) L. 18, D. *de captivis*, 49-15.

même où avait commencé la captivité, était mort en pleine possession de ses droits civils et politiques et avait pu avoir une succession légitime ou une hérédité testamentaire, le fils reprenait donc les biens de son père avec tous les accroissements qu'ils avaient pu recevoir depuis le jour où avait commencé la captivité ; il se retrouvait dans la même situation que s'il avait toujours été *in civitate*.

340. — Nous savons que la fiction de la loi Cornelia s'applique à toutes les parties du Droit ; voyons-en les principales applications, et en premier lieu au point de vue de l'état des personnes.

Le captif mort chez l'ennemi, étant présumé l'être du jour de sa captivité, à compter de cette époque les fils de famille sont devenus *sui juris* et *patresfamilias* ; ceux qui sont nés postérieurement à sa captivité sont réputés posthumes. Tous par conséquent seront propriétaires des divers biens qu'ils avaient cru acquérir pour leur père captif, par stipulation, tradition ou legs (1), du jour où ils les ont acquis. Si un captif mort en captivité a laissé à Rome un fils, qui lui-même est décédé postérieurement à la captivité de son père, mais avant que ce dernier ne soit mort chez l'ennemi, ce fils, qui, pendant sa vie était soumis conditionnellement à la puissance paternelle, sera présumé avoir vécu et être mort *paterfamilias*, et son agnat le plus proche sera son héritier (2).

Quant aux biens qui seraient échus au captif depuis sa captivité, mais dont l'acquisition serait subordonnée à son existence au moment de l'échéance, comme ceux qui lui seraient advenus par legs, par exemple, ces biens ne lui appartiendront pas puisque la mort est censée remonter au jour de la captivité, et la nullité du legs n'est pas douteuse (3).

Nous avons dit précédemment que l'enfant, né et conçu chez l'ennemi de parents captifs, était réputé né d'un père inconnu, *spurius*, s'il revenait avec sa mère seule ; le père étant considéré en vertu de la loi Cornelia comme mort avant la conception,

(1) L. 12, § 1, D. *de captivis* — l. 44, § 7, D. *de usurpat.*, 41-3.
(2) L. 15, D. *de suis et legitim. hered.*, 38-16.
(3) L. 101, § 1, D. *de legatis*, 1.

cet enfant n'avait par conséquent aucun droit à la succession de son père.

L'empereur Léon le Philosophe, appliquant dans cette hypothèse le *postliminium* aux parents morts en captivité, décida par une faveur exceptionnelle que cet enfant recueillerait la succession de ses parents, fussent-ils morts tous deux en captivité (1).

Dans ces différents cas, l'effet de la loi Cornelia, est donc de mettre un terme à l'incertitude que laisse exister l'espoir du retour du captif. Remarquons d'ailleurs que ce changement d'état des fils du captif s'opérant au jour de la captivité n'est pas un effet propre et spécial à la loi Cornelia ; il se produisait déjà antérieurement. En effet, dès avant cette loi, il était de principe que le captif qui mourait à l'ennemi mourait esclave (2) ; cet esclavage, d'un autre côté, n'étant pas effacé par le *postliminium*, remontait au jour où la captivité avait commencé, et, comme il avait pour résultat la dissolution de la puissance paternelle, on arrivait au point de vue de l'état des fils du captif, avec les principes admis antérieurement à la loi Cornelia, à un résultat analogue à celui qui était produit par cette loi.

341. — Mais c'est au regard du captif lui-même que cette loi produit son effet. Avant elle, il mourait esclave ; par son bénéfice, il sera réputé mourir citoyen, il aura une hérédité ; le testament qu'il aurait pu faire et qui aurait été *irritum* sera valable ; enfin on se trouvera en présence des mêmes effets qui se seraient réalisés, s'il était mort en réalité dans sa patrie (3).

Les conséquences de cette situation sont faciles à déduire ; si le captif laisse une hérédité, elle sera dévolue à ceux qui l'auraient obtenue s'il était mort au jour de sa captivité, sans qu'il y eût à distinguer s'il s'agit d'un héritier testamentaire ou d'un héritier légitime, la loi Cornelia confirmant aussi bien l'hérédité *ab intestat* du captif que son hérédité testamentaire (4).

---

(1) Nov. 36.
(2) L. 3, § 1, D. de verb. significat.
(3) L. 44, § 7, D. de usurpat., et l. 6, § 8, D. de inj. rupt. irr. test., 28-3.
(4) L. 1, pr. in fine. D. de suis et leg. hered., 38-16, l. 22, pr., de captivis.

Mais une difficulté se présentait quant à l'adition. En effet, d'une part l'héritier n'est saisi de la succession et en état de la transmettre à ses héritiers que du jour de l'adition, et cette adition ne peut avoir lieu que du jour de l'ouverture de l'hérédité, c'est-à-dire quand il y a certitude que le captif ne reviendra pas. Or, tant qu'il n'y a pas eu adition, si l'héritier vient à mourir, ce n'est pas à ses héritiers, mais au degré subséquent que l'hérédité sera déférée (1).

D'un autre côté, si l'incertitude sur la mort du captif se prolongeait indéfiniment, les biens composant sa succession restant sans qu'on en jouit pendant un temps indéterminé, le fisc aurait pu les revendiquer comme biens vacants. Pour remédier à tous ces inconvénients, le préteur donna à l'héritier du captif, même avant la mort de celui-ci, une *bonorum possessio decretalis*, dont l'effet était limité à la durée de l'incertitude. Aussitôt qu'on connaissait la mort du captif, celui qui avait obtenu cette *bonorum possessio decretalis* pouvait demander une *bonorum possessio edictalis*, qui le rendait définitivement maître des biens du captif. C'est encore à la loi Cornelia que l'héritier du captif doit cette *bonorum possessio*. Sans cette loi, en effet, le captif, étant mort esclave, ne laisserait ni héritier testamentaire ni héritier légitime (2).

D'ailleurs, pour l'attribution de l'hérédité, on suivait les règles ordinaires : ceux qui étaient appelés à défaut d'agnats obtenaient la *bonorum possessio unde legitimi* et on accordait au patron sur les biens de son affranchi mort en captivité la *bonorum possessio unde legitimi* ou *contra tabulas* (3).

342. — Ainsi donc, grâce à la fiction de la loi Cornelia, l'hérédité *ob intestat* du captif allait à ses héritiers légitimes ; pour les mêmes raisons, son testament antérieur à sa captivité produisait son effet comme si le testateur n'avait jamais été au pouvoir de l'ennemi (4) et Julien en tire plusieurs conséquences.

Si le captif, dit-il, a laissé un fils, ce fils sera héritier sien, bien qu'au moment de la mort du père, ce dernier ait cessé

---

(1) C. 4, C. *de postliminio*.
(2) L. 5, § 6, l. 12, § 1, D. *de bon. poss.*
(3) L. 4, § 1, D. *de bon. libert.*, 38-2.
(4) L. 12, D. *qui testam. fac. poss.*, 28-1.

depuis longtemps d'avoir la qualité de *paterfamilias*. « *Quam-vis suus heres dici non possit, qui in postestate morientis non fuit.* »

Mais cette fiction, qui faisait bénéficier le militaire de tous les avantages qu'il aurait eus s'il était décédé au moment même où il avait été fait prisonnier, ne pouvait aller jusqu'à faire abstraction des faits postérieurs à cette mort fictive.

Si, par exemple, un posthume naissait au captif sans qu'il eût d'avance manifesté l'intention de l'exhéréder, son testament était rompu, *ruptum*, comme il l'eût été si le prisonnier de guerre était mort au moment où avait commencé sa captivité (1), et alors même que cet enfant viendrait à mourir ensuite.

Grâce à la loi Cornelia, le captif conservait non seulement la faculté de transmettre ses biens par testament, mais encore de substituer à son fils, pour le cas où celui-ci viendrait à mourir impubère et avant d'avoir acquis la *testamenti factio* (2).

En effet, le père étant réputé mort au moment même où il était pris, le testament qui contenait la substitution n'était pas rompu, et l'impubère encore sous sa puissance, au moment de ce décès fictif, s'il venait à mourir avant d'avoir acquis la *factio testamenti*, avait forcément pour héritier le substitué qui lui avait été désigné par son père.

Pour que la substitution pupillaire produise son effet, il faut que le fils impubère devienne *sui juris*, par le décès du père; si donc, avant la mort de son père, c'est-à-dire avant sa captivité, le fils de famille, dans notre hypothèse, sortait de sa puissance, ou s'il venait à mourir, la substitution serait sans effet (3). Mais du moment où le fils est mort à une époque postérieure au décès fictif de son père, il importe peu, au point de vue de la validité de la substitution, qu'il soit mort, alors que son père est encore vivant chez l'ennemi. En pareil cas, évidemment, on devra, pour connaître le sort de la substitution pupillaire faite par le captif avant sa captivité, attendre si le captif revient ou non. S'il ne revient pas et qu'il meure chez l'ennemi, la subs-

---

(1) L. 22, § 4, D. *de captivis*, et l. 15, D. *de injusto rupto*, 28-3.
(2) L. 10, pr., D. *de captivis*.
(3) L. 15, D. *de suis et legit. hered.*, 38-16.

titution rétroagira au jour du décès du fils impubère (1). Comme
on le voit, la fiction était plus puissante que la vérité.

Si maintenant nous supposons que c'est le fils impubère qui
est fait captif du vivant de son père, s'il meurt à l'ennemi, fût-
ce même après son père, la substitution pupillaire restera sans
effet, car, en vertu de la loi Cornelia, le fils sera censé mort
avant son père à une époque où il était en puissance et ne pouvait avoir ni biens ni héritier (2).

Une dernière hypothèse peut se produire : le père et le fils
sont tous deux captifs et meurent tous deux chez l'ennemi. Si
le père et le fils sont pris en même temps, ou si c'est le fils qui
est fait prisonnier le premier, la substitution sera sans effet
puisque le fils, n'ayant jamais été propriétaire, n'a pu laisser
d'hérédité.

Si nous supposons au contraire que le fils n'est pris qu'après
son père et meure chez l'ennemi, *quid ?* En pareil cas, il y a
controverse entre les jurisconsultes : Scœvola refuse d'appliquer
la loi Cornelia et de valider la substitution (3) ; Papinien au contraire décide que, le père étant présumé mort le premier, la loi
Cornelia doit suffire à faire admettre le substitué, de même que
si le fils était mort à Rome après le décès de son père chez l'ennemi (4).

Cette seconde solution paraît préférable ; en effet, avec la fiction de la loi Cornelia, le fils a survécu à son père, il est donc
devenu *sui juris* et a recueilli sa succession ; puis ayant été fait
captif et étant réputé mort avant sa puberté, il a laissé une
hérédité qui doit aller au substitué pupillaire que son père lui a
donné. L'opinion de Papinien est d'ailleurs celle qui a prévalu.
Ce désaccord entre le maître et le disciple provient sans doute
de ce que le texte de la loi Cornelia ne disait rien de la matière
de la substitution pupillaire.

313. — Une application rigoureuse de la loi Cornelia aurait
conduit à n'accorder aux héritiers que les biens du défunt au
moment de la mort fictive. Mais c'eût été dépasser le but de

(1) L. 11, pr., D. *de captivis.*
(2) L. 28, D. *de vulg. et pupill. substitut.*
(3) L. 29, D. *de vulg. et pupill. subst.*
(4) L. 11, § 1, D. *de captivis.*

cette loi qui n'avait eu en vue, par cette fiction favorable, que d'assurer la transmission régulière des fortunes, suivant les dernières volontés du captif, ou dans l'ordre présumé de ses affections. Aussi l'héritier recueillait-il, avec les biens qui appartenaient au défunt lors de sa captivité, ceux acquis jusqu'au moment de sa mort réelle, en vertu des traditions qu'on avait pu faire à ses esclaves ou des stipulations faites par eux, non pas nommément pour leur maître, *domino*, mais *simpliciter* ou pour l'hérédité (1).

Tels sont les effets de la fiction de la loi Cornelia. Elle s'applique, comme on le voit, à toutes les parties du droit, soit qu'elle valide le testament du captif antérieur à sa captivité, et même les substitutions pupillaires qu'il peut contenir, soit qu'elle attribue l'hérédité, *ab intestat*, à ceux qui y auraient eu droit s'il fût mort au moment où il a été fait prisonnier.

Nous avons terminé avec cette matière ce que nous avions à dire de particulier sur les prisonniers de guerre, et de général sur la condition juridique des militaires en droit romain.

(1) Papinien : l. 18, § 2, D. *de stipulat. serv.*, 45-3.

DEUXIÈME PARTIE.

DROIT FÉODAL ET COUTUMIER.

CONDITION JURIDIQUE DES MILITAIRES EN FRANCE

JUSQU'A LA LÉGISLATION ACTUELLE.

CHAPITRE PREMIER.

RECRUTEMENT.

---

311. — Organisation de la tribu germanique. — **315.** La bande. — **316.** Levée en masse des Gallo-Romains en cas de besoin. — **317.** Transformation de la bande. — **318.** Modifications apportées par Charlemagne dans le recrutement. Le *fodrum*. — **319.** Cas d'exemption. — **350.** Moyens de contrôle. — **351.** Comparaison du recrutement sous Charlemagne avec le recrutement à Rome. — **352.** Organisation de la levée en masse. — **353.** Le clergé et le service militaire. — **354.** Le système de recrutement organisé par Charlemagne tombe avec lui. — **355.** Organisation du ban féodal. — **356.** L'arrière-ban. — **357.** Critique du système de recrutement féodal. — **358.** Origine de l'armée soldée: fiefs de soudée. — **359.** Milices communales. — **360.** Chute du ban féodal. Nouvelle législation du recrutement : les grandes compagnies. — **361.** Vices de l'organisation de cette nouvelle armée. — **362.** Réorganisation de l'armée par Charles VII : compagnies d'ordonnance, *carabins* et *cranequiniers*. — **363.** Création des Francs-archers ou *Francs-taupins*.

Laissant de côté l'organisation militaire dont l'étude n'offre plus au point de vue de nos recherches une importance comparable à celle qu'elle présentait sous la période romaine, nous abordons l'histoire du recrutement dans l'ancien droit (1).

<hr>

SECTION I.

Temps antérieurs aux armées permanentes.

<hr>

344. — Les diverses peuplades germaines qui se fixèrent sur le territoire de la Gaule, les Francs en particulier, conservèrent après la conquête une organisation sociale et militaire analogue à celle qu'ils avaient avant leur migration. Longtemps encore après le passage du Rhin, on retrouve chez eux, toujours vivace, la double organisation de la *tribu* et de la *bande*.

La *tribu*, composée d'un certain nombre de familles, réunies par des liens de parenté ou des relations de voisinage, formait la partie sédentaire de la population. Elle comprenait des hommes libres ou guerriers *arrimanni*, et des hommes de glèbe, *liti* ou *lidi*, qui cultivaient les terres, avec l'aide d'esclaves recrutés généralement parmi les captifs. Seuls, les arrimanni avaient le droit de porter les armes ; seuls, ils pouvaient prendre part aux assemblées (*mall* ou *mallum*), qui se réunissaient périodiquement, pour statuer sur les intérêts généraux de la tribu. L'égalité la plus absolue régnait entre eux ; la seule autorité reconnue était celle des vieillards.

Tous les ans, au premier mars, les guerriers des différentes tri-

(1) V. surtout pour cette étude historique du recrutement en France, les ouvrages suivants :
Histoire de France de M. Henri Martin, passim. — *Histoire des institutions militaires avant les armées permanentes*, par M. E. Boutaric (Paris, in-8° 1863). — *L'organisation militaire*, par M. C. Guyho. (Paris, in-8°, 1869), et enfin *Essai sur les institutions militaires* de M. Chassignet. (Paris, in-8°, 1869.)

bus se rendaient à une assemblée générale sous la présidence
du *Konung* ou roi, magistrat élu à '- par tous les arrimanni,
et toujours choisi parmi les membres d'une famille privilégiée.
Dans ce mall, on discutait les questions de paix ou de guerre ; le
roi proposait, conseillait, mais n'était que l'exécuteur des réso-
lutions prises par l'assemblée. Si la guerre était décidée, on entrait immédiatement en campagne, sinon chaque guerrier était
libre de partir en expédition pour son propre compte, et comme
bon lui semblait.

315. — Mais ces entreprises isolées n'offraient que des profits
souvent peu rémunératoires, toujours fort chanceux : des as-
sociations particulières se formèrent au sein de chaque peu-
plade sous le nom « *d'arrimannies* » dont les membres se ju-
raient dans leurs expéditions privées un mutuel secours. Telle
fut l'origine de la *bande.*

Dans cette bande comme dans toute réunion d'hommes organisée en vue de la guerre, ce n'était plus le principe de l'égalité,
mais le principe de la suprématie d'un chef, de la clientèle aristocratique, qui dominait. Aussi le chef avait-il sur ses guerriers,
qu'on appelait *leudes* ou *antrustions* (1), un pouvoir très-étendu.

L'élément principal des armées Franques, même après la
conquête, consistait donc dans ces bandes ou arrimannies ; leur
recrutement, éminemment volontaire de la part de ceux qui les
formaient, ne nécessitait aucune des formes compliquées que
l'on rencontre chez des nations plus civilisées, et il avait été
pleinement superflu d'édifier une législation pénale, pour contraindre à l'accomplissement d'un devoir dans l'exécution duquel chaque appelé voyait une occasion de plaisir et de profit.

316. — A côté des vainqueurs, on trouvait en grand nombre
les anciens habitants, les Gallo-Romains : ils avaient conservé
leurs mœurs, leurs lois, leur langue, et même en général leurs
terres (2). Les Francs leur avaient laissé leurs anciennes divisions administratives et territoriales, en substituant des Ducs,
herezog, et des Comtes de leur race aux magistrats romains. Soit
mépris, soit défiance, on leur demandait rarement le service

(1) Hommes qui sont dans la *truste* (foi), du seigneur.
(2) Les Francs en effet ne s'emparèrent, du moins en général, que des *Fiscalia,*
terres appartenant à l'Etat sous la domination romaine.

militaire ; toutefois, en cas d'invasion, le comte pouvait faire
publier le ban de guerre (*bannir*), par lequel il appelait tous les
propriétaires de son comté à se réunir en armes pour repousser
l'attaque. Au jour fixé, il les passait en revue, examinait l'état
de leurs armes et de leurs approvisionnements, et prononçait
l'amende du *hériban* contre ceux qui ne se présentaient pas
dans les conditions voulues ou contre les absents sans motifs
valables. Les seules excuses admises étaient la maladie, l'âge
ou la pauvreté ; toutefois on tolérait le remplacement par un
proche parent n'ayant pas à marcher pour son propre compte.

En résumé, à l'origine, il y a donc deux modes de recrutement : l'enrôlement volontaire dans la bande, la levée en masse
en cas d'invasion.

347. — Cet état de choses se maintint, sauf quelques modifications, pendant toute la période mérovingienne. Peu à peu,
cependant la bande germanique tend à se transformer et à disparaître : c'est la conséquence de son établissement sur le sol
conquis et du fractionnement qui en résulte. En effet, lors de
la conquête, chacun des chefs s'était emparé, suivant son importance dans la tribu, d'une portion de territoire (*alleu* ou
al-od, terre franche) ; il s'y était établi avec sa bande pour y
vivre dans une indépendance absolue, sauf à répondre à l'appel
aux armes, quand il avait été voté par l'assemblée générale.
Pendant longtemps, en dehors de cette dissémination, rien ne
fut changé dans l'organisation de la bande. Mais bientôt le goût
de la propriété foncière s'enracinant de plus en plus, et la vie
en commun, telle qu'on la menait alors, devenant moins prati-
cable, les chefs durent répartir entre leurs guerriers une partie
de leurs alleux, à charge par ces derniers de les suivre à la
guerre comme autrefois. Ces concessions territoriales, appelées
bénéfices quand le guerrier était Gallo-Romain, *Fe-od* (terre de
récompense), s'il était de race franque, furent d'abord temporaires, puis viagères et enfin héréditaires.

Ce mouvement d'isolement allant en s'accentuant de plus en
plus, le lien qui reliait les anciens membres de la bande se
relâcha peu à peu, jusqu'au moment où les bénéficiaires et feu-
dataires obtinrent de n'être plus obligés à servir le chef dont ils
tenaient leur domaine, dans ses guerres privées, mais seulement à marcher sous sa bannière pour le service du roi.

348. — Ce fut cette disparition de la bande, favorisée par le pouvoir royal, qui permit à Charlemagne de soumettre tous les habitants de l'empire à un même mode de recrutement. Il porta le dernier coup à cette institution en défendant à ses officiers et aux grands propriétaires, par un capitulaire resté célèbre, de lever des gens de guerre sans son autorisation formelle, et il veilla avec d'autant plus de vigilance à l'exécution de cette prescription qu'elle tranchait plus hardiment avec l'ancien droit germanique.

Jusqu'alors l'armée s'était composée de la réunion des contingents provinciaux levés exclusivement parmi les propriétaires fonciers, par les Ducs, les Comtes et les Centeniers. Ces levées étaient ordonnées arbitrairement par ces divers officiers, qui fixaient, à leur gré, l'importance du contingent de leur circonscription, et la quotité des charges que chaque propriétaire foncier devait subir, eu égard à sa fortune, comme suite, équipement et approvisionnements.

Des capitulaires de 803 et de 805 décidèrent que chaque expédition serait précédée d'un décret impérial, indiquant les provinces dont les contingents seraient mobilisés et l'effectif que chacune d'elles devrait fournir. Puis, comme, en raison des difficultés de transport des troupes à cette époque, les charges militaires pesaient plus volontiers sur certaines provinces, le grand Empereur, pour en établir une répartition plus équitable, obligea les pays où le ban de guerre n'était pas publié à payer une contribution en nature, le *fodrum*, dont le produit fut distribué aux contingents mobilisés. Enfin, pour déterminer la part afférente à chacun dans les charges militaires, on prit une base commune à toutes les parties de l'empire (*le mans*), mesure agraire composée d'une maison (*mansio*), d'un jardin, d'une famille de cultivateurs et d'un terrain d'une superficie de douze *bonniers* (1). Tout homme libre, sans distinction d'origine, possesseur de trois, puis plus tard de quatre mans, devait en cas d'appel s'armer et s'équiper à ses frais et se rendre au lieu de convocation avec un convoi de vivres suffisant pour trois mois ; on pouvait le retenir jusqu'à la fin de la guerre. Le grand

(1) Environ 150 ares.

propriétaire, possesseur de douze mans, était tenu de s'équiper comme un comte ; il entrait dans la cavalerie, c'était le futur chevalier.

Ceux qui n'avaient qu'un mans ou deux s'associaient à deux ou à trois : l'un partait, l'autre payait l'équipement, le troisième fournissait les vivres. Les contingents recrutés ainsi parmi les petits propriétaires formaient la *minor manus*.

349. — Les exemptions de service étaient rares : les seuls motifs admis étaient la pauvreté ou la présence d'un frère sous les drapeaux.

Le nouveau marié était également exempté du service pendant la campagne qui suivait l'époque de ses noces. Rabelais en a donné des motifs dont on ne peut méconnaître la vraisemblance, mais qui sont trop peu juridiques pour que nous osions les rappeler ici.

On pouvait encore se faire exonérer du service pour un an, moyennant une somme de cinq sous (1), mais si on manquait à l'appel sans cause admissible, on encourait une amende de soixante sous (2). La fortune tout entière du condamné pouvait même être saisie en cas de récidive, et, si elle était insuffisante à couvrir le montant de l'amende, il pouvait être réduit en servitude et employé comme serf sur les domaines impériaux jusqu'à ce qu'il fût arrivé par son travail à indemniser suffisamment le fisc.

350. — Afin de contrôler l'application scrupuleuse des nouvelles lois de recrutement, chacun des *missi dominici* dut, en vertu du capitulaire d'Aix-la-Chapelle, tenir dans l'étendue de son *missaticum* un registre contenant les noms de tous les propriétaires obligés à contribuer d'une manière quelconque au service militaire, avec l'indication des obligations spéciales de chacun. Un double de ces contrôles était envoyé à l'Empereur, qui pouvait ainsi se rendre un compte exact des forces disponibles de chaque province et y proportionner le contingent à fournir.

351. — Tel était le système de recrutement ordinaire. On l'a

---

(1) Environ 75 francs de notre monnaie, le sou valant près de 15 francs.
(2) Environ 900 francs.

comparé, non sans raison, au système pratiqué à Rome à la fin
de l'empire. Comme à Rome, en effet, c'est sur la propriété
qu'il est basé, mais il en diffère essentiellement sous les deux
rapports que voici :

Dans le système carlovingien, c'est le service personnel qu'on
exige des propriétaires ; à Rome, au contraire, sous Théodose,
les propriétaires ne peuvent servir eux-mêmes, toute leur
obligation consistant à fournir un certain nombre d'hommes.
De plus, avec le système romain, les propriétaires devaient fournir autant d'hommes qu'ils possédaient de fois l'unité terri to-
riale, servant de base au recrutement ; sous Charlemagne, le
propriétaire, quelle que fût l'étendue de ses domaines, n'était
tenu que de s'armer et de s'équiper lui-même.

352. — Telles étaient les formes ordinaires du recrutement.
En 806, on avait même voulu tenter l'essai d'une sorte de levée
en masse qui devait être appliquée en cas de guerre défensive,
quand le territoire serait envahi. Mais après une seule expérience, on en reconnut les inconvénients et on en revint au
système de convocation des seuls propriétaires fonciers.

Voici en quoi consistait ce mode exceptionnel de recrutement :

On levait tout homme libre qui possédait en meubles ou en
argent, une valeur égale à son *wehrgheld*, c'est-à-dire au prix
de rachat que l'assassin d'une personne de sa condition devait
payer à la famille de la victime. Celui qui n'avait que la moitié
de la composition de sa classe, devait s'associer à un autre
aussi pauvre que lui pour que l'un d'eux partît équipé et armé
aux frais de l'autre. Ceux qui n'avaient rien, étaient chargés sur
les lieux mêmes des travaux de fortifications et de la garde des
places fortes.

Une fois en campagne, tous les guerriers étaient placés sur
un pied de parfaite égalité et on payait la même « composition »
pour le dernier des soldats que pour le premier des chefs.

353. — Quant aux terres ecclésiastiques, au commencement
de la période mérovingienne, elles ne fournissaient pas de
combattants, mais seulement du matériel, des vivres, de l'argent. Depuis lors, le clergé, presqu'entièrement d'origine gallo-
romaine, s'était recruté parmi les barbares, et beaucoup de ses
membres, peu soucieux d'abandonner leurs vassaux à la con-

duite de seigneurs laïques, leurs rivaux, prirent insensiblement l'habitude de marcher à leur tête parmi les combattants.

Ils donnaient ainsi satisfaction à leurs goûts belliqueux en même temps qu'ils échappaient au prétexte sur lequel s'étaient souvent fondés les Mérovingiens pour enlever à l'Église une partie de ses possessions, c'est-à-dire l'incapacité des prélats de concourir à la défense commune.

Aussi avait-on pris la coutume de convoquer les seigneurs ecclésiastiques comme les autres. Mais en 803, au plaids de Worms, à la suite d'une pétition présentée par le peuple et appuyée par le pape Adrien, on leur défendit le double exercice du culte et du métier des armes. Cependant Charlemagne, prévoyant l'atteinte que porterait à la considération du clergé son exclusion de la milice, prit soin d'indiquer formellement par ces mots « *ne honor eis minuetur*, » qu'il n'y avait rien d'humiliant pour les seigneurs ecclésiastiques dans ce retour aux anciennes traditions. La conséquence de cette prohibition fut la défense expresse d'entrer dans les ordres sans l'autorisation impériale. On voulut ainsi éviter que les fonctions sacerdotales ne devinssent le refuge des réfractaires.

354. — Ce système de recrutement, d'une si merveilleuse unité, ne devait pas survivre à la chute de l'édifice colossal qu'il avait servi à élever. A la puissante centralisation qui était l'œuvre de Charlemagne succède, lors du démembrement de l'Empire, ce morcellement à l'infini, qui est la base du régime féodal, et qui partage le pays en une foule de petits états ou fiefs, dans chacun desquels le seigneur propriétaire concentre, en lui seul, les différents pouvoirs constitutifs de la souveraineté.

Grâce à la confusion qui s'introduit entre les idées de propriété et de souveraineté, confusion qui caractérise le système féodal, ce ne sont plus les hommes, mais les terres qui sont obligées au service militaire et qui imposent leur condition à leurs possesseurs. La détention du fief, tel est donc le principe du service féodal. C'est comme possesseur de terres qu'on y est tenu ; c'est sur l'importance de ces terres que repose la hiérarchie féodale ; c'est sur elle enfin qu'est calculé le rang que le détenteur occupera à l'armée.

Sans étudier les diverses phases de cette transformation,

plaçons-nous au milieu du douzième siècle pour examiner ce nouveau système militaire et étudier le mécanisme du ban féodal.

355. — Au sommet de l'échelle féodale, on trouvait « le *grand fieffeux de France* » le roi, le suzerain universel. Comme duc de France, il avait des vassaux immédiats et jouissait comme souverain dans les terres dites de « l'obéissance du roi » de certaines prérogatives spéciales. Ensuite venaient les grands vassaux de la couronne, ducs, comtes ou barons titrés. Dans un degré inférieur se trouvaient les simples vassaux ou barons. Enfin, au dernier échelon on rencontrait les gentilshommes ou arrière-vassaux.

Tous ces suzerains et vassaux étaient rattachés entre eux par des obligations multiples et réciproques, tendant toutes à une alliance militaire et prenant naissance dans la cérémonie de *l'hommage*.

L'hommage était de deux sortes, le *simple* et le *lige*. Le vassal, qui avait prêté l'hommage simple, avait la faculté de se faire remplacer ; quand au contraire l'hommage était lige, il fallait servir en personne.

Aussitôt la guerre déclarée, le roi faisait appel aux grands vassaux qui exerçaient à leur tour leur droit de mandement aux armes. L'étendard de guerre était arboré sur la tour du château : à ce signal, les vassaux réunissaient leurs hommes d'armes, ou, s'il y avait lieu, leurs propres vassaux fieffés et tous accouraient avec les approvisionnements nécessaires pour la durée de la campagne.

« Qu'on se figure cette hiérarchie en action : le roi convoque ses barons, les barons convoquent leurs vassaux, ces derniers convoquent à leur tour les arrière-vassaux. Un seul mot a été dit, la France entière est en armes ; chacun prend une place désignée d'avance par l'importance de son fief, sous la bannière de son chef naturel et immédiat. Les hommes d'armes vont aux chevaliers, les chevaliers aux bannerets, le banneret au comte, le comte au duc, le duc au roi, l'armée est réunie, le ban féodal est assemblé. »

Quant à la durée du service, elle était en général de 40 jours et de 40 nuits. Parfois cependant elle était portée à 60 ou réduite à 20, suivant les clauses particulières à chaque tenure.

Ceux qui n'exécutaient pas les conditions de leur engagement étaient passibles d'une amende équivalant aux frais de l'expédition. Ils pouvaient même encourir la privation de leur fief.

3 6. — A côté de cette armée purement féodale, on avait conservé, sous le nom d'*arrière-ban*, la levée en masse que nous avons vue organisée par Charlemagne. Quand il y avait lieu de convoquer cet arrière-ban, le roi appelait les arrière-vassaux directement et sans intermédiaire. Tous les hommes libres devaient prendre les armes et accourir soit sous la bannière de leurs seigneurs, soit sous la direction des curés de leurs paroisses; mais on recourait rarement à ces levées extraordinaires.

357. — Ce système, très-séduisant et très-commode en apparence, laissait beaucoup à désirer en pratique. Les troupes féodales, fières, indisciplinées, n'ayant qu'un patriotisme étroit, ne répondaient que très-irrégulièrement à l'appel. Incapables de supporter les fatigues d'une expédition un peu longue, toujours prêtes à abandonner le drapeau au moment décisif et à retourner dans leurs foyers, elles étaient hors d'état de soutenir une lutte sérieuse et persistante.

Au reste, même en supposant une rigoureuse observation des lois militaires, le lien féodal s'affaiblissait tellement, en s'étendant, que la royauté ne put jamais tirer des contingents féodaux que des forces insuffisantes. C'est qu'en effet, si tous les vassaux indistinctement étaient obligés de marcher quand c'était le suzerain entre les mains duquel ils avaient prêté foi et hommage qui les appelait aux armes, il n'en était plus de même quand c'était par la voie du suzerain intermédiaire que les arrière-vassaux étaient convoqués. Ainsi, pour n'en citer qu'un exemple : sur l'appel du duc de Normandie, les barons ses vassaux n'étaient tenus d'amener que 581 lances, bien qu'il y en eût plus de 1,500 dans le duché.

Afin de remédier à cet inconvénient, la royauté s'efforça de se rapprocher des bannerets et des arrière-vassaux, en substituant aux grands vassaux, comme intermédiaire entre elle et eux, les officiers royaux.

C'est dans des vues analogues que Guillaume le Bâtard, après la conquête de l'Angleterre, se fit prêter directement hommage par les divers seigneurs auxquels il distribua des terres.

La royauté ne pouvait donc compter suffisamment sur ces milices féodales, toujours prêtes à lui échapper au moment décisif. Il fallait aux Capétiens, pour accomplir leur œuvre d'unification, des troupes dont ils fussent plus sûrs et qu'ils tinssent dans leur main ; une puissance militaire, en un mot, dont ils pussent disposer comme rois et non comme suzerains. Cette armée, ils la trouvèrent dans les milices communales et dans les troupes soldées.

358. — Ce fut Louis VI, qui, profitant des perturbations causées dans les rangs de la noblesse par les croisades, songea le premier à s'entourer d'une troupe de 300 hommes d'armes dont il put disposer à son gré, en dehors de tout service féodal. Il les recruta soit parmi des croisés rentrés de Palestine, après avoir aliéné leurs domaines au moment du départ, soit parmi des cadets et bâtards de familles dont les chefs étaient partis en Orient, et s'assura leurs services permanents moyennant des pensions viagères ou *fiefs de soudée*, en y adjoignant certaines indemnités pécuniaires pour frais d'entretien et d'équipement. Tel fut le noyau de cette armée soldée qui devait un jour remplacer l'armée féodale.

359. — Quelques années plus tard, à l'époque où s'opère le grand mouvement d'émancipation des communes, une autre révolution non moins importante se produit dans l'armée, le tiers-état s'y introduit. Cherchant un protecteur et ne voulant pas d'un seigneur immédiat, les communes, soustraites à la hiérarchie féodale, se placent sous l'égide de la royauté. En échange de cette protection, nos rois se réservent, dans la plupart des chartes octroyées à cette occasion, le droit de convoquer, directement et selon leurs besoins, les milices bourgeoises créées dans chaque commune.

Pour ce qui touche à la composition de ces milices communales et à leur mode de recrutement, on ne peut poser aucune règle générale. Tantôt les membres de la haute bourgeoisie aptes à être appelés aux honneurs formaient seuls les contingents communaux, tantôt tous les habitants de la ville, sans distinction, devaient y entrer. La durée du service, les circonstances dans lesquelles il était dû, variaient à l'infini.

Malgré les difficultés et les embarras qui résultaient de ce défaut d'ensemble dans leur organisation, les milices communales rendirent des services signalés. Elles montrèrent, en assurant par leur concours la victoire de Bouvines, qu'il n'était pas nécessaire d'être noble et gentilhomme pour savoir vaincre et mourir. Ce jour-là, l'organisation de notre armée fit un pas immense ; le peuple venait d'y marquer sa place, et la royauté, en dotant enfin la France d'une infanterie nationale, avait assuré sa grandeur et celle du pays.

« Un événement de ce genre, dit M. Michelet, est bien autre chose qu'une bataille : c'est un grand fait social. La cavalerie est l'arme aristocratique, l'infanterie, l'arme plébéienne. L'apparition de l'infanterie est celle du peuple. Chaque fois qu'une nationalité surgit, l'infanterie apparaît. Tel peuple, telle infanterie. »

Une révolution aussi radicale dans l'organisation de l'armée ne pouvait s'opérer instantanément : elle devait être l'œuvre du temps et surtout des longs et patients efforts de la nouvelle classe. Aussi, avant de prendre définitivement sa véritable place dans l'armée, l'infanterie dut-elle encore traverser plus d'une épreuve, essuyer plus d'un échec.

360. — A l'avénement des Valois, la noblesse, toute puissante sur l'esprit des nouveaux princes, obtint la dissolution des milices communales, et il fallut les trois sanglantes leçons de Crécy, de Poitiers et d'Azincourt, l'invasion des Anglais, l'occupation des deux tiers de la France, pour lui montrer son insuffisance et sa coupable inintelligence.

Sous l'influence de ces désastres et de la pression du danger, au milieu de l'effroyable désordre où l'invasion étrangère et les discordes civiles plongent notre malheureux pays, le système du ban féodal est enfin abandonné et les Etats-généraux, sur la proposition des représentants des Communes, votent les trois grands principes suivants : 1° le service obligatoire pour tous les Français ; 2° la faculté de remplacement ; 3° l'introduction de l'engagement avec prime.

Cette nouvelle législation du recrutement offrait la faculté de se soustraire aux charges militaires moyennant une contribution en argent : la plupart des bourgeois en profitèrent, ce qui permit à la royauté de substituer en partie aux contingents féodaux et communaux des volontaires soldés.

On en recruta même hors du royaume : tels furent par

exemple, ces arbalétriers Génois, ces Brabançons, ces Condottieri Italiens qu'on voit à cette époque figurer constamment parmi les gens de pied des armées françaises, et qu'on désignait sous le nom générique de *routiers*.

Mais, les tarifs de solde de ces troupes mercenaires étant très-élevés, le produit des exemptions pécuniaires de service devint bientôt insuffisant à les couvrir, et ne put parer aux dépenses de toute sorte qu'entraînait le nouveau mode de formation des armées. De là les embarras financiers contre lesquels la royauté eut à lutter pendant toute la durée du XIVᵉ siècle et le commencement du XVᵉ. De là, encore, la nécessité d'établir des impôts réguliers autres que les redevances féodales. Les Etats-généraux, reconnaissant l'insuffisance des taxes de guerre temporaires accordées précédemment, établirent, pour subvenir à ces besoins, l'impôt direct et terrien de la taille, et ce fut avec les ressources qu'il produisit qu'on put solder ces nombreuses bandes d'aventuriers restées si tristement célèbres sous le nom de *grandes compagnies*, mais qui permirent du moins de continuer la lutte contre les Anglais et de sauver l'indépendance nationale.

361. — Dès lors il y eut dans le sens véritable du mot une armée royale; seulement après chaque trève elle était dissoute. Les troupes qui la composaient, une fois licenciées, couraient le pays, pillant, rançonnant les habitants paisibles qu'ils n'avaient plus à défendre, jusqu'à ce que quelque prince en quête d'aventures ou à la recherche d'un trône vint les prendre à sa solde et en purger le territoire français.

De tels désordres, en rendant souvent la paix même plus dangereuse pour les populations des campagnes que la guerre ouverte, nuisaient à l'agriculture et entravaient tout commerce. A côté de ces graves inconvénients, une telle organisation militaire présentait encore d'autres désavantages : ce n'était pas en effet chose facile que de constituer une pareille armée, quand le besoin s'en faisait sentir ; ces soldats mercenaires ne consentaient à prêter leur concours, qu'à des conditions très-onéreuses et on courait grand risque, au moment du péril, de se trouver sans défense.

362. — Charles VII, admirablement secondé par le connétable de Richemont, remédia du même coup à ces deux vices de son armée en lui donnant un caractère permanent.

17

Il commença par faire voter, par les Etats réunis à Orléans en 1438, un subside annuel de 1,200,000 livres, destiné à la levée et à l'entretien de 1,500 lances de six hommes chacune : cet impôt, connu sous le nom d'*ordinaire des guerres*, devait être étendu à tout le royaume.

L'année suivante, le 2 novembre 1439, fut promulguée la fameuse ordonnance réorganisatrice de l'armée royale. Elle traitait de l'organisation militaire, de la discipline, des finances.

Il y eut quinze compagnies de cent lances, dites compagnies d'ordonnance. La lance complète comprenait six personnes montées : un *homme d'armes*, deux *archers*, un *page*, un *coustillier*, et un *valet d'armes*. L'effectif total d'une compagnie était donc de 600 hommes. Elles étaient commandées par trois officiers nommés par le roi : un capitaine, un lieutenant et un enseigne, et disséminées par petites escouades dans les principales villes où la surveillance des chefs était plus facile. Le recrutement de ces compagnies s'opéra au sein de la noblesse, par voie d'enrôlement, avec la plus grande facilité, et la concurrence fut même si vive, qu'on vit des gentilshommes, en grand nombre, se faire placer à la suite en attendant une vacance ; on se servit de ces surnuméraires pour créer plusieurs corps de cavalerie légère, qui, sous les noms de *carabins* ou *crocquiniers*, rendirent de grands services.

Le mode de recrutement de ces compagnies, au moyen d'enrôlements volontaires contractés suivant des conventions librement intervenues entre le capitaine et chacun des hommes d'armes, donnait lieu à des contestations sans fin et engendrait des désertions fréquentes. On y remédia en fixant uniformément la durée des engagements à trois ans. (1477.)

Ces compagnies d'ordonnance une fois organisées, nous avions une cavalerie permanente. Charles VII voulut aller plus loin, et donner également à la France une infanterie permanente. Malheureusement il ne devait pas aussi bien réussir dans cette seconde tentative.

563. — Le 14 avril 1448, parut l'ordonnance constitutive de l'infanterie, dans laquelle on revenait à un système assez voisin de celui des anciennes milices communales.

Chaque paroisse du royaume devait fournir un fantassin appelé *franc-archer*, choisi parmi les tireurs d'arc les plus habiles.

Tout franc-archer recevait une pension mensuelle de quatre deniers et était exempt de toutes tailles, aides ou autres charges, mais il devait s'équiper à ses frais. De même que dans notre garde mobile actuelle, avec laquelle l'institution de Charles VII a la plus grande affinité, les francs-archers pouvaient, en dehors des revues et des exercices de tir, se livrer librement à l'exercice de leurs professions civiles. Aussi ne tenaient-ils nullement à faire campagne et ne répondaient-ils à l'appel qu'à la dernière extrémité.

Peu utile et ridiculisée à cause de la gaucherie et de l'inaptitude au service militaire d'un grand nombre de ses membres qu'on appelait par ironie *francs taupins*, cette institution, malgré les avantages qu'elle eût pu présenter, n'eut qu'une durée éphémère. En 1480, elle avait cessé d'exister ; mais ce fut un heureux précédent, et cette idée d'une infanterie nationale, obtenue économiquement, sera reprise plus tard par Louis XIV, quand il organisera la *milice* recrutée par la voie du sort.

Nous avons ainsi terminé ce rapide examen des divers modes de recrutement qui furent successivement pratiqués avant la création des armées permanentes, et l'historique des nombreuses vicissitudes au milieu desquelles s'opéra le laborieux enfantement de l'armée royale.

SECTION II.

Temps postérieurs à la création des armées permanentes.

364. — Louis XI et Charles VIII s'étaient encore servis des francs-archers, mais n'avaient pu réussir à constituer une infanterie nationale conforme à leurs vues. Ils n'en usèrent que dans la mesure où leurs ressources pécuniaires ne leur permettaient pas d'y substituer des mercenaires étrangers (*landknechts* et *stradiots*). François Ier les réorganisa sous le nom de *Légions*. Leur mode de recrutement ne fut pas changé ; au lieu de l'enrôlement volontaire admis dans les compagnies d'ordonnance, on continua pour former les légions à recourir aux levées faites dans chaque paroisse proportionnellement à la population. Comme par le passé, les municipalités eurent le droit de composer les contingents qu'elles devaient fournir, d'individus choisis à leur gré. Mais ces légions, complétement dépourvues d'esprit militaire et présentant tous les inconvénients des anciens corps de francs-archers, tombèrent bien vite dans la même déconsidération et ne purent résister longtemps aux attaques et à la malveillance de la noblesse.

365. — En même temps, François Ier réorganisait le service féodal, ou service gratuit dû par ceux des propriétaires de biens nobles qui ne servaient pas dans l'armée régulière ; l'ordonnance de Châteaudun en 1545 fixa, d'après la quotité du revenu foncier, les charges que devrait supporter chaque fief. Toute terre noble d'un revenu inférieur à 300 livres de rentes devait fournir à chaque convocation un fantassin ; de 300 à 500 livres on exigeait un archer ; et les domaines d'un revenu supérieur devaient fournir autant d'hommes d'armes qu'ils rapportaient de fois 500 livres à leur propriétaire.

Le remplacement était prohibé, si ce n'est entre proches parents et pour des causes légitimes dûment constatées, sous peine pour les contrevenants d'être « pendus et étranglés. » Plus tard on se départit de cette rigueur et l'on put se faire exonérer moyennant une somme égale au cinquième du revenu de la terre pour laquelle le service était dû. Ces troupes équipées aux frais du seigneur ne devaient jamais marcher hors du royaume, sauf au cas exceptionnel où, après une victoire, il fallait poursuivre au-delà des frontières une armée d'invasion.

Mais, malgré les tentatives sérieuses d'organisation qui furent faites, cette institution se rattachait au régime féodal par des liens trop intimes pour pouvoir lui survivre longtemps.

366. — Aussi le système des engagements volontaires devint-il de plus en plus le mode habituel et unique de recrutement, et le nombre des mercenaires étrangers continua à s'accroitre.

Cependant les guerres de religion montrèrent à la Royauté le peu de confiance qu'on devait avoir dans ces bandes de pillards, qui passaient tour à tour d'un parti dans un autre et combattaient le lendemain ceux qu'ils soutenaient la veille. Nos princes apprirent à connaitre, dans ces circonstances difficiles, la valeur réelle de l'élément national et tout le parti qu'on en pouvait tirer pour la formation des armées.

Sous Henri IV, sous Richelieu, le recrutement de l'armée continue à s'opérer par voie d'enrôlements volontaires reçus par les *mestres-de-camp* ou les capitaines commissionnés par le roi. Si, par suite de circonstances spéciales, comme par exemple en 1636 et en 1639, ces enrôlements donnaient des contingents insuffisants, on recourait aux enrôlements forcés et on obligeait les villes, les bourgs et les communautés à fournir un nombre d'hommes déterminé.

367. — En 1624, on avait même songé à substituer, comme système général de recrutement, le service obligatoire aux engagements volontaires. Suivant le projet très-remarquable qui fut fait à cette occasion, c'était une ordonnance royale qui aurait fixé tous les ans, suivant les circonstances, l'effectif total du contingent, et aurait décidé dans quelle proportion chaque province aurait contribué à sa formation.

Ce premier point une fois réglé, les autorités locales auraient réuni, comme elles auraient pu, le contingent afférent à leur province et en auraient nommé les chefs.

Ce projet qui, mis à exécution, eût réalisé un progrès incontestable était trop décentralisateur pour être approuvé d'un ministre dont le rêve était l'unification de la France.

368. — Aussi, voyons-nous dans l'ordonnance de 1629, connue sous le nom de Code Michau, l'enrôlement volontaire avec prime conservé comme règle ordinaire. Cette ordonnance édictait de sages mesures pour empêcher les abus qui se produisaient dans les levées : ainsi la surveillance des opérations de recrutement était partagée entre les gouverneurs, les intendants des provinces et les commissaires des guerres. Ces derniers étaient chargés de suivre les divers détachements de recrues du lieu où on les avait réunis à celui où ils devaient tenir garnison, pour empêcher les fraudes qu'on aurait pu commettre, en présentant comme soldats, à la revue de départ, des figurants qu'on eût renvoyés aussitôt après, et dont on eût expliqué l'absence à l'arrivée par la mort ou la désertion.

De plus, on prohibait l'emploi des *racoleurs*, gens sans aveu et sans conscience, qu'aucune manœuvre n'arrêtait quand il s'agissait de surprendre le consentement d'un malheureux conscrit (1). Enfin la durée des engagements était fixée à six mois.

Dix ans plus tard, en 1639, Richelieu, afin de tirer le meilleur parti possible de l'ancienne institution du ban et de l'arrière-ban, convertissait le service de ces milices, de cavalerie en infanterie.

Malheureusement ces utiles réformes sombrèrent au milieu des orages de la Fronde ; toutes ces sages prescriptions tombè-

---

(1) Pour se faire une idée du charlatanisme de ces racoleurs, il faut lire dans les mémoires de l'époque les moyens curieux qu'ils employaient. Voici, par exemple, dans quel style étaient rédigées leurs affiches :

AVIS A LA BELLE JEUNESSE.

ARTILLERIE DE FRANCE. — CORPS ROYAL.

Régiment de la Fère. — Compagnie de Richoufftz.

De par le roi :

« Ceux qui voudront prendre parti dans le corps royal de l'artillerie, régiment de la Fère, compagnie de Richoufftz, sont avertis que ce régiment est celui des Picards. L'on y danse trois fois par semaine, on y joue aux battoirs deux fois, et le reste du temps est employé aux quilles, aux barres, à faire des armes. Les plaisirs y règnent, les soldats ont la haute paye et sont bien récompensés. Il faut s'adresser à M. de Richoufftz, en son château de Vauchelles, près Noyon, en Picardie. Il récompensera ceux qui lui amèneront de beaux hommes. » — V. M. de Chesnel, l. c., v° Racoleurs.

rent dans l'oubli, et il fallut toute la fermeté et la tenace énergie de Louvois pour réprimer les désordres qui signalèrent cette fatale période de notre histoire.

369. — Sans introduire dans le mode de recrutement des modifications importantes, le ministre de Louis XIV y réalisa pourtant des améliorations sérieuses. La durée des enrôlements était devenue arbitraire et variable : l'ordonnance du 18 octobre 1666 leur assigna de nouveau un terme fixe de quatre années en même temps qu'elle prescrivait la tenue de registres *matricules*, destinés à constater d'une manière irrécusable les droits des soldats à la libération.

A la même époque, un autre abus très-onéreux pour le Trésor, l'industrie des *passe-volants*, était très-sévèrement réprimé. On désignait sous ce nom des gens de basse condition, des manœuvres, des valets d'officiers, à qui l'on mettait pour la revue du commissaire un mousquet sur l'épaule, une épée au côté, et qu'on portait sur les états de revue comme de véritables soldats. Le capitaine s'en faisait tenir compte et touchait leur solde.

Cette fraude, qui ne constituait en temps de paix qu'une dilapidation regrettable, devenait en temps de guerre un danger sérieux, puisque, grâce à cette disproportion entre l'effectif supposé et l'effectif réel, un général qui croyait pouvoir disposer de 20,000 hommes, par exemple, pouvait souvent en mettre à peine 10 ou 12,000 en ligne. Des pénalités sévères prononcées contre ces passe-volants et les capitaines qui favoriseraient de pareils délits, remédièrent à ce déplorable abus.

370. -- Mais ce qu'il y eut surtout de remarquable dans les réformes de Louvois, au point de vue spécial où nous nous plaçons, ce fut l'institution *des milices*. « Il y avait là, dit M. Rousset (1), en principe, toute une révolution dans l'organisation militaire de la France, la destruction de la vénalité des charges, et des compagnies à l'entreprise : il y avait dans ce germe déposé par Louvois au fond de notre sol une telle puissance de vie, qu'après plus d'un siècle de négligence et de mauvaise culture, il a poussé tout d'un coup hors de terre et produit pour notre gloire notre excellente armée. »

(1) M. Camille Rousset, *Histoire de Louvois*, tom. 3, p. 320.

Peut-être l'illustre historien fait-il la part trop large au ministre du grand roi, et devrait-il reporter une partie de ses éloges sur Charles VII et le connétable de Richemont.

Quoi qu'il en soit, ce fut en 1688, lors de sa lutte contre la ligue d'Augsbourg, qu'après une dernière et vaine tentative de réorganisation des contingents de l'arrière-ban, dont le seul résultat fut de prouver qu'il ne fallait plus compter sur la noblesse pour fournir une réserve sérieuse, Louis XIV tenta d'en organiser une dans les classes roturières. On décida donc la formation, sous le nom de « *milice,* » d'un corps d'infanterie recruté dans toutes les généralités et destiné à la garde des places fortes ou maritimes en temps de guerre.

Les miliciens devaient être à l'origine désignés par les habitants de la commune eux-mêmes, puis on substitua ensuite, au choix des habitants, un tirage au sort où le chiffre du contingent à fournir par chaque paroisse était déterminé proportionnellement au nombre des feux en vertu d'un arrêté de l'intendant, d'après l'effectif imposé à la province par le ministre de la guerre. De 16 à 40 ans, ou jusqu'à son mariage, chacun des hommes soumis à cette charge militaire était compris dans tous les tirages au sort.

La liste du tirage une fois arrêtée, après avoir fait subir aux conscrits la visite, on mettait dans une urne des bulletins blancs et d'autres portant ces mots : « *soldat provincial.* » Chaque appelé, ou son représentant, venait tirer par ordre alphabétique. L'opération se faisait sous la présidence des magistrats municipaux, et les intendants étaient juges des contestations qui pouvaient se produire.

La durée du temps de service fut successivement de deux, de quatre, puis de six années, pendant lesquelles les miliciens n'étaient tenus, sauf le cas de mobilisation, qu'à des exercices hebdomadaires.

La substitution de bulletin était possible, mais à la condition que le parent qui voulait faire dispenser le conscrit présentât un enfant trouvé, élevé par lui à la décharge des hospices et consentant à partir.

A la fin de chaque année, on faisait tirer les miliciens au sort pour n'en laisser aller que le tiers, afin que la partie qui restait pût mettre les nouvelles recrues au courant du service.

Il est facile de voir par cet exposé combien nos législateurs militaires modernes ont emprunté à l'œuvre de Louvois et de ses devanciers.

En 1701, on fit servir ces milices comme accessoire au recrutement de l'armée : des contingents provinciaux tout entiers furent incorporés dans les régiments de ligne pour en combler les vides.

Cette tentative fut couronnée d'un plein succès. Ce furent ces braves miliciens, ces soldats improvisés, qui sauvèrent à Malplaquet et à Denain la France compromise, et permirent au vieux roi de résister à l'Europe coalisée. Cent ans plus tard, leurs descendants donnèrent de nouveau au monde étonné le même exemple de patriotisme et d'héroïque abnégation.

371. — Frappé de la supériorité du système de recrutement, au moyen d'appels directement adressés aux populations sur celui par voie d'enrôlements volontaires avec prime, Vauban avait proposé de substituer au système du racolage une conscription frappant toutes les classes indistinctement et sans exemptions d'aucune sorte.

Ce projet, dont la valeur n'eût sans doute pas échappé à la perspicacité de Louvois, était trop au-dessus des préjugés de l'époque et des conceptions bornées de Barbezieux pour être accepté ; mais il donne une haute idée de l'intelligence et du génie militaire de l'illustre maréchal.

572. — De nombreuses modifications apportées dans l'organisation des milices, notamment en 1726, 1711, 1711, 1771 et 1771, aggravèrent dans une proportion considérable la charge qui en résultait pour les populations et augmentèrent davantage encore l'impopularité de cette institution.

Entraîné par sa tendresse pour le peuple, et n'osant supprimer les nombreuses exemptions légales qui faisaient de ce mode de recrutement un privilège abusif, Louis XVI avait aboli la milice en 1776, mais il fut obligé de la rétablir en 1778 et elle subsista jusqu'en 1790.

373. — Quant au système des engagements volontaires, Choiseul l'avait amélioré en monopolisant le racolage au profit de l'état, et en substituant à l'intervention des capitaines et des chefs de corps, la gestion directe du gouvernement représenté par des employés de son choix. Ces employés, placés sous les

ordres d'un officier de recrutement, résidaient au chef-lieu de chaque généralité.

En même temps de sérieuses précautions étaient prises pour éviter les fraudes et les surprises : tout enrôlement devait être contracté par acte authentique et on prescrivait l'emploi de formules imprimées invariables auxquelles il fut défendu d'apporter aucune modification. La prime d'engagement était divisée en deux parts, l'une fixe de 50 livres payée, savoir : un tiers au jour de l'enrôlement, un autre tiers à l'arrivée au dépôt et le dernier à l'entrée au régiment; l'autre dite « *pour boire* » était variable, et soldée en général lors de la signature de l'acte.

Trente-deux régiments ou dépôts de recrues furent créés dans les différentes provinces et destinés à recevoir les nouveaux enrôlés. C'était là, qu'après avoir subi la visite médicale en présence du commissaire des guerres, on faisait leur éducation militaire pour les diriger ensuite sur leur corps définitif.

Le duc de Choiseul compléta ces réformes en faisant rentrer dans la compétence des intendants les réclamations des enrôlés.

371. — Nous arrivons ainsi à la période révolutionnaire. La nuit du 4 août avait fait table rase des institutions antérieures. La Constituante se trouvait dans la nécessité de choisir un mode de recrutement en rapport avec les nouvelles institutions politiques qu'elle venait de donner à la France.

Les levées faites en province pour l'entretien de la milice avaient donné lieu à tant d'abus et avaient rendu le recrutement forcé par la voie du tirage au sort tellement impopulaire, qu'on ne se rendait plus compte des avantages qu'il aurait pu procurer en le régularisant, et qu'un grand nombre de députés, Mirabeau en tête, en demandèrent la suppression comme attentatoire à la liberté des citoyens. L'assemblée fit rédiger un projet par Dubois-Crancé, qui n'aboutit point. On recourut alors aux engagements volontaires, qui se produisirent en grand nombre, au milieu de l'effervescence révolutionnaire.

372. — Sous le coup de la guerre étrangère, l'Assemblée législative adresse un chaleureux appel au patriotisme du pays au nom de la patrie en danger. (8 juillet 1792.)

La Convention qui lui succède établit *la réquisition permanente* et lui demande 300,000 gardes nationaux de 18 à 40 ans, non mariés, ou veufs sans enfants. (24 février 1793.) Le contin-

gent devait se recruter d'abord au moyen des enrôlements volontaires, et subsidiairement par la voie du recrutement forcé,
que chaque directoire de district pouvait organiser à sa guise.
Le principe du remplacement était admis.

A la victoire qui revient un instant sous nos drapeaux, succè-
dent de nouveaux revers, et la loi du 23 août 1793 décrète la
levée en masse jusqu'au moment où les ennemis auront été expulsés du territoire de la République. Cette loi était rédigée
avec la sombre énergie du désespoir : « Les jeunes gens, disait
l'article 1er, iront au combat; les hommes mariés forgeront les
armes et transporteront les subsistances ; les femmes feront des
tentes, des habits et serviront dans les hôpitaux ; les enfants
mettront le vieux linge en charpie ; les vieillards se feront porter sur la place publique pour exciter le courage des guerriers. » La population tout entière était mise en disponibilité.

Grâce à ce sublime effort du patriotisme, nous avions, au
commencement de 1794, 1,200,000 hommes sur pied, nous re-
poussions l'étranger et la Révolution sortait victorieuse de la
grande crise où elle avait failli sombrer.

Mais ces modes de recrutement extraordinaires, ces réquisitions permanentes, ces levées en masse n'étaient pas des institutions militaires. Elles avaient pu, à un moment donné, sous la
double influence de la Terreur et de l'invasion étrangère, sauver
la France et les idées nouvelles, mais la fibre patriotique n'aurait pu supporter longtemps une pareille tension. Il fallait organiser un recrutement régulier et permanent, capable de fournir à nos opérations militaires une base solide, et de parer à ces
fâcheuses défaillances qui sont inhérentes à notre tempérament
national, et qui entravèrent si souvent à cette époque les plans
de nos généraux (1).

Les enrôlements volontaires ne pouvaient suffire, les enrôlements à prix d'argent ne pouvaient reparaître, la conscription
fut établie.

376. — Ce fut le général Jourdan qui eut l'honneur de présenter et de faire adopter cette loi qui a été le point de départ

(1) V. M. Rousset : Les Volontaires de 1791 à 1794, passim. (Paris, in-12.
1870.)

de toute notre législation sur le recrutement de l'armée et qui a permis à la France de continuer la lutte engagée contre l'Europe. (Loi du 19 fructidor an VI-5 septembre 1798.)

Elle commençait par poser en principe le service obligatoire personnel pour tous les Français, puis elle distinguait suivant qu'on était en temps de paix ou en temps de guerre, et que la patrie était ou non en danger.

En temps de paix, l'armée se recrutait par des enrôlements volontaires et par la voie de la conscription forcée. Au point de vue de la conscription, tous les jeunes gens de 20 à 25 ans étaient répartis en cinq classes ; les conscrits des diverses classes étaient attachés aux différents corps dont se composait l'armée : ils y étaient nominativement enrôlés et ne pouvaient se faire remplacer. Lorsqu'une levée était ordonnée, on prenait sur la liste des conscrits depuis le plus jeune de ceux qui avaient atteint l'âge de 20 ans accomplis jusqu'à celui qui, en remontant, complétait le nombre voulu. Après cinq ans de service en temps de paix, les soldats obtenaient un congé absolu, mais restaient soumis en temps de guerre aux lois de circonstances sur les congés (1).

377. — Malgré la prescription formelle qui en l'an VI prohibait le remplacement, le principe contraire reparut dès l'an VII, on le retrouve dans la loi du 28 germinal, et Bonaparte, afin de mettre à sa discrétion les familles riches, désireuses de garder leurs enfants, réserva au gouvernement la faculté d'exempter les jeunes gens qu'on jugeait devoir être plus utiles à l'État, en continuant leurs travaux et leurs études. (Loi du 17 ventôse an VIII) (2).

Sous l'Empire, le décret du 26 août 1803 apporta à ce régime d'heureuses modifications. Il admit des exemptions en faveur des parents âgés et infirmes, des veuves, des frères orphelins ; prescrivit la formation et la vérification des listes de recensement par les maires et les sous-préfets, le tirage au sort par bulletins et non plus par numéros, enfin la création d'un con-

---

(1) On retrouve dans la nouvelle loi sur le recrutement des dispositions dont l'idée première est manifestement empruntée à cette loi, notamment dans l'art. 11.

(2) Règlement du 17 ventôse an VIII, t. 3, art. 1er. — Arrêté du 18 thermidor an X. — Décret du 6 janvier 1807.

seil de recrutement où l'élément militaire dominait et dans lequel le préfet était le seul fonctionnaire civil.

La conscription subsista depuis l'an VI jusqu'en 1814 ; on sait à combien de plaintes et de réclamations l'épuisement, souvent même l'anticipation des classes, donnèrent lieu pendant les dernières années de l'empire, et l'on comprend la popularité avec laquelle fut accueillie la déclaration de la Charte du 14 juin 1814 qui proclamait la conscription abolie.

378. — On en revint au racolage, on offrit aux engagés une prime de 50 francs : après les Cent-Jours, on créa des légions départementales qui durent s'organiser dans le département au moyen d'enrôlements volontaires (1).

L'insuffisance de ces engagements ne tarda pas à se révéler, et après quelques années d'essai, il fallut songer à reprendre un mode régulier et sérieux de recrutement. Ce fut l'objet de la loi du 10 mars 1818 due à l'habile initiative du maréchal Gouvion Saint-Cyr. Elle maintenait les enrôlements volontaires, comme mode principal de recrutement, mais ils ne donnaient lieu à aucune prime ou récompense en argent. Le contingent annuel, réparti entre tous les départements, était fixé à 40,000 hommes.

Cette loi réglait le mode de recensement des jeunes gens de chaque classe et fixait à six années la durée du service. Un conseil de révision était substitué au conseil de recrutement et on y faisait entrer les membres civils qui en font partie aujourd'hui. Puis, afin d'avoir une réserve qui pût soutenir l'armée, la loi assujétissait les anciens soldats, une fois libérés, à un service territorial de six années, sous le nom de vétérans. Complètement libres de se marier et de s'établir en temps de paix, ils ne pouvaient en temps de guerre être requis de marcher hors de la division militaire qu'en vertu d'une loi.

Comme compensation à l'obligation du service militaire imposée à tous les jeunes gens que le sort désignait pour faire partie du contingent, la loi admettait des exemptions et des dispenses. Les premières, fondées sur des infirmités ou sur des considérations d'humanité ; les secondes, accordées à des hommes que la société avait intérêt à voir continuer leurs études

(1) Ordonnances des 3, 14, 30, 31 août et 6 septembre 1815.

afin d'entrer dans des carrières où ils devaient rendre des services au pays.

Enfin, la loi autorisait le remplacement et les substitutions de numéros entre jeunes gens du même tirage.

579. — La loi de 1818, il faut le remarquer, était bien plus douce que la conscription organisée par celles de l'an VI et de l'an VIII. En effet, tandis que la conscription soumettait tous les jeunes gens d'une classe à l'obligation de servir, et n'admettait le tirage au sort que pour déterminer l'ordre dans lequel ils devaient être placés sous les drapeaux, d'après le recrutement organisé par la loi nouvelle qui ne s'appliquait au contraire qu'au contingent fixé par la loi, tous les conscrits que leurs numéros n'avaient pas désignés pour faire partie de l'armée étaient définitivement libérés et ne pouvaient plus être astreints à servir. Aussi la loi de 1818 fut-elle beaucoup plus favorablement accueillie que ses aînées.

C'est en présence de l'ennemi, qui occupait encore une partie de notre territoire, qu'on avait voté le projet Gouvion Saint-Cyr; aussi avait-on dû, dans ces cruelles circonstances, pour éviter les défiances et ménager les susceptibilités de l'Europe, passer aussi vite que possible sur ces questions irritantes.

580. — Quand, quelques années plus tard, la France rendue à elle-même put enfin librement statuer sur sa réorganisation militaire, on comprit ce qu'avait d'insuffisant la loi de 1818. Celle du 9 juin 1824 porta de 40 à 60,000 hommes le contingent annuel, étendit de six à huit ans la durée du service et supprima le service territorial des vétérans.

D'après cette loi, comme d'après celle de 1818, le contingent était établi une fois pour toutes. Le gouvernement en disposait sans recourir aux Chambres autrement que par des demandes de crédit.

Mais en 1830, afin d'exercer plus efficacement leur contrôle et de proportionner plus exactement les appels aux besoins de l'état, les Chambres décidèrent que le contingent des troupes de terre et de mer serait voté par elles à chaque session. Elles allèrent même jusqu'à fixer la partie de ce contingent qui devait rester dans ses foyers.

Ici doit s'arrêter notre historique. Nous arrivons en effet à la loi de 1832, qui fait partie de la législation actuelle.

CHAPITRE II.

CONDITION JURIDIQUE DES MILITAIRES.

PREMIÈRE PARTIE.

DROIT CIVIL.

—

381. Facilités accordées aux militaires étrangers pour acquérir notre nationalité. — **382.** Vers la fin du XVIIe siècle, ils sont vus moins favorablement. — **383.** Défense faite aux Français de servir à l'étranger. — **384.** Des actes de l'état civil des militaires dans l'ancien Droit. — **385.** Ordonnance de 1716. — **386.** Du domicile des militaires dans l'ancien Droit. — **387.** De leur absence. — **388.** Prohibition du mariage des militaires. — **389.** Extension donnée à cette prohibition sous Louis XV. — **390.** Extinction de la puissance paternelle résultant du service militaire. — **391.** *Quid* sous la Révolution? — **392.** Exemption de la tutelle résultant du service militaire. — **393.** Dispense de rapporter le pécule castrense. — **394.** Des testaments militaires? — **395.** Testament de Geoffroy Tête-Noire. — **396.** Dans quelles circonstances peut-on tester militairement? — **397.** *Quid* des testaments faits par des prisonniers de guerre? — **398.** Formalités dont sont dispensés les testaments militaires. — **399.** *Quid* des testaments faits par des militaires étrangers?

Dans l'ancien Droit, en principe c'est le droit commun qui régit les militaires comme les autres citoyens. A cette règle générale, il y a des dérogations résultant soit de la tradition, soit de la nécessité. Nous allons les examiner en tant surtout qu'elles correspondent à des exceptions analogues dans le droit actuel, puisque c'est dans cette limite surtout qu'elles présentent de l'intérêt. Pour en rendre la comparaison avec notre droit moderne plus facile, nous suivrons le même ordre dans notre double étude, celui du Code civil.

SECTION I.

§ I.

DU SERVICE MILITAIRE DANS SES RAPPORTS AVEC L'ACQUISITION DE LA QUALITÉ DE FRANÇAIS.

581. — Notre ancien Droit n'admettait pas le principe moderne qui, fermant aux étrangers l'entrée de l'armée, fait du service militaire un privilége et un honneur réservé aux nationaux. Nous avons vu au contraire la place importante qu'occupèrent successivement dans l'armée royale certains corps étrangers, ces Suisses, ces Lansquenets allemands, ces Ecossais, qui, après avoir permis à la royauté de triompher de la féodalité, formèrent pendant longtemps le noyau le plus solide de nos armées.

Afin de récompenser leurs services passés et de se les attacher pour l'avenir, nos rois leur accordèrent de nombreux priviléges : c'est ainsi, pour n'en citer qu'un exemple, que des lettres-patentes rendues en 1481 exemptent les Suisses, leurs femmes et leurs enfants du droit d'aubaine, et que 200 ans plus tard Louis XIV accorda aux Irlandais qui vinrent en France à la suite du roi Jacques, au commencement de 1688, le même avantage. La France devenait pour ces étrangers une véritable patrie d'adoption et on leur avait accordé le moyen de devenir ses enfants en droit comme en fait, en leur facilitant l'acquisition de la nationalité française.

La simple déclaration faite au Présidial du ressort, par laquelle le soldat étranger s'engagerait à s'établir, à vivre et à mourir dans le royaume, fut déclarée suffisante pour lui faire acquérir la qualité de Français sans qu'il eût besoin d'obtenir aucunes *lettres de naturalité* ou qu'il dût payer quelque finance au roi (1).

De même encore, après cinq années de service dans la marine royale, les étrangers purent revendiquer comme un droit acquis la nationalité française. Bien plus, elle pouvait résulter, pour les militaires étrangers, du fait seul d'être inscrits sur les rôles de certains corps privilégiés. C'est ainsi notamment que, par lettres-patentes datées de Fontainebleau, au mois de novembre 1847, les archers écossais de la garde du roi étaient réputés naturels français, faveur qui fut, quelques années plus tard, étendue à tous les officiers étrangers de la maison du roi.

382. — Vers la fin du XVIIe siècle on constate un revirement dans l'opinion : on ne considère plus d'un œil aussi favorable l'immixtion des étrangers dans l'armée.

L'article III de l'ordonnance du 8 décembre 1691 défend d'en recevoir aucun dans le régiment des gardes françaises ; « pas même ceux qui se disent de Strasbourg ou d'Alsace, sous « quelque prétexte que ce puisse être. »

Louis XIV, il est vrai, revient en partie sur cette décision, en exceptant de cette exclusion les Alsaciens : « Leur fidélité, dit-il à juste titre, lui étant trop connue pour ne pas prendre en eux la même confiance qu'en ceux des autres provinces de son ancienne domination (2). » Mais il confirme l'ordonnance de 1691, et ferme aux étrangers quelques mois après l'entrée du régiment royal d'artillerie (3).

On fit un pas bien plus considérable dans le sens de notre législation moderne, en défendant aux étrangers de remplacer les miliciens pris par le tirage au sort : ce n'était plus en effet de tel ou tel corps, mais d'une partie importante de l'armée qu'on les excluait (4).

383. — Bien que nous n'ayons pas trouvé de disposition lé-

---

(1) Déclaration du 30 novembre 1718.
(2) Ordonnance du 8 août 1727.
(3) Ordonnance du 23 janvier 1728.
(4) Ordonnance du 23 février 1726, art. 6, confirmée par celle du 30 mai de la même année.

gislative privant de sa qualité de Français, à l'exemple de l'article 21 du Code civil, celui qui aurait pris du service à l'étranger
sans autorisation, l'ancien droit montrait pourtant une légitime
rigueur à l'égard de ceux qui oubliaient à ce point les obligations qu'impose la nationalité. En effet, un édit du mois d'août
1669 défendait « à tous les sujets du royaume de s'habituer et
de prendre parti dans les pays étrangers, à peine de confiscation de corps et de biens. »

Cette prohibition fut renouvelée en 1671 (1), à l'égard des
habitants des pays conquis et cédés par les traités des Pyrénées
et d'Aix-la-Chapelle.

§ II.

ACTES DE L'ÉTAT CIVIL.

384. — Ce ne fu' que fort tard, au milieu du XVIe siècle, que
la loi civile donnant un caractère officiel aux registres ecclésiastiques rédigés jusque-là dans un but purement spirituel, et en
ordonnant le dépôt aux greffes des bailliages ou sénéchaussées,
transforma ces livres de sacrements en tables de l'état civil (2).
Même postérieurement à cette époque, on ne trouve aucunes
prescriptions relatives aux actes de l'état civil concernant les
militaires hors du territoire. A peine rencontre-t-on quelques
dispositions spéciales aux actes de décès des soldats morts dans
les hôpitaux militaires.

385. — Une ordonnance de 1716 (3) prescrit aux majors, ai-
des-majors ou officiers de détail, d'inscrire régulièrement sur
leur registre le nom des soldats décédés, avec la date du décès,
et d'envoyer tous les mois au secrétaire d'état copie de ces registres, « avec le signalement des dits morts. »

(1) Ord. du 15 mars 1071. — V. de Briquet, *Code militaire* (Paris, in-12,
1761), t. 3, p. 196, art. IV.
(2) Ordonnances de Villers-Cotterets 1859 et de Blois 1579.
(3) Ord. du 2 juillet 1716, art. 28 et 30.

D'autres ordonnances (1) imposaient aux directeurs et con-
trôleurs des hôpitaux militaires, ainsi qu'aux aumôniers, l'obligation de prendre, chacun de leur côté, note exacte des soldats
qui venaient à y décéder, sur des registres qu'ils devaient faire
signer à la fin de chaque mois par deux officiers de l'hôpital et
par le commissaire des guerres. Ils devaient en outre tirer de
ce registre deux certificats signés et légalisés par le commissaire
des guerres, pour en envoyer un au régiment et l'autre à la
famille du défunt. Si le soldat décédé appartenait à un corps de
troupes étrangères, il suffisait d'adresser une seule de ces pièces à son régiment.

§ III.

DOMICILE.

—

386. — Nous avons vu qu'en Droit romain le soldat qui ne possédait rien dans son pays d'origine, était censé domicilié partout
où il se trouvait sous les drapeaux : « *miles ibi domicilium habere
videtur ubi meret si nihil in patriâ possideat* (2). » Dans notre
ancien Droit français, il n'en était pas de même ; les militaires
qui occupaient dans les provinces et places du royaume des
emplois sédentaires, n'en conservaient pas moins, même après
une résidence très-prolongée dans un autre lieu, leur domicile
primitif, tant qu'ils n'y avaient pas expressément renoncé. Des
difficultés s'étaient d'ailleurs élevées à ce sujet; elles furent
tranchées par un arrêt du conseil d'Etat du 28 février 1707, décidant que la succession d'un lieutenant du roi, gouverneur de la
ville de Bergues, serait réglée par la loi du domicile qu'il avait
avant son entrée en fonctions (3). Cette décision particulière

(1) Ord. du 20 avril 1717. — Règlement pour les hôpitaux du 29 décembre 1718
et du 22 novembre 1728.
(2) L. 23, § 1, D. ad. municip.
(3) V. de Briquet, C. M., t. IV, p. 11.

fut généralisée par une déclaration royale du 9 avril 1707, qui l'étendit à tous les officiers des états-majors des places, et appliquée par une autre déclaration du 3 février 1731 aux divers officiers militaires qui avaient « des départements fixes dans les provinces et places du royaume, » ce qui comprenait les directeurs des fortifications, les ingénieurs, etc. (1).

Il parait bien résulter des considérants de l'arrêt du conseil d'état de 1707 qu'il fallait donner une décision contraire, au cas où il s'agissait de militaires ayant des fonctions inamovibles, l'exercice de ces fonctions emportant implicitement renonciation de leur part à leur domicile primitif.

§ IV.

ABSENCE.

—

587. — La législation romaine, nous l'avons remarqué, avait montré une grande sollicitude pour les militaires absents, et partant de ce principe que nul ne doit être victime de son dévouement pour la chose publique, avait établi en leur faveur un certain nombre d'institutions destinées à les protéger.

L'ancienne jurisprudence ne se montra pas aussi bien disposée à leur égard, et, si elle s'en occupa, ce ne fut guère que pour se montrer envers eux d'une sévérité plus grande que pour les autres citoyens ; aussi, sous l'ancien régime les militaires absents ne jouirent-ils jamais des privilèges accordés aux soldats romains. C'est ce qu'atteste Mornac en s'appuyant sur un ancien arrêt du Parlement de Paris, du 18 décembre 1598 (2), et cela résulte encore d'un grand nombre d'autres arrêts. Dunod (3) en

(1) Merlin, *Rép.*, v. Domicile, § 2, *in fine*, rapporte un arrêt du Parlement de Paris du 8 juin 1712, qui fait application de cette déclaration.

(2) *Militiæ romanæ privilegia, militibus nostris, nimirum a veteri illa militari disciplina alienissimis non competere.* Mornac : *Observationes in Lib. Digest.* (Paris 1721, in-f°), ad l. 10, D. *ex quib. caus. maj.*

(3) *Prescript.*, part. 1, chap. 12.

cite un notamment du Parlement de Besançon du 13 décembre
1706, qui décida que la prescription avait couru contre un officier pendant qu'il était au service. Enfin, on peut consulter une
décision du Parlement de Provence du 2 juin 1710 et une autre
du Parlement de Paris du 7 décembre 1741, rendues l'une et
l'autre dans le même sens (1).

Comme tous les autres absents pour le service de l'Etat, les
militaires ne pouvaient se faire restituer contre la prescription
acquise à leur encontre, que par lettres du prince obtenues dans
les dix ans, à compter de la date de leur retour ; passé ce délai,
ils étaient forclos dans leurs réclamations (2).

Nous avons dit que loin d'être favorable aux militaires absents,
notre ancien droit s'était montré à leur égard plus rigoureux
qu'envers les autres citoyens ; c'est qu'en effet, comme le remarque Pothier (3), il présumait plus facilement leur absence
et même leur décès à cause des dangers auxquels les exposait
la profession des armes.

Un tel état de choses ne pouvait pas être maintenu dans la
législation intermédiaire. Obligée pour résister à la coalition
européenne de faire appel au dévouement de tous ses enfants,
la République était obligée d'honneur à veiller aux intérêts de
ceux qui s'étaient levés pour sa défense. Aussi, quand sous la
Révolution le législateur s'occupa de l'absence, fut-ce tout
d'abord vers les militaires qu'il tourna sa sollicitude. A partir
de ce moment, ils ont été l'objet d'un grand nombre de dispositions exceptionnelles, formant en leur faveur une législation
spéciale que nous aurons à étudier.

(1) V. nouveau Denisart (continuation), (Paris, in-4°, 1775), v° absence pour le
service de l'état, n° 2.
(2) Ferrières, La jurisprudence du Digeste (Paris, in-4°, 1688), sur le § 5,
Inst. de act.
(3) Pothier, Introd. au tit. XVII de la Cout. d'Orléans, sect. V, art. 1, n° 36.

§ V.

DU MARIAGE DES MILITAIRES.

---

388. — Il ne paraît pas qu'on se soit préoccupé du mariage des militaires avant la fin du XVIIᵉ siècle ; mais à cette époque, on rencontre dans les recueils un certain nombre de dispositions qui y ont trait.

Le premier acte législatif où percent des sentiments défavorables à cet égard est une ordonnance de 1661 (1), par laquelle Louis XIV défend aux officiers d'enrôler et recevoir dans leurs compagnies aucune personne mariée dans les lieux où ils seront en garnison et ordonne « aux soldats de cette qualité de sortir des dites compagnies à peine d'être punis comme passe-volants. »

Un arrêt du Conseil d'Etat du 13 décembre 1681, défend à tous les prêtres en général et plus particulièrement aux aumôniers militaires de « célébrer aucun mariage entre des cavaliers, soldats ou dragons et des filles ou femmes domiciliées dans les villes et places où ils seront en garnison ou ès environs, pour quelque cause que ce puisse être, à peine d'être punis comme fauteurs et complices du crime de rapt. »

Le règlement du 1ᵉʳ février 1685, conçu dans le même esprit, porte que les officiers d'infanterie ou de cavalerie en garnison dans les places, qui s'y marieront, ou dans un rayon de dix lieues aux environs, sans le consentement de l'inspecteur général dans le département duquel ils se trouvent, seront cassés. Défense est faite, sous les peines que nous avons déjà vues, aux prêtres et curés de l'étendue du gouvernement de ces places, de célébrer de pareils mariages.

Enfin, par ordonnance du 6 avril 1686, Louis XIV privait de leur rang d'ancienneté les cavaliers, dragons et soldats qui se

---

(1) Ord. du 12 octobre 1661, art. 22.

marieraient sans permission, et décidait que les engagés pour
un temps limité, qui prendraient femme au cours de leur engagement, ne pourraient plus compter cet engagement que du
jour de leur mariage, sans qu'on pût avoir égard au temps
de service accompli avant leur union.

389. — Louis XV (1) étendit cette prohibition aux officiers et
soldats de l'Hôtel des Invalides et leur interdit de se marier sans
la permission par écrit du secrétaire d'état de la guerre, sous
peine d'être cassés et renvoyés.

Plus tard, le consentement de l'inspecteur général ou du
colonel ne suffit plus et les ordonnances défendirent aux officiers
de se marier sans la permission du roi (2).

Ce qu'il importe surtout de remarquer, c'est que le défaut de
permission n'emporta jamais nullité du mariage, même quant
aux effets civils (3).

Ces diverses prohibitions, tombées en désuétude depuis 1789
et même formellement abrogées par la loi du 8 mars 1793, ont
été renouvelées, sauf quelques modifications, par le décret du
16 juin 1808.

§ VI.

PUISSANCE PATERNELLE ET TUTELLE.

390. — La puissance paternelle, organisée par la législation
romaine, se maintint dans les pays de droit écrit et fut même
adoptée à l'origine dans la plupart des pays de coutume, bien
qu'elle n'y ait pas persisté longtemps. Partout également, on
avait admis que cette puissance cesserait de plein droit d'exister
sur la personne du fils du jour où celui-ci aurait été pourvu, du

(1) Ord. du 7 octobre 1724.
(2) Règlement du 1er juillet 1788.
(3) C. pr., Cottereau : *Le droit général de la France*, tome II, p. 27, n° 7720
et *Conférences de Paris sur le mariage*, t. 2, p. 460.

consentement de son père, d'un emploi public. Aussi, du jour où le jeune homme entrait au service avec l'autorisation paternelle, était-il considéré comme émancipé et comme majeur pour tout ce qui se rapportait à ses fonctions ; car, dit un arrêt du 25 juin 1603 : « Puisque la fonction de la guerre leur est permise, *necessario concessa sunt illis ea omnia sine quibus munus suum obire non possunt* (1). » Ce que nous avons le plus d'intérêt à remarquer, c'est que la dérogation aux pouvoirs du père sur son fils mineur, édictée dans l'article 374 du Code civil, n'a jamais existé dans l'ancien droit, si bien que le fils mineur qui se serait engagé sans le consentement de son père, aurait fait un acte nul et n'aurait pu échapper par là à la puissance paternelle.

391. — A l'époque de la Révolution, deux décrets, l'un du 25 mars 1792, l'autre du 20 septembre suivant, apportèrent à la législation de l'ancien droit d'importantes modifications. Le premier restreignit la puissance paternelle à la personne des mineurs, en l'abolissant à l'égard des majeurs, et le second fixa à vingt-un ans l'époque de la majorité.

392. — Quant à la tutelle, notre ancienne jurisprudence en exempta toujours les militaires ; cette exemption constituait même pour eux plus qu'une immunité ; c'était une véritable incapacité, car l'eussent-ils voulu ils n'auraient pu être tuteurs : on avait pensé qu'ayant à défendre l'État on ne devait pas les charger encore du soin de défendre les particuliers, et d'ailleurs l'intérêt des mineurs eux-mêmes exigeait qu'on ne confiât pas la direction de leurs affaires à des gens que la tradition romaine, trop confirmée peut-être par l'expérience, faisait encore considérer comme complètement ignorants des affaires.

Voici du reste quelques considérants d'un arrêt du Parlement de Paris, du 29 décembre 1598, rendu en faveur d'un soldat aux gardes, qui mettent cette idée en lumière : « Comment est-il possible que celui qui laisse sa propre famille et ses propres biens pour veiller perpétuellement à la garde du prince, puisse

(1) Cet arrêt, rapporté par Peleus : *Actiones forenses*, livre III, art. 72, validait l'obligation d'un jeune gentilhomme âgé de 20 ans, contractée pour achat de chevaux de guerre nécessaires à son équipage, bien que le gentilhomme alléguât sa minorité et une lésion considérable.

prendre une tutelle pour suivre les biens, actions et autres droits d'aucun mineur ? n'est-il pas vrai ce que disait Pline élégamment *in Panegyrico Trajani : militi sufficit obsequi gloriæ.* Puis donc qu'il ne peut avoir ce soin-là, il serait mal à propos de le charger d'une tutelle où il faut être plus soigneux des affaires des mineurs qu'on ne l'est de ses propres affaires ; c'est pourquoi en tutelle la loi tranche court (1). »

Cette exemption de la tutelle en faveur des militaires était absolue : ainsi ils étaient même dispensés de l'obligation d'assister aux réunions de parents faites en vue d'arriver à la nomination du tuteur, et affranchis des suites de cette obligation (2).

Enfin, il paraît même résulter d'un arrêt du Parlement de Toulouse que, dans les pays de droit écrit, les anciens militaires jouissaient d'une partie des priviléges que nous avons vus attribuer aux vétérans en matière de tutelle par le Droit romain (3).

§ VII.

SUCCESSIONS ET TESTAMENTS.

393. — La puissance paternelle ayant été conservée dans les pays de droit écrit et y produisant, à peu de chose près, les mêmes effets qu'à Rome, on y avait maintenu l'ordre établi par Justinien pour la succession du pécule *castrense,* dont le fils de famille n'avait pas disposé par testament et on avait affranchi du rapport les biens qui en faisaient partie. Étaient également affranchies du rapport les dépenses faites pour l'équipement d'un enfant qui entrait au service militaire pourvu qu'elles

---

(1) Ce curieux arrêt, rapporté en entier par M. Pézeril dans la *Revue pratique,* tom. 20, page 71, note 4, est tiré de Peleus, *act. forens,* liv. III, art. 8. Voy. encore un autre arrêt du Parlement de Paris, rapporté par l'spon, Paris, 1778, in-4°, liv. XV, tit. V, n° 20.

(2) D'Aguesseau : *Lettres* (Paris 1823, in-4°), lettre du 20 juillet 1733.

(3) Cet arrêt est rapporté par Albert. *Arrêts du Parlement de Toulouse* (Toulouse, 1731, in-4°), lettre T, chap. 60.

n'eussent pas été exagérées, et il en était ainsi non seulement dans les pays de droit écrit, mais même dans la plupart des pays de coutume (1).

Quant aux dépenses faites pour procurer à un enfant un grade militaire (2), à moins toutefois qu'il ne s'agit d'un grade purement honoraire, elles n'en étaient pas dispensées.

Un grand nombre de décisions législatives règlent avec un soin très-minutieux le mode de paiement des dettes mobilières contractées dans le lieu de la garnison, sur les biens que les militaires y laissaient en mourant, et déterminent les juges compétents pour connaître des contestations qui en pouvaient résulter, les formes suivant lesquelles devait se faire la vente des biens du militaire défunt, et la répartition du produit de cette vente aux divers ayant-droit (3).

Passons aux testaments militaires.

304. — Loisel, dans ses *Institutes coutumières*, caractérise le système successoral de l'ancien Droit de la manière suivante : « Les Français, *comme gens de guerre*, ont reçu divers patrimoines et plusieurs sortes d'héritiers d'une seule personne. » Chez un peuple qui empruntait ainsi une exception écrite dans le Droit romain en faveur des soldats pour en faire la règle de son droit civil, l'admission des testaments privilégiés en faveur des militaires était toute naturelle. Aussi fut-il en usage dans notre ancien droit, tant en pays de droit écrit qu'en pays de coutume. « En pays de droict escript, qui veut faire testament de nécessité il faut cinq ou six tesmoings ; en pays coustumier, deux ou trois tesmoings suffisent, et sans tesmoings aucun testament ne vault rien : non mie testament escript de la propre main du testateur s'il n'est chevalier, et qu'il soit en cas périlleux comme au conflict de guerre (4). »

(1) Loisel : *Institutes coutumières*, II, VI-3 — Ferrières : *Jurisprudence du Digeste*, t. II, p. 278 — Pothier, sur l'art. 309 du titre 17 de la coutume d'Orléans — Lebrun, liv. III, chap. VI, sect. III.

(2) Mornac : *Observationes in lib. Digest.*, ad. l. 58, D. de heredit. pet., et Merlin, V, rapport à succession, § 4, art. 2, no 4.

(3) V. arrêt du conseil d'État du 28 février 1707. — Déclaration du roi du 9 avril même année, déclaration du 3 février 1731 et ordonnance du 17 février 1753.

(4) *Grand Coutumier*, édition Laboulaye, p. 304, l. 2, ch. 40.

Faits de vive voix, sans écriture et sans formalités (1), les testaments militaires étaient alors approuvés et reçus dans toutes les cours du royaume (2), de même qu'en droit romain, et il est bon d'observer que ce n'était point par privilége qu'on regardait comme valable dans les pays de droit écrit le testament verbal d'un militaire puisque l'usage des testaments nuncupatifs s'y était conservé à l'égard de toutes personnes. Ferrières (3) fait remarquer que cependant le privilége militaire ne dérogeait pas aux dispositions des coutumes, en ce qui concernait l'âge de tester et la prohibition de disposer des propres par testament.

395. — Froissard (4) nous a conservé un exemple curieux d'un testament militaire verbalement fait en 1388. C'est le testament de Geoffroy Teste-Noire, capitaine breton qui tenait pour le parti anglais dans les guerres entre la France et l'Angleterre. Assiégé dans le château du Mont-Ventadour en Auvergne, Teste-Noire fut grièvement blessé dans une attaque faite par les chevaliers et écuyers d'Auvergne et de Limousin. Se sentant près de mourir, il fait approcher de son lit trente de ses plus fidèles compagnons d'armes, leur donne ses ordres, puis leur montrant du doigt un coffre qui renferme 30,000 francs dont il veut disposer, il s'exprime ainsi : « Je vous dis » que en cette arche que vous viez là (et lors la montra tout à » son droit) a jusques à la somme de 30,000 francs. J'en veul » ordonner, donner et laisser en ma conscience, et vous » accomplirez loyalement mon testament, dites oui : et ils ré- » pondirent tous : Sire, oui. »

« Tout premier, je laisse à la chapelle de Saint-Georges qui » sied au clos de céans, pour les réfections, dix mille cinq cents » francs. Et après à ma mie qui loyaument m'a servi, deux mille » cinq cents francs, et puis à Alain Roux, votre capitaine, quatre

(1) Maynard : *Notables et singulières questions du droit écrit* (Paris 1628, in-f°) — D. 5, chap. 95, n° 8 — Dumoulin, *Coutume de Nivernais*, ch. 55, art. 13.

(2) Liv. III *de ses chroniques*, ch. 132 (édit. Buchon).

(3) *Sur les Instit.*, pr., *de milit. test.*

(4) La volonté du soldat n'a qu'à paraître, il est le maître de la manière de la déclarer. Catellan : arrêts remarquables du Parlement de Toulouse (Toulouse 1730, in-4), liv. II, ch. 55.

» mille francs et à mes varlets de chambre, cinq cents francs. »

» Item, de plus, je laisse et ordonne ainsi que je vous dirai :

» Vous êtes, comme il me semble, tous trente, compagnons
» d'un fait et d'une entreprise, et devez être frères et d'une
» alliance sans débat et riotte ni estrif avoir entre vous. Tout
» ce que je vous ai dit, vous trouverez en l'arche. Si départez
» entre vous trente le surplus bellement ; et si vous ne pouvez
» être d'accord et que le diable entre vous se tenaille, véez là
» une hache bonne et forte et bien taillant et coupez l'arche et
» puis ne ait qui ne pourra avoir. »

« A ces mots, répondirent-ils tous et dirent : Sire et maître
» nous serons tous d'accord ; nous avons tant douté et aimé
» que nous ne romprons mie l'arche et ne briserons ja chose
» que vous avez ordonnée et commandée. »

396. — On avait admis en principe, d'après Justinien, que le
militaire en expédition pourrait seul tester militairement, mais
les arrêts avaient donné à cette formule une très-large interprétation ; ainsi ils considéraient le soldat comme étant en
expédition, non seulement lorsque le fait du combat n'était
pas imminent, mais alors même qu'il était seulement en marche
ou en garnison, pourvu que l'état de guerre fût certain (1).

C'est ainsi, qu'un arrêt rendu par le Parlement de Toulouse
le 19 avril 1627, déclara valable, à titre de testament militaire,
un testament fait dans les circonstances suivantes : Un homme,
venant à s'enrôler dans cette ville, se rend aux Cordeliers et
reçoit le Saint-Sacrement ; puis il appelle deux religieux dont
l'un était son frère, et leur remet un écrit scellé et cacheté
qu'il leur dit renfermer ses dernières dispositions, en les priant
de témoigner, en cas de mort, que cet écrit contient ses dernières volontés. Huit jours après, cet homme fut tué à l'assaut,
et comme le testament avait été fait sur le départ, il fut déclaré
valable comme testament militaire, bien qu'il fût fait en ville
et sans les formalités du droit commun.

On admit même à tester militairement les soldats mis en

(1) Maynard, liv. V, chap. 17. Il cite à ce propos une décision de la Cour de
Toulouse rendue aux arrêts généraux de Noël 1578, validant « un testament fait par un
escholier allant à la guerre, devant le capitaine de la compagnie et le sergent majeur. »

traitement dans les hôpitaux (1) militaires et tous ceux qui, sans être soldats, mouraient dans le camp, « soit gens de justice, de conseil, ambassadeurs, messagers, revendeurs, vivandières ou d'autre estat que de guerre » (2).

De même qu'en Droit romain, on avait admis que le testament d'un soldat fait avant son entrée au service militaire serait valable, quoique fait sans les formalités requises, si une fois *in castris* il manifestait l'intention qu'il fût exécuté.

597. — Notre ancien droit s'était au contraire séparé du Droit romain en ce qui concerne les testaments faits par les Français prisonniers de guerre en pays étranger; la captivité n'ayant plus pour conséquence, comme à Rome, l'esclavage du prisonnier, et lui laissant la plénitude de ses droits civils, son testament même fait en captivité restait valable. Bien plus, on avait décidé que si les prisonniers de guerre étaient réduits en servitude, ce qui arrivait par l'exemple à ceux qui tombaient aux mains des Turcs ou des corsaires, cette servitude étant considérée comme un odieux abus de la force, n'emporterait pas mort civile, et que, même dans cette hypothèse, le testament du captif resterait valable (3).

598. — Nous avons constaté qu'à l'origine il y avait eu accord entre les pays de coutume et ceux de droit écrit, pour dispenser des solennités ordinaires les testaments militaires. Des divergences ne tardèrent pas à se produire. L'ordonnance d'Orléans (1560) qui imposait aux testateurs l'obligation de signer leurs testaments, et l'ordonnance de Moulins (1566) qui repoussait la preuve par témoins des choses qui excédaient cent livres, en furent l'occasion.

La question se posa dès lors en effet de savoir si les testaments militaires pourraient être dispensés de la solennité de l'écriture.

Dans les pays de droit écrit, on continua de décider que cette formalité n'était pas nécessaire pour la validité du testament.

(1) Maynard, V, p. 820. — Papon, liv. 20, t. I, art. 25. — Boutaric, sur le § 5, *Inst. de milit. testam.*

(2) Catellan, liv. II, ch. 55, cite un arrêt dans ce sens, validant le testament fait par un soldat blessé à la bataille de Nordlinguen, dans un hôpital d'une ville voisine.

(3) Ferrières, sur le § 6, *instit. quib. non est permis. fac. test.* et Loisel, *Institutes coutumières*, liv. I, tit. I, 81.

Maynard affirme que telle était la jurisprudence de la cour de Toulouse et cite des arrêts à l'appui (1).

Louet rapporte aussi un arrêt rendu aux grands jours de Clermont le 22 novembre 1582, qui reçut une fille à prouver par témoins le testament militaire de son père (2).

Et Bretonnier (3) fait remarquer, à l'appui de cette jurisprudence, que ce serait abolir l'usage des testaments militaires que d'exiger un écrit. « Quelle apparence, dit-il, qu'un soldat qui va au combat ou à l'assaut ait le temps de faire son testament? » Aussi ajoute-t-il : « Cela n'est pas nécessaire, et quand un soldat ou un officier est blessé à mort, il déclare sa volonté en présence de ceux qui sont proches de lui, lesquels vont ensuite devant le prévôt de l'armée ou devant l'un des notaires, en faire dresser l'acte. »

Mais, dans la plupart des pays de coutume, surtout dans le ressort du Parlement de Paris, on condamnait, depuis l'ordonnance de Moulins, malgré l'autorité de Coquille (4), tous les testaments nuncupatifs, sans en excepter les testaments militaires.

C'est ainsi qu'en juin 1610, en l'audience de la grand'chambre du Parlement de Paris, il fut rendu sur les conclusions de Le

(1) Maynard, Liv. 5, chap. 93, *in fine.*
(2) Louet, *Recueil d'arrêts du Parlement de Paris* (Paris 1712, in-f.), V° *testam. milit.*, Somm. 7. — V. aussi Papon, l. 20, t. 1, art. 8, et Cambolas, liv. 5, ch. 57.
(3) *Observations sur Henrys* Paris 1758, in-f°, liv. V, ch. IV.
(4) *Sur la Coutume de Nivernais,* t. 35, art.13, quest. 57, n° 13. — C'est ainsi que fut fait celui du comte d'Albon, qui fut tué en 1712, dans la guerre d'Italie. Nous rapportons ici, pour donner une idée de la manière dont les choses se passaient, la déclaration du major du régiment de carabiniers auquel le comte d'Albon appartenait.

« A Monsieur le grand Prévôt de l'armée en Italie.

» Sur ce que nous avons appris que Messire Claude d'Albon, capitaine des cara-
» biniers de la brigade d'Aubeterre, aurait été blessé à l'escorte des fourrages, le 50
» juin dernier, à la tête d'une troupe de carabiniers qu'il commandait, et qu'avant de
» mourir il avait déclaré sa dernière volonté en présence de plusieurs personnes,
» par laquelle il dispose de tous ses biens. Et comme en ma qualité de major des
» carabiniers, il est de mon devoir de mettre en sûreté les effets des officiers après
» leur mort, et de faire mettre en règle leurs dernières volontés, je m'adresse à vous,
» Monsieur, pour vous prier d'entendre les personnes qui étaient présentes lors de la
» mort dudit seigneur d'Albon, qui sont dépositaires de ses dernières volontés, etc. »
Suit le procès-verbal constatant les dépositions des témoins.

Bret (1), un arrêt qui déclare nul, comme fait sans écrit, le testament d'un sieur Landry, capitaine tué au siége de Soissons.

D'ailleurs, on admit toujours que le testament d'un militaire pouvait être dispensé des formalités ordinaires. Basnage (2) cite un arrêt du Parlement de Rouen du 6 avril 1628, qui valida le testament d'un militaire en expédition, reçu par un cordelier, en présence de deux soldats, et non signé du testateur.

Cette diversité de jurisprudence subsista jusqu'à l'ordonnance du mois d'août 1735 qui, exigeant que toute disposition testamentaire fût écrite, enleva, même aux militaires, la faculté de faire verbalement un testament valable.

D'après cette ordonnance exécutoire dans tout le royaume, les testaments des militaires en expédition, en quartier, en garnison hors du royaume ou prisonniers chez l'ennemi, pouvaient être faits en présence de deux notaires, ou d'un notaire et de deux témoins ou en présence de deux des officiers suivants : majors et officiers supérieurs, prévôts des camps et armées, leurs lieutenants ou greffiers, et les commissaires des guerres, ou l'un de ces officiers avec deux témoins. Si le testateur était malade ou blessé, un aumônier militaire pouvait en présence de deux témoins recevoir valablement ses dernières volontés.

Par un souvenir du Droit romain, les testaments militaires restaient valables pendant un an, à dater du jour où le testateur avait obtenu son congé (3).

599. — Quant aux testaments faits par les soldats et les officiers étrangers, ils étaient réglementés par diverses ordonnances dont la première fut rendue le 13 février 1554 par François Ier.

---

(1) *Décisions*, l. 3, ch. 2.
(2) *Sur la coutume de Normandie*, art. 113, p. 201, 1.
(3) Ferrières, sur le § 3, *Inst. de milit. test.*

SECTION II.

Des Juridictions militaires compétentes en matière civile.

400. — Les documents qui nous sont parvenus sur la justice militaire sous la période mérovingienne sont assez peu précis ; nous savons seulement que, dans l'organisation primitive, c'était le chef de la bande assisté du *mor-dôm* (juge du meurtre), son principal lieutenant militaire, qui jugeait les différends entre les antrustions de la même arrimannie.

Puis, lorsque la fusion se fut opérée entre les Gallo-Romains et leurs vainqueurs, et que la classe des Leudes royaux se fut substituée à l'ancienne caste des arrimani ; lorsque, par imitation de la législation romaine, chacune des principales cités de la Gaule devint la capitale d'une circonscription (*civitas*) dont l'administration fut confiée à un leude royal (*graff*), avec une mission analogue à celle des anciens préfets impériaux ; ce fut cet officier, qui, chargé de lever les gens de guerre et de les conduire au combat, dut également leur rendre la justice avec l'assistance de son vicaire.

On présume qu'on pouvait appeler de ses décisions devant le duc ou *herzog*.

401. — Avec Charlemagne, triomphe le principe en vertu duquel ceux qui se trouvent sous la puissance militaire d'une personne sont aussi sous sa juridiction civile et criminelle ; les leudes, les comtes, les évêques et les abbés avaient juridiction civile, criminelle et militaire sur leurs vassaux. Chacun avait son plaid (*placitum*), sorte d'assises où les seigneurs jugeaient avec le concours d'un certain nombre de notables.

Les envoyés du roi, *missi dominici*, étaient juges d'appel. Cette réunion dans les mêmes mains de la juridiction civile et de la juridiction militaire, ressort avec évidence de ce fait que tous les capitulaires qui se sont occupés de la justice en général, renferment à la fois des dispositions sur les affaires civiles, criminelles et militaires (1).

402. — Après Charlemagne, il nous faut aller jusqu'à Philippe-Auguste pour rencontrer une décision royale qui ait trait aux affaires militaires. Une charte de ce prince, datée de 1195, déclare à l'abri de toutes poursuites judiciaires les personnes convoquées en vertu de l'arrière-ban. Le principe de cette exception a été reproduit dans des lettres de Charles VI de 1387 et dans la loi du 6 brumaire an V, qui édicte des mesures pour la conservation des propriétés des défenseurs de la patrie.

Depuis cette Charte jusqu'à 1547, on ne rencontre pas un acte législatif qui parle de la justice dans les armées (2). Un mandement, daté de Montdidier le 1er mai 1547, est le premier acte qui traite de la juridiction militaire ; il décide que les soldats et sergents employés à la garde des châteaux sont justiciables en première instance des châtelains, en appel des sénéchaux, en second appel du roi « ou de son député par lui. »

403. — Vers la même époque, on organisa une juridiction pour les gens de guerre, dite *Tribunal de la Connétablie*.

Ce tribunal, composé à Paris du connétable et des maréchaux, était représenté, en province et aux armées, par des magistrats militaires appelés « prévôts des maréchaux. » Sa juridiction, exclusivement criminelle à l'origine, s'étendit bientôt aux affaires civiles des militaires, en vertu du même principe qui avait fait attribuer aux juridictions ecclésiastiques compétence relativement aux causes civiles des clercs ; et par un dernier empiétement, il s'attribua même les procès intentés par des particuliers

(1) V. les capitulaires de 805, 807, 808, 811, et surtout celui daté de Bologne en 812.

(2) Nous devons cependant citer le chapitre 61 des Etablissements de saint Louis intitulé : « D'ost et de chevauchée devers le roi, et le baron, des amendes et des gaiges. »

19

aux membres de l'armée royale. Mais deux ordonnances, celle
du 28 décembre 1355 (art. 11), confirmée par celle du 5 mars
1356 (art. 25), vinrent mettre un terme aux prétentions des
nouveaux magistrats militaires, en posant en notre matière le
principe important, conservé dans nos Constitutions, en vertu
duquel nul ne peut être distrait de ses juges. « Voulons et or-
» donnons que toutes jurisdictions soient laissées aux juges or-
» dinaires, senz ce que nos subgiés soient desoresmais traiz,
» adjournés, ou travaillez pardevant connestable, mareschaulz,
» admiraulz, maistres des arbaletriers ou leurs lieux tenant,
» excepté tant seulement que demourra à notre connestable la
» congnoissance des sergens d'armes en deffendant tant seule-
» ment, et en actions personnelles es quelles il n'y aura point
» de sauvegarde enfraincte : et aussi pourront congnoistre
» nostre dict connestable et nos mareschaulz ou leurs lieux
» tenans, quant aux actions personnelles, et entre ceux qʼ
» présentement seront en la guerre et en deffendant ɩ ɩ
» seulement, senz ce toutes-voyes que ceuls qui seront eʼ la
» guerre puissent en demandant faire adjourner ou convenɩʼ
» en action personnelle ou réelle, ceuls qui ne seraient pas en
» la guerre, etc. »

Une autre ordonnance de 1356 attribue encore compétence
au connétable, aux maréchaux ou leur lieutenant à la table de
marbre, relativement à la connaissance des actions personnelles « pour raison de tous contrats, cédulles et convenances faites entre eux et pour le faict de la guerre et occasion d'icelle. »

En même temps, pour empêcher le renouvellement des abus
que nous avons signalés, on défendait sous des peines sévères
aux prévôts des maréchaux et aux capitaines d'empiéter sur la
juridiction des baillis et sénéchaux (1).

404. — Cette prohibition dépassa son but : non seulement
les juges militaires ne songèrent plus à s'attribuer des causes
relevant des juridictions de droit commun, mais les rôles furent renversés, et, quelques années plus tard (2), il ne fallut rien
moins que l'intervention royale pour confirmer le connétable

_____

(1) Ordonnance du 5 mai 1357.
(2) Lettres Roy. datées de Paris du 50 juillet 1406.

de France dans le droit de connaître, en défendant, de toutes causes personnelles et civiles des sergents d'armes.

Cette décision fut provoquée par la contestation qu'élevèrent au sujet de la compétence du connétable les sénéchaux de Toulouse, de Carcassonne, de Beaucaire et autres justiciers du Languedoc, prétendant avoir droit de connaître des causes personnelles et civiles des sergents d'armes, dans lesquelles ceux-ci figuraient comme défendeurs ; c'était une usurpation de compétence de la part des sénéchaux, car les ordonnances ne leur avaient jamais donné droit de connaître des demandes formées contre les sergents d'armes en activité. Leur juridiction avait toujours été limitée aux demandes intentées par des sergents d'armes contre de simples particuliers, parce que ces derniers assignés devant leurs juges y étaient défendeurs.

405. — Les ordonnances de Montil-les-Tours (1467), art. 3, et d'Amboise, art. 10 et 15 (15 mai 1470), rendues par Louis XI, confirmèrent la législation antérieure. Cependant elles innovèrent en ce sens, qu'elles rendirent en certains cas les militaires justiciables des tribunaux ordinaires, même pour faits concernant le métier des armes. Voici dans quelles circonstances : Le tribunal des maréchaux n'était pas établi sur tous les points où il y avait des troupes. Quand une infraction aux devoirs militaires dont la connaissance appartenait à ce tribunal était commise, en l'absence des maréchaux, les juges ordinaires devaient composer un tribunal mixte, en appelant à eux les capitaines des compagnies, et prononçaient sur les faits à eux soumis. Mais si, par une circonstance quelconque, par suite d'une monstre (revue) par exemple, les maréchaux étaient présents, la juridiction des baillis, sénéchaux ou autres justiciers cessait à l'instant.

En résumé, jusqu'au commencement du XVe siècle, les gens de guerre n'étaient justiciables du connétable et des maréchaux que pour faits militaires. Quant aux crimes ou délits communs et aux affaires civiles, ils ne relevaient de ces juges spéciaux qu'en défendant, c'est-à-dire alors que la partie lésée venait demander justice au tribunal militaire.

Un grand nombre de dispositions législatives intervinrent ensuite relativement à la compétence de la connétablie et des maréchaussées, qui fut considérablement restreinte au point de vue criminel, notamment par l'ordonnance du 25 juillet

1665 (1), mais la compétence civile de ces tribunaux demeura à peu près la même.

Ainsi, à la fin du XVIIe siècle, le siège de la connétablie connaissait encore privativement à tous autres juges, et sauf appel au grand conseil :

1° Des actions personnelles dirigées par ou contre des gens de guerre, à raison « de contrats, quasi-contrats, cédules, promesses et obligations faites entre eux ou autres personnes, pour prêts de deniers, ventes de vivres, armes, chevaux ou autres munitions et équipages de guerre, tant en demandant qu'en défendant, nonobstant les privilèges des *committimus* aux requêtes et attributions du scel de la prévôté de Paris, ces privilèges ne devant pas s'appliquer pour les causes dont la connaissance appartenait à la connétablie (2). »

2° Des paiements, gages, soldes, appointements, taxations et autres droits prétendus, et généralement de toutes malversations dans l'administration et la comptabilité militaire par les gens de guerre ; du prêt fait aux armées, réponses, obligations et promesses faites au camp ou en garnison, etc. (3).

3° Des causes et actions personnelles des domestiques des connétable, maréchaux de France, maîtres armuriers, arquebusiers et fourbisseurs et encore des marchands qui fournissaient les sayes, casaques et habits aux gens de guerre (4). Les tribunaux ordinaires du royaume étaient compétents pour les autres officiers.

4° Il avait connaissance exclusive des contestations qui s'élevaient sur les traités d'offices et charges militaires et de gendarmerie (5).

406. — A côté de ces tribunaux militaires dont la compétence était générale, il faut faire mention de certaines juridictions spéciales.

_____

(1) Cette ordonnance, sur laquelle nous reviendrons, confiait en grande partie la juridiction militaire aux conseils de guerre et aux intendants.

(2) V. Ordonnances de janvier 1515, du 3 août 1557, de février 1574 et 1584 et la déclaration du 20 janvier 1660, art. 5 et 6.

(3) Ordonnances de 1356-1377 — 29 novembre 1656, janvier 1660 et 1665.

(4) Ordonnances de 1356 et 1375.

(5) Denizart, v° Connétablie, I-531, cite un arrêt rendu dans ce sens sur les conclusions de l'avocat général Talon, le 6 juin 1674

C'est ainsi que le grand maître de l'artillerie avait, sous le titre de bailliage de l'arsenal, une juridiction particulière pour la connaissance des matières tant civiles que criminelles concernant l'artillerie et les officiers de cette arme. L'appel en ressortissait au Parlement de Paris. Cette juridiction subsista jusqu'en 1788, époque à laquelle elle fut supprimée.

De même encore, les Suisses qui étaient au service de la France avaient des juridictions spéciales composées de juges de leur nation, et devant lesquelles ils devaient porter leurs différends. S'il y avait appel, c'était un conseil supérieur, recruté dans les gardes Suisses, qui décidait en dernier ressort (1).

DEUXIÈME PARTIE.

DROIT CRIMINEL.

DÉLITS ET PEINES MILITAIRES.

SECTION I.

Délits.

107. Diverses ordonnances rendues sur la législation criminelle militaire.—**108.** De la désertion. — **109.** Trahison, lâcheté.—**110.** Du crime des passe-volants. — **111.** Des corps de partisans. — **112.** Rébellion, sédition, conspiration. — **113.** Refus d'obéissance et autres délits analogues. — **114.** Du vol. — **115.** Du viol. — **116.** Du blasphème, de la tromperie au jeu. — **117.** Prescriptions relatives aux mœurs. — **118.** Du duel.

407. — François Iᵉʳ, Henry II, Louis XIV ont rendu un grand nombre d'ordonnances relatives à la législation criminelle mili-

(1) Pigeau : *Procédure du Châtelet* (Paris, in-4°, 1779), t. I, page 82.

taire. Les plus importantes sont celles des 24 juillet 1534, 20 mars 1550, 23 décembre 1553, 20 mars 1557 et 4 novembre 1651. Toutes ont été révisées et refondues dans l'ordonnance du 1er juillet 1727, qui forme, à vrai dire, le Code pénal militaire de l'ancien Droit.

C'est sous l'empire de cette ordonnance que nous nous plaçons pour examiner les crimes et délits militaires sous l'ancien régime, puisqu'elle marque la dernière étape de la législation criminelle dans cette période.

Ici encore, de même qu'en Droit romain, à côté du délit militaire qui consiste dans une infraction du soldat aux devoirs spéciaux de sa profession, nous rencontrons certains crimes de droit commun qui, commis par un militaire, prennent en raison de cette circonstance un caractère exceptionnel de gravité et entraînent des peines plus sévères. Nous essayerons de grouper les uns et les autres sous deux ou trois idées principales.

§ Ier.

DÉLITS MILITAIRES CONSISTANT DANS LA VIOLATION DES DEVOIRS DE DÉVOUEMENT ET DE FIDÉLITÉ ENVERS LE ROI ET LE PAYS.

———

408. — A en juger par le grand nombre d'ordonnances qui ont eu pour objet de la réprimer, la *désertion* était un des délits les plus fréquents ; elle résultait soit de ce fait que le militaire s'était absenté de son corps sans congé valable, ou n'y était pas revenu dans les quinze jours après l'expiration de son congé, fût-il même entré dans un autre (1) ; soit de cette circonstance, qu'il s'était éloigné du quartier de sa compagnie ou du camp, de plus de deux lieues, lorsque son régiment était cantonné dans l'intérieur du royaume, ou de plus d'une demi-lieue, s'il l'était sur les frontières (2).

(1) Ord. du 2 juil. 1716, art. 5 et 17.
(2) Ord. du 23 juillet 1668, — du 2 juill. 1716, art. 4, — du 6 mai 1720, art. 13.

Un congé écrit était de rigueur et on ne tenait aucun compte de l'affirmation d'un officier qui aurait prétendu avoir donné un congé verbal.

Jusqu'à la fin du XVIIe siècle on ne faisait aucune distinction analogue à celle que notre législation actuelle établit entre la désertion à l'intérieur et la désertion à l'étranger. La peine était la même pour tous indistinctement. Tout déserteur soit dans le royaume, soit en pays étranger, était, quand on pouvait l'arrêter, passé par les armes. S'il pouvait s'échapper, ses biens étaient confisqués, ses enfants déclarés incapables de tous honneurs et dignités et exclus de toutes successions directes, collatérales ou autres. Enfin, on l'écartelait en effigie, et on exposait un des quartiers du supplicié, « ès lieux plus insignes de là où sera sa légion, afin que les autres y puissent prendre exemple (1).»

Mais la distinction dont nous avons parlé se fait jour dans l'ordonnance du 24 décembre 1684, qui commue la peine de mort, pour ceux qui désertaient dans le royaume, en celle des galères perpétuelles, du nez et des oreilles coupés, et de deux fleurs de lys marquées au fer rouge sur les joues.

D'ailleurs, certaines circonstances de fait pouvaient amener des modifications dans la peine : si, par exemple, deux soldats déserteurs étaient arrêtés ensemble, ils étaient tous deux passés par les armes, mais si on en arrêtait un plus grand nombre à la fois, après leur condamnation à mort par le conseil de guerre, on les faisait « tirer au billet, trois à trois, pour être, celui des trois sur qui le malheureux sort tombait, passé par les armes, et les deux autres condamnés aux galères perpétuelles (2). »

Cette faveur du tirage au sort, si tant est qu'on la puisse considérer comme telle, n'était accordée qu'à ceux qui désertaient dans le royaume ; les déserteurs à l'étranger n'en jouissaient pas (3). »

Pour arriver plus sûrement à découvrir les déserteurs, on alla jusqu'à renouveler les traditions romaines et à accorder des primes à leurs délateurs (4).

(1) Ord. du 24 juillet 1534, art. 34, confirmée en novembre 1666.
(2) Ord du dernier de mars 1666 et du 2 juillet 1716, art. 6.
(3) Ord. du 2 juillet 1716, art. 8.
(4) Ord. du 17 juin 1676. — du 30 novembre 1692, du 17 juin 1676 et du 2 juillet 1716, art. 21.

Enfin on décida, pour empêcher les désertions, que le fait d'avoir excité des soldats à abandonner le service, circonstance qui constitue aujourd'hui le délit de provocation à la désertion, et qu'on qualifiait alors le *débauchage* ou *embauchage*, serait puni de mort.

On assimilait à la désertion et on punissait de la même peine le fait par un soldat de n'avoir pas suivi son drapeau ou son étendard « dans une alarme, champ de bataille ou autre affaire. »

409. — Le militaire coupable de *trahison*, c'est-à-dire convaincu soit d'avoir livré le mot d'ordre ou un secret à l'ennemi, soit d'avoir entretenu correspondance avec lui sans permission, devait être « pendu et étranglé (1). »

Le fait seul d'avoir entretenu une correspondance avec l'ennemi était puni de mort. La lâcheté elle-même était atteinte. Celui qui en combattant perdait lâchement ses armes, qui se rendait « sans grande occasion, » qui abandonnait son drapeau pendant l'action, était dégradé, déclaré ignoble et, comme roturier, imposé à la taille (2). De même encore, après la création de la milice, ceux qui, étant dans le cas de tirer au sort, s'étaient soustraits à cette obligation, étaient condamnés à servir pendant toute leur vie (3).

L'abandon d'un poste ou d'une faction entraînait la mort ; le coupable était passé par les piques (4).

410. — Un délit militaire, très-fréquent, très-sévèrement puni, et qui est propre à l'ancien droit puisqu'il a sa source dans le mode de recrutement spécial à cette époque, c'est celui que commettaient les faux soldats ou *passe-volants*. Nous avons vu comment se pratiquait cette fraude, nous n'y reviendrons pas.

L'article 255 de l'ordonnance du 25 mai 1445 est la première disposition législative qui ait réprimé cet abus. Cent ans plus tard, François Iᵉʳ condamnait les passe-volants pris en flagrant

---

(1) Ord. du 1ᵉʳ juillet 1727, art. 12, et de juillet 1575, art. 200.

(2) Ord. du 16 juillet 1551, art. 28 ; de plus, le premier Concile d'Arles les avait frappés d'excommunication. V. Bruneau, l. c., page 577.

(3) Ord. du 1ᵉʳ janvier 1748.

(4) Ord. du 16 juillet 1551, art. 6, 8, 40 et 51, renouvelé le 25 décembre 1755 — Ord. du 20 juillet 1714 — 20 mars 1550.

délit à être « pendus et étranglés par la gorge (1). » Henri II (2)
et Louis XIII (3) renouvelèrent ces prohibitions et ces pénalités.
La législation s'adoucit à leur égard avec Louis XIV ; ils n'encourent plus la peine capitale ; on les condamne seulement à
subir l'estrapade et à avoir le nez coupé (4) ; ce n'est qu'en cas
de récidive qu'ils sont punis de mort.

L'officier dans la compagnie duquel on découvrait un de ces
faux soldats était cassé, et déclaré incapable d'occuper jamais
aucunes fonctions (5).

Enfin, une récompense de dix louis d'or était promise à celui
qui dénonçait soit un passe-volant, soit un officier qui en ca-
chait dans sa compagnie.

411. — Le souvenir des excès commis par les anciennes
bandes de mercenaires avait fait prohiber l'organisation de corps
de partisans. Les peines variaient suivant le nombre de volontaires qui les composaient. Les partis au-dessous de 25 fantassins ou de 20 cavaliers étaient réputés voleurs et punis comme
tels; s'ils étaient plus nombreux, on les punissait non moins
sévèrement, et s'ils venaient à tomber entre les mains des
ennemis, on les abandonnait à leur discrétion comme gens
sans aveu (6).

De nos jours au contraire on a encouragé la formation de ces
corps de volontaires. Les partisans de 1815 et les francs-tireurs
de 1870 ont rendu des services qu'on ne pourrait méconnaitre
sans injustice. Mais les abus signalés autrefois se sont de nouveau reproduits et viennent d'amener dans la nouvelle loi militaire le renouvellement des mêmes prohibitions (7).

(1) Edit du 24 juillet 1534, art. 24.
(2) Ord. de décembre 1553, art. 3.
(3) Ord. du 11 août 1625, art. 10.
(4) Ord. du 1er juin 1676.
(5) Ord. de décembre 1555, art. 5 et du 20 septembre 1668.
(6) Ord. du 30 novembre 1710.
(7) Art. 6 de la nouvelle loi militaire.

§ II.

DÉLITS CONTRE LA SUBORDINATION MILITAIRE.

112. — Toute tentative de rébellion, sédition, mutinerie, entrainait pour ceux qui s'en rendaient coupables la peine de mort. Il en était de même pour ceux qui tenaient des assemblées illicites, ou qui, en ayant connaissance, ne les avaient pas dénoncées.

Lorsqu'il n'y avait eu qu'un de ces mouvements peu graves qui se produisent spontanément sans avoir été concertés, comme des cris, des plaintes, des réclamations, les meneurs étaient passés par les armes.

En cas de conspiration, c'est-à-dire quand il y avait eu quelqu'entreprise soit contre le service du roi, et la sûreté des villes, places et pays de sa domination, soit contre les commandants de ces places ou d'autres officiers, les coupables étaient condamnés à être rompus vifs (1).

113. — Le refus d'obéissance envers un officier était puni de mort; envers un sous-officier, il entrainait seulement la dégradation et le bannissement (2). L'officier était réputé connu de tous les soldats d'un camp ou d'une garnison, 24 heures après son arrivée dans ce camp ou cette garnison. Le soldat qui s'était oublié au point d'injurier son supérieur était passé par les piques (3). Si, allant plus loin, il avait mis l'épée à la main, « ou fait quelque mouvement pour mettre son fusil en joue, » alors même qu'il y aurait été provoqué par des mauvais traitements ou des voies de fait, il devait être condamné à avoir le poing coupé pour être ensuite pendu et étranglé (4).

---

(1) Ord. du 1er juillet 1727, art. 17, 18, 19, 20 et 21.
(2) Ord. des 16 juillet 1551 — 1er juillet 1727, art. 1 et suiv. et 23 décembre 1753.
(3) Ord. du 23 décembre 1753, art. 11.
(4) Ord. du 1er juillet 1727, art. 4.

Les voies de fait envers un sous-officier entraînaient seulement condamnation aux galères perpétuelles (1).

Quand dans une rixe privée un soldat s'était servi de ses armes, il avait le poing coupé; si c'était contre une sentinelle, il était passé par les piques.

Enfin, par un souvenir du Droit romain qu'on ne s'explique pas bien, l'ordonnance de 1727 condamnait à être étranglé tout soldat qui sortait d'un camp retranché, d'une ville ou d'un fort, ou qui y rentrait par quelque détour, par escalade, ou autrement que par les portes et chemins ordinaires.

Nous bornerons là notre énumération des crimes contre la subordination. Les ordonnances renferment une foule de détails et de prescriptions sur d'autres délits du même genre, mais comme elles constituent en général plutôt des infractions à la discipline que des délits militaires, nous ne nous y arrêterons pas davantage.

§ III.

DÉLITS DE DROIT COMMUN.

411. — Le vol est un délit de droit commun, mais il prenait un caractère particulier de gravité quand il était commis à l'armée, où la discipline souffre toujours des actes d'improbité. Il en était déjà de même en Droit romain, et notre législation actuelle a conservé l'empreinte des mêmes idées.

Un soldat avait-il commis le vol le plus insignifiant, avait-il dérobé, par exemple, un vêtement, ou même le prêt de pain d'un camarade? La moindre peine qu'il pût encourir était les galères perpétuelles. Encore fallait-il un concours de circonstances favorables, c'est-à-dire que le coupable eût joui auparavant d'une bonne réputation et que le vol eût été commis en temps

(1) Ord. du 1er juillet 1727, art. 6.

de paix. Presque toujours il y avait punition de mort pour cette faute, en somme assez légère (1).

Il en était toujours ainsi quand le vol avait été commis au préjudice des vivandiers, « d'autant qu'à cause de ce, ils n'apporteraient vivres au camp, qui serait pour ruiner une armée (2). » Et comme peine accessoire, le voleur, dans cette hypothèse spéciale, était passé par les verges avant d'être pendu.

Mais le vol le plus sévèrement traité était celui qui avait lieu dans les églises; en pareil cas, non-seulement le voleur, après avoir été « pendu par sa gorge sans aucune grâce, » était condamné au feu (5), mais il subissait de plus les peines du crime de lèse-majesté, c'est-à-dire que ses biens et ceux de ses enfants étaient confisqués et que sa postérité était déchue de tous droits, honneurs et prééminence de noblesse.

415. — Le viol prenait aussi, quand il émanait d'un militaire, un caractère tout particulier de gravité : « Le soldat qui, même en temps de guerre, forcera une femme ou une fille sera pendu et étranglé, » dit une ordonnance d'Henri II (4), et on faisait jurer aux colonels et capitaines, sous peine d'être cassés, bannis et d'avoir leurs biens confisqués, « de contregarder les femmes gisantes et enceintes, soit en bataille, assauts, prises de villes et places ou autrement (5). »

416. — Il y avait même une catégorie de faits qui, quoique blâmables en eux-mêmes, ne constituent cependant que des atteintes à la morale ou à la religion, et ne devraient jamais tomber sous le coup de la loi pénale, lesquels prenaient un caractère délictueux et entraînaient des châtiments sévères aussitôt qu'ils étaient commis par un militaire.

Ainsi les jurements et les blasphèmes échappés à un civil restaient en général impunis, ou entraînaient tout au plus une légère amende (6). Emanaient-ils d'un soldat, le cou-

(1) Ord. du 1er juillet 1727, art. 28.
(2) Ord. du 24 juillet 1534, art. 58 et du 22 mars 1537, art. 27.
(3) Id., art. 28 et 17 et art. 26 de l'ord. du 1er juillet 1727.
(4) Ord. du 10 juillet 1551, art. 53.
(5) Ord. du 24 juillet 1534, art. 27 et du 22 mars 1557.
(6) Déclaration du 30 juillet 1666 et Cottereau, Droit général, t. I, no 859.

pable devait avoir la langue percée d'un fer chaud, et cette peine cruelle s'appliquait avec la dernière rigueur (1).

De même encore le militaire qui trompait son camarade au jeu, « faisant faux jeu ou piperie, » était condamné à être fouetté, essorillé (2), et banni pour dix ans (3). On alla même jusqu'à défendre sous ces mêmes peines tout jeu de dés ou de cartes.

Ces pénalités étaient trop en disproportion avec le délit qu'elles devaient réprimer pour produire un résultat satisfaisant; aussi, en 1691 (4), fallut-il revenir sur ces dispositions. On se borna à défendre certains jeux spécialement dangereux : le *hoca*, le *pharaon*, la *barbacole*, la *bassette*, le *lansquenet*, sous peine pour les contrevenants d'une amende de mille livres, convertible en quatre mois de prison.

417. — Enfin, dans la plupart des ordonnances relatives aux délits militaires, on rencontre des dispositions qui interdisent aux soldats et officiers « d'entretenir à leur suite aucune fille débauchée, » sous peine pour les coupables d'être cassés et jetés en prison, et pour ces malheureuses d'être fouettées en place publique et chassées des places du royaume (5).

418. — Mais de tous les délits de droit commun que pouvaient commettre des militaires, celui qui a donné lieu au plus grand nombre de décisions législatives est incontestablement le duel. Nous en dirons quelques mots, bien qu'il n'ait pas été plus sévèrement réprimé chez les militaires que chez les autres citoyens, parce qu'il était plus particulièrement usité dans l'armée.

Ce délit, que les anciens n'ont jamais connu, est d'institution toute moderne. Importé chez nous par l'invasion barbare, il fut d'abord une institution judiciaire, un mode de preuve auquel on avait recours dans les procès pour l'éclaircissement des faits contestés. Mais ce n'est que lorsque les duels judiciaires cessè-

(1) Ord. du 20 mai 1686 — du 1er juillet 1727, art. 56.
(2) C'est-à-dire à avoir les oreilles coupées.
(3) Ord. du 24 juillet 1534, art. 52 — du 22 mars 1557, art. 21.
(4) Arrêt du Conseil d'Etat du 13 janvier 1691.
(5) Ord. de François Ier de juillet 1534, art. 50 — de Henri II du 22 mars 1556, art. 59 — de Louis XV du 1er juillet 1727, art. 44.

rent d'être ordonnés par les tribunaux que commencèrent les duels proprement dits, les duels particuliers (1).

Jusqu'au milieu du XVI° siècle les rencontres entre gentils-hommes furent tolérées, mais, à cette époque, ils se multiplièrent dans des proportions tellement inquiétantes qu'on dut chercher à y mettre un frein. L'édit de 1568, l'ordonnance de Blois en 1579 et un arrêt de la tournelle du Parlement de Paris, en date du 26 juin 1599, le défendent sous peine de crime de lèze-majesté, confiscation de corps et de biens tant contre les vivants que contre les morts. En 1602 un édit ordonne à la partie offensée d'adresser sa plainte au gouverneur de province qui la soumettra au jugement des connétables et maréchaux de France. Ce fut là l'origine de *la juridiction du point d'honneur*. Mais les duels n'en continuèrent pas moins à prendre de nouveaux développements. Les ordonnances prohibitives de 1609, 1611, 1613, constatent presque toutes dans leur préambule le résultat insignifiant des dispositions antérieures. Avec Richelieu paraissent de nouveaux édits. Les déclarations de 1623, 1624 et 1626 frappent de pénalités plus rigoureuses encore les duellistes, et l'on voit tomber sous la hache du bourreau, victimes de ce préjugé, les plus nobles têtes, un de Thou, un Montmorency-Boutteville et tant d'autres!

Sous Louis XIV, la sévérité s'accrut encore à l'égard de ces délits. L'ordonnance d'août 1679, connue sous le nom d'édit des duels, parce qu'elle a fixé définitivement la législation sur cette matière, ne tient plus compte de l'issue du combat dans la condamnation; les coupables sont punis de mort, leurs châteaux rasés, leurs futaies coupées, leur noblesse effacée, leur postérité stigmatisée de roture et d'infamie.

Quant à ceux qui avaient succombé, le procès devait être fait à leur mémoire comme pour crime de lèze-majesté : leurs corps étaient laissés sans sépulture, leurs biens étaient confisqués.

Ralentie un moment dans les dernières années du siècle de Louis XIV, la fureur des duels se ralluma aussi vive que jamais

---

(1) V. l'ouvrage de M. Cauchy sur le duel, t. 1, *passim*. et *Dissertation sur le Duel, destinée aux Ecoles de Droit*, par Maffioli. (Paris, 1822, in-8°.)

sous la régence. Louis XV, dès la première année de sa majorité, renouvela les anciens édits par une déclaration en date du mois de février 1723. Mais ce fut une vaine menace et, pendant le cours de ce règne qui ne fut qu'un long scandale, les duellistes purent se donner libre carrière.

Nous trouvons cependant un arrêt du 16 septembre 1769, rendu par le Parlement de Grenoble, contre un sieur du Chelas, coupable d'avoir tué en duel un capitaine de la légion de Flandre, nommé Lambert Béguin, qui prouve combien la profession de duelliste pouvait encore être dangereuse. L'arrêt, après l'avoir dégradé de noblesse et noté d'infamie, ordonne qu'il sera conduit en chemise, tête nue et la corde au cou, ayant au poing une torche ardente de cire jaune, devant la porte de la principale église où, à genoux, il devra déclarer que méchamment et traîtreusement il a assassiné le dit Béguin, et qu'ensuite il sera appliqué au supplice de la roue, ses armes préalablement noircies et brisées en sa présence au pied de l'échafaud.

SECTION II.

Peines.

—

119. Division et énumération des peines. — **120.** Peines purement militaires.

419. — Les peines se divisaient en capitales, afflictives et infamantes.

Les peines capitales faisaient perdre la vie naturelle ou civile. C'étaient la mort naturelle, les galères perpétuelles et la réclusion aussi à perpétuité dans une maison de force.

Chacune de ces peines était en même temps afflictive et infamante, et emportait de droit la confiscation des biens et la mort civile.

La peine de mort pouvait se donner, suivant la nature des

crimes en expiation desquels elle était encourue, soit par le feu, la roue, la décapitation, l'écartèlement. En général, on employait la pendaison par la gorge, quelquefois aussi sous les aisselles (1).

Les peines afflictives non capitales étaient les galères, le bannissement à temps, le fouet, l'amputation du poing, l'incision de la lèvre, l'amputation de la langue ou son percement avec un fer chaud, la mutilation du nez ou des oreilles, la flétrissure ou marque avec un fer chaud (2).

Les peines purement infamantes étaient la dégradation, le blâme, l'amende, etc.

420. — A côté de ces peines qu'appliquaient les tribunaux militaires, mais qui étaient de droit commun, il y en avait un certain nombre qui ne pouvaient être prononcées que par des juges militaires, ainsi : l'estrapade (5), la condamnation à avoir la tête cassée, à être passé par les piques, par les baguettes, à être mis sur un cheval de bois ou attaché à un poteau planté au centre du campement de chaque bataillon (4).

En cas de condamnation à mort d'un militaire, on convoquait au lieu du supplice son régiment et des détachements envoyés par chacun des régiments du corps d'armée dont il faisait partie. Les troupes une fois réunies et formées en carré, on amenait le criminel qu'on faisait mettre à genoux pendant qu'on lui lisait la sentence, puis il était pendu ou passé par les armes suivant le jugement.

L'exécution terminée, les troupes défilaient devant le mort, le régiment du coupable en tête, au son des tambours qui battaient aux champs (5).

---

(1) V. deux arrêts, l'un du 22 décembre 1685, l'autre de 1722, qui appliquent cette peine.

(2) A partir du commencement du XVIIIe siècle, la marque entraîna toujours comme conséquence les galères perpétuelles. Déclarat. du 4 mars 1724, art. 5.

(3) Ce genre de supplice consistait à lier au patient les mains derrière le dos, à le hisser au moyen d'une poulie ou sommet d'une longue pièce de bois, et à le laisser retomber jusque près de la terre, en sorte que le poids de son corps lui fît disloquer les bras. On donnait quelquefois jusqu'à trois estrapades de suite.

(4) Ordonnance du 17 février 1753, art. 527.

(5) V. Ordonn. du 17 février 1753, art. 552 et suiv.

SECTION III.

Des juridictions militaires compétentes en matière criminelle.

421.—L'organisation de la justice militaire est un des éléments essentiels de la force de l'armée. Une justice trop indulgente ou trop sévère pourrait ou ruiner la discipline, ou enlever tout essor aux sentiments de courage et d'honneur. Aussi a-t-on reconnu à toutes les époques la nécessité d'une justice particulière pour l'armée.

Dans le dernier état de notre ancien Droit, les militaires étaient justiciables, au point de vue des crimes et des délits qu'ils pouvaient commettre :

1° En temps ordinaire, du tribunal de la *connétablie*, des *prévôts des maréchaux* et des *présidiaux.*

2° En campagne, des *prévôts d'armée*, des *prévôts régimentaires* et des *conseils de guerre.*

3° En tout temps, du *tribunal du point d'honneur.*

Nous allons passer en revue ces diverses juridictions, en indiquant leur organisation et leur compétence.

§ I.

TRIBUNAL DE LA CONNÉTABLIE ET DES MARÉCHAUX DE FRANCE.

---

422. — Cette juridiction, ainsi nommée parce qu'elle était exercée par le connétable assisté des maréchaux de France dont il était le chef, semble avoir été établie à peu près à l'époque où fut créée la charge de connétable. Nous n'avons pas l'édit qui l'institua, mais un mémoire dressé au siège de la connétablie, en 1655, porte qu'elle existait depuis 400 ans, ce qui ferait

20

remonter son institution à 1255. Miraulmont (1) prétend qu'anciennement elle s'exerçait à la suite de nos rois ; que le connétable et les maréchaux avaient des prévôts qui jouissaient d'une juridiction criminelle au camp durant la guerre, et que, le Parlement ayant été fixé à Paris, cette juridiction fut établie au siége de la *table de marbre* (2).

Le plus ancien vestige que l'on en trouve est une sentence du 9 février 1316, dont l'appel fut porté au Parlement.

A cette époque, parait-il, les connétables tenaient cette juridiction en fief du roi comme un domaine de la couronne dont la propriété appartenait au roi, et qui leur avait été inféodée à cause de leurs offices.

Lorsque la charge de connétable fut supprimée (3), la juridiction qu'il exerçait subsista entre les mains des maréchaux de France. Mais ces hauts dignitaires apportaient, parait-il (4), dans l'exercice de leurs fonctions une négligence que tous nos anciens auteurs signalent. Cette juridiction était exercée par un lieutenant général, un lieutenant particulier et divers autres officiers qui rendaient la justice en leur nom et même en celui du connétable, bien qu'il fût supprimé (5).

423. — Le tribunal de la connétablie connaissait de tous les excès, dommages, crimes et délits commis par les gens de guerre à pied ou à cheval, au camp ou en garnison ; des excès, violences, qui pouvaient leur être faits ; des procès naissant du fait de la guerre et concernant les espions, traitres, transfuges, déserteurs, etc.; de la reddition des villes, châteaux et forteresses rendus aux ennemis par faute et malversation des gentilshommes soumis au ban et à l'arrière-ban.

Il connaissait en outre, par prévention et à charge d'appel, de tous crimes et cas prévôtaux et même de tous autres délits

---

(1) Léferon et Miraulmont, *Histoire des connétables et maréchaux de France.* (Paris 1610, in-8°.)

(2) Cette dénomination venait de ce que les juridictions de l'amirauté des eaux et forêts et de la connétablie tenaient leurs séances sur la table de marbre qui était dans la grande salle du palais et qui fut détruite lors de l'incendie arrivé en 1618. Guyot, *Répertoire de jurisprudence*, etc. (Paris 1784, in-4°), t. IV, p. 476.

(3) Par édit du mois de janvier 1607, après la mort du connétable de Lesdiguières. Denisart, I, 531.

(4) Denisart, loc. cit., § 2.

(5) Gilbert de Marette, dans Guyot, l. c., page 477.

contre toute sorte de personnes, sauf à en faire le renvoi, s'il en était requis après l'information et le décret exécuté.

Enfin, rentraient encore dans la compétence de ce tribunal « les fautes et délits des prévôts des maréchaux, des vice-baillis, » vice-sénéchaux et les rébellions à eux faites (1). »

La connétablie connaissait aussi, en certains cas, des appels des jugements rendus par les prévôts des maréchaux, et les appels de ses jugements ⸱ levaient au Parlement de Paris(2).

Cependant les juge ...ss étaient compétents pour connaitre des crimes commis par les officiers et soldats, lorsque les habitants d'une garnison s'y trouvaient intéressés (3).

Il résulte même, d'un conflit qui s'éleva, en 1742, entre le lieutenant criminel au bailliage d'Autun et le lieutenant général de la connétablie, que les juges ordinaires pouvaient connaitre des délits commis par les gens de guerre dans leurs marches (4).

§ II.
PRÉVÔTS DES MARÉCHAUX.

424. — A l'époque de François Ier, il n'y avait que deux maréchaux de France (5). Ce prince porta leur nombre à quatre (6) : Lieutenants du connétable, ils commandaient sous ses ordres,

---

(1) V. lettres de Charles IX du 6 décembre 1518. Ordonnances du 18 octobre 1553, — 1er février 1574, — 9 février 1584, — janvier 1660, —5 mai et 18 juin 1682.

(2) Ordonnance du 13 mai 1665.

(3) Ordonnance du 13 mai 1665, art. 13.

(4) Voici à quel sujet : De jeunes officiers passant avec des recrues par Autun, avaient attaqué et maltraité à coups d'épée plusieurs habitants et surtout le lieutenant particulier au bailliage de cette ville, qu'ils avaient laissé à demi-mort. Le lieutenant criminel d'Autun les fit arrêter et instruisit l'affaire. Mais le lieutenant-général de la connétablie, en ayant eu connaissance, revendiqua l'affaire, comme relevant de sa compétence. Le chancelier d'Aguesseau, appelé à trancher ce conflit de juridiction, donna raison, par lettre du 30 juin 1742, au lieutenant criminel d'Autun. V. Gilbert de Marette, l. c., p. 479.

(5) Ces officiers, institués en 1185 par Philippe-Auguste, étaient à l'origine les principaux écuyers ou grands officiers de l'écurie du roi. V. Denisart, v° maréchaux, 111-212. — Le nom de maréchal est composé de marck, vieux mot gaulois qui signifiait cheval et du mot allemand escal, maître : maître des chevaux.

(6) V. Delamarre : Traité de la Police (Paris, 1722, in-f°), t. I, p. 267.

et avaient, comme tels, une certaine juridiction militaire qu'ils exerçaient par l'intermédiaire d'un prévôt.

Charles VI fixa ce prévôt des maréchaux à sa cour et décida que ses fonctions, qu'il n'exerçait antérieurement qu'en temps de guerre, subsisteraient en temps de paix (1). Mais cet officier, ne pouvant veiller sur toutes les troupes réparties dans la France, prit l'habitude de déléguer des lieutenants qu'il expédiait de côté et d'autre pour informer des excès commis par les gens de guerre, et Louis XI lui permit en 1494 de commettre dans chaque province un gentilhomme pour le représenter.

Plus tard, ces commissions furent érigées en offices pour diverses provinces, tellement, que, vers la fin du règne de Louis XI, il n'en restait presque aucune qui n'eût son prévôt des maréchaux. A la fin du XVIIIe siècle, il y en avait trente-trois.

Ces magistrats avaient une compétence exclusivement criminelle (2), qu'avait précisée dans son application l'ordonnance de 1670 (3) (t. I, art. 12 à 15). Cette ordonnance détermine sous le nom de cas prévôtaux les différents délits dont ils avaient connaissance : c'étaient en général des délits qui exigeaient une punition prompte, et qu'on considérait comme indignes de la faveur de l'appel.

Ils jugeaient d'une manière générale de tous les excès, oppressions et crimes commis par les gens de guerre, tant dans leurs marches que dans les lieux d'étapes, d'assemblée ou de séjour pendant leur marche, ainsi que du crime de duel et de désertion (4) ; ils étaient de plus autorisés à juger les complices et les fauteurs de la désertion, alors même qu'ils n'étaient point militaires (5).

(1) Delamarre, l. c., t. I, p. 266.

(2) Ces prévôts des maréchaux ne connaissant que du criminel, s'ils avaient fait exécuter un coupable « jugé être de leur gibier ; » ils ne pouvaient connaître de la vente de ses biens. V. Brunneau : *Observations sur les matières criminelles* (Paris 1716, in-4°), page 41.

(3) Les dispositions de cette ordonnance furent augmentées par la déclaration du 8 février 1731.

(4) Pour encourager les prévôts des maréchaux à poursuivre les déserteurs, l'art. 34 de l'ordonnance du 2 juillet 1716 leur allouait une gratification de 30 livres pour la capture de chaque déserteur à l'intérieur, et de 100 livres pour la capture de chacun de ceux qui auraient déserté à l'étranger.

(5) V. pour les détails sur la compétence de ces magistrats : Delamarre, *Traité de la Police*, I-268 à 274.

Enfin, comme officiers de police, ils avaient des attributions très-étendues dans lesquelles nous ne pouvons entrer et qu'on trouvera énumérées dans l'ordonnance de 1670.

Ils avaient sous leurs ordres des corps analogues à nos brigades de gendarmerie que l'on nommait maréchaussées et qui étaient chargées de la police du royaume.

Ces prévôts des maréchaux étant juges en dernier ressort pour les cas prévôtaux, il s'élevait quelquefois des conflits entre eux et la connétablie. L'ordonnance du 4 juin 1666 y mit un terme en leur défendant, sous peine d'amende, toute distraction d'affaires relevant de la juridiction de la connétablie.

§ III.

DES PRÉSIDIAUX.

---

425. — Les présidiaux étaient des juridictions de droit commun établies par un édit d'Henri II, de janvier 1551, dans les villes importantes, pour juger en dernier ressort des appels des juges subalternes. Ils n'avaient, en principe, aucune compétence à l'égard des crimes et délits commis par des militaires ; mais l'art. 15 du titre Ier de l'ordonnance de 1670 leur avait donné le droit de connaître des cas prévôtaux préférablement aux prévôts des maréchaux, dans le cas où ils auraient décrété soit avant eux, soit le même jour.

La déclaration du 5 février 1731 (1) vint modifier à cet égard les dispositions de l'ordonnance de 1670. Elle enlève aux présidiaux la connaissance des crimes commis par les déserteurs et leurs complices pour les attribuer exclusivement aux prévôts des maréchaux, à l'exclusion des juges ordinaires.

En second lieu, comme l'ordonnance de 1670, elle confère aux juges présidiaux de préférence aux prévôts des maréchaux,

(1) Cette déclaration est citée en note dans Guyot, l. c., II, page 727.

la connaissance des cas prévôtaux, s'ils ont décrété avant eux
ou le même jour; bien plus elle étend cette préférence sur
les prévôts des maréchaux dans des circonstances semblables,
aux simples baillis ou sénéchaux.

L'ordonnance de 1702 leur avait déjà, il est vrai, accordé
cette faculté, mais dans le cas de flagrant délit seulement; la
déclaration de 1731 la généralisa à tous les cas indifféremment.

Cette dernière déclaration décide que, quand les coupables
d'un cas prévôtal auront été pris en flagrant délit, ou en exécution du décret du juge ordinaire, avant que les prévôts des
maréchaux aient décerné un pareil décret contre eux, les
baillis ou sénéchaux jouiront du fruit de ces mêmes diligences,
et que le lieutenant criminel de la sénéchaussée ou du bailliage
sera censé avoir prévenu le prévôt des maréchaux par la
diligence du juge qui lui est subordonné.

§ IV.

DES CONSEILS DE GUERRE.

426. — Nous venons de voir quels étaient les tribunaux militaires criminels en temps de paix. En temps de guerre, il y
avait deux sortes de juridiction : celle des prévôts d'armée et
des prévôts régimentaires (1), officiers chargés de veiller à la
police des camps et de réprimer les délits les plus légers, et celle
des conseils de guerre, qui avaient mission de punir les crimes
et les délits les plus graves.

Les conseils de guerre ne pouvaient se réunir que sur l'autorisation du major général de l'armée, sollicitée par le major du
régiment dont l'accusé faisait partie. Ils se composaient d'au
moins sept officiers de ce régiment désignés par le commandant
du corps (2).

(1) V. Ordonnance du 16 juillet 1351, art. 40.
(2) V. Ordonnance du 17 février 1733, art. 529 à 530 — de Briquet, C. Milit.,
V, p. 118.

Le major du régiment instruisait l'affaire. Il devait procéder à l'information, à l'interrogation de l'accusé, au récolement des témoins et à leur confrontation avec l'accusé, en suivant les formalités prescrites par l'ordonnance du mois d'août 1670, et de manière à ce que la procédure fût parfaite en deux fois vingt-quatre heures au plus.

Les officiers commandés pour le conseil de guerre devaient se rendre à la tente du commandant du régiment, à l'heure de la matinée qui leur avait été prescrite, « *étant à jeun, portant le hausse-col et ayant des guêtres,* » et aller ensemble entendre la messe avant de se mettre en place (1).

Après la messe, le conseil entrait en séance : le major occupait le siége du ministère public, faisait son rapport et prenait ses conclusions. Puis on amenait l'accusé qu'on interrogeait, après lui avoir fait prêter serment de dire la vérité. L'interrogatoire terminé, le président recueillait les voix en commençant par le dernier juge ; l'avis le plus doux prévalait dans le jugement si le plus sévère ne l'emportait de deux voix, et l'avis du président n'était compté que pour une voix, de même que celui des autres juges.

La sentence prononcée, le major se rendait au lieu où le prisonnier était détenu et lui en donnait lecture, après l'avoir fait mettre à genoux. Lorsque le coupable était condamné à mort, on lui donnait sur-le-champ un confesseur, et il était exécuté dans la journée, sans qu'il fût permis aux commandants des corps de surseoir à l'exécution du jugement.

Aucun officier ne pouvait passer en conseil de guerre sans un ordre du roi.

Les régiments étrangers, qui avaient une justice particulière, étaient autorisés à juger leurs soldats suivant les formes usitées dans leur nation. Mais ils devaient demander au major général la permission du chef de corps pour tenir le conseil de guerre (2).

(1) Ord. du 17 février 1753, art. 536. — V. de Briquet, *C. Milit.*, V, p. 120.
(2) Ord. du 17 février 1753, art. 560.

§ V.

DU TRIBUNAL DU POINT D'HONNEUR.

---

427. — Il nous reste à parler d'une dernière juridiction militaire dont l'exercice était confié aux maréchaux de France, celle du *point d'honneur*.

La juridiction qu'ils exerçaient dans ce tribunal était différente de celle qui s'exerçait en leur nom au siége de la connétablie. En effet, la connétablie, comme nous l'avons vu, connaissait entre les gens de guerre de tout ce qui avait rapport à la guerre, tant en matière civile que criminelle.

Au tribunal du point d'honneur, les maréchaux de France connaissaient par eux-mêmes, et sans appel, de tous différends nés entre gentilshommes, pour raison de leurs engagements de paroles et de leurs billets d'honneur. Ce tribunal se tenait chez le doyen des maréchaux.

La connaissance des matières qui dépendaient du point d'honneur avait été attribuée aux maréchaux de France par divers édits et déclarations de Henri IV et de Louis XIII.

En août 1653, ces hauts dignitaires avaient dressé sur l'ordre de Louis XIV un règlement destiné à empêcher les duels : il fixait les diverses satisfactions et réparations d'honneur qui étaient dues suivant les divers degrés d'offenses, « de telle sorte, dit la déclaration de 1653, que la punition contre l'agresseur et la satisfaction donnée à l'offensé fussent si grandes et si proportionnées à l'injure causée qu'il n'en pût renaître aucune plainte ou querelle nouvelle (1). »

---

(1) D'après ce règlement, on punissait d'un mois de prison des paroles injurieuses comme celles de *sot, lâche, traître*, avec obligation pour l'offenseur de demander pardon à l'offensé. Un démenti ou des menaces ne se liquidaient pas par moins de deux mois de prison ; un soufflet entraînait un an de prison, trois mille livres d'amende, et l'offenseur devait de plus, en sortant de prison, demander pardon à l'offensé, le genou en terre, « se soumettant en cet état de recevoir de pareils coups que ceux

Un édit du 22 août 1679, concernant les duels, attribua aux maréchaux de France, privativement à tous autres juges, « la connaissance de tous les différends entre gentilshommes ou ceux qui faisaient profession des armes dans le royaume, procédant de paroles outrageuses, ou autres causes touchant l'honneur.

Divers édits de mars 1693, octobre 1702 et 1704 et novembre 1707, créèrent dans chaque bailliage, sénéchaussée, duché-pairie et autres justices du royaume relevant au Parlement, un lieutenant des maréchaux de France pour connaître et juger des différends survenus entre les gentilshommes et gens de guerre.

qu'il avait portés, le remerciant très-humblement s'il ne les lui donnait pas, comme il pouvait le faire, et déclarant en outre de parole et par écrit qu'il l'avait offensé brutalement et le suppliait de l'oublier. » On comprend qu'un pareil règlement n'ait pas mis fin aux duels. — V. de Briquet, *C. Mil.*, III, p. 313.

CHAPITRE III.

DES ANCIENS MILITAIRES.

---

128. — De bonne heure on sentit en France qu'une dette sacrée était contractée par le pays envers les anciens soldats qui avaient consacré leur vie à combattre pour lui, et on chercha à leur assurer des moyens d'existence pour l'époque à laquelle ils se seraient retirés du service. C'est à ce titre qu'on accorda, sous les deux premières races, des fiefs et des bénéfices aux principaux chefs militaires ; quant aux subalternes, ils restaient en général près de leurs chefs, où ils remplissaient des fonctions de domesticité ; les autres, abandonnés à eux-mêmes, étaient forcément réduits à une vie d'aventures et de brigandage.

A partir de Charlemagne, nos rois se réservent le droit de placer dans divers monastères, de fondation royale, d'anciens soldats, le plus souvent atteints de blessures qui les mettaient dans l'impossibilité de pourvoir à leurs besoins. On les appelait *moines laïcs* ou *oblats* ; ils jouissaient d'une portion monacale, à charge par eux de rendre en retour certains services, comme de balayer les églises, de chanter au lutrin ou de sonner les cloches. Mais ces places, peu nombreuses, et toutes de faveur étaient une bien faible ressource, pour le grand nombre de ceux que la guerre mettait hors d'état de subsister. La mendicité pourvoyait aux besoins du plus grand nombre (1).

---

(1) C'est ainsi qu'en Allemagne, il n'y a pas encore un siècle, une médaille spéciale accordée aux militaires devenus impropres au service leur donnait le droit de demander leur pain à la charité publique.

Au système des *oblats* succéda celui des *morte-payes*, sorte
de vétérans auxquels était confiée, en temps de paix, la garde
d'un grand nombre de châteaux ; ils étaient entretenus et soldés
par les châtelains ou les gouverneurs à qui ils servaient pour
ainsi dire de gardes du corps.

Philippe-Auguste forma le projet de fonder une maison pour
servir de retraite à ceux qui auraient vieilli dans le service ;
mais il voulut les soustraire à la juridiction que les évêques
exerçaient sur les moines lais ; le pape Innocent III repoussa
énergiquement cette prétention, et cette résistance fit avorter
l'heureuse idée de Philippe.

Henri IV ne pouvait pas ne pas récompenser les services des
compagnons d'armes qui l'avaient aidé à conquérir son trône ;
il leur ouvrit un refuge rue Saint-Marcel : Louis XIII les établit
à Bicêtre, mais n'y admit que les anciens officiers et sous-officiers à l'exclusion des soldats, et encore cette faveur était-elle
spécialement réservée aux catholiques.

429. — C'est à Louis XIV qu'était réservé l'honneur d'ouvrir
à nos anciens soldats le magnifique asile qui les reçoit encore
aujourd'hui (1). Commencé en 1654, l'Hôtel des Invalides fut
ouvert en 1670 et reçut en quelques années dix mille pensionnaires de tous rangs.

Pour rendre cet établissement durable, on lui accorda des
priviléges importants et de nombreuses exemptions d'impôts :
on affecta à son entretien de riches fonds de terre et des revenus considérables, notamment ceux des pensions de tous les
moines lais, dont étaient chargées les abbayes de fondation
royale, et les quatre deniers par livre qu'on retenait sur tous
les paiements faits par le trésorier général de la guerre; cette
dotation fut encore augmentée par lettres-patentes du 1er septembre 1782 (2).

430. — De nombreuses ordonnances (3) réglèrent avec un

(1) « Afin, dit-il, dans l'édit d'établissement, rendu en 1659, de tirer hors de la
misère et de la mendicité les pauvres officiers et soldats de nos troupes, qui ayant
vieilli dans le service, ou qui dans les guerres passées ayant été estropiés, étaient hors
d'état de rien faire pour pouvoir vivre et subsister. »V. de Briquet, *C. M.*,V, p. 101.
(2) V. Guyot, *Rép. de Jurisp.*, t. 9, p. 498. — V. aussi arrêt du Conseil du
17 février 1682 et de novembre 1704.
(3) V. notamment ordonnances du 7 octobre 1724, du 3 décembre 1730 et du

soin minutieux les conditions auxquelles était subordonnée l'entrée au service.

Les officiers, sous-officiers et soldats n'étaient admis dans l'Hôtel qu'après vingt années de service consécutif, à moins qu'ils n'eussent été estropiés ou mis hors d'état de servir.

Les officiers n'y étaient reçus, en cette qualité, qu'autant qu'ils avaient au moins deux ans de grade (1).

Une discipline toute militaire (2) avait été établie pour maintenir l'ordre indispensable dans une pareille agglomération en même temps que des mesures de protection étaient prises pour défendre les soldats contre les violences de leurs anciens officiers, souvent trop imbus des habitudes militaires (3). La sollicitude royale allait même jusqu'à se préoccuper du salut de leur âme en sanctionnant l'accomplissement des devoirs religieux par des punitions rigoureuses (4).

9 septembre 1749, ainsi que les règlements du 3 janvier 1710 et du 9 août 1731. De Briquet, *Code militaire*, t. V, p. 257 et suiv.

(1) Art. 1 et 2 du règlement du 9 août 1731.

(2) Cette discipline était de la dernière sévérité même à l'égard des délits les moins graves : nous citerons en les résumant pour en donner une idée quelques dispositions du règlement d'août 1731 —

Art. 8. Tous les officiers, sergents et soldats qui seront repris pour ivrognerie seront mis : les officiers aux arrêts pendant huit jours, les soldats en prison pendant le même laps de temps ; après huit récidives, on les enfermera à l'hôpital de Bicêtre pendant un an.

Art. 9. Les Invalides qui découcheront seront punis d'un mois de prison, et d'un an de la même peine en cas de récidive.

Art. 10. Ceux qui jureront le saint nom de Dieu, seront mis pour la première fois en prison pendant deux mois et s'ils ne s'en corrigent pas, ils seront expulsés de l'Hôtel.

Art. 11. Les Invalides qui retireront dans leurs chambres les personnes du dehors pour les y faire coucher avec eux, sous prétexte qu'ils sont leurs enfants, frères, parents ou amis, seront mis en prison pour un mois et placés sur le cheval de bois, pendant deux heures, avec les personnes que l'on aura surpris couchées avec eux, etc.

Il était défendu aux pensionnaires de l'Hôtel, même aux officiers, de fumer à peine de huit jours de prison au pain et à l'eau pour la première fois et d'un plus grand châtiment pour la seconde. — Art. 52 et 57.

(3) L'art. 21 de l'ordonn. du 7 octobre 1724, défend expressément aux officiers et sous-officiers de maltraiter les Invalides à coups de canne ou de bâton.

(4) « Aucun Invalide nouvellement reçu ne pourra sortir pendant les quarante premiers jours, sous quelque prétexte que ce soit, afin d'être instruit de ses devoirs de chrétien. » — « Tous les officiers, sergents, cavaliers et soldats résidant dans l'Hôtel au temps de Pâques, seront obligés de faire leur devoir pascal dans la paroisse Saint-Louis de cet Hôtel, sous peine pour les officiers d'être mis aux arrêts pendant

431. — En 1724, l'Hôtel étant insuffisant à contenir tous les pensionnaires qui avaient droit à y être reçus, on détacha dans diverses provinces des compagnies d'Invalides qui tinrent garnison dans certaines villes.

Vers la même époque, de grands abus s'introduisirent dans l'administration de l'Hôtel, et on y admit en grand nombre des Invalides de faveur ; c'étaient en général d'anciens laquais de grandes maisons que le crédit de leurs maîtres y faisait entrer quoiqu'ils n'eussent jamais porté les armes : aussi Saint-Germain eut-il beaucoup de peine à y rétablir l'ordre.

.... — L'édit du 25 mars 1776 vint diminuer, d'une manière *...* le, le nombre des Invalides en donnant aux anciens soldats reconnus hors d'état de continuer leurs services, la liberté d'opter entre l'Hôtel ou des pensions militaires qui variaient entre 90 et 300 livres pour les soldats et sous-officiers. Ceux de ces pensionnés qui, à cause de leurs infirmités, ne trouvaient pas dans cette retraite des moyens d'existence suffisants, pouvaient toujours, en renonçant à leur pension, obtenir d'entrer à l'Hôtel.

L'article 15 de l'ordonnance du 9 mars 1778 améliora encore la position de ces Invalides pensionnés, retirés dans les provinces du royaume, en leur accordant l'exemption de la taille industrielle et des autres impositions personnelles, « pour raison du trafic, commerce, industrie et exploitation » auxquels ils pouvaient se livrer, mais s'ils exploitaient leurs biens ou en prenaient à ferme, ils supportaient la taille d'exploitation et autres impositions réelles (1). Malgré ces priviléges, la situation de ces anciens soldats était loin encore, on le voit, d'égaler celle dont jouissaient à Rome les vétérans, mais depuis la fin du siècle dernier elle n'a pas cessé de s'améliorer.

trois mois et les soldats en prison pour pareil temps. (Règlement du 9 août 1731, art. 4 et 5.)

(1) V. Guyot, *Rép. de Jurisp.*, t. IX, p. 499.

CHAPITRE IV·

DES PRISONNIERS DE GUERRE.

———

ı

433. — Sous l'influence des idées chrétiennes, la condition des prisonniers de guerre s'était sensiblement améliorée dans l'ancien Droit.

Ne pouvant empêcher la guerre qui semble être une loi sociale, le christianisme chercha du moins à tempérer ses rigueurs en proscrivant l'esclavage comme attentatoire aux droits de l'humanité et en imposant aux belligérants ces ménagements pour les vaincus qu'observent de nos jours les nations civilisées.

Comme moyen de transition et comme équivalent de l'esclavage qu'on prohibait, les prisonniers devaient acheter leur liberté moyennant une rançon dont l'estimation dépendait du vainqueur, quand elle n'avait pas été arrêtée par une convention spéciale (cartel), intervenue entre les belligérants.

434. — La rançon des officiers et soldats faits prisonniers « dans les actions de guerre » était payée par le roi aux termes de l'article 507 de l'ordonnance du 17 février 1753, mais quant à ceux qui avaient été pris en toute autre circonstance, ils devaient payer eux-mêmes leur rançon s'ils étaient officiers, et s'ils étaient soldats elle devait être acquittée par leurs capitaines; et afin qu'on sût par qui cette rançon devait être soldée, l'article 509 de la même ordonnance obligeait le major général à tenir un état par régiment des officiers et soldats faits pri-

sonniers, avec le détail des circonstances dans lesquelles ils avaient été pris.

Outre la rançon, des traités spéciaux intervenaient souvent pour régler l'échange des prisonniers. C'est ainsi qu'une Convention conclue à Brandebourg, le 7 septembre 1759, entre la France et la Prusse et une autre signée à Versailles, le 12 mars 1780, entre l'Angleterre et la France, réglaient avec un soin scrupuleux la somme fixée pour la rançon de chaque officier et le pied sur lequel s'effectuerait l'échange des prisonniers (1). Le nombre d'hommes à donner comme équivalent était arrêté à soixante hommes pour un maréchal de France, à douze pour un colonel, à quatre pour un lieutenant.

Quant à la rançon, elle était d'une livre sterling par homme et de soixante pour un maréchal de France.

La condition civile et politique des militaires ne subissait aucune modification importante par suite de leur captivité. Ainsi, contrairement au Droit romain, nous avons vu que les testaments faits par les militaires français prisonniers de guerre, en pays étranger, étaient parfaitement valables (2), sans que le fait de leur captivité vînt apporter aucune atteinte à leur capacité de disposer et de recevoir.

De même, les officiers, de quelque grade qu'ils fussent, rentraient à leur retour dans les emplois dont ils étaient pourvus au moment de leur captivité, à la condition qu'ils eussent été « pris en action de guerre (3). »

435. — Quant à la manière dont ils étaient traités en captivité, elle était assez humaine. « On est en droit, disait Vattel (4), de s'assurer de ses prisonniers ; mais rien n'autorise à les traiter durement à moins qu'ils ne se soient rendus personnellement coupables envers celui qui les tient en sa puissance; hors de là, il doit se souvenir qu'ils sont hommes et malheureux. Un grand cœur ne sent plus que de la compassion pour un ennemi vaincu et soumis. »

---

(1) V. Briquet, C. M., VIII — 210 et suiv.
(2) V. notes de Laurière sur la 84e règle de Loysel, livre Ier, titre 1er, et ordonnance de 1735, art. 30.
(3) Ordonnance du 18 Janvier 1760, art. 1 et suiv.
(4) Vattel, *Droit des gens*, livre III, ch. VIII, §§ 148-154.

Ces idées furent suivies, et après avoir été pendant des siècles appliquées en fait, elles devaient être posées en principe
en 1785, dans le traité entre la Prusse et les États-Unis, qui est
devenu de droit général (1).

(1) V. Bluntschli, *Droit international codifié*, trad. de l'allemand (Paris 1870).
Introd., p. 35 et 36.

TROISIÈME PARTIE.

DROIT MODERNE.

CONDITION JURIDIQUE DES MILITAIRES

DANS LA LÉGISLATION ACTUELLE.

CHAPITRE PREMIER.

DROIT CIVIL.

A l'exemple du Droit romain et du droit féodal et coutumier, notre Droit français actuel ne comprend pas une législation civile, indépendante, particulière aux militaires ; en général, quel que soit leur grade, ils jouissent de tous les droits civils reconnus aux Français (art. 7 et 8, C. civ.), mais l'exercice de plusieurs de ces droits est réglementé pour eux d'une manière spéciale. Ils sont donc soumis en principe à la loi ordinaire, sauf certaines exceptions introduites par le Code civil, ou par d'autres actes législatifs.

Ce sont ces dispositions exceptionnelles, ce droit civil qui leur est propre que nous devons maintenant étudier. Nous suivrons, autant que possible, l'ordre adopté dans le Code, comme étant connu de tous : le défaut de logique qu'on est peut-être en droit de reprocher à sa classification générale nous paraissant ici sans inconvénients.

SECTION I.

Du service militaire dans ses rapports avec l'acquisition de la qualité de Français.

436. — « Nul n'est admis à servir dans les troupes françaises s'il n'est Français. »

Cette règle, posée par l'article 2 de la loi du 21 mars 1832, se trouve maintenue dans l'article 7 de la nouvelle loi sur le recrutement. Il en résulte qu'en principe un étranger n'est apte à entrer dans notre armée qu'autant qu'il a acquis par la naturalisation la qualité de Français. Toutefois, par une faveur spéciale, l'article 9 du Code civil permet à l'individu né en France d'un père étranger, de réclamer la qualité de Français et de se soumettre en conséquence à la loi du recrutement, pourvu qu'il forme sa réclamation dans l'année qui suivra l'époque de sa majorité. Ce délai une fois expiré, il demeure définitivement déchu de ce bénéfice exceptionnel.

437. — Deux lois, du 22 mars 1849 et du 7 février 1851, ont étendu la disposition de l'article 9 (C. civ.), en y apportant des modifications importantes.

La première vise l'hypothèse où un individu né en France de parents étrangers, et qui dès lors échappait en droit à la loi du recrutement, s'y est pourtant soumis, soit qu'il ait servi dans les armées de terre ou de mer, soit qu'ayant satisfait à la loi du recrutement sans exciper de son extranéité, il n'ait échappé au service militaire qu'en obtenant un bon numéro ou en se faisant remplacer après avoir été compris dans le contingent.

Le législateur de 1849 admet cet étranger à réclamer la qualité de Français conformément à l'article 9, non plus seulement dans l'année qui suivra sa majorité, mais à toute époque de sa vie, sans aucune limitation de délai.

On a pensé sans doute, et avec raison, que le fait de la part de cet étranger d'avoir satisfait, sans y être contraint, à la loi du recrutement, d'avoir peut-être même versé son sang pour la France, témoignait non moins énergiquement que la déclaration exigée par l'article 9, de son attachement pour sa patrie de naissance.

Quant à l'étranger qui ne serait pas né en France, bien qu'il eût en fait servi dans l'armée française ou satisfait à la loi militaire, il ne pourrait se prévaloir de la loi de 1849 et devrait, pour acquérir la qualité de Français, remplir les conditions imposées à tous les étrangers (1).

438. — On a soulevé récemment, à propos de la loi de 1849, une question intéressante qui a donné lieu dans la jurisprudence à des décisions contradictoires.

On s'est demandé (2) si l'individu, né en France d'un père étranger, qui, dans sa vingtième année, a excipé de son extranéité pour se soustraire à l'obligation du service militaire, et qui n'a pas, dans l'année qui suit sa majorité, réclamé la qualité de Français, peut encore la réclamer plus tard en vertu de la loi du 22 mars 1849, s'il a satisfait après sa majorité à la loi du recrutement?

Bien que cette question ait toujours été résolue en pratique par l'administration dans le sens de l'affirmative, que cette pratique ait été approuvée en 1855 (15 janvier) par le garde des

(1) Loi du 29 juin 1867. — Décret du 21 avril 1836, art. 15-18. V. Pezeril. Revue pratique, 1869, t. 28, p. 247.
(2) Affaire Sioën, Lille, 27 nov. 1867.— Douai, 10 février 1868. (Sir., 1868-2-140.) — Cassat., 24 août 1868. Sir., 1868-1-413. — Cour d'Amiens, 25 nov. 1868. Sir., 1869-2-1. Cour de cassat. Req. rej., 27 janvier 1869. Sir., 1869-1-129.

sceaux et que cette opinion ait trouvé, même depuis les arrêts dont nous avons parlé, des défenseurs convaincus et éclairés (1), nous nous rangeons avec la Cour de cassation du côté de la négative.

Et d'abord l'art. 9 de la loi du 21 mars 1832, conservé dans l'article 12 de la nouvelle loi militaire, ne permet d'inscrire sur un tableau de recensement postérieur à celui de la classe dans laquelle leur âge les range et jusqu'à l'âge de 30 ans, que les individus des classes précédentes qui ont été *omis*. Or, lors du recensement à la suite duquel il a été appelé à satisfaire à la loi du recrutement, l'étranger dont il s'agit a été non pas *omis* mais *rayé du tableau* sur sa demande, sur l'exception d'extranéité qu'il avait proposée. On ne peut donc lui appliquer l'art. 9 de la loi de 1832, et par suite le système qui soutient le droit de cet étranger croule par sa base, puisque celui-ci n'a pas pu se placer dans les conditions de la loi de 1849.

Mais le texte seul de la loi de 1849 semble suffire pleinement à résoudre la difficulté, et nous parait rendre bien ardue la défense de l'affirmative.

« L'individu, dit l'article unique de cette loi, né en France d'un étranger, sera admis, même après l'année qui suivra sa majorité, à faire la déclaration prescrite par l'article 9 du Code civil, s'il se trouve dans l'une des deux conditions suivantes : 1° s'il sert ou s'il a servi dans les armées françaises de terre ou de mer ; 2° s'il a satisfait à la loi du recrutement *sans exciper de son extranéité.*

Il faut donc, pour que la loi soit applicable, que l'étranger ait satisfait à la loi du recrutement, *sans exciper de son extranéité.* C'est là une condition essentielle, indispensable. Mais l'énoncé de la question indique précisément qu'elle n'a pas été remplie, puisqu'on suppose justement que l'étranger a excipé de sa qualité d'étranger pour se soustraire au tirage au sort.

A ce texte si précis, si formel, on oppose... quoi ?

De vagues considérations de libéralisme envers les étrangers; des réflexions sur l'esprit dans lequel a été rédigé cette loi; enfin on se fonde sur ce que le législateur, plaçant toujours sur

(1) V. notamment Massénat-Deroche, affaire Sioën : *Revue pratique*, 1870, t. 29.

la même ligne ceux qui ont réellement servi dans l'armée et ceux qui, ayant pris part à un des tirages au sort annuel, ont été favorisés par le hasard, n'a pas dû se départir ici de cette équitable assimilation et créer une distinction inexplicable.

Mais ne peut-on pas répondre à ces raisons, si judicieuses qu'elles puissent paraître, par des considérations d'équité non moins puissantes, et donner de la loi de 1849 une explication tout aussi plausible ?

En permettant en effet à l'étranger de revenir sur le refus qu'il a fait, à sa vingtième année, de remplir une des charges de la nationalité française, les partisans de la négative le placeraient dans une situation préférable à nos nationaux, puisque, plus favorisé que les Français, il pourrait choisir à son gré le moment le plus opportun pour lui de prendre part au tirage au sort. La loi de 1849 n'a pas voulu ce résultat ; elle a eu pour but de récompenser l'élan patriotique de celui qui, voulant être Français, en accepte d'avance les charges, et non de favoriser les calculs de ceux qui voudraient choisir l'heure et le moment propices pour profiter soit de cas d'exemption survenus, soit de circonstances heureuses (1).

La raison, d'ailleurs, se refuse à admettre que l'étranger puisse ainsi, suivant son intérêt, prendre deux attitudes contradictoires ; en excipant, après le tirage, de son extranéité, il a fait une option définitive, peut-il donc dire, selon son caprice :

Je suis oiseau, voyez mes ailes,
Je suis souris, vivent les rats?

439. — La seconde disposition législative qui est venue modifier l'article 9 du Code civil, est la loi du 7 février 1851. Elle a eu pour objet de remédier à de graves inconvénients qui résultaient, principalement dans nos départements frontières, de notre législation à l'égard des étrangers.

Sous l'empire du Code civil, jamais les enfants nés d'étrangers en France n'étaient Français de naissance, et il en résultait pour ces étrangers fixés depuis longtemps dans le pays.

(1) V. Pezerd : Revue pratique, 1869, t. 28, p. 247.

et dont par conséquent la nationalité n'était pas très-bien connue, une situation exceptionnellement favorable, au préjudice de nos nationaux. Y avait-il en effet lieu pour eux de profiter d'un avantage exclusivement réservé aux Français ? Ils pouvaient facilement en jouir, grâce à l'incertitude qui régnait sur leur qualité. S'agissait-il au contraire d'une charge à supporter ? ils y échappaient le plus souvent au détriment de leurs compatriotes, en excipant de leur extranéité.

Cet état de choses créait en leur faveur une situation véritablement privilégiée : la certitude dans laquelle on se trouvait de les voir échapper au service militaire, bien qu'ils eussent en fait la jouissance de tous les avantages attachés à la qualité de Français, les faisait choisir, de préférence à nos nationaux, à titre de contre-maîtres et de fermiers ; les pères de famille les recherchaient pour l'établissement de leurs filles. La loi de 1851 a eu pour objet de parer à ces abus.

Dans son article 1er, elle s'occupe des enfants nés en France d'un étranger qui lui-même y est né, et leur assigne dès leur naissance la qualité de Français. Mais afin de ne pas rabaisser la dignité du nom français, en l'imposant à des personnes qui ne voudraient pas l'obtenir, elle leur laisse la faculté de réclamer la qualité d'étranger dans l'année qui suivra l'époque de leur majorité.

Ils sont donc Français sous condition résolutoire, et leur situation est précisément inverse de celle que l'art. 9 (C. civ.) donne à l'enfant né en France d'un étranger, lequel, suivant l'interprétation consacrée par la Cour de cassation, est étranger sous condition suspensive.

Avant la déclaration, le premier est un Français et le second un étranger ; après cette déclaration, le premier est réputé avoir toujours été étranger et le second avoir toujours été Français. — (Arg. de l'art. 1179, C. civ.)

Il en résulte que l'individu dont parle l'art. 1er de la loi de 1851, étant Français, doit jouir des avantages et supporter les charges attachées à cette qualité. Cependant, en ce qui concerne le service militaire, des dissidences s'étaient produites (1) ; mais

(1) V. Aubry et Rau, 3e édit., I, p. 215, n° 70.

la pratique de l'administration, confirmée par la jurisprudence
et la majorité des auteurs (1), avait décidé qu'étant Français
de naissance, il devait être appelé, comme tous les Français, au
tirage au sort.

440. — Malgré les heureuses modifications apportées par la loi
de 1851, notre législation présentait encore des inconvénients et
donnait naissance à bien des abus. Ainsi le contingent à fournir
par chaque canton étant déterminé d'après le nombre des
jeunes gens inscrits sur les listes de recensement, les individus
nés en France d'étrangers qui eux-mêmes y étaient nés, figuraient sur ces listes et augmentaient le chiffre du contingent
cantonal.

Au moment du tirage, si le sort leur était défavorable, ils
usaient en général du droit que leur donnait la loi de 1851 en
excipant de leur extranéité, et même, quand ils avaient tiré un
bon numéro, ils se prévalaient souvent de leur qualité d'étranger pour échapper au service dans la garde nationale mobile.

Qu'en résultait-il ? C'est que ces individus, devenus étrangers
par leur déclaration, étaient exemptés du service militaire. Or,
le chiffre du contingent étant fixé d'une manière invariable,
c'étaient des Français, qui eussent été libérés s'ils n'avaient été
en concours qu'avec des naturels français, qui étaient obligés
de servir à leur place.

Si l'on considère le grand nombre d'étrangers qui habitent
nos provinces frontières, on peut juger combien était lourde
la charge qui en résultait pour les populations de ces contrées.

Frappé de ces abus, le Corps législatif avait nommé en 1869
une commission pour y trouver un remède, mais cette tentative
était demeurée sans résultat.

441. — La nouvelle loi sur le recrutement de l'armée vient
de combler à cette lacune en admettant une solution qui avait
déjà été proposée en 1869 par un professeur à la Faculté de
Droit de Nancy (2). Cet article 9 est ainsi conçu : « Les individus déclarés Français en vertu de l'article premier de la loi du

---

(1) V. Douai, 18 déc. 1851. — Sir., 55-2-265 — Valette, *Expl. Somm.*,
p. 14 — Demolombe, n° 65 ter — Demangeat, *sur Fœlix*, I, p. 96.

(2) V. P.-L. Cauwès : *De la condition faite par la loi de recrutement aux
enfants nés en France, de parents étrangers.* (Nancy, 1869.)

7 février 1851 concourent, dans le canton où ils sont domiciliés, *au tirage qui suit l'année de leur majorité*, s'ils n'ont pas réclamé leur qualité d'étranger conformément à la dite loi. » Le système de la nouvelle loi est très-simple et consiste, comme on le voit, à attendre l'expiration de l'année qui suit l'époque de la majorité. Alors, de deux choses l'une ; ou l'individu n'aura pas excipé de sa qualité d'étranger et alors il sera soumis à la conscription avec les mêmes chances que nos nationaux, ou au contraire il aura réclamé cette qualité, auquel cas il ne figurera pas sur les listes de recensement, mais aussi ne contribuera pas, au préjudice des naturels français, à élever le chiffre du contingent cantonal.

Cette solution présente le double avantage de ne rien changer à la loi de 1831 et de ne pas exposer nos nationaux à des représailles regrettables.

442. — L'enfant de l'étranger naturalisé Français que l'art. 2 de la loi de 1851 autorise, bien qu'il soit né en pays étranger, à obtenir la qualité de Français lorsqu'il la réclame dans l'année de la naturalisation de son père s'il était majeur à cette époque, ou dans l'année de sa propre majorité s'il était mineur, doit, quand il devient Français, être soumis au recrutement.

Il en est de même des individus nés, en pays étrangers, de Français ayant perdu cette qualité, qui, aux termes de l'article 10 du C. N., peuvent toujours la recouvrer en la réclamant.

Toutefois ces divers individus ne seraient, d'après l'art. 9 de la loi de 1832, soumis à la loi du recrutement qu'autant qu'ils deviendraient Français avant leur trentième année.

Quant au corps organisé sous le nom de légion étrangère par la loi du 9 mars 1831, son existence ne porte aucune atteinte au principe qui exclut les étrangers de l'armée française, puisqu'il ne peut être ni incorporé dans les troupes françaises, ni employé sur le territoire continental de la France (1).

443. — Reste une dernière question à examiner : suivant cer-

---

(1) Décrets des 16 avril 1856, 30 juin 1859-11 décembre 1861. — La légion étrangère, qui en 1856 comptait 4 régiments, a beaucoup perdu de son importance et n'en forme plus qu'un depuis le décret de décembre 1861 qui lui a donné la qualification de régiment étranger.

taines législations, notamment le Code civil autrichien et celui de Prusse, l'individu qui quitte son pays même sans esprit de retour ne perd sa nationalité qu'autant qu'il a obtenu l'autorisation des autorités administratives auxquelles il est subordonné (1). En pareil cas, l'émigrant qui s'engage dans notre régiment étranger, sans autorisation, continue sans aucun doute à être régi par sa loi d'origine. Mais que décider si l'émigration a été autorisée, ou bien encore si, suivant la loi du pays auquel appartient cet étranger, la nationalité se perd par le fait seul de l'émigration, comme en Wurtemberg et en Bavière (2), par exemple ?

L'individu placé dans ces conditions qui entre dans la légion étrangère a perdu d'une part sa nationalité d'origine, d'autre pas il n'a pas encore acquis la nationalité française ; il se trouve donc sans nationalité. Mais alors, suivant quelle loi seront régis son état et sa capacité tant qu'il demeurera dans cette position ?

Nous pensons que son état et sa capacité devront être régis par sa loi d'origine, car si en fait il est vrai qu'il échappe à la loi de son pays par la volonté de cette loi elle-même, il est non moins incontestable que la loi française ne peut pas le régir puisqu'il n'a pas la qualité de Français. D'ailleurs, comme le fait justement remarquer M. Foelix, le législateur du lieu d'origine a mieux que tout autre été à même d'apprécier, suivant le génie de sa nation, à quel âge notamment ses sujets étaient en état de gérer convenablement leurs affaires, et dans quelle mesure il fallait circonscrire leur capacité.

(1) De Puttlingen, § 54 et 59. — Simon : II, p. 581, 585, cités par Foelix, I. p. 88 et 89.

(2) Edit du 26 mai 1818, § 6.

SECTION II.

Des actes de l'état civil.

....

114. Appréciation des dispositions du Code civil relatives aux actes de l'état civil des militaires. — **115.** Officiers de l'état civil spéciaux. — **116.** Des registres. — **117.** Rapprochement des art. 89 et 91 (C. civ.). — **118.** Portée des art. 88 et suivants du Code civil. — **119.** Ces articles excluent-ils en pays étranger l'application de la règle *locus regit actum ?* — Controverse. — **150.** Des actes de naissance à l'armée. — **151.** Actes de mariage des militaires à l'armée. — **152.** Des actes de décès des militaires aux armées.

114. — Le Code civil consacre un chapitre aux actes de l'état civil des militaires hors du territoire de la République ; c'est une création nouvelle dont les avantages n'ont pas été assez compris en Europe, où la plupart des législations étrangères ne soumettent ces actes qu'à des dispositions purement réglementaires (1).

Voici dans quels termes le tribun Siméon, rapporteur de la section de législation, appréciait cette institution (2) : « Elle protége, disait-il, et assure mieux qu'il ne l'a jamais été l'état civil des militaires et les intérêts de leur famille. Elle oppose un frein nécessaire au tumulte et à la licence des camps. Elle met obstacle à des mariages abusifs et à la supposition de ceux qui n'existaient même pas abusivement. Elle fournit de meilleurs moyens de constater et les décès nécessairement si multipliés et les naissances aussi, car on en rencontre quelquefois dans les camps, comme ces fleurs rares dont la nature égaye les monuments funèbres et couronne les arcs-de-triomphe. »

Ce ne fut pas d'ailleurs sans difficulté que cette innovation fut adoptée : on prétendait que les militaires devaient être régis

_____

(1) Nous devons remarquer en effet que le Code civil d'Italie qui consacre quelques articles (398 à 401) aux actes de l'état civil des militaires.

(2) Rapport fait à l'Assemblée le 17 ventôse an XI.

par l'art. 47 (C. civ.), qui veut que les actes faits à l'étranger soient valables, à la condition d'avoir été rédigés dans les formes usitées dans le pays. Le Premier Consul coupa court à ces objections en proclamant que le militaire sous les drapeaux n'est jamais à l'étranger, puisque *où est le drapeau, là est aussi la France* (1).

À ces considérations théoriques venaient d'ailleurs se joindre des raisons pratiques très-puissantes : comment en effet eût-on pu, au milieu de la confusion qui existe nécessairement dans toute armée en campagne, exiger pour la rédaction des actes de l'état civil, les formalités minutieuses dont l'accomplissement est prescrit dans les cas ordinaires ? Comment eût-on pu obliger nos soldats à recourir aux officiers publics du pays envahi pour faire rédiger leurs actes ? Comment enfin ces derniers eussent-ils consenti à prêter leur ministère à des soldats ennemis ?

RÈGLES GÉNÉRALES COMMUNES A TOUS LES ACTES.

115. — Les fonctions d'officiers de l'état civil sont remplies dans chaque corps d'un ou de plusieurs bataillons ou escadrons, par le major et le capitaine-trésorier, ou plutôt par l'officier payeur (2) et dans les autres corps par le capitaine commandant. Ces mêmes fonctions sont remplies pour les officiers sans troupe et les employés de l'armée par les

(1) Malleville, *Analyse raisonnée de la discussion du Code au Conseil d'Etat.* 1-108. Une conséquence remarquable de ce principe a été déduite dans une instruction ministérielle du 24 brumaire an XII. (*Instructions générales*, art. 2.) Elle décide que les actes de décès des militaires morts prisonniers de guerre seront rédigés dans les formes usitées dans le pays où ils viendront à décéder. « Comme ils se trouvent alors *éloignés de leurs drapeaux*, l'art. 47 leur est applicable. »

(2) L'art. 89 du Code civil parle des quartiers-maîtres ; un arrêté du 1er vendémiaire an XII transporta aux majors ces fonctions ; le décret du 23 germinal an XIII vint ensuite les rendre aux quartiers-maîtres ; elles appartiennent aux officiers payeurs depuis l'ordonnance du 29 janvier 1817.

intendants ou sous-intendants militaires attachés à l'armée ou au corps d'armée (1). Enfin, les directeurs d'hôpitaux militaires ont encore qualité pour rédiger les actes des décès survenus dans les hôpitaux militaires ambulants et sédentaires. (Art. 97, C. civ.)

446. — Dans chaque corps de troupes il doit être tenu un registre pour les actes de l'état civil relatifs aux individus de ce corps, et un autre à l'état-major de l'armée ou du corps d'armée pour les actes de l'état civil concernant tous les individus de l'armée qui n'appartiennent pas à un corps de troupe. (Art. 90, C. civ.)

Les divers actes de l'état civil des militaires, à la différence de ce qui a lieu dans la plupart des communes où les registres de l'état civil sont au nombre de trois, peuvent être inscrits sur un seul et même registre dont le Code, à la différence de la loi du 20 septembre 1792, n'impose pas la tenue en double. (Art. 90 et art. 40, C. civ., Cpr.) Les registres sont cotés et paraphés dans chaque corps par l'officier qui le commande, et à l'état-major par le chef d'état-major général. (Art. 91, C. civ.). Ils doivent être conservés « de la même manière que les autres registres des corps et états-majors, et déposés aux archives de la guerre à la rentrée des corps ou armées sur le territoire français, avec les pièces qui y sont annexées (2). » Bien que le Code civil ne dispense pas ces registres de la formalité du timbre, elle ne peut guère être prescrite ici, parce qu'en fait son accomplissement serait impossible.

Dans le cas où un corps est non-seulement divisé mais complétement désorganisé, des registres nouveaux sont commencés et les anciens sont envoyés au ministère de la guerre.

Si un événement donnant lieu à la rédaction d'un acte de l'état civil survenait soit à un moment, soit dans un lieu où il ne pût être constaté par le major ou l'intendant, l'officier présent, le plus élevé en grade, recevrait par écrit la déclaration des témoins, en dresserait un procès-verbal qu'ils signeraient

(1) Ces officiers ont remplacé les inspecteurs aux revues dont parle l'article 89 du Code Napoléon. (Ord. du 29 janvier 1817, art. 1 et 9.)
(2) Art. 90, C. civ. et instruction générale de 1823.

avec lui et l'expédierait ensuite à l'officier compétent qui rédige-
rait l'acte définitif.

447. — Le rapprochement des articles 89 et 91 du Code civil
donne lieu à un résultat assez bizarre : en effet, dans les détachements moindres d'un bataillon ou de deux escadrons, c'est,
d'après l'art. 89, le capitaine chargé du commandement qui
doit tenir les registres. Or, d'après l'art. 91, c'est ce même officier qui serait chargé de les coter et parapher, c'est-à-dire
qu'il serait placé sous sa propre surveillance. Mais il faut entendre les choses dans un sens raisonnable, les registres du
détachement seront cotés et paraphés, avant la séparation, par
le chef de corps. Si cette précaution n'avait pas été prise, le
commandant du détachement présenterait ses registres à parapher, soit au commandant de place, soit à tout officier supérieur qu'il rencontrerait sur sa route.

Les actes de l'état civil faits hors du territoire de la République, et relatifs à des militaires ou autres personnes employées
à la suite des armées, sont rédigés dans les formes prescrites
pour les actes de l'état civil reçus en France, sauf les dérogations que nous signalerons. (Art. 88, C. civ.) Les officiers chargés de recevoir ces actes doivent en faire parvenir une expédition à l'officier de l'état civil du domicile des parties, lequel
doit immédiatement l'inscrire sur ses registres. (Art. 93, 95 et
98 du C. civ.)

448. — Quoique l'art. 88 du Code civil et la rubrique de
notre chapitre ne parlent que des militaires *hors du territoire
de la République*, il est certain que les exceptions qui y sont
renfermées doivent s'appliquer également aux militaires qui,
bien qu'en France, seraient pourtant dans l'impossibilité de
communiquer avec les autorités civiles parce qu'ils se trouveraient, par suite d'une invasion de l'étranger ou d'une révolte,
assiégés dans une citadelle, ou cernés par des troupes ennemies, etc. La preuve que telle est bien la volonté du législateur
ressort de l'art. 10 de la loi du 13 janvier 1817, ainsi conçu :
« Feront preuve en justice, les registres tenus conformément
aux articles 88 et suivants du Code civil, bien que les militaires
soient décédés sur le territoire français, s'ils faisaient partie des
corps ou détachements d'une armée active, ou de la garnison
d'une ville assiégée. »

Il importe encore de remarquer que les dispositions spéciales aux actes de l'état civil des militaires hors du territoire de la République, sont exclusivement applicables aux militaires ou autres personnes employées à la suite des armées. Ainsi, bien qu'une armée française ait pénétré dans un pays étranger où des Français sont domiciliés, les actes civils qui les concernent continueront à être reçus par les autorités du pays, en observant les lois locales, ou bien encore par nos agents diplomatiques. De même, ceux qui, entrés sur le territoire comme appartenant à l'armée, soit en qualité de militaires, soit comme employés quelconques, cesseraient ensuite d'en faire partie, retomberaient immédiatement sous l'empire du droit commun.

449. — Avant de passer à l'étude des règles spéciales à chacun des actes de l'état civil des militaires en campagne, il nous reste à trancher une question très-controversée : ce droit exceptionnel, ces formes particulières spéciales aux actes de l'état civil qui concernent les militaires, excluent-ils, en pays étranger, l'application d. la règle « *locus regit actum*, » ainsi que celle de l'article 47, permettant que l'acte soit rédigé suivant les formes usitées à l'étranger ?

Un premier système, soutenu par la jurisprudence, admet l'affirmative et reconnait, à côté de la compétence des officiers militaires, celle des agents diplomatiques et des autorités locales étrangères. On s'appuye pour le défendre : 1° sur l'absence d'un texte formel dérogeant aux articles 47 et 48 du Code ; 2° sur ce que dans l'opinion contraire les militaires seraient moins favorisés que les autres Français ; enfin on argumente de l'impossibilité dans laquelle se trouveraient les militaires éloignés de leur corps et sans communications possibles avec l'armée, de faire constater la naissance de leurs enfants ou leurs décès (1).

Nous croyons au contraire que la compétence des officiers militaires est exclusive de toute autre, à la condition toutefois que le militaire soit à l'armée, en communication avec le reste des troupes, en un mot *sous les drapeaux*. Si en effet il était isolé, que toutes relations entre lui et l'armée fussent interrompues, il

(1) V. Paris, 8 juillet 1820, Sir., 20-2-307 — Colmar, 25 janvier 1825, Sir., 24-2-156 — Civ. Rej., 23 août 1826, Sir., 27-1-428 — Coin-Delisle, sur l'art 88, n° 5 — Demolombe, 1-515 — Pézéril, n° 20.

ne serait plus à vrai dire *sous les drapeaux* et se trouverait dans la situation de tout Français à l'étranger.

Nous nous appuyons, pour soutenir cette opinion, sur la discussion au Conseil d'État, et sur l'esprit dans lequel fut rédigé le chapitre V du titre II. Nous avons vu en effet que, lors de la discussion, le Premier Consul posa le fameux principe : *où est le drapeau, là est la France* (1). C'est sous l'empire de cette idée qui parut étrange au premier abord, mais qui fut ensuite acceptée avec enthousiasme, tant au Tribunat qu'au Corps législatif, que fut rédigé le chapitre dont nous commençons l'explication. Dès lors, du moment où les militaires à l'armée, bien qu'en fait en pays ennemi, ne se trouvent plus à l'étranger mais en France, les officiers publics étrangers ne peuvent plus être compétents à leur égard ; et l'application de la règle *locus regit actum* conduit à cette conséquence que les officiers publics français peuvent seuls dresser les actes de l'état civil qui les concernent.

Les termes précis et impératifs de l'article 88 : « *les actes seront rédigés,* » nous paraissent d'ailleurs déroger formellement aux termes généraux des articles 47 et 48 et exclure toute autre faculté.

Enfin, dans l'autre opinion, les militaires pourraient aisément, en s'adressant aux officiers publics étrangers, se marier sans la permission de leurs chefs et dissimuler ensuite leur mariage, toutes choses qui, au point de vue militaire, présenteraient de graves inconvénients (2).

Au surplus, c'est dans ce sens que l'article 88 a été interprété au ministère de la guerre et il résulte de l'instruction ministérielle du 24 brumaire an XII, dont nous avons déjà parlé, que celui-là seul peut avoir recours aux officiers publics étrangers qui est éloigné de l'armée ; les militaires qui sont sous les drapeaux devant se conformer aux règles spécialement édictées en leur faveur.

---

(1) V. Fenet, t. VIII, p. 47.

(2) On a voulu d'ailleurs par là éviter que les militaires ne se rendissent coupables du crime de bigamie, dont on avait vu de trop fréquents exemples dans les guerres de la Révolution.

§ II.

DES ACTES DE NAISSANCE ET DE RECONNAISSANCE D'ENFANT NATUREL AUX ARMÉES.

430. — Les déclarations de naissance à l'armée doivent être faites dans les dix jours qui suivent l'accouchement (art. 92, C. civ.) ; à l'intérieur, la loi impose à certaines personnes, sous des pénalités sévères (1), l'obligation de faire ces déclarations dans un délai de trois jours. Ce délai expiré, la naissance ne peut plus être inscrite sur les registres qu'en vertu d'un jugement rendu conformément aux règles relatives à la rectification des actes de l'état civil (2). On a fixé un délai plus long pour les militaires aux armées, parce que les communications peuvent être plus difficiles, et qu'il faut tenir compte des occupations nombreuses de ceux qui se trouvent exceptionnellement investis des fonctions d'officier de l'état civil.

L'inobservation de ce délai de dix jours entraînerait-elle les mêmes conséquences que celle du délai de trois jours accordé par le droit commun ? En présence des termes de la loi et de l'extension donnée au délai imparti pour cette déclaration, nous ne pensons pas qu'il y ait lieu de faire une distinction qu'on ne pourrait appuyer sur aucun texte (3).

La reconnaissance d'un enfant naturel qui n'a pas été faite dans son acte de naissance, doit l'être par acte authentique. (Art. 334, C. civ.) Les officiers de l'état civil aux armées peuvent sans aucun doute recevoir cette reconnaissance soit dans l'acte de naissance de l'enfant, soit dans l'acte de mariage de ses père et mère (art. 331, C. civ.) ; mais peuvent-ils aussi le recevoir dans un acte spécial ?

---

(1) V. art. 83 C. civ. ; art. 346 C. P.

(2) Avis du Conseil d'Etat des 8-12 brumaire an XI.

(3) L'art. 599 du Code italien ordonne de faire ces déclarations dans le plus bref délai, mais sans y apporter aucune limitation.

Une instruction ministérielle du 8 mars 1825 répond négativement à cette question, et déclare formellement qu'à l'armée
les reconnaissances d'enfant naturel ne peuvent être reçues
que dans l'acte de naissance de l'enfant ou dans l'acte de mariage
de ses père et mère.

Nous nous rangeons à l'avis contraire. En effet, le législateur n'ayant pas désigné l'officier public compétent pour ces
sortes d'actes, on admet à les recevoir soit les notaires, soit
les juges de paix assistés de leur greffier, soit enfin les officiers
de l'état civil. Or, sauf les dérogations expressément contenues
dans le Code, dérogations qui n'ont nullement trait aux actes
dont il s'agit, les officiers de l'état civil à l'armée ont les mêmes
devoirs que les officiers ordinaires, et dès lors ils peuvent et
doivent recevoir ces reconnaissances d'enfant naturel, même
quand elles leur sont faites en dehors de tout acte de naissance
ou de mariage, sous peine d'être soumis à l'action qui compète
à la partie lésée en vertu de l'art. 1382 du C. civ. — Il faut
donc considérer comme illégale et sans valeur l'instruction
ministérielle dont nous avons parlé : un acte de cette nature
n'étant pas assez puissant pour déroger à la loi (1).

§ III.

DES ACTES DE MARIAGE DES MILITAIRES AUX ARMÉES.

451. — Les publications de mariage des militaires et employés à la suite des armées doivent être faites au lieu de leur
dernier domicile et, en outre, être mises, vingt-cinq jours avant
la célébration du mariage, à l'ordre du corps pour les individus
qui appartiennent à un corps, et à celui de l'armée ou du corps
d'armée pour les officiers sans troupe et pour les employés qui

(1) L'officier de l'état civil qui aurait rédigé un acte de reconnaissance doit en
adresser une expédition à l'officier de l'état civil du lieu où a déjà été inscrit l'acte de
naissance de cet enfant. Art. 49, 59 et 62 du C. civ.

21

en font partie. (Art. 94, C. civ.) La loi s'est montrée ici plus rigoureuse que dans les cas ordinaires, car d'après les articles 63 et 64, le mariage peut être célébré le onzième jour après la première publication, tandis que, dans notre article, en outre des publications ordinaires au dernier domicile, des publications doivent encore être faites à l'ordre du jour pendant vingt-cinq jours. On a eu surtout en vue par cette publicité exceptionnelle d'empêcher le crime de bigamie qui s'était présenté assez fréquemment pendant les guerres de la République.

Immédiatement après l'inscription sur le registre de l'acte de célébration du mariage, l'officier chargé de le tenir est tenu d'en envoyer une expédition à l'officier du dernier domicile des époux. (Art. 95, C. civ.) La loi n'accorde pas ici comme pour les actes de naissance et de décès un délai de dix jours, sans doute pour le motif suivant : c'est que les mariages ne se célébreront en général que dans des moments de trêve et de calme relatifs, tandis que les naissances et les décès peuvent au contraire se produire inopinément à un moment où l'accomplissement immédiat des formalités ne serait pas possible.

§ IV.

DES ACTES DE DÉCÈS DES MILITAIRES AUX ARMÉES.

432. — Les actes de décès des militaires aux armées sont dressés dans chaque corps par l'officier-payeur et pour les officiers sans troupe et les employés militaires par l'intendant, sur l'attestation de trois témoins. (Art. 96.)

La loi exige ici un témoin de plus que dans les cas ordinaires (art. 78 et 96 du C. civ., Cpr.), car il arrive fréquemment en pareille circonstance qu'un homme simplement blessé soit cru mort, vu les difficultés que présente la constatation de l'identité des individus décédés.

L'officier de l'état civil se fait rendre compte à la suite de chaque action par les sergents-majors des compagnies des noms des militaires manquants; il fait ensuite appeler pour chaque individu trois témoins qui attestent son absence. Il doit requérir les témoins qu'il sait exister ; s'ils ne se présentent pas, et en cas de refus de comparaître, il doit avoir recours à l'autorité supérieure pour les y contraindre.

Les officiers de l'état civil doivent relater le genre de mort dans les actes de décès relatifs aux individus tués sur le champ de bataille, ou morts des suites de leurs blessures, ou enfin de maladies causées par les fatigues de la guerre.

Un extrait du registre des décès doit être envoyé dans les dix jours à l'officier de l'état civil du dernier domicile du décédé. (Art. 96, C. civ.)

En cas de mort dans les hôpitaux militaires ambulants ou sédentaires, l'acte de décès est rédigé par l'officier comptable et envoyé à l'officier payeur du corps ou à l'intendant de l'armée ou du corps d'armée dont le décédé faisait partie. Ces officiers doivent à leur tour en faire parvenir une expédition à l'officier de l'état civil du dernier domicile du décédé. (Art. 97, C. civ.)

Lorsque l'acte de décès d'un militaire aux armées ne peut être rapporté dans les formes que nous venons d'indiquer, on rédige un *acte de disparition* (1). Un acte de ce genre ne constitue qu'un simple renseignement, un commencement de preuve par écrit, et les tribunaux ont pleine liberté pour apprécier le degré de valeur qu'on doit y accorder (art. 96, C. civ.) ; il n'a d'ailleurs aucun des caractères de l'acte authentique et peut toujours être combattu par la preuve contraire, sans qu'on ait à recourir à la procédure compliquée de l'inscription de faux.

Les registres de l'état civil ne devant, ainsi que leur nom l'indique, contenir que des actes de l'état civil proprement dits, nous ne pensons pas qu'on y doive inscrire les actes de disparition.

(1) V. Circulaire du ministre de la guerre du 12 juin 1857.

SECTION III.

Du domicile des militaires.

———

453. — L'article 106 du Code civil qui conserve au citoyen appelé à une fonction publique temporaire ou révocable son domicile antérieur, s'il n'a pas manifesté d'intention contraire, s'applique sans difficulté au militaire.

Il peut donc librement transférer son domicile dans les différents lieux où l'appelle son service, pourvu qu'il en manifeste l'intention d'une manière quelconque, car l'on ne saurait assurément argumenter de l'art. 6 de la loi du 1er février 1868, qui permet aux jeunes gens de la garde nationale mobile « de changer librement de domicile, » pour soutenir que les militaires de l'armée active ne jouissent pas du même avantage. Mais, d'un autre côté, tant qu'il n'aura pas indiqué sa volonté de changer de domicile, comme la qualité de militaire est essentiellement transitoire et qu'il est toujours présumé avoir l'intention de retourner, quand il le pourra, au sein de sa famille, il continuera à conserver le domicile qu'il avait auparavant (1).

Cette volonté de changer son domicile s'induira même moins facilement pour lui que pour tout autre citoyen, en raison des déplacements continuels qui sont une conséquence de sa profession.

454. — Les effets du domicile sont loin d'avoir de nos jours l'importance dont ils jouissaient dans l'ancien Droit; toutefois aujourd'hui encore c'est le domicile général d'une personne qui

———

(1) Arrêts de la Cour suprême, du 11 vendémiaire an XIII et du 1er mars 1826. Bordeaux, 4 juin 1862. Dev., 62-2-50.

détermine la compétence des tribunaux en matière personnelle
et mobilière (1), ainsi qu'en matière d'absence, d'interdiction,
de nomination de conseil judiciaire, d'autorisation maritale, de
séparation de corps (2) et de séparation de biens. Ce sera donc
devant le tribunal du lieu de leur domicile et non devant celui
du lieu de leur garnison, qui ne constitue pour eux qu'une simple résidence, qu'on devra citer les militaires assignés en pareille matière.

153. — Cependant la jurisprudence, voyant dans la commune
intention des parties une élection tacite de domicile au lieu de
la résidence actuelle, décide que les militaires peuvent être ac-
tionnés devant les tribunaux de ce lieu, en paiement des objets
qui leur ont été fournis pour leur nourriture, leur entretien ou
leur usage personnel (3).

En pareil cas d'ailleurs, les militaires eux-mêmes auront le
plus souvent intérêt à ne pas exciper de l'incompétence du tribunal saisi, pour s'éviter des déplacements aussi onéreux qu'i-
nutiles.

156. — Les auteurs toutefois sont en désaccord sur la question de savoir s'il y a ou non pour les militaires un domicile
spécial quant au mariage ; en effet, d'après un arrêt du Conseil
d'État du 4e jour complémentaire de l'an XIII, le militaire qui
se trouve sur le territoire français ne peut contracter mariage
que devant l'officier de l'état civil de la commune où il a résidé
sans interruption pendant six mois, ou devant l'officier de l'état
civil de la commune dans laquelle sa future épouse a elle-même
résidé pendant le même laps de temps. On se demande si, par
suite de cette disposition, les militaires se trouvent placés en
dehors du droit commun? Cette question se rattache à une autre plus générale, à celle de savoir si une personne peut à son
choix faire célébrer son mariage soit dans le lieu de son domicile proprement dit, quoique depuis six mois elle ait résidé dans
un autre endroit, soit dans ce dernier lieu ?

Nous pensons, en présence des inconvénients que présente-

(1) V. art. 353-363-177, Code civil.
(2) Art. 2, 50, 59 et 120, Code de procédure.
(3) V. Aubry et Rau, 3e éd., § 143, note 4. — Paris, 25 mai 1823. — Sir., 27-
2-118.

rait le système contraire et de la comparaison des articles 165 et 167 du Code civil, que la faculté de célébrer son mariage dans le lieu où l'on a six mois de résidence n'est pas exclusive du droit de le célébrer dans le lieu où l'on a son domicile ordinaire.

Nous sommes dès lors logiquement conduit à décider que les militaires sont à cet égard dans une situation spéciale, puisqu'ils ne jouissent pas, à ce point de vue, de la double faculté accordée aux autres citoyens.

Cette obligation d'une résidence de six mois pourrait constituer dans certaines circonstances un sérieux obstacle au mariage d'un militaire, puisque si ses fonctions l'obligent à des déplacements fréquents, elle aurait pour conséquence de l'ajourner indéfiniment. Aussi, en pratique, décide-t-on qu'en pareil cas il sera seulement tenu de prouver qu'il est au corps depuis plus de six mois, et, s'il est officier, d'indiquer la date de l'ordre qui l'a appelé pour le service dans la commune où il se trouve. Le maire doit faire mention dans l'acte de célébration de ces justifications et du temps depuis lequel le militaire réside dans la commune.

SECTION IV.

De l'absence des militaires.

quelles personnes s'appliquent-elles ? — **171**. Qui peut demander la déclaration d'absence ? — **172**. Devant quel tribunal doit-on former la demande ? — **173**. Formes à suivre, délais à observer. — **174**. De l'envoi en possession provisoire. — **175**. De la constatation de décès. — **176**. Des certificats de vie.

457. — Dans notre ancien Droit, comme nous l'avons indiqué, les militaires absents ne jouissaient d'aucun privilége, leur absence et leur décès étant même plus facilement présumés que ceux des autres citoyens, à cause des dangers auxquels la profession des armes les exposait.

Cette considération pouvait être juste à certains égards, car l'on ne peut s'empêcher de reconnaître que la vie d'un militaire en campagne est plus compromise que l'existence de celui qui reste dans ses foyers. Mais, d'un autre côté, l'éloignement des militaires a un motif connu : les faits de guerre, les circonstances particulières dans lesquelles ils se trouvent, pouvant toujours expliquer de leur part le défaut de nouvelles, suffiraient à motiver en leur faveur des dérogations aux règles générales, alors même qu'on ne considérerait pas comme un acte de haute justice de veiller d'une manière toute spéciale aux intérêts de ceux qui combattent pour la défense du pays.

458. — Ces différents motifs ont fait établir dans notre législation moderne, en faveur des militaires absents, avant et après la promulgation du Code civil, un certain nombre de dispositions spéciales. Elles sont renfermées dans six lois d'autant plus intéressantes à étudier qu'elles sont pour la plupart aujourd'hui encore en vigueur comme nous essayerons de le démontrer.

La première est du 11 ventôse an II ;

La seconde, du 16 fructidor an II ;

La troisième, du 6 brumaire an V ;

La quatrième, du 21 décembre 1814 ;

La cinquième, du 13 janvier 1817 ;

La sixième, du 9 août 1871.

Les deux premières de ces lois se réfèrent aux droits éventuels des militaires absents, la troisième et la quatrième à leurs droits actuels, et les deux dernières simplifient les formalités à remplir pour déclarer l'absence ou constater le décès des militaires disparus au cours de la guerre.

§ I.

LOIS DES 11 VENTOSE ET 16 FRUCTIDOR AN II.

DROITS ÉVENTUELS DES MILITAIRES ABSENTS.

159. — Nous réunissons ces deux lois, qui, en réalité, n'en forment qu'une seule ; la loi du 16 fructidor an II ayant eu principalement pour but de déclarer que les dispositions de celles du 11 ventôse qui ne s'appliquaient qu'aux militaires eux-mêmes, « aux défenseurs de la patrie, » « seraient communes aux officiers de santé et à tous autres citoyens attachés au service des armées de la République (1). »

A. ÉCONOMIE GÉNÉRALE DE CES DEUX LOIS.

D'après la loi de ventôse an II, quand une succession à laquelle un militaire est appelé vient à s'ouvrir, le juge de paix, immédiatement après l'apposition des scellés sur les effets et papiers délaissés par le *de cujus*, est tenu d'en avertir ce militaire, s'il sait à quel corps il est attaché, et d'en instruire aussitôt le ministre de la guerre, afin que celui-ci en fasse parvenir la nouvelle à l'intéressé. (Art. 1.) Si, dans le délai d'un mois, l'absent ne donne pas de nouvelles et n'envoie pas de procuration, l'agent national, aujourd'hui le maire de la commune où la succession s'est ouverte, doit convoquer un conseil de famille afin de nommer un curateur à l'absent. Ce curateur a pour mission de faire lever les scellés et d'administrer les biens de la succession ou de la part de succession échue au militaire absent, pour lui en rendre compte à son retour. (Art. 3 et 4.)

---

(1) Les autres dispositions de la loi de fructidor an II n'ont, en effet, pour but de régler que les formes et les conditions de la procuration qui, aux termes de la loi du 11 ventôse, doit être envoyée par le militaire lorsqu'il est averti qu'une succession lui est échue, et elle se confond avec celle de ventôse.

Telles sont, en résumé, les dispositions de la loi de l'an II.

B. A QUELLES PERSONNES S'APPLIQUENT-ELLES ?

160. — L'expression générale de « défenseurs de la patrie » comprend tous les militaires engagés au service de l'Etat, sans distinction entre l'armée de terre et l'armée de mer ; et nous savons que la loi de fructidor an II a placé sur la même ligne les citoyens attachés au service des armées.

Il n'y a pas lieu d'ailleurs de distinguer entre les militaires réellement présents au corps ou ceux qui en auraient été détachés et dont on serait sans nouvelles. Mais la loi cesse d'être applicable à ceux qui auraient légalement cessé d'être militaires ou attachés à l'armée, par suite, par exemple, d'une condamnation pour désertion (1).

Toutefois, on ne saurait considérer un individu comme ayant cessé d'être militaire par cela seul qu'un certificat du ministre de la guerre constaterait que, dans telle ou telle campagne, il est resté en arrière de son corps et a été rayé des contrôles du régiment auquel il appartenait (2).

C. A QUELS DROITS ?

161 — Les articles 1 et 2 de la loi répondent à cette question.

Elle s'applique uniquement aux successions qui peuvent échoir aux militaires depuis leur départ pour l'armée, et n'a aucune influence sur les droits qui leur étaient acquis avant cette époque. Il résulte de là qu'une même fortune pourra se trouver réglée par deux systèmes différents de législation. En effet, s'il s'agit de pourvoir à l'administration de biens déjà acquis et délaissés par le militaire, ce sont les articles 112 et

(1) Cass., 9 mars 1821. Dal., 1824-1-95. Bourges, 20 novembre 1826. Sir., 1827, II-175.
(2) En ce sens : Cass., 9 mars 1819 ; Sir., 1819-1-345 — Demolombe, II-512 — Contra : Rennes, 24 janvier 1822 — Leboussard, C. Sation. Dalloz, Rép. Alph., II, p. 114.

113 du Code civil qui doivent être appliqués ; c'est donc, en pareille hypothèse, au tribunal seul qu'il appartient, sur la demande des parties intéressées, d'ordonner des mesures conservatoires et de nommer, s'il y a lieu, un curateur ou un notaire, pour veiller à l'administration des biens ou à la liquidation d'une succession échue. En ce qui concerne les droits acquis au militaire depuis son départ, c'est au contraire un conseil de famille qui choisit le curateur chargé de les administrer. Il peut donc fort bien arriver, si le tribunal et le conseil de famille ne s'accordent pas dans leur choix respectif, qu'il y ait deux administrations distinctes établies pour une même fortune, et l'on comprend aisément combien ce défaut d'harmonie peut être préjudiciable à celui que la loi avait eu précisément en vue de protéger.

Ces inconvénients sont tels que certains arrêts (1) n'ont pas hésité à appliquer la loi de ventôse an II, dans tous les cas, où il s'agissait de veiller pour les militaires à la conservation d'intérêts qu'ils ne pouvaient pas soigner eux-mêmes.

Quelles que soient les critiques qu'on puisse adresser à la législation sur ce point, nous ne pouvons nous rallier à cette jurisprudence, qui est en contradiction flagrante avec le texte du Code. La règle générale est posée dans l'article 112 ; la loi de ventôse n'y déroge que pour les droits éventuels du militaire absent ; dans tous les autres cas, les militaires eux-mêmes doivent donc être régis par le droit commun (2).

162. — Mais, si on ne doit pas étendre cette loi à des droits auxquels elle ne s'applique pas, il ne faudrait pas non plus en restreindre trop l'application, et bien que l'article 1er ne parle que des « effets et papiers délaissés par les père et mère des défenseurs de la patrie et autres parents dont ils sont héritiers, » on doit étendre aux successions testamentaires l'application de ses dispositions.

Ne serait-ce pas, en effet, méconnaître l'esprit essentiellement favorable dans lequel la loi a été rédigée que de la restreindre

(1) Colmar, 3 mai 1815 ; Sir., 1816-11-17. Req., 27 août 1828. Godeau, C. Roublin et Plasman, t. 2, p. 204, qui cite cet arrêt et l'approuve.
(2) V. Merlin, *Rép.*, t. XVI, v° absent, p. 6, 8. Demolombe, II, 343.

au cas spécial qu'elle a visé ? De plus, pourquoi ses expressions ne s'appliqueraient-elles pas à l'institution contractuelle faite au profit d'un militaire par un de ses parents? Et, dès lors, ne serait-on pas amené, avec cette interprétation restrictive, à distinguer entre les successions testamentaires et les successions contractuelles faites au profit d'un militaire par un de ses parents d'une part, et les dispositions de même nature faites par des étrangers d'autre part, bien qu'il paraisse impossible de donner d'une semblable différence quelque explication satisfaisante ?

Il faut donc voir dans les termes dont le législateur s'est servi une application et un exemple, plutôt qu'une disposition limitative, et étendre les effets de la loi de ventôse an II aussi bien aux successions testamentaires qu'aux successions *ab intestat*, puisque ce sont les droits éventuels des militaires qu'elle a eu pour objet de protéger (1).

D. DES OBLIGATIONS DU CURATEUR NOMMÉ PAR LE CONSEIL DE FAMILLE.

463. — Les obligations de ce curateur sont réglées par les articles 3 et 4 de la loi de ventôse. Il doit, aux termes de ces articles, provoquer la levée des scellés, assister à leur reconnaissance, faire procéder à l'inventaire et à la vente des meubles et en recevoir le prix, administrer les immeubles en bon père de famille, le tout à la charge de rendre compte au militaire absent.

D'une manière plus générale, on peut dire qu'il a tous les pouvoirs d'un administrateur. Il peut donc à ce titre faire tous les actes conservatoires, interrompre les prescriptions, prendre ou requérir toute inscription hypothécaire, etc., au nom de l'absent.

Du reste, ce curateur est soumis, dans l'exercice de ses fonctions, au contrôle et à la surveillance du ministère public, qui, suivant les principes du droit commun, peut exiger de sa part ou une hypothèque, comme garantie de la restitution des sommes qu'il devra toucher pendant son administration, ou la remise

(1) Cass., 9 mars 1819. Sir., 1819-1-331.

de ces capitaux à la caisse des dépôts et consignations. Le ministère public pourrait en outre demander d'office l'annulation des actes qui léseraient les droits du militaire absent (1).

E. SOUS QUELS RAPPORTS LA LOI DE VENTÔSE AN II
DÉROGE-T-ELLE AU DROIT COMMUN ?

164. — Le droit commun, quant aux successions et autres droits échus à un absent, est renfermé dans les articles 135 et 136 du Code civil. L'individu dont l'existence est incertaine, qui est appelé à une succession, est présumé mort jusqu'à preuve contraire, et la succession est dévolue exclusivement à ceux avec lesquels il aurait été appelé à concourir, ou à ceux qui l'auraient recueillie à son défaut, sauf à ceux qui y auraient intérêt à prouver que l'absent existait encore, lorsque la succession s'est ouverte ; ceci établi, il est bien certain que la loi de l'an II fait exception au principe posé par les articles 135 et 136 ; mais quelle est l'étendue de cette exception ? C'est là que le dissentiment commence.

Trois opinions sont en présence.

Suivant Merlin (2), la loi du 11 ventôse ne dérogerait pas, à vrai dire, au droit commun, en ce sens que ses dispositions ne s'appliqueraient qu'aux militaires dont l'existence ne serait pas méconnue et non à ceux qui se trouveraient absents dans le véritable sens du mot. Soient par exemple Primus présent et Secundus militaire absent, appelés tous deux à une succession ; il suffirait dans ce système à Primus de méconnaître l'existence de Secundus pour prendre immédiatement toute la succession, de telle sorte que la loi de ventôse serait sans effet pour Secundus (3).

Cette opinion doit être rejetée comme apportant à l'application de la loi de l'an II une restriction que repousse la généralité de ses termes. D'ailleurs, que deviendrait la faveur spéciale

(1) Nîmes, 21 février 1838. Dall., *Rép. Alph.*, p. 149, t. II.
(2) *Répert.*, v° absent, sur l'art. 136, n° 6.
(3) Rouen, 29 janvier 1816. Sir., 1819-11-79. Toulouse, 1er mai 1823, D. 1823-11-156.

que cette loi a voulu accorder aux militaires, si les héritiers
présents pouvaient les exclure des successions auxquelles ils se
trouvent appelés, en contestant leur existence ?

Enfin ne serait-ce pas se mettre en contradiction évidente
avec le texte même de la loi qui, en qualifiant le militaire d'absent, suppose nécessairement qu'on n'a pas de ses nouvelles,
c'est-à-dire que son existence est incertaine et inconnue ?

Une seconde opinion, tout aussi radicale que la précédente,
soutient que la loi de l'an II répute les militaires toujours vivants à l'effet de recueillir les successions ouvertes à leur profit.
Il y aurait donc là une exception au principe de droit commun,
suivant lequel c'est à celui qui prétend exercer des droits successifs au nom d'un absent à prouver que ce dernier existait au
moment de l'ouverture de ces droits, et les héritiers de l'absent
pourraient, sans faire cette preuve, réclamer de son chef la
part qui lui revenait dans telle ou telle succession (1).

Nous repoussons également cette seconde opinion, car si la
première ne faisait pas assez pour les militaires, celle-ci nous
paraît faire trop en leur faveur et dépasser le but que s'est proposé la loi de ventôse. Cette loi, en effet, n'a pas voulu intervertir
absolument l'ordre légal des successions ; elle n'a pas voulu
attribuer au militaire, même au cas où il n'existerait plus, la
capacité de succéder. Il y a doute, doute plus favorable à l'absent que dans les circonstances ordinaires, mais non présomption légale de vie. De plus, en supposant le militaire toujours vivant à l'effet de recueillir les successions à lui échues,
on aboutirait à ce résultat, que ses héritiers eux-mêmes profi-
teraient du bénéfice de la loi, en ce qu'elle leur attribuerait plus
tard, si le militaire ne reparaissait pas, les successions qu'elle
aurait conservées pour lui.

Elle n'aurait donc pas été rendue dans un intérêt exclusif et
personnel aux militaires ; mais elle étendrait ses prévisions
jusqu'aux héritiers de l'absent, à l'égard desquels cependant rien
ne saurait expliquer une faveur aussi exorbitante.

_____

(1) Duranton, I, n° 450 — Demante, *Programme*, I, n° 166. *Cours analyti-
que*, I, n° 187 bis, II — Cass., 9 mars 1819; Sir., 1819, 1-363 — et 17 février
1829, D. P.1829, 1-181.

Cela est-il admissible ? Évidemment non : car, si telle eût été la pensée du législateur, il est vraisemblable qu'on en trouverait des traces dans le texte de la loi. Une exception ne se sous-entend pas et ne peut jamais être étendue au-delà de ses termes.

Mais s'il en est ainsi, qu'a donc voulu cette loi ?

Nous pensons, qu'écartant la présomption de mort résultant des articles 135 et 136, elle n'établit point, en sens contraire, la présomption de vie, son seul effet étant d'empêcher ceux qui auraient recueilli la succession à défaut du militaire absent, de prendre cette succession. Elle conserve donc intacte pour le militaire, mais pour lui seulement, la succession qui lui serait échue, afin qu'il puisse la recueillir à son retour, s'il vient jamais à reparaître, le but du législateur étant uniquement de protéger d'une manière spéciale ceux qui, à raison de leur position même et de leur dévouement au pays, sont dans l'impossibilité de donner de leurs nouvelles.

Ainsi, supposons une succession à laquelle sont appelés Pierre présent et Paul militaire absent. Pierre qui, d'après le droit commun, prendrait la totalité de la succession, comme si le décès de Paul était prouvé, et gagnerait les fruits de la moitié revenant à son cohéritier, tant que celui-ci ne se représenterait pas ou que des actions ne seraient pas intentées de son chef (art. 138 du C. civ.), ne prendra que sa moitié. Quant à l'autre moitié, les héritiers de Paul ne pourront pas la prendre, mais elle sera en quelque sorte comme vacante et remise à un curateur, pour que la restitution en soit mieux assurée à Paul s'il vient à reparaître, auquel cas il recueillerait non-seulement la part de succession qui lui revient, mais encore les fruits.

Cette opinion seule nous semble se concilier parfaitement avec la loi de ventôse : seule, en effet, elle assure à l'absent toute la protection qu'il a été dans la pensée du législateur de lui accorder, sans l'annihiler comme la première, ou l'étendre au-delà d'une juste limite comme la seconde (1).

---

(1) V. Plasman, p. 180. Marcadé (6e éd.), I, no 511 — Demolombe, II, no 344 — Aubry et Rau, I, p. 573.

F. PENDANT QUELLE PÉRIODE DE L'ABSENCE LA LOI DU 11 VENTÔSE AN II EST-ELLE APPLICABLE?

165. — Ici encore il y a divergence entre les auteurs.

Les uns soutiennent que cette loi, renfermant des dispositions absolues dont on ne peut diviser arbitrairement l'application, doit s'étendre aussi bien à la seconde qu'à la première période de l'absence, et maintiennent le curateur nommé par le conseil de famille dans l'administration des biens, soit jusqu'à la preuve acquise du décès du militaire absent, soit jusqu'à l'époque où ce dernier aurait accompli sa centième année (1).

Nous pensons, au contraire, que, quand le doute qui planait sur la mort de l'absent devient presque une certitude, quand l'absence est déclarée par jugement, la loi de ventôse doit être elle-même écartée. Les militaires rentrent alors sous l'empire du droit commun et le curateur rend les biens aux successeurs du second degré. Comment, en effet, conserver au militaire des droits éventuels qu'on n'aurait pu, d'après le droit commun, revendiquer en son nom, quand la fortune qu'il possédait avant son départ est elle-même distribuée entre ses héritiers présomptifs?

La première opinion aurait pour conséquence de placer hors du commerce et pendant près d'un siècle les biens du militaire absent. Or, on ne peut, par voie de simple interprétation, introduire une disposition aussi grave ; il faudrait pour la consacrer un texte formel. D'ailleurs, la sollicitude de la loi à l'égard du militaire, poussée à cette limite extrême, deviendrait une flagrante injustice envers ceux qui auraient droit à recueillir une succession à son défaut (2).

G. LA LOI DE VENTÔSE EST-ELLE ENCORE EN VIGUEUR?

466. — Cette question, elle aussi, a été résolue diversement par les auteurs.

(1) Nancy, 31 janvier 1853. D., *Rep. Alph.*, II, p. 152, no 1.
(2) Cass., 23 août 1857, Dev. 1857-1-809. Zachariæ, Aubry et Rau, I-574.

Ceux mêmes, qui soutiennent qu'elle a été abrogée, ne sont pas d'accord sur la disposition législative qui aurait amené cette abrogation. Les uns attribuent cet effet au Code Napoléon, les autres à la paix de 1815, d'autres enfin à la loi de 1817. Nous rejetons cette opinion négative sous sa triple forme, et nous pensons qu'aujourd'hui encore la loi de l'an II est en vigueur et applicable aux droits éventuels, qui peuvent advenir à des militaires ou autres personnes attachées au service de l'armée, disparus au cours d'une guerre, de celle de 1870, par exemple.

Et en effet quelle disposition l'aurait donc abolie ?

Le Code civil (1) ? Mais l'article 7 de la loi du 30 ventôse an XII porte que les lois antérieures relatives à des matières traitées dans le Code civil sont seules abrogées ; or le Code civil ne disant pas un mot de l'absence des militaires, la loi de ventôse, spéciale à cette matière, est demeurée en pleine vigueur. Ce qui prouve bien du reste que telle était la conviction du gouvernement, c'est un décret du 16 mars 1807, postérieur par conséquent à la promulgation du Code, qui ordonne la publication de la loi de l'an II dans les départements transalpins alors réunis à la France.

La paix de 1815 (2) ? Pas davantage.

La loi de l'an II n'est pas une loi de circonstance. Les cas dont elle s'occupe peuvent se présenter souvent, et l'on ne peut, à chaque nouvelle expédition, aller demander au pouvoir législatif une loi nouvelle. Tout semble donc indiquer que cette loi, dont toutes les dispositions se justifient par un sentiment légitime de haute sollicitude envers les défenseurs de l'état, qui ne renferme rien d'ailleurs dans son texte de nature à la faire considérer comme limitée dans sa durée et comme subordonnée pour son application à la continuation de l'état de guerre, doit être considérée comme essentiellement permanente.

La loi du 13 janvier 1817 (3) ?

Mais ces deux lois ne peuvent se contrarier ; elles ont trait à des objets différents et se rapportent à des périodes diverses de l'absence. La loi de 1817 a eu uniquement en vue d'établir une

(1) Toullier, I, n° 407 — Colmar, 21 décembre 1816 — D. 1817-II-46.
(2) Nancy, 24 janvier 1820 — Sir., 1820, II-138.
(3) Duranton, I-450 et 452. Paris, 27 août 1821. D. 1822-II-75.

procédure plus simple, plus expéditive que celle du droit commun pour faire constater l'absence ou le décès des militaires ; elle n'a donc pas le même objet que celle de ventôse, qui les fait seulement représenter par un curateur pour les droits éventuels qui leur échoient.

La première s'applique à la période de déclaration d'absence, la seconde à la période de présomption. Il n'y a donc entre les dispositions de ces deux lois aucune incompatibilité qui s'oppose à leur application simultanée.

Aussi doit-on aujourd'hui, relativement aux biens des militaires disparus pendant la dernière guerre, distinguer, durant la période de présomption d'absence, deux sortes de biens dont le sort sera réglé différemment : les biens, déjà possédés par le militaire au moment de sa disparition, seront gérés conformément aux articles 112 et 114 du Code civil. Les droits éventuels seront réservés et l'administration des biens successoraux confiée à un curateur aux termes de la loi du 11 ventôse an II.

§ II.

LOIS DU 6 BRUMAIRE AN V ET DU 21 DECEMBRE 1814.

CONSERVATION DES DROITS ET PROPRIÉTÉS DES MILITAIRES ABSENTS.

467. — La loi de ventôse an II avait eu pour objet de sauvegarder les droits éventuels des militaires absents ; celle du 6 brumaire an V s'occupa de la conservation de leurs droits actuels et de leurs propriétés et elle le fit avec une prévoyance et une minutie qu'on pourrait presque trouver excessive. Sans entrer dans l'étude approfondie de cette loi, qui, toute de circonstance, comme son texte même l'indique, ne présente plus aujourd'hui qu'un intérêt purement historique, nous nous bornerons à en énumérer brièvement les principales dispositions.

23

Elle décidait que les propriétés des militaires et des autres citoyens absents pour le service de l'État seraient placées sous la
surveillance des agents et adjoints municipaux de chaque commune qui étaient tenus de dénoncer, sous leur responsabilité
personnelle, au commissaire du directoire exécutif près l'administration municipale du canton, les atteintes qui pourraient
y être portées.

Aucune prescription (1) ni péremption d'instance ne pouvait
s'acquérir contre les militaires depuis leur départ jusqu'à l'expiration d'un mois après la publication de la paix générale, ou
après la signature du congé absolu qui leur aurait été délivré
avant cette époque. Ce délai d'un mois augmentait et pouvait
être prorogé jusqu'à deux ans, selon les lieux dans lesquels se
trouvait le militaire au moment de la publication de la paix.
(Art. 2.)

Les jugements prononcés contre ces militaires ne pouvaient
donner lieu à aucune expropriation ni dépossession, et ne devaient du reste être mis à exécution qu'à la charge par le
poursuivant de donner caution de rapporter le cas échéant (2).

La jurisprudence avait encore interprété dans le sens le plus
large les dispositions si favorables de cette loi et avait été jusqu'à annuler pour le tout la saisie immobilière de biens indivis
entre un militaire et un civil, en décidant que le poursuivant
aurait dû provoquer la division et faire procéder au partage
avant de pratiquer cette saisie.

Ces mesures extraordinaires, sans qu'il y ait lieu de distinguer entre celles qui ont pour objet de suspendre les prescrip-

(1) Il s'agissait là d'une véritable suspension de prescription en faveur des militaires. Divers Codes civils étrangers renferment d'ailleurs encore aujourd'hui des
dispositions analogues. C'est ainsi que l'art. 2145 du Code civil autrichien interrompt la prescription pendant l'absence qui a pour cause le service civil ou
militaire. — De même l'article 2120 du Code italien suspend les prescriptions
de dix ans et au-dessus, en temps de guerre, au profit *des militaires qui sont sous
les drapeaux.* — Enfin on trouve encore une disposition du même genre dans
l'article 812 du Code prussien.
(2) L'art. 25 du décret du 13 décembre 1866, sur l'organisation des tribunaux
civils musulmans, renferme une disposition du même genre : « Si un musulman est
absent de son domicile pour fait de guerre au service de la France et s'il n'est pas
régulièrement représenté, aucun jugement ne peut être prononcé contre lui avant l'expiration de trois mois après la fin de la campagne. »

tions et d'arrêter l'exécution des jugements à l'égard des défenseurs de la patrie et celles qui placent leurs propriétés sous la
surveillance des agents municipaux, ont cessé de s'appliquer
après l'expiration des délais prescrits dans la loi même qui les
ordonnait, c'est-à-dire un mois, et pour quelques-uns seulement
deux ans, après la paix générale qui fut conclue à Paris le 30
mai 1814 (1). Toutefois le délai que cette loi de brumaire avait
fixé a été prorogé par celle du 21 décembre 1814 jusqu'au
1er avril 1815, pour tous les militaires non encore rentrés en
France à la date du 21 décembre 1814.

§ III.

LOIS DU 13 JANVIER 1817 ET DU 9 AOUT 1871.

MILITAIRES DISPARUS.

*De la déclaration d'absence et de la constatation du décès des
militaires disparus du 19 juillet 1870 au 31 mai 1871.*

468. — En l'absence de lois spéciales qui établissent des règles
particulières pour la déclaration d'absence ou la constatation
du décès des militaires disparus, on doit, pour y arriver, se
soumettre au droit commun et appliquer les prescriptions du
titre IV, livre 1 du Code civil.

Dans les circonstances ordinaires, cette application du droit
commun présente peu d'inconvénients, mais il est des cas exceptionnels où elle peut engendrer de sérieuses difficultés.
C'est ainsi qu'à la suite des guerres de la Révolution et du premier Empire, l'incertitude qui planait sur le sort d'un grand
nombre de militaires avait mis en souffrance non seulement les
intérêts de ces militaires eux-mêmes, mais encore ceux des

---

(1) V. Demolombe, n° 380 — Nancy, 24 janvier 1820. D. Rep., II, p. 166 —
Grenoble, 22 décembre 1824, D. Rep., II-164.

tiers qui avaient des affaires quelconques à démêler avec eux.
D'une part en effet, si ces militaires disparus n'avaient pas laissé
de procuration, leurs affaires restaient abandonnées ; s'ils en
avaient laissé, leurs mandataires, dégagés de toute surveillance,
disposaient en maîtres et sans contrôle, et pour beaucoup cette
gestion pouvait se prolonger fort longtemps encore. D'un autre
côté, les embarras que cet état de choses suscitait aux familles
n'étaient pas moins graves. Elles ne savaient pas quels étaient
leurs droits dans les successions auxquelles l'absent était appelé ;
ces droits fussent-ils liquidés, il leur était impossible d'en venir
à des partages définitifs ; ces difficultés s'étendaient aux créanciers, aux associés, à tous les tiers enfin qui avaient des intérêts
quelconques à démêler avec elles. De là naissait dans une foule
de transactions civiles une stagnation funeste. Aussi la nécessité d'une législation spéciale, qui fournit des moyens plus simples et moins dispendieux que ceux établis par le Droit civil
pour parvenir à une déclaration d'absence ou à une constatation
de décès permettant d'exercer les droits subordonnés à la mort
de ces militaires disparus, se fit vivement sentir (1).

L'ordonnance du 3 juillet 1816 et la loi du 13 janvier 1817,
eurent pour objet de répondre à ces besoins divers. Cette loi
s'appliquait uniquement aux militaires disparus du 21 novembre
1792 au 20 novembre 1815 et la législation ordinaire continua à
régler le mode de déclaration d'absence, dans tous les cas où
les dernières nouvelles étaient postérieures à cette date.

La malheureuse guerre de 1870 a fait renaître des difficultés semblables, et, pour répondre à des besoins identiques,
il a fallu remettre en vigueur les dispositions de la loi du
13 janvier 1817. Tel fut l'objet de celle du 9 août 1871. Cette
loi s'applique aux Français qui ont disparu depuis le 19 juillet
1870 jusqu'au traité de paix du 31 mai 1871, mais à eux seuls.

Nous sommes donc aujourd'hui en présence de deux législations qui règlent le sort des militaires présumés absents.

L'une applicable à tous les militaires dont l'absence remonte
à une époque antérieure au 19 juillet 1870 ou dont les dernières
nouvelles sont postérieures au 31 mai 1871 ;

(1) Voir l'exposé des motifs de la loi de 1817 par M. Lainé, ministre de l'intérieur.

L'autre qui s'applique exclusivement aux militaires disparus pendant la guerre avec l'Allemagne, c'est-à-dire depuis le 19 juillet 1870 jusqu'au 31 mai 1871.

Quant à la première, c'est la législation de droit commun, elle est renfermée dans le titre IV du Code civil ; nous n'avons pas à en parler ici ; mais nous allons étudier la seconde qui forme, à proprement parler, la législation militaire de l'absence.

La loi du 9 août 1871 est ainsi conçue :

Article unique. — « Les dispositions de la loi du 13 janvier « 1817 sont remises en vigueur pour constater judiciairement « le sort des Français ayant appartenu aux armées de terre et « de mer, à la garde nationale mobile ou mobilisée, ou à un « corps reconnu par le ministre de la guerre, qui ont disparu « depuis le 19 juillet 1870 jusqu'au traité de paix du 31 mai 1871.

« Les mêmes dispositions pourront être appliquées par les « tribunaux à tous autres Français qui auront disparu dans le « même temps par suite de faits de guerre. »

Entrons donc dans l'examen de ces lois de 1817 et de 1871.

A. — A QUELLES PERSONNES S'APPLIQUENT-ELLES ?

169. — La loi de 1817 s'appliquait : 1° Aux militaires ou marins en activité de service pendant les guerres qui ont eu lieu depuis le 21 avril 1792 jusqu'au traité de paix du 20 novembre 1815, et ayant cessé de paraître, avant cette dernière époque, à leur corps ou au lieu de leur domicile ou de leur résidence. (Art. 1.)

2° A toutes les personnes inscrites au bureau des classes de la marine, à celles attachées par brevets ou commissions aux services administratifs des armées de terre et de mer ou portées sur les contrôles réguliers des administrations militaires et ayant cessé de paraître pendant la même période de temps. (Art. 12.)

3° Enfin ses dispositions pouvaient aussi être étendues par les tribunaux à l'absence et au décès survenus, dans les mêmes circonstances, des domestiques, vivandières et autres personnes à la suite des armées, s'il résultait des rôles d'équipage, des

pièces produites et des registres de police, permissions, passe-
ports, feuilles de route et autres registres déposés aux ministè-
res de la guerre et de la marine, des preuves et des documents
suffisants sur la profession des dites personnes et sur leur sort.

La loi de 1871 est plus générale : non-seulement en effet elle
applique la législation exceptionnelle de 1817 à tous les Français ayant appartenu aux armées de terre et de mer, à la garde
nationale mobile ou mobilisée ou à un corps reconnu par le
ministre de la guerre, qui ont disparu pendant la dernière
guerre ; mais en outre elle donne encore aux tribunaux le droit
d'appliquer cette même législation *à tous autres Français disparus à la même époque par suite de faits de guerre.*

Telles sont les personnes auxquelles elle s'applique ; voyons
en quoi elle simplifie les formalités prescrites par le droit commun pour arriver à la déclaration d'absence et à la constatation
de décès.

B. DÉCLARATION D'ABSENCE.

470. — Qui peut la demander ?

Les articles 115, 120 et 123 du Code civil combinés accordent
aux héritiers présomptifs de l'absent le droit de faire déclarer
son absence et de demander l'envoi en possession de ses biens,
et c'est ensuite contre eux que doivent être formées les différentes demandes spéciales. A cet égard il n'y a aucun doute, la
loi est formelle ; mais les auteurs ne sont pas d'accord sur la
question de savoir si le même droit appartient aux légataires,
donataires, successeurs irréguliers, créanciers et autres personnes intéressées.

Cette question ne peut pas se poser sous l'empire de la loi
de 1817, son article 11 ayant étendu aux créanciers et à toutes
autres personnes intéressées à ces déclarations d'absence ou
constatations de décès le droit accordé aux héritiers présomptifs ou à l'époux de la personne disparue, sous la seule condition de les mettre en demeure par une simple interpellation
qu'ils sont tenus de leur faire signifier et un mois après cette
interpellation restée sans effet.

Devant quel tribunal doit-on former la demande ?

471. — C'est toujours le tribunal du dernier domicile des militaires présumés absents qui doit connaître de la demande en déclaration d'absence ; à défaut de domicile connu, on la porte devant le tribunal de la dernière résidence de la personne disparue. (Art. 1er.)

Il en serait ainsi, alors même que les biens dont on voudrait obtenir l'envoi en possession seraient situés dans le ressort d'un autre tribunal.

Le doute qui serait possible peut-être en raison des termes de l'article 115 du Code civil ne l'est plus dans le cas spécial dont nous nous occupons en présence des expressions formelles de la loi de 1817.

Quelles sont les formes à suivre ? les détails à observer ?

472. — D'après les articles 115 et 121 du Code civil, la demande en déclaration d'absence d'une personne disparue ne peut être formée que quatre ans ou même dix ans après les dernières nouvelles, suivant que la personne qui a disparu, a ou n'a pas laissé de procuration pour l'administration de ses biens. La loi de 1817 renferme à cet égard une première dérogation. Elle ne fixe aucun délai ; il suffira donc que le présumé absent ait disparu pendant la guerre de 1870-1871 pour que les parties intéressées puissent se pourvoir immédiatement, sans même qu'il y ait à rechercher s'il a ou n'a pas laissé de procuration.

La demande se forme, comme pour les déclarations d'absence ordinaires, par une requête adressée au président du tribunal. Cette requête mentionne, autant que cela est possible, les nom, prénoms, surnom du présumé absent, ceux de ses père et mère, le lieu et la date de sa naissance, les lieux de son domicile ou de sa dernière résidence, les nom et numéro du corps dans lequel il servait, l'époque de son entrée au service, celle à laquelle il a cessé de donner directement ou indirectement de ses nouvelles, les dates et timbres des dernières lettres qu'il aurait adressées ou dans lesquelles il aurait été question de lui, enfin les autres renseignements quelconques que les requérants auraient pu se procurer (1).

L'article 2 veut que la requête et les pièces justificatives

(1) Ordonnance du 3 juillet 1818.

— 360 —

soient communiquées au procureur de la République et adressées par lui au ministre de la justice qui les transmet au ministre de la guerre ou de la marine, selon que l'individu appartient au service de terre ou à celui de mer, et rend la demande publique en l'insérant au *Journal officiel*. C'est encore une dérogation au droit commun d'après lequel la demande reste secrète, tandis que les jugements préparatoires et définitifs seulement doivent être rendus publics (1).

Le ministre de la guerre ou de la marine prescrit, soit dans ses bureaux, soit dans ceux des administrations militaires, soit aux dépôts des corps, toutes les recherches pouvant produire des preuves ou renseignements sur l'objet de la demande.

La requête, les extraits d'actes, pièces et renseignements recueillis au ministère de la guerre ou de la marine, par ces divers moyens, sur l'individu dénommé dans ladite requête, sont renvoyés, par l'intermédiaire du ministre de la justice, au procureur de la République.

Alors diverses hypothèses peuvent se présenter ; si les recherches ont abouti à un résultat, si parmi les pièces provenant du ministère de la guerre se trouve l'acte de décès du militaire, le procureur de la République le renverra immédiatement à l'officier de l'état civil, pour qu'il l'inscrive sur ses registres et remettra le surplus des pièces au greffe, après en avoir prévenu l'avoué des parties requérantes. (Art. 3, l. de 1817.)

A défaut d'acte de décès, le procureur de la République donne ses conclusions et le tribunal prononce. S'il résulte des pièces et renseignements fournis par le ministre que l'individu existe, la demande est rejetée : si les pièces laissent présumer son existence, le tribunal peut ordonner un complément d'instruction. Il fixe le délai dans lequel cette nouvelle instruction devra être faite, mais ce délai ne peut pas excéder une année.

Le tribunal peut aussi, lorsque les pièces et renseignements produits ne lui semblent pas suffisants, ordonner qu'une enquête spéciale soit faite contradictoirement avec le ministère public dans l'arrondissement du domicile du présumé absent et dans celui de sa résidence s'ils sont distincts l'un de l'autre (2).

(1) Loi de 1817, art. 2 et art. 118, C. N.
(2) Art. 4, loi de 1817.

Ces enquêtes, il faut le remarquer, sont ici purement facultatives, tandis que d'après le droit commun elles sont obligatoires. (Art. 116, C. civ.)

On peut se demander si le jugement qui ordonne cette enquête relative à la disparition du militaire doit être rendu public, c'est-à-dire inséré au *Journal officiel*. La loi de 1817 est muette sur ce point, mais nous croyons cette formalité nécessaire, puisque l'enquête est faite conformément aux dispositions du Code civil, et que l'article 118 de ce Code en impose l'accomplissement.

Enfin, quand le tribunal se trouve suffisamment éclairé, il déclare l'absence. Mais cette déclaration qui, suivant le Code civil, ne peut avoir lieu qu'après cinq ou onze ans, selon que celui qui a disparu a ou n'a pas laissé de procuration, peut d'après la loi de 1817 être rendue sur-le-champ, sans qu'il y ait lieu de s'arrêter à aucune distinction, s'il est prouvé que le militaire est absent sans qu'on ait eu de ses nouvelles, savoir : depuis deux ans, quand le corps ou le détachement ou l'équipage dont il faisait partie servait en Europe, et depuis quatre ans, quand ce corps, détachement ou équipage se trouvait hors d'Europe.

Soit par exemple un militaire disparu en Europe le 10 décembre 1870, le jugement définitif de déclaration d'absence pourra être prononcé le 10 décembre 1872, à la condition que la demande ait été formée et insérée au *Journal officiel* avant le 10 décembre 1871. S'il était disparu hors d'Europe, le jugement ne pourrait être prononcé avant le 10 décembre 1874.

Le Code civil ne s'explique pas sur la question de savoir si les jugements préparatoires ou définitifs, rendus en matière de déclaration d'absence, sont ou non susceptibles d'appel. La loi de 1817 est plus explicite ; son article 8 donne en effet au procureur de la République et aux parties requérantes le droit d'interjeter appel des jugements soit interlocutoires, soit définitifs.

Celui du procureur de la République doit, dans le délai d'un mois à partir du jugement, être signifié à la partie au domicile de son avoué ; aucun délai n'étant stipulé pour l'appel des parties, il y a lieu, sur ce point, de se conformer au droit commun.

Les appels sont portés à l'audience sur simple acte et sans aucune procédure.

DE L'ENVOI EN POSSESSION PROVISOIRE.

173. — Dans le cas d'absence déclarée en vertu de la loi de
1817, si le présumé absent a laissé une procuration, l'envoi en
possession provisoire sous caution peut être demandé sans attendre l'expiration du délai prescrit par les articles 121 et 122
du Code civil. Seulement, en cas de retour de l'absent, à quelque époque que ce soit, ceux qui ont obtenu l'envoi en possession de ses biens sont tenus de lui restituer, sous les seules
déductions de droit, la totalité des fruits perçus pendant les dix
premières années de l'absence. Ainsi donc, la procuration laissée
par le militaire n'a aucune influence sur le délai après lequel
son absence pourra être déclarée ; elle n'a d'autre effet que de
lui donner le droit de réclamer, s'il reparait, la totalité des fruits
qu'il eût pu exiger de son mandataire. C'est une dérogation au
droit commun qui, en cas de retour de l'absent, n'oblige les
envoyés en possession provisoire qu'à la restitution du cinquième des fruits par eux perçus, si le retour a lieu avant 15
ans depuis le jour de la disparition, et du dixième, si le retour
a lieu après 15 ans. Dans le cas où le militaire n'aurait pas laissé
de procuration, la restitution des fruits devrait avoir lieu conformément au droit commun. (Art. 9 et 12, loi de 1817.) D'ailleurs, une fois l'absence déclarée, on peut dire qu'il n'y a plus
de différences sous aucun rapport, entre les absents militaires
et les absents non militaires, la déclaration d'absence d'un militaire produisant tous les effets attachés à cette mesure par le
Code civil.

O. CONSTATATION DE DÉCÈS.

174. — Après avoir ainsi simplifié les formalités nécessaires
pour arriver à la déclaration d'absence, la loi de 1817 permet
encore aux parties intéressées de faire constater le décès des
militaires disparus. (Art. 5.) Si par suite d'invasion, par exemple,

il n'a pas été tenu de registres de l'état civil, s'ils ont été perdus ou détruits en tout ou en partie, ou bien si leur tenue a subi des interruptions, la preuve testimoniale du décès peut être ordonnée conformément à l'article 46 du Code civil (1). La loi de 1817 va même plus loin que le Code (2) ; elle facilite les moyens de prouver la non-existence, la destruction des registres, ou l'interruption qui a eu lieu dans leur tenue, en déclarant que cette preuve aura lieu soit par l'attestation du ministre de la guerre ou de la marine, soit par toute autre voie légale.

En pareille circonstance, il doit être procédé aux enquêtes contradictoirement avec le procureur de la République, et ce ne sont plus de simples présomptions, mais une preuve entière, complète qu'on exige. Le jugement définitif, portant déclaration de décès, ne peut dans aucun cas intervenir qu'après un délai d'un an à compter de la publication de la demande, comme nous l'avons vu déjà pour le jugement définitif de déclaration d'absence. (Art. 6, l. de 1817.)

La constatation de décès présente sur la déclaration d'absence cet avantage qu'elle permet à l'épouse de l'absent de contracter un nouveau mariage.

Dans les temps qui suivirent la promulgation de la loi de 1817, on fit un abus dangereux de certains certificats émanés du ministère de la guerre, en leur attribuant un caractère autre que celui qu'ils avaient en réalité. Pour prémunir les familles contre les dangers qui en auraient pu résulter, le garde des sceaux adressa le 19 mai 1825 aux procureurs généraux une circulaire qui classait les différentes espèces de certificats et déterminait le degré de foi qui est dû à chacune d'elles.

_____

(1) Dans un grand nombre de communes, les archives ayant été pillées, incendiées ou détruites en tout ou en partie au cours de la dernière guerre, une circulaire du ministre de la justice du 19 octobre 1871 indique les modes de reconstitution et de régularisation des actes de l'état civil dans les différents lieux qui ont eu à souffrir de l'invasion.

(2) C'est ce que ne paraît pas avoir compris Marcadé, t, p. 347, n° 515.

APPENDICE.

Des certificats de vie.

———————

175. — Nous sommes amenés tout naturellement à parler des certificats de vie en traitant de l'absence, puisqu'ils constituent le moyen le plus simple de faire cesser l'absence déclarée ou d'empêcher sa déclaration.

On désigne sous l'expression de certificat de vie un acte par lequel un fonctionnaire public, à ce autorisé par la loi, atteste l'existence d'une personne pour l'avoir vue et lui avoir parlé à une certaine date. (Edit d'août 1793.)

Les militaires en activité de service ne peuvent, sous l'empire des règlements actuels, toucher leurs pensions de donataire et les traitements de la Légion-d'Honneur et de la médaille militaire que sur le vu de certificats délivrés, s'ils sont officiers sans troupe ou employés d'administration, par les fonctionnaires de l'intendance, ou s'ils sont attachés à des corps de troupe, par les conseils d'administration ou leurs délégués et visés par l'intendance (1).

Quant aux militaires en retraite, la loi du 6 mars 1791, art. 11, confiait au président du tribunal ou aux maires des communes, suivant les cas, le soin de leur délivrer gratuitement les certificats de vie dont ils pouvaient avoir besoin.

Un décret impérial du 19 mars 1808 confère aux maires seuls la délivrance des certificats de vie exigés des militaires pour le paiement de leur solde de retraite.

L'ordonnance de 1817 a replacé à ce point de vue les militaires dans le droit commun et il n'appartient plus qu'aux notaires de leur délivrer des certificats de vie.

Jusqu'en 1839 ce droit fut réservé à certains de ces officiers

_____

(1) Ord. du 24 janvier 1816. — Circulaire du ministre de la guerre du 20 avril 1852. — Instruction du grand chancelier de la Légion-d'Honneur en date des 15 mai et 15 juillet 1861.

ministériels, qu'on appelait pour ce motif *certificateurs*; il appartient aujourd'hui à tous les notaires indistinctement.

SECTION V.

Du mariage des militaires.

---

476. *Nécessité d'une autorisation pour le mariage des militaires.* — **477.** *Innovations de la nouvelle loi sur le recrutement.* — **478.** — *Sanction des prescriptions légales en cette matière.* — **479.** — *Le défaut d'autorisation entraine-t-il la nullité du mariage?* — **480.** *Circulaire ministérielle du 17 décembre 1848.* — **481.** *Quid des officiers démissionnaires, réformés ou retraités?* — **482.** *Les femmes de militaires sans nouvelles de leurs maris peuvent-elles se remarier?*

476. — Le mariage des militaires a besoin d'être autorisé (1): s'il s'agit d'officiers en activité de service, ils doivent obtenir la permission écrite du ministre de la guerre (2). Quant aux sous-officiers et soldats, c'est au conseil d'administration de leur corps qu'ils doivent la demander (3).

Les militaires de la réserve ne pouvaient jusqu'ici se marier sans autorisation que dans les trois dernières années de leur service dans cette réserve ; de plus, cette faculté était suspendue par le rappel à l'activité, et les hommes mariés appartenant à cette catégorie restaient soumis à toutes les obligations du ser-

---

(1) C'est une mesure qui est généralement admise dans la plupart des pays de l'Europe.

(2) En Prusse, non seulement les officiers sont tenus d'obtenir pareille autorisation, mais ils doivent en outre acquérir, à leurs frais, l'inscription de leurs femmes au registre de la caisse de pension des veuves. V. Peterel, l. c., n° 27 et *Bestimmungen betreffend das Heirathen der militærpersonen der preussichen armée.* (Berlin, 1852.) Mais l'art. 193 du projet du nouveau Code pénal militaire de l'empire d'Allemagne ne frappe plus de nullité, comme précédemment, les mariages contractés par des militaires sans autorisation préalable, mais il inflige seulement, en pareil cas, certaines pénalités.

(3) Décret des 16 et 28 juin 1808 et l. du 11 avril 1831, art. 19-4°.

vice militaire (1). Quant aux jeunes gens de la garde nationale mobile, ils pouvaient contracter mariage sans autorisation à quelque époque que ce fût de leur service (2).

477. — La nouvelle loi militaire s'est montrée beaucoup plus libérale à cet égard (3), non seulement l'art. 45 permet à tous les hommes de la réserve et de l'armée territoriale de se marier sans qu'aucune restriction basée sur la durée de leur service vienne limiter cette faculté ; mais il accorde la même faveur même aux hommes en disponibilité de l'armée active, qui, après un an ou six mois, sont renvoyés dans leurs foyers, tout en continuant pourtant à faire partie intégrante de l'armée active.

Le § 2 de l'article 45 écarte d'ailleurs les inconvénients qu'aurait pu présenter cette excellente mesure, en décidant que les hommes mariés restent soumis aux obligations imposées aux classes auxquels ils appartiennent (4).

478. — L'inobservation des diverses prescriptions que nous venons de voir entraîne pour l'officier la destitution, et pour les militaires de tous grades, la perte de leurs droits, tant pour eux que pour leurs veuves et leurs enfants, à toute pension ou récompense militaire (5). De plus, tout officier de l'état civil qui a seulement célébré le mariage d'un officier, sous-officier ou soldat en activité de service, sans s'être fait remettre les permissions exigées par la loi, ou qui néglige de les joindre à l'acte de célébration du mariage, encourt la destitution en vertu de l'article 5 du décret du 16 juin 1808.

---

(1) L. du 21 mars 1832, modifiée par l'art. 50 de la loi du 1er février 1868.

(2) Art. 6 de la loi du 1er février 1868.

(3) V. Journal officiel du 19 juin 1872.

(4) Toutefois les hommes en disponibilité ou en réserve qui sont pères de quatre enfants vivants passent de droit dans l'armée territoriale.

(5) Décret du 16 juin 1808, art. 4. — Loi du 11 avril 1831, art. 19, § 4. Aux termes des articles 271 et 272 du décret du 20 octobre 1820, c'est le commandant de la compagnie qui accorde, sauf approbation du chef de la légion, les permissions de mariage aux gendarmes et sous-officiers de gendarmerie. — Quant aux indigènes de l'Algérie, musulmans ou Israélites, qui servent dans l'armée française, soit comme officiers, soit comme sous-officiers et soldats, ils doivent, s'ils se marient devant l'officier de l'état civil français, se pourvoir d'une autorisation préalable comme les militaires français ; si au contraire ils se marient sous l'empire de la loi musulmane, l'autorisation n'est plus exigée, car ces mariages, essentiellement dissolubles, ne confèrent aucun droit aux veuves et orphelins de ceux qui les ont contractés. V. décret du 31 avril 1866, art. 3. Demangeat sur Foelix, I, p. 87 et suiv. Pérreil, n° 37.

Ces pénalités sont-elles encore aujourd'hui applicables et faut-il considérer le décret de 1808 comme étant encore en vigueur ? Cette question s'est posée notamment après la loi du 19 mai 1834, qui assimilait le droit de l'officier au grade à un droit de propriété, et on s'est demandé à cette époque, si dès lors on devait continuer à appliquer le décret, qui infligeait la destitution et la perte de ses droits, à tout officier qui se serait marié sans autorisation.

Le conseil d'État s'est prononcé avec raison dans le sens de l'affirmative (1). Quel était en effet le but de la loi de 1834 ? C'était d'empêcher que les officiers ne fussent victimes d'actes arbitraires. Or, le décret de 1808 ne présentait aucun inconvénient à cet égard. On ne voit pas comment son abrogation pourrait s'inférer de cette loi.

479. — Mais, en dehors des sanctions renfermées dans le décret de 1808, le défaut d'autorisation entraine-t-il la nullité du mariage ? Évidemment non : aucune loi ne prononce en effet la nullité dans ce cas et le soin avec lequel le législateur a limité en matière de mariage le nombre des empêchements dirimants (Art. 180 et suiv., C. civ.) prouve bien qu'il a entendu s'exprimer d'une manière limitative, et qu'on ne saurait créer d'autres empêchements par voie d'interprétation. D'ailleurs, si telle eût été la volonté du législateur, il n'eût pas manqué d'en parler dans le décret de 1808 ; son silence à cet égard est donc des plus significatifs (2).

480. — Quant aux conditions auxquelles l'autorisation de se marier doit être accordée aux officiers, elles ont été déterminées par une circulaire ministérielle du 17 décembre 1843.

---

(1) Avis du Conseil d'État du 10 mars 1830.

(2) Une question qui peut encore se poser, mais qui sera bientôt sans intérêt pratique, c'est celle de savoir si le militaire qui se fait remplacer et qui comme tel est responsable de son remplaçant pendant un an à compter du jour de l'acte de remplacement, peut, pendant qu'il est sous le poids de cette responsabilité, se marier sans avoir obtenu le consentement de l'autorité militaire. On a soutenu l'affirmative en s'appuyant sur ce que, pendant cette période de temps, le remplacé peut éventuellement être rappelé sous les drapeaux. Mais cet argument ne nous parait pas décisif, car s'il était juste, on devrait aussi appliquer la même règle à tous ceux qui n'ont pas encore satisfait à la loi du recrutement ; or on ne leur a jamais contesté, à notre connaissance, le droit de se marier sans autorisation.

D'après cette circulaire, dont les dispositions, pour être motivées par des considérations sérieuses et justes en théorie, n'en sont pas moins très-vexatoires en pratique, les officiers, étant obligés de garder un certain rang avec un traitement très-modeste, ne peuvent se marier qu'avec une femme qui leur apporte en dot un revenu non viager d'au moins 1,200 fr. Ils doivent adresser leur demande d'autorisation au ministre de la guerre, par l'intermédiaire de leurs chefs hiérarchiques, lesquels doivent donner leur avis non-seulement sur la situation pécuniaire de la fiancée et sur la nature de sa dot, mais encore sur la moralité et la réputation de sa famille. Un certificat de même nature émanant du maire de la commune où habite la jeune fille doit être joint aux demandes déposées par les fiancés, ainsi qu'un extrait du projet de contrat de mariage relatant l'apport de la future.

Dans certains cas exceptionnels, lorsqu'il s'agit de la fille d'un officier membre de la Légion-d'Honneur, les 1,200 francs de rente peuvent ne pas être exigés (1).

481. — L'autorisation n'est plus imposée aux officiers dont la démission a été acceptée ou qui jouissent d'une pension de réforme (2), ces officiers ne faisant plus partie de l'armée.

Au contraire, on doit l'exiger pour le mariage des officiers en disponibilité ou en non-activité (3), et pour celui des officiers généraux placés dans le cadre de réserve (4), car ils sont susceptibles d'être rappelés d'on moment à l'autre à l'activité.

Nous pensons également que la même formalité doit être imposée aux officiers en retraite pourvus de certains emplois, tels que ceux de rapporteur et de commissaire du gouvernement près les tribunaux militaires ; en effet, l'article 10 du décret du 29 août 1854 porte que leur service est essentiellement militaire et les soumet aux lois et ordonnances qui régissent l'armée (5).

482. — Il nous reste une dernière question à examiner : Les femmes de militaires qui sont sans nouvelles de leur mari, et

---

(1) Circulaires ministérielles des 17 juin 1847 et 17 juillet 1858.

(2) Un avis du Conseil d'Etat du 21 décembre 1808 avait décidé le contraire, mais il ne doit plus être suivi. V. circulaire ministérielle du 1 mai 1816.

(3) Loi du 19 mai 1834, art. 5 et 8.

(4) Loi du 4 août 1839 et du 11 août 1849.

(5) V. Pézeril, l. c., n° 55.

qui cependant n'ont pas pu se procurer même la preuve subsidiaire de l'art. 46 (C. civ.), peuvent-elles se remarier, en établissant le fait de la mort du militaire soit par des présomptions, soit par des témoignages non appuyés d'un commencement de preuve par écrit ?

Le conseil d'Etat (1), consulté sur cette question, leur a refusé le droit de se marier en pareille circonstance, en invoquant les inconvénients et les complications qui se produiraient si, après une longue absence, le mari venait à reparaître.

SECTION VI.

ATTEINTE PORTÉE A LA PUISSANCE PATERNELLE PAR L'ENROLEMENT VOLONTAIRE.

183. Dérogation à la puissance paternelle renfermée dans l'art. 374 C. civ. — **184.** Modifications ultérieures. — **185.** Condition du mineur lié au service militaire.

183. — Au commencement de ce siècle, à l'époque où fut rédigé le Code civil, l'Empire avait un grand besoin de soldats ; il encourageait, par tous les moyens possibles, les engagements volontaires et, dans la crainte que les parents ne vinssent à user de leur autorité pour retenir les jeunes gens qui voudraient devancer la conscription, il fit insérer dans l'article 374 du Code civil une dérogation à la puissance paternelle, que nous devons étudier.

Cet article 374, qui défendait au fils mineur de quitter la maison paternelle sans l'autorisation du père, exceptait le cas d'enrôlement volontaire ; le jeune homme pouvait en effet, dès

_____

(1) Avis du Conseil d'Etat du 12 germinal an XIII.

l'âge de 18 ans, contracter, *malgré sa famille*, un engagement volontaire.

484. — Sous le gouvernement de Juillet, les instincts belliqueux, qui avaient dominé pendant les premières années du siècle, avaient fait place à des tendances plus pacifiques ; on n'avait plus aucun motif pour pousser la jeunesse à s'enrôler dans l'armée. Aussi la loi du 21 mars 1832, art. 32, § 5, modifiant la règle inscrite dans le Code civil, exigeait-elle, si l'engagé avait moins de 20 ans, qu'il justifiât *du consentement de ses père, mère et tuteur* : ce dernier autorisé du conseil de famille.

Le décret du 10 juillet 1848, en abaissant à 17 ans l'âge auquel on peut s'engager avec l'autorisation paternelle, a apporté une nouvelle modification à l'article 374.

La nouvelle loi sur le recrutement vient encore d'introduire de nouveaux changements dans cette matière :

Elle maintient dans son art. 47 la disposition de l'art. 32, § 5, de la loi du 21 mars 1832 et exige, pour que le jeune homme qui a moins de 20 ans puisse s'engager, le consentement de ses père et mère ou tuteur.

Avec cette autorisation tout Français peut, en vertu du même art. 47, s'engager dans l'armée de mer à 16 ans et dans l'armée de terre à 18 ans accomplis.

485. — Quelle sera la condition du mineur lié au service militaire ?

Il faut distinguer : pour les faits relatifs à ce service, il sera réputé majeur ; (1), pour tous les autres, il restera soumis aux dispositions du droit commun sur les actes des mineurs en général. (Arg. Art. 487 et 1308 C. civ.)

L'article 384 du Code civil attribue au père, ou au survivant des père et mère, la jouissance des biens de leurs enfants jusqu'à l'âge de dix-huit ans ou jusqu'à leur émancipation, sauf ceux que les enfants peuvent acquérir par un travail ou par une industrie séparés, qui en sont exceptés par l'art. 387. Mais les enfants ne peuvent même pas disposer librement de ces biens ; ils doivent les remettre à leur père qui, pour n'en avoir pas la jouissance, n'en conserve pas moins l'administration.

(1) En Prusse, en vertu de l'art. 807 du C. civ., le mineur fonctionnaire public n'est réputé majeur qu'à l'égard des actes relatifs à ses fonctions.

Doit-on appliquer aux mineurs militaires cette dernière règle ?

Nous croyons qu'il faut distinguer : comme ils sont réputés majeurs en ce qui concerne leur service, ils doivent pouvoir disposer librement de leur solde, des traitements de la Légion-d'Honneur ou de la médaille militaire et en général de tout ce qui leur advient *occasione militiæ*. Au contraire, les autres biens qui pourraient leur appartenir   tent régis par le droit commun et sont administrés par le père.

SECTION VII.

Exemption de la tutelle et de la curatelle.

---

186. — Portée de la règle contenue dans l'art. 428. — **187.** Nature de cette excuse. — **188.** Critique d'une instruction ministérielle du 8 mars 1823. — **189.** L'enfant mort à l'armée compte comme vivant.

486. — Toute personne est obligée d'accepter et de gérer la tutelle qui lui est déférée, si elle n'a pas à invoquer une cause d'excuse pour s'en dispenser ou pour s'en faire décharger.

Le service militaire constitue une de ces causes d'excuse aux termes de l'art. 428 du Code civil, qui dispense de la tutelle les militaires *en activité de service* (1).

Quels sont ceux qui doivent être compris sous cette dénomination ?

A notre avis, il ne faut pas prendre ces expressions dans un sens trop restreint et on doit faire bénéficier de l'art. 428 tous ceux qui, sans être en fait en activité, peuvent néanmoins y être appelés d'un moment à l'autre comme les militaires qui

---

(1) On trouve des dispositions analogues dans la plupart des Codes étrangers, notamment dans ceux d'Autriche (art. 195 du C. civ.) ; d'Italie (art. 272, C. civ.) ; de Prusse (art. 208, C. civ.). Enfin, en Bavière, les officiers ne peuvent accepter la tutelle qu'avec l'autorisation de leurs chefs.

sont mis en non-activité ou en disponibilité, ou ceux encore qui, d'après les dispositions de la nouvelle loi militaire (art. 57), font partie de la réserve de l'armée active. Quant aux officiers généraux placés dans le cadre de réserve, et aux militaires compris dans les deux bans de l'armée territoriale, ils ne pourraient se prévaloir de cette dispense, car bien qu'ils puissent légalement être rappelés à l'activité, en fait ils ne le seront que dans des circonstances tout à fait exceptionnelles.

La dispense de l'article 428 s'applique également à la subrogée tutelle (art. 426, C. civ.), à la curatelle (art. 480, C. civ.), à la tutelle d'un interdit (art. 509 et 1055, C. civ.), et nous ne pensons pas que les militaires puissent être non plus contraints de remplir les fonctions de conseil judiciaire qui pourraient leur être confiées par les tribunaux.

487. — Le service militaire excuse *a suscipienda et a suscepta tutela*. Ainsi le tuteur était-il déjà militaire quand la tutelle lui a été déférée ? il peut refuser de la prendre ; mais il est tenu, sous peine de déchéance, d'invoquer son excuse avant de s'immiscer dans la gestion des biens, et dans le plus bref délai, autrement il serait réputé avoir renoncé au bénéfice de son excuse. Que si, au contraire, il l'accepte, il n'est plus admis ensuite à s'en faire décharger ; il est définitivement lié par son acceptation. (Art. 450, C. civ.)

Est-ce après avoir accepté la tutelle, que le tuteur est devenu militaire ? il peut se faire décharger de cette tutelle, pourvu qu'il le demande dans le mois : ce délai expiré, il est non recevable, et on le considère comme ayant renoncé tacitement à cette excuse.

Le service militaire appartient à la classe des excuses temporaires. Ainsi, lorsque le militaire cesse d'avoir cette qualité, alors que dure encore la tutelle qu'il a refusée ou dont il s'est fait décharger, le conseil de famille peut la lui rendre, s'il la demande, ou même quoiqu'il ne la demande pas, si le nouveau tuteur nommé à sa place demande à être déchargé. Le conseil de famille jouit à cet égard du pouvoir d'appréciation le plus large. (Art. 451, C. civ.)

488. — Au cas où un militaire français viendrait à mourir hors du territoire, laissant dans le corps dont il fait partie un ou plusieurs enfants sans que leur mère fût présente, une instruc-

tion du ministre de la guerre du 8 mars 1825 prescrit au conseil d'administration de nommer sur-le-champ parmi les officiers dudit corps, un *tuteur temporaire,* dont les fonctions doivent se borner à régler provisoirement les intérêts du mineur avec le corps. Cet officier doit se hâter de prévenir la famille du décès du père de l'enfant, afin qu'il puisse lui être nommé un tuteur. Ses fonctions expirent aussitôt que le tuteur légal est nommé, après toutefois reddition des comptes auxquels sa gestion a pu donner lieu.

Il faut reconnaître, malgré les termes de cette circulaire, que la mission qu'elle confie à l'officier désigné par le conseil d'administration ne constitue nullement une tutelle; s'il en était ainsi, en effet, on ne pourrait l'imposer à un militaire puisque la loi les dispense sans distinction de toute charge de cette nature. D'ailleurs, c'est à la loi seule et non à une instruction ministérielle qu'il appartient de déterminer dans quelles conditions et de quelle manière la tutelle doit être déférée. L'officier dont parle l'instruction de 1825 ne doit donc pas être considéré comme un *tuteur,* mais comme un simple *gérant d'affaires.*

189. — Ceux qui ont cinq enfants légitimes, actuellement vivants, sont dispensés de toute tutelle autre que celle desdits enfants, et on compte, par exception, pour opérer cette dispense, les enfants morts à l'armée en activité de service. (Art. 436, C. civ.) Il n'y a pas à rechercher, comme en Droit Romain, comment ils sont morts, qu'ils aient été frappés sur un champ de bataille ou qu'ils aient succombé à l'hôpital, en temps de paix, peu importe, il suffit que la mort les ait frappés alors qu'ils étaient sous les drapeaux (1).

M. Demolombe enseigne même qu'on doit compter le militaire condamné à mort et exécuté, « la loi ne voulant pas, dit-il, qu'on s'enquière du genre de mort (2). »

_____

(1) V. Fenet, t. X, p. 585.
(2) V. Demolombe, VII-137 — *Contra,* Péverd, loc. cit., n° 95

SECTION VIII.

Des successions.

—

490. — Le Code civil a laissé sous l'empire du droit commun les successions des militaires décédés ; cependant il importe de signaler certains actes législatifs qui y ont dérogé à des points de vue divers.

C'est ainsi que, lorsqu'il s'agit de la succession de militaires ou marins décédés en activité de service hors de leur département, une loi du 22 frimaire an VII (art. 21) fait courir le délai de six mois pour exiger la déclaration, non pas du jour de la mort, mais seulement du jour de l'inscription de l'acte de décès sur les registres de l'état civil du domicile, ou de la mise en possession des héritiers, si celle-ci a eu lieu avant l'inscription de l'acte de décès sur le registre de la commune.

491. — Un arrêté des Consuls du 18 nivôse an X prescrit au juge de paix assisté du maire ou de son adjoint, aussitôt après le décès d'un officier général ou supérieur de toute arme, d'un commissaire ordonnateur ou inspecteur aux revues, d'un officier de santé en chef des armées, retirés ou en activité de service, d'apposer les scellés sur leurs papiers, cartes, plans et mémoires militaires autres que ceux dont le défunt est l'auteur, et d'en avertir sur-le-champ le général commandant la division et le ministre de la guerre.

Dans les dix jours, le général commandant la division doit désigner un officier pour assister à la levée des scellés et à l'inventaire des divers objets ci-dessus mentionnés ; s'il s'en trouve, parmi ceux qui appartiennent en propre au défunt, que l'officier juge de nature à intéresser le gouvernement, ils doivent lui être remis sur son reçu ; estimation en est faite, et la valeur en est payée aux héritiers sur les fonds affectés au dépôt de la guerre.

Ces dispositions, rappelées dans un grand nombre de circulaires et d'instructions ministérielles et tout récemment encore dans le règlement sur le service des places et dans celui sur les directions d'artillerie (1), sont encore aujourd'hui en vigueur.

L'arrêté du 18 nivôse an X a été l'objet de vives critiques (2). Tout en déplorant ce qu'il y a de regrettable et peut-être d'arbitraire dans ses dispositions, nous ne pouvons pourtant nous empêcher de reconnaitre qu'elles sont motivées par des considérations politiques assez puissantes pour les justifier pleinement. N'est-ce pas en effet de la part du gouvernement un acte de haute prudence et presque un devoir d'empêcher la divulgation de pièces et de documents militaires dont nos ennemis pourraient s'armer ensuite contre la France ?

La succession des militaires invalides était autrefois soumise à des règles spéciales (3), mais elles ont cessé d'être en vigueur depuis que l'Hôtel des Invalides a perdu son caractère de personne civile et d'établissement distinct de l'Etat (4).

492. — Il nous reste à examiner quelques questions relatives au rapport en matière de successions.

A l'exemple de l'ancien Droit, l'article 852 du Code civil dispense du rapport les frais ordinaires d'équipement, c'est-à-dire les chevaux, armes et généralement tout ce qui a été dépensé pour l'enfant qui entre au service militaire. Cette dispense est générale et, en présence des termes de l'article 852, on doit décider qu'elle s'applique sans distinction à tous les successibles, quels qu'ils soient.

Alors même qu'on prouverait que les dépenses faites pour frais d'équipement ont été hors de proportion avec la fortune du défunt, ce ne serait pas un motif pour les soumettre au rap-

---

(1) V. Instructions ministérielles du 8 mars 1825, tit. III — du 15 février 1848 et du 26 mai 1857 — Circulaire du garde des sceaux, du 20 juin 1841 — Décret du 15 octobre 1863 — Règlement du 15 décembre 1869 sur les directions d'artillerie.

(2) Pézerit, l. cit., n° 102 — Cotelle : Cours de droit administ., 1-406.

(3) Arrêté du 13 floréal an IX — Décr. du 25 vendémiaire an XIII.

(4) Loi du 21 avril 1832, art. 50 — Ordonnances du 25 mai 1832 et du 23 janvier 1833.

port. Il en serait autrement, au contraire, si les dépenses faites dans ce but excédaient la quotité disponible, et il y aurait lieu au rapport de cet excédant, à moins toutefois qu'on ne puisse prouver qu'elles ont été prélevées sur des revenus que le défunt aurait vraisemblablement consommés d'une autre manière, « *lautius vixisset* (1). »

493. — Est-il dû rapport des sommes dépensées pour le remplacement du successible au service militaire ? L'affirmative est généralement adoptée par les auteurs et la jurisprudence (2); l'obligation du service militaire est en effet une dette personnelle à celui qui s'y trouve appelé ; en l'acquittant pour son successible, le défunt lui a donc fait un véritable avantage dont il doit compte à ses cohéritiers. Il en serait toutefois autrement si le remplacement avait eu lieu plutôt dans l'intérêt du défunt ou de la famille que dans celui du successible lui-même (3), ou bien encore si la somme payée pour ce remplacement était modique, eu égard à la valeur considérable de la succession et pouvait être regardée comme un cadeau de peu d'importance (4).

SECTION IX.

Du testament militaire.

---

(1) Toullier, IV, n° 478.
(2) Grenier, II-841 *bis* — Duranton, VII-562 — Aubry et Rau, 3e édit., V, page 316 — Toullier, IV-483 — Amiens, 17 mars 1855 ; Sir., 55-2-97 - Req. rej., 21 décemb. 1853 -- Sir., 55-1-270.
(3) Chabot, sur l'art. 851, n° 1 — Duranton, Aubry et Rau, loc. cit. -- Riom, 13 février 1844, Sir., 44-2-653.
(4) Grenoble, 2 fév. 1822, aff. Drivon.

494. — La nécessité, plus encore que la force des traditions, a fait établir dans notre Droit moderne des dispositions exceptionnelles destinées à faciliter aux militaires les moyens de tester au cours même des hostilités et les articles 981 et suivants du Code civil ont leur équivalent notamment dans les Codes d'Italie (art. 799), d'Autriche, de Prusse (art. 177, 185 et 192) et dans la législation anglaise, qui va jusqu'à permettre au soldat de tester sous forme verbale (1).

Contrairement à ce que nous avons vu en Droit romain, les règles spéciales qui régissent aujourd'hui les testaments militaires en France concernent exclusivement la forme de ces actes ; quant aux règles de fond, les militaires français sont donc en toutes circonstances assujettis comme les autres citoyens aux dispositions du Code civil, et sont régis par la même loi, notamment en ce qui concerne la capacité du testateur, la quotité disponible, les substitutions, etc.

A. — PERSONNES QUI PEUVENT TESTER MILITAIREMENT.

495. — Les formes simplifiées du testament militaire organisées par les articles 981 à 984 du Code civil présentent en général moins de garanties que les formes du droit commun ; c'est la nécessité seule qui les a fait introduire ; aussi, ceux-là seulement qui se trouvent sous l'empire de cette nécessité peuvent-ils les employer.

Aux termes de l'article 981, ce sont les militaires et les individus employés aux armées. Sous ces expressions qui ne sont

(1) V. A. Laya : *Droit anglais* (Paris, 1845), 1-281.

que la reproduction des derniers mots de l'article 31 de l'ordonnance de 1735, il faut comprendre non seulement les militaires attachés à l'armée active et les troupes de réserve appelées à faire un service de guerre (1), mais aussi les intendants,
les médecins militaires et les employés d'administration, les aumôniers, les Sœurs de charité employées dans les hôpitaux ou
ambulances, les agents des divers services administratifs comme
ceux des télégraphes, des postes, du Trésor, en un mot, tous ceux
qui, ne remplissant à l'armée que des fonctions purement civiles,
y sont cependant attachés en vertu d'une commission du gouvernement. Nous pensons qu'il faut accorder le même avantage
aux savants qui font partie d'une expédition en vertu d'une mission du gouvernement, ainsi qu'aux plénipotentiaires qui accom-
pagneraient l'armée pour traiter suivant les circonstances avec
les parties belligérantes (2), puisque, s'ils ne sont pas employés à l'armée, leurs fonctions les retiennent cependant au
camp.

Il peut arriver qu'un individu, attaché à l'armée en vertu d'un
titre entaché de nullité et se trouvant dans des circonstances où
il lui soit permis de tester militairement, use de cette faculté.
En pareil cas, les héritiers frustrés de la succession pourraient-
ils faire annuler le testament en se fondant sur la nullité du titre qui liait leur auteur au service? Nous ne le croyons pas et
leur prétention pourrait à notre avis être repoussée par cette
considération, « *error communis facit jus* (3). »

B.—DANS QUELLES CIRCONSTANCES PEUT-ON TESTER MILITAIREMENT ?

496. — Les diverses personnes que nous avons désignées
comme pouvant user des formes du testament militaire ne peu-

---

(1) V, pour la garde nationale mobile, l'art. 11 de la loi du 1er février 1868.
(2) V. Demolombe, IV-446 — Voir aussi dans Merlin, *Rép.*, v° Testament, t.
XIII, p. 758, un arrêt de la Cour de cassation du 28 ventôse an XIII validant le testament du comte de Mercy d'Argenteau, ministre plénipotentiaire d'Autriche, attaché à
l'armée, pour traiter suivant les circonstances avec les parties belligérantes. Ce
testament avait été fait militairement à Bruxelles, le 6 mars 1794, à 30 lieues du
théâtre de la guerre et le testateur était mort à Londres le 25 août de la même année.
Il n'émanait pas, disaient ses héritiers maternels, d'un militaire, et il avait été fait dans
une ville tranquille et loin du théâtre des hostilités.
(3) Pézeril, loc. cit., p. 564, note 1.

vent le faire qu'autant qu'elles sont en expédition militaire, ou en quartier, ou en garnison hors du territoire français, ou prisonnières chez l'ennemi. Celles qui sont en quartier ou en garnison dans l'intérieur ne jouissent pas du même privilége, à moins qu'elles ne se trouvent dans une place assiégée ou dans une citadelle ou autres lieux dont les portes soient fermées et les communications interrompues à cause de la guerre.

Lorsqu'il s'agit du testament fait par un militaire enfermé dans une place forte, tout ce que la loi exige c'est que la place soit assiégée. Il importe donc peu que, les hostilités étant suspendues momentanément, les communications intérieures soient redevenues assez libres dans la place, pour permettre au testateur d'employer le ministère d'un notaire (1).

Tous les auteurs sont d'accord pour étendre les dispositions de l'art. 985 aux militaires qui combattraient sur le territoire français, lorsqu'en cas de revers il serait envahi. De même, on est généralement d'accord pour considérer une ville comme assiégée dès l'instant où l'état de siége y est proclamé. On a même été jusqu'à prétendre qu'il n'était pas nécessaire qu'il fût proclamé et qu'il suffisait qu'il existât de fait : la validité d'un testament ne devant pas être à la merci des hésitations du gouvernement ou de la négligence d'un commandant militaire (2). Nous repoussons cette dernière opinion qui nous semble trop hasardée, car en s'engageant dans une pareille voie, il n'y aurait plus de motifs pour s'arrêter.

Il est une situation que la loi romaine avait prévue et qu'on peut reprocher à notre législation d'avoir passée sous silence, c'est celle des simples citoyens qui, par suite de faits de guerre, se trouvent dans l'impossibilité de tester par acte public. Supposons, par exemple, et c'est une hypothèse que nous avons vue se réaliser dans la dernière guerre, que des simples citoyens se trouvent cernés dans une place assiégée, dont les notaires ont pris la fuite. Ces personnes ne peuvent se prévaloir de l'article

(1) V. arrêt de la cour de Paris du 1er décembre 1815, déclarant valable un testament fait en 1814, pendant une suspension d'armes par le général Gratien, commandant de la place de Plaisance, assiégée par les Autrichiens. Dal., Rép. alp. t. 16, p. 972, n° 1.
(2) Pérard, loc. cit., page 563, note 2.

985 qui permet dans un lieu avec lequel toute communication est interrompue, *par suite de la peste ou de toute autre maladie contagieuse*, de tester devant le juge de paix ou devant l'un des officiers municipaux. — Elles ne peuvent pas non plus tester militairement; il leur est donc impossible de disposer par acte public ! c'est là évidemment une lacune très-regrettable, qui doit attirer l'attention du législateur. Elle a d'ailleurs déjà été comblée dans diverses législations étrangères, notamment en Prusse, où les citoyens non militaires peuvent tester militairement lorsque, par suite d'une guerre, les tribunaux sont fermés, les testaments ainsi faits étant valables pendant un an. (C. civ. prussien, art. 198.)

497. — Le soldat qui étant à l'armée reçoit son congé, l'officier ou l'employé militaire qui donne sa démission ou est destitué, et les autres personnes assimilées aux militaires au point de vue des testaments qui viennent à perdre la qualité qui les attachait à l'armée, ne peuvent, pendant leur voyage pour rentrer en France, jouir du bénéfice du testament militaire ; elles ont perdu la qualité qui leur conférait ce droit et ne peuvent, dès lors, se prévaloir des priviléges qui y étaient attachés. Le Code ne parle en effet que du testament des militaires, et le soldat qui a reçu son congé, l'officier qui a donné sa démission, ont cessé d'être militaires.

Tout au contraire, à la différence du Droit romain (1), l'officier auquel son commandement est retiré et qui reçoit un autre emploi, demeurant néanmoins militaire, pourra continuer à tester militairement jusqu'à son retour en France. Nous verrons en effet plus tard que chez nous l'emploi et le grade sont deux choses bien distinctes : l'emploi peut toujours être arbitrairement retiré par le Gouvernement; le grade, au contraire, est un droit acquis qui ne peut être enlevé qu'en vertu d'un jugement.

498. — Les militaires embarqués sur les vaisseaux de l'État ou sur des navires de commerce pour une expédition, sont considérés comme passagers et peuvent, en conséquence, tester suivant les formes du testament maritime. Mais peuvent-ils

(1) L. 20, D. *de testam. milit.*

aussi tester suivant les formes du testament militaire, dans le cas où ils formeraient un détachement dont feraient partie des officiers autorisés par la loi à recevoir les testaments militaires? M. Demolombe (1) se décide pour l'affirmative sans motiver son opinion. Nous pensons au contraire qu'on ne peut admettre les militaires à jouir à leur gré de ces deux formes exceptionnelles de testament. En effet, dès l'instant où ils sont embarqués, ils deviennent vis-à-vis des officiers du bâtiment de simples passagers, et dès lors, s'ils veulent tester au cours du trajet, ils doivent faire soit un testament olographe, soit un testament maritime. Nous pouvons d'ailleurs invoquer, à l'appui de notre opinion, une instruction du ministre de la guerre du 24 brumaire an XII, qui décide que les officiers de terre n'ont en mer d'autres fonctions à remplir que de prendre note des mutations de toute nature sur le contrôle nominatif de leur troupe.

C. QUELS SONT LES OFFICIERS COMPÉTENTS POUR RECEVOIR LES TESTAMENTS MILITAIRES?

499. — Ces testaments sont aujourd'hui reçus par un chef de bataillon ou d'escadron ou par tout autre officier supérieur en présence de deux témoins, ou par deux intendants ou sous-intendants militaires, ou par un de ces fonctionnaires assisté de deux témoins (2). Lors de la discussion de l'art. 981, la section de législation avait proposé de décider que deux officiers quelconques, ayant au moins rang de sous-lieutenant, pourraient recevoir ces testaments.

Cette proposition, qui eût permis même aux militaires compris dans de faibles détachements de disposer suivant les formes

(1) Donat. ent. vifs, IV, n° 450.
(2) Une instruction du ministre de la guerre, du 24 brumaire an XII, décide que les officiers compétents pour recevoir les testaments militaires ne peuvent employer comme témoins ni leurs commis ni leurs délégués. Mais il n'y a pas lieu de se conformer à cette décision qui est illégale, car les incapacités étant de droit étroit et ne pouvant être étendues par analogie, le ministre a eu tort d'étendre aux commis d'intendance les dispositions qui frappent les clercs de notaire de l'incapacité d'être témoins dans les actes reçus dans leur étude.

privilégiées que nous allons voir, fut rejetée sous le prétexte
qu'elle n'aurait pas garanti suffisamment la volonté du testateur.

Le Code Hollandais, mieux inspiré, a consacré cette disposition dans son article 995, qui permet aux militaires en campagne ou enfermés dans une place assiégée de faire un testament devant un officier ayant au moins le grade de lieutenant.
L'article 799 du Code civil d'Italie donne aussi une solution
analogue.

Lorsque le militaire malade ou blessé (1) se trouve dans des
hôpitaux ou des ambulances, ce ne sont plus seulement les officiers dont nous venons de parler qui peuvent recevoir son testament, mais encore l'officier de santé en chef, assisté du commandant militaire chargé de la police de l'hôpital, sans qu'il y
ait lieu de se préoccuper ici du grade que peuvent avoir ces
deux officiers, la loi ne s'attachant qu'à leur emploi. Il eût
mieux valu, comme l'a fait le Code civil italien (art. 800), donner compétence à l'officier de santé de service assisté de deux
témoins ; c'eût été accorder une facilité de plus, sans qu'il en
pût résulter d'inconvénients appréciables.

D. SUIVANT QUELLES FORMES DOIVENT ÊTRE RÉDIGÉS LES TESTAMENTS
MILITAIRES ?

500. — L'article 998 (C. civ.) exige que ces testaments soient
signés par les testateurs, à moins qu'ils n'en soient empêchés ;
en pareil cas, ils doivent déclarer qu'ils ne savent ou ne peuvent
signer, et mention doit être faite de leur déclaration ainsi que
de la cause de l'empêchement.

L'officier qui reçoit le testament doit aussi le signer, mais il
semble bien résulter de la comparaison des articles 972 et 998
du Code civil, qu'il n'est pas obligé, comme le notaire, de
l'écrire de sa main. Lorsque la présence de deux témoins est

---

(1) Ces deux conditions étant exigées pour que l'officier de santé soit compétent, il
ne lui serait pas permis de recevoir le testament d'un militaire qui se trouverait attaché
à l'hôpital ou à l'ambulance à tout autre titre.

requise, le testament doit être signé au moins par l'un d'eux, et mention doit être faite de la cause qui empêche l'autre de signer ; mais, en pareille hypothèse, il suffit que le rédacteur énonce de lui-même la cause de l'empêchement, et la déclaration personnelle du témoin qui ne signe pas n'est plus comme précédemment exigée par la loi (1).

301. — Telles sont les seules formalités que le Code ait prescrites relativement au testament spécial que nous étudions ; sont elles les seules auxquelles les testaments militaires soient soumis ? ou bien faut-il encore leur appliquer les règles générales édictées pour tous les testaments dans la section I de notre chapitre ?

Cette question est très-controversée : un grand nombre d'auteurs (2) se sont rangés du côté de la négative, mais ils sont complétement en désaccord sur les dispositions des testaments ordinaires qu'ils veulent appliquer à ceux des militaires. Leur principal argument consiste à dire que, notamment en ce qui concerne la capacité des témoins, il est inadmissible que le législateur n'ait pas entendu appliquer à la section II les règles tracées dans la section I, puisque, s'il en était ainsi, on serait conduit à admettre le premier venu comme témoin, précisément dans les testaments où les formes de la rédaction présentent le moins de garantie.

Nous repoussons cette opinion et nous pensons que, les règles du Code sur ces testaments étant particulières aux actes qu'elles concernent, on doit, en les appliquant, faire abstraction des dispositions soit du Code lui-même sur la forme des testaments ordinaires, soit de la loi de ventôse an XI sur les actes notariés.

Les rédacteurs du Code ne disent pas, en effet, comme dans l'art. 88 du Code civil pour les actes de l'état civil relatifs aux militaires décédés hors du territoire de l'empire : « Les actes seront rédigés dans les formes prescrites par les dispositions précédentes, sauf les exceptions contenues dans les articles suivants. » Au contraire, ils présentent les nouvelles règles comme

<hr/>

(1) Cpr., art. 791, 794 et 799 du Code civil italien.
(2) Demolombe, IV, 429 et suiv. Troplong, n° 1731, Aubry et Rau, 3e édit. t, V, p. 619 Pézeril, loc. cit., page 560, n° 117.

indépendantes des premières et comme formant un ensemble complet.

S'il était vrai que toute règle écrite dans la section I dût s'appliquer de plein droit à la section II, comment expliquer qu'on eût reproduit dans l'art. 998 l'art. 975 du C. civ.? N'est-ce pas là une preuve irrécusable qu'on ne voulait pas s'en référer en principe aux dispositions générales qui précèdent, puisque, si par hasard une de ces dispositions est applicable à la section II, le législateur a bien soin de le dire expressément?

La force des choses elle-même impose cette solution. Comment, en effet, pourrait-on raisonnablement exiger que les officiers ou fonctionnaires chargés de recevoir les testaments à l'armée soient tenus de remplir les solennités minutieuses du droit commun, solennités qu'ils ignorent pour la plupart et qui nécessitent, pour être connues, une longue pratique et des études suivies? Comment, du reste, pourrait-on trouver en temps de guerre des témoins qui remplissent les conditions de capacité exigées par la loi? En pareil cas, on prend le premier venu sans se préoccuper de sa qualité : qu'il soit mineur ou majeur, Français ou étranger, qu'importe? s'il est capable de comprendre l'acte qui s accomplit en sa présence et peut en rendre compte à qui de droit.

D'ailleurs, ce qui prouve bien que c'est une nécessité, c'est que la plupart des Codes étrangers ont adopté cette solution (1); il en est même, comme la loi bavaroise, qui permettent expressément aux femmes d'être appelées comme témoins aux testaments militaires (2).

502. — L'article 969 confère à tout Français le droit de disposer de ses biens dans les formes soit du testament *olographe*, soit du testament *public*, soit du testament *mystique*. Le militaire à l'armée jouit-il de cette triple faculté et pourrait-il faire un testament olographe ou un testament mystique *privilégié*? Nous ne le pensons pas : en effet, l'art. 998 (C. civ.) porte que les testaments militaires seront signés par les testateurs et par

1) Seul le Code italien, art. 791 et 793, exige que les témoins appelés aux testaments militaires soient mâles et majeurs.

(2) Marcadé, sur l'art. 998, C. civ. Grenier, II, n° 278 et Duranton, IX, n° 130.

ceux qui les auront reçus; or, cette disposition ne peut évidemment s'appliquer aux testaments olographes. Le militaire pourra donc faire à l'armée, comme partout, un testament olographe, mais à la condition d'observer les formes du droit commun et sans jouir d'aucun privilége. (Art. 970 et 999, C. Civ.) Quant au testament mystique, la loi l'entoure de précautions plus nombreuses que le testament public, elle exige un plus grand nombre de témoins; dès-lors, il n'est guère admissible que le législateur ait entendu accorder aux officiers compétents la faculté de recevoir un testament mystique comme conséquence du droit qu'il leur accordait de recevoir un testament par acte public. Si telle eût été sa volonté, il l'eût certainement exprimée en admettant pour ce testament des formes plus simples que celles du droit commun, car il serait souvent bien difficile, par exemple, de réunir sept témoins.

505. — Aucun article de la section II, relative aux testaments militaires, n'impose l'obligation de les dater. Mais cette nécessité semble résulter de la force des choses elle-mêmes. En effet, sans cette formalité, comment arriverait-on à déterminer lequel de plusieurs testaments contradictoires a été fait en dernier lieu et doit par conséquent produire effet? En supposant même qu'il n'y eût qu'un seul testament, comment, s'il n'était pas daté, pourrait-on prouver que, lorsqu'il a été fait, le testateur se trouvait dans les conditions voulues pour tester militairement? Cependant, comme ce n'est pas une exigence légale, il suffirait que l'époque du testament militaire fût déterminée d'une manière certaine par une autre circonstance.

504. — Supposons maintenant qu'un militaire soit enfermé dans une place française assiégée où se trouve un notaire. ce notaire pourra-t-il dresser le testament de ce militaire dans les formes simplifiées établies par les art. 981 à 987? Nous ne le pensons pas : la simplification des formes du testament militaire n'est qu'une conséquence de la compétence spéciale attribuée par la loi à certains officiers qui, le plus souvent, ignorent les formes compliquées du droit commun, mais on ne peut, séparant la question de forme de la question de compétence, permettre aux notaires d'instrumenter sans observer les formalités prescrites par la loi du 25 ventôse an XI. De deux choses l'une : ou les circonstances ne permettent pas de recourir au

ministère du notaire et on doit appliquer les articles 981 à 987 ; ou elles sont telles qu'on peut s'adresser à cet officier public et alors on retombe sous l'empire du droit commun dont on doit observer les règles (1)

505. — Le Code n'avait pas pris pour la conservation du testament militaire les précautions qu'il avait édictées pour celle du testament maritime ; une instruction du ministre de la guerre du 28 mars 1823 a comblé cette lacune. Elle ordonne que le testament sera transmis, clos et cacheté, au greffe de la justice de paix du lieu du dernier domicile du testateur. Communication n'en doit être faite à personne avant la mort de celui-ci, époque à laquelle le testament devra être présenté au président du tribunal civil qui en dressera procès-verbal et ordonnera le dépôt chez un notaire (2).

L'art. 984 annule le testament militaire six mois après que le testateur est revenu dans un lieu où il a la liberté d'employer les formes ordinaires. Si, avant l'expiration des six mois, le militaire recevait l'ordre de se rendre de nouveau dans un lieu où il aurait le droit de tester militairement, son testament resterait valable, puisqu'il y aurait non réalisation de la condition qui l'aurait annulé de plein droit (3).

SECTION X.

Obligations.

506. — Décret du 17 mars 1809 annulant les prêts faits par des juifs à des militaires. — 507. Incapacité relative pour certains militaires de faire le commerce.

506. — Notre ancien droit français, tranchant à ce point de vue avec les traditions romaines, avait laissé l... militaires sous

(1) Demolombe, IV, n° 436.
(2) L'art. 891 du Code italien renferme des dispositions analogues.
(3) V. Aubry et Rau, 5° éd., V-530. Demolombe, IV-425. Marcadé, sur l'art. 984.

l'empire du droit commun au point de vue des contrats ; le
Code civil a conservé les mêmes principes, et les obligations
civiles des militaires sont, de nos jours, régies par les mêmes
lois que celles des autres citoyens.

Un décret impérial du 17 mars 1809 a momentanément dérogé à ce principe : ce décret déclarait nul de plein droit tout
engagement pour prêt fait par des juifs à des militaires sans
l'autorisation de leur capitaine, si c'était un soldat ou un sous-
officier ; ou du chef de corps, si c'était un officier ; de plus il
défendait aux porteurs ou cessionnaires de ces engagements de
s'en prévaloir et aux tribunaux d'autoriser aucune action et
poursuite.

Ce décret, qui ne frappait d'ailleurs que les juifs d'Alsace (1),
était établi pour dix ans et fut exécuté, même sous la Restauration, après que la Charte de 1814 eut proclamé la liberté des
cultes et l'égalité des citoyens devant la loi. Mais le temps, pour
lequel il avait été rendu une fois expiré, le Code civil a repris
de plein droit son empire.

507. — A cet ordre d'idées de la capacité de disposer des militaires se rattache l'article 176 du Code pénal qui défend à tout
commandant des divisions militaires, des départements ou des
places et villes, de faire ouvertement, ou par des actes simulés
ou par interposition de personnes, le commerce des grains,
grenailles, farines, substances farineuses, vins ou boissons,
autres que ceux provenant de ses propriétés dans l'étendue des
lieux où il a droit d'exercer son commandement, sous peine
d'une amende de cinq cents francs au moins, de dix mille francs
au plus et de la confiscation des denrées appartenant à ce commerce.

Certaines branches de commerce limitativement indiquées
étant seules prohibées, les officiers dont parle l'art. 176 peuvent librement exercer les autres, et, en dehors de la circonscription dans laquelle ils exercent leurs fonctions, toute espèce
de commerce leur est permise. D'ailleurs, comme malgré la
prohibition ils ne sont pas déclarés incapables, les actes de com-

(1) Les juifs établis à Bordeaux et dans la Gironde n'ayant donné lieu à aucune
plainte étaient exceptés des dispositions du décret. (Art. 19, D. du 17 mars
1809.)

merce qu'ils auraient faits en violation de l'article 176 (C. pén.) seraient néanmoins parfaitement valables.

SECTION XI.

Compétence des juridictions militaires en matière civile.

508. De quels tribunaux les militaires sont-ils justiciables en matière civile? — **509.** Exception au principe général.

508. — Sous l'empire de la législation actuelle, les militaires, sauf dans certaines circonstances exceptionnelles que nous verrons, sont, en matière civile, exclusivement justiciables des tribunaux de droit commun. Seuls, les tribunaux ordinaires ont compétence pour statuer sur leur contestations civiles, sans que les officiers ni les juridictions militaires puissent en prendre connaissance ni entraver en aucune manière l'exécution de leurs sentences (1).

Cela résulte des articles 53 et 54 du Code de justice militaire qui disent formellement que « les tribunaux militaires ne statuent que sur l'action publique » et que « l'action civile ne peut être poursuivie que devant les tribunaux civils. »

Les conseils de guerre ne peuvent donc prononcer aucune condamnation civile, même à l'occasion d'un délit commis par leurs justiciables ; tout ce qu'ils peuvent faire, c'est ordonner au profit des propriétaires la restitution des objets saisis ou des pièces de conviction lorsqu'il n'y a pas lieu d'en prononcer la confiscation (2).

509. — En temps de guerre, les prévôtés, juridictions mili-

(1) Loi du 8 juillet 1791, tit. 8, art. 64. — Les militaires n'étaient pas compris au nombre des personnes protégées par l'art. 75 de la Constitution de l'an VIII.
(2) Art. 55, 2°, du Code de justice militaire.

taires exceptionnelles dont nous étudierons bientôt les attributions, sont autorisées à statuer sur les demandes en dommages-intérêts qui n'excèdent pas 150 francs, lorsqu'elles se
rattachent à une infraction de leur compétence (1) ; mais cette
dérogation ne présente qu'une importance bien secondaire,
puisque ces tribunaux, qui ne peuvent être établis qu'autant
que l'armée se trouve sur le territoire étranger, n'exercent leur
juridiction que sur les vivandiers, cantiniers, marchands et
autres attachés à la suite de l'armée en vertu de permission (2).

(1) En autorisant les prévôts à statuer sur les demandes en dommages-intérêts
jusqu'à 150 francs, l'article 75 (C. de just. milit.) a entendu parler du chiffre de la
somme réclamée et non de celle allouée par le juge. (V. circ. min. guerre, 28 juillet
1837. D. P. 57-5-69.)

(2) Art. 75 du Code de justice militaire. — V. Daloz (Alph.) v° *Organisation
militaire*, t. 34, 2ᵉ partie, n° 909, p. 2075.

CHAPITRE II.

DROIT CRIMINEL.

—

SECTION I.

De l'obéissance passive.

—

510. Conséquences de l'obéissance passive, quand le crime commis par le subordonné lui est ordonné conformément à l'art. 327 (C. pén.). — **511.** De la responsabilité du militaire qui exécute un ordre injuste de son supérieur : *Quid* au point de vue de la morale ? — **512.** *Quid* au point de vue de la science rationnelle ? — **513.** Conclusion.

510. — On a beaucoup discuté dans ces derniers temps la question de l'obéissance passive des militaires (1). Ses partisans et ses adversaires ont apprécié diversement son influence sur l'esprit de l'armée, ses avantages et ses inconvénients au point de vue de la discipline, enfin, et surtout les dangers qu'elle peut présenter dans le domaine politique (2).

(1) Voir notamment les discours du colonel Denfert-Rochereau et du général Changarnier dans le *Journal officiel* du 29 mai 1872.

(2) Lors de la discussion du projet du nouveau Code pénal militaire de l'Empire d'Allemagne, un député du parti national-libéral, M. Lasker, a critiqué, comme M. le colonel Denfert, le principe de l'obéissance passive. Voici dans quels termes le journal allemand, les *Feuilles militaires*, répondait à ces critiques : « La condition d'exis- « tence de toute armée, disait-il, réside dans l'*inégalité des positions* et dans la « *subordination.* Ce n'est point le sentiment du droit et de la protection garantis par « la loi qui doit amener le soldat à l'obéissance, mais l'*action de la discipline sous* « *l'autorité incontestée du supérieur.....* Si les ordres sont inintelligibles ou « paraissent tels, s'ils semblent léser les droits et la dignité de l'homme, s'ils émanent « d'un chef désagréable et antipathique, on éprouve de la peine et de la répulsion à

Nous n'avons pas à l'examiner sous ces différents aspects, mais, nous plaçant à un point de vue plus élevé, il nous paraît indispensable, avant d'aborder la discussion du Code pénal militaire, d'envisager ses effets sous le rapport de la responsabilité qu'elle laisse à l'agent qui y est soumis, et de rechercher, en outre, si, même en dehors des crimes prévus par la loi positive, les militaires ne sont pas exposés à en commettre qui tombent sous le coup de la loi morale et qui puissent être condamnés devant le tribunal de la conscience.

Il est d'abord une première hypothèse qui ne soulève aucune difficulté et dans laquelle l'obéissance passive laisse le militaire à l'abri de toute responsabilité, mais qu'il faut cependant mentionner; c'est celle dans laquelle l'infraction, le fait qui, dans toute autre circonstance, constituerait un crime ou un délit, est ordonné par la loi et commandé par l'autorité légitime.

Ainsi, la mort donnée, les blessures faites ou les coups portés par des militaires agissant sur les ordres de leurs chefs en vertu d'une réquisition de l'autorité civile, et après les sommations prescrites par la loi, pour réprimer une émeute ou dissiper un attroupement hostile, sont des actes pleinement légitimes dont les auteurs sont à l'abri de tout reproche et exempts de toute responsabilité comme de toute culpabilité. Il en est de même pour tous les faits commandés par l'autorité en vertu de la loi, quel que soit le préjudice qu'ils puissent causer aux personnes qui en sont victimes (1).

Le Code pénal du 25 septembre 1791 (2) qualifiait d'*homicide légal* et de *blessures légales* l'homicide et les blessures données

---

« s'y soumettre. Et bien, même dans ces conditions pénibles, il faut l'*obéissance pas-*
« *sive*. Les succès d'une armée dépendent avant tout de l'unité du commandement :
« *l'intelligence et la capacité ne viennent qu'en seconde ligne*. Cette unité ne
« s'obtient qu'au moyen de *la subordination la plus absolue envers l'autorité*
« *du supérieur, même au cas où celui-ci se tromperait ou semblerait*
« *se tromper aux yeux du subordonné.* » *Militärische Blätter:* livraison
de mai 1872.

(1) V. Chauveau et Hélie : *Traité du Code pénal* (Paris, 1861, in-8°, 4° édit.),
tom. 6, p. 65. — Haus : *Principes généraux du Droit pénal belge* (Gand, 1869,
in-8°), n° 464, p. 342. — Le Sellyer : *Traité de la Criminalité* (Paris, 1867,
in-8°), t. 1, n°ˢ 133 et 134.

(2) II° partie, section 1ʳᵉ, art. 4, 5 et 18.

en pareille circonstance et les déclarait à l'abri de toute peine et de toute condamnation civile. L'art. 327 du Code pénal de 1810 statue aussi sur ce cas. Il est ainsi conçu : « Il n'y a ni « crime, ni délit, lorsque l'homicide, les blessures et les coups « étaient *ordonnés par la loi* et commandés par l'autorité « légitime. »

Cet article exige, comme on le voit, pour que l'infraction perde son caractère délictueux, la réunion de deux conditions. Il faut qu'elle ait été : 1° ordonnée par la loi ; 2° commandée par l'autorité légitime. En l'absence de ces deux conditions, l'acte constitue un crime ou un délit. Si donc des militaires, en cas d'émeute ou d'attroupements hostiles, par exemple, recouraient sans ordre de leurs chefs à l'emploi de la force ; si des chefs militaires (1) ordonnaient en pareille circonstance des actes de violence, sans réquisition de l'autorité civile, ou sans les sommations préalables prescrites par la loi, ils commettraient des crimes ou des délits dont ils seraient responsables, à moins toutefois qu'ils n'aient été obligés d'ordonner des actes de cette nature pour défendre des personnes ou des propriétés injustement attaquées.

511. — Ce premier point écarté, nous arrivons à la question de savoir si le militaire qui obéit à un ordre injuste, que son supérieur n'avait pas le droit de lui donner, est toujours et en tout cas exempt de culpabilité aux yeux de la loi.

Lorsqu'on envisage cette question au point de vue de la morale, la solution à donner n'est pas douteuse : on n'est pas tenu

(1) Cette question de la responsabilité des chefs militaires s'est présentée récemment en fait devant le conseil de guerre de la 8e division militaire siégeant à Lyon, dans l'affaire de l'ex-général Cremer et de M. de Serres. Le général Cremer était accusé d'avoir, sur une dépêche de M. de Serres, attaché au ministère de l'intérieur, mais n'ayant aucune qualité pour donner un pareil ordre, fait fusiller sans jugement un sieur Arbinet, soupçonné d'intelligences avec l'ennemi. Non-seulement les deux conditions, dont le concours est exigé par l'art. 327 du Code pénal pour légitimer une pareille exécution, ne se trouvaient pas simultanément réunies dans l'espèce, mais elles ne s'y rencontraient même pas isolément. D'une part, en effet, l'exécution n'était pas commandée par l'autorité légitime ; de l'autre, elle n'était pas ordonnée par la loi, qui défend de mettre à mort un accusé sans jugement. Cependant le commissaire de la République ne paraît pas s'être attaché dans les débats à dégager la question de droit, et le conseil a condamné les deux accusés à un mois de prison pour homicide *involontaire*. (V. journal le *Droit*, nos des 16, 17, 18, 19 et 20 juillet 1872.)

d'obéir à un ordre injuste dont on reconnait l'illégalité ; je dirai plus, le devoir en pareil cas est d'y désobéir. Le militaire qui exécute un ordre dont il comprend l'injustice devient responsable aux yeux de la morale des suites de cet ordre dans la mesure dans laquelle il a concouru à l'exécuter (1).

512. — Si nous nous plaçons au point de vue de la science rationnelle et des principes purs, nous sommes encore amenés à donner une réponse analogue : en effet, le militaire qui, connaissant l'illégalité d'un ordre, se résout cependant à l'exécuter, est coupable même aux yeux de la justice humaine ; car ce qui constitue précisément la culpabilité, c'est de savoir qu'un fait est contraire à la loi et de vouloir néanmoins l'exécuter. En vain chercherait-il, pour se justifier, à s'excuser sur l'obéissance passive qu'il doit à ses chefs. Cette obéissance ne doit pas être aveugle ; elle ne doit pas enlever au subordonné l'usage de sa raison, ni être assez puissante pour lui faire préférer injustement l'obéissance à son chef au respect qu'il doit à la loi, et pour lui faire exécuter un ordre manifestement illégal (2) : car alors il serait impossible d'imposer des limites à cette obéissance servile, et la mise en pratique d'une pareille doctrine ne laisserait plus de sécurité à qui que ce fût, la personne même du chef de l'Etat étant à la merci de tout officier militaire.

Ce ne serait donc pas dans sa soumission à l'obéissance hiérarchique considérée comme un devoir, mais dans son ignorance de la criminalité du fait, de l'illégalité du commandement, que l'agent devrait chercher une cause de justification. L'obéissance en effet n'est due aux supérieurs qu'autant que leurs ordres sont conformes à la loi, le pouvoir social ne pouvant imposer l'obéissance aux ordres de ses agents, lorsqu'ils ordonnent une flagrante illégalité. Ainsi, en résumé, le subordonné est justifié par l'erreur dans laquelle il se trouve, s'il ignore la criminalité de l'acte.

S'il a été dans le doute, la présomption lui sera d'autant plus favorable que le devoir d'obéissance lui est formellement imposé comme règle générale sanctionnée par une peine et que,

(1) V. saint Augustin : *De Civitate Dei*, l. ch. 21 et 26.
(2) V. Rauter, *Traité théorique et pratique du Droit criminel* Paris 1836. in-8°), II, n° 70.

dans le doute où il a pu être sur la légitimité de l'ordre, il devait naturellement suivre la règle générale qui lui était tracée par la loi (1). Il ne suffirait donc pas de prouver contre le militaire que l'ordre devait lui paraître injuste, car il a pu mal raisonner, croire juste ce qui aurait paru injuste à tout homme doué d'une intelligence ordinaire, sans que pourtant on puisse le punir pour avoir mal raisonné. Mais, si le crime est évident, s'il n'était pas possible qu'un être, avec son bon sens seul, pût interpréter l'ordre de deux manières différentes, « si le chef » d'une patrouille, s'arrêtant tout à coup à la vue d'un enfant, » ordonne aux soldats de l'égorger, le fait n'a plus d'excuse, » toute présomption de légitimité disparait, l'exécuteur de l'or- » dre n'est plus que le mandataire d'un criminel et il doit être » responsable de l'exécution. Et pourtant, en pareille hypothèse, » le soldat aurait obéi aux ordres de son chef, en état de service, » et dont il ne connaissait pas les instructions secrètes. Mais le » fait ordonné était évidemment criminel et tel que le soldat a » dû nécessairement se dire : Il est impossible que cet ordre » soit légitime (2). »

513. — Nous arrivons donc à cette conclusion que l'obéissance hiérarchique cesse d'être une excuse pour le militaire qui exécute un ordre, lorsque la criminalité de cet ordre est *tellement évidente* qu'elle détruit la présomption de la légitimité du commandement (3).

---

1) V. Le Sellyer, *Traité de la criminalité*, I, n° 156, p. 258 et Bourges, ch. corr., arrêt du 30 décembre 1870; Dalloz, P. 1871-2-226.

(2) Rossi, *Traité du Droit pénal* (Paris in-8-1863), t. II, l. 2, ch. 13, p. 126 et suiv.

(3) V. dans ce sens, Le Sellyer, l. cit., n° 156, p. 241. — Chauveau et Hélie, l. cit., t. 2, p. 271 à 278. — Ortolan, *Éléments de Droit pénal* (Paris in-8-1863), n°s 471 et suiv. — Bertauld, *Cours de Droit pénal* (Paris, 1859-in-8), p. 257 et 258. — Trébutien, *Cours élémentaire de Droit criminel* (Paris 1854, in-8°, I, p. 154 et 155. — Benjamin Constant, *Cours de politique constitutionnelle*, I, p. 552 et suivantes. — Berriat Saint-Prix, *Théorie du Droit constitutionnel français*, n° 561.

La grande difficulté sera d'apprécier en fait le degré d'évidence de la criminalité de l'acte délictueux ; ce sera souvent une tâche difficile pour les tribunaux militaires. Dans quelle mesure, par exemple, sera responsable le soldat qui, enfermé dans une place assiégée, aura déserté sur l'ordre de son chef pour porter des nouvelles ?

SECTION II.

Crimes et délits militaires.

---

514. — Notre justice militaire actuelle ne date que de la Révolution et ne se rattache guère à celle de l'ancienne monarchie.

Pendant la première période révolutionnaire, les crimes et les délits furent régis par un grand nombre de décrets et d'arrêtés spéciaux, dont les plus importants sont ceux des 3 pluviôse et 18 prairial an II. Les lois des 13 brumaire an V et 18 vendémiaire an VI furent les premières qui vinrent réglementer d'une manière sérieuse cette matière importante, en imposant des limites à l'arbitraire des chefs de corps et aux caprices des membres de la Convention délégués aux armées.

Sous l'Empire, la législation militaire fut régie par des actes du pouvoir exécutif qui sont aujourd'hui dénués d'intérêt, et dans l'exposé desquels nous n'entrerons pas.

La Restauration remit en vigueur les lois de brumaire an V et de vendémiaire an VI, tout en maintenant la plupart des décrets rendus sous l'Empire. Il en résulta une confusion indéfinissable et des difficultés presque insolubles sur l'abrogation ou la survivance de ces différents actes législatifs, et, pour y mettre

un terme, on présenta en 1829 un projet de Code de justice militaire à la Chambre des Pairs.

La révolution de Juillet en vint entraver la discussion et ce
fut seulement en 1857, que cette idée fut reprise par le gouvernement impérial et aboutit à la promulgation du nouveau Code
de justice militaire (1).

La loi de 1857 n'a pas, à vrai dire, apporté dans la législation
militaire des principes nouveaux ; elle n'y a pas introduit de
modifications bien importantes, mais elle a eu le mérite de substituer l'ordre et la lumière à la confusion qui y avaient régné
jusqu'alors.

Nous nous bornerons à donner de cette loi un aperçu général
sans vouloir entrer dans les détails, et en nous arrêtant seulement à celles de ses dispositions qui soulèvent des difficultés ou

---

(1) En Prusse, les militaires sont régis au point de vue criminel par un Code pénal
militaire, et un Code d'instruction criminelle militaire, qui datent tous deux du 3 avril
1845 et que l'art. 6 de la Constitution germanique a déclarés applicables à toute l'armée allemande, en attendant la promulgation d'un nouveau Code pénal militaire pour
tous les états de la nouvelle Confédération germanique. Le projet de ce Code, présenté
au Reichstag de l'Empire au mois d'avril 1872, a été renvoyé à une commission, et
celle-ci y ayant proposé des modifications, il a été lors de la discussion soumis de
nouveau à la commission. Les critiques de la Chambre ont surtout porté sur la rigueur et l'inhumanité de certaines peines et sur la différence de situation faite à ce
point de vue entre les officiers et les soldats. D'ailleurs, le projet se rattache dans ses
points fondamentaux au Code de 1845 dont on s'est borné à compléter les lacunes
avec des dispositions empruntées pour la plupart au Code militaire bavarois.

Le nouveau Code est divisé en deux parties : la première partie traite des pénalités en général ; la seconde des crimes, des délits et des peines qu'ils entraînent.

Des peines plus sévères qu'autrefois sont édictées contre les pillards, les marau-
deurs et ceux qui dépouillent les cadavres. De plus, tout le personnel du train de
l'armée ainsi que les habitants des territoires occupés sont soumis aux lois militaires.
Enfin une disposition du titre 3 de la 2e partie punit de mort les prisonniers qui
violent leur parole d'honneur.

A l'inverse, certaines pénalités sont adoucies : ainsi le minimum de la détention
dans une forteresse (*Festungsstrafe*) est réduit de trois à deux ans. Le juge peut
tenir compte du degré d'éducation de l'inculpé pour le condamner à la réclusion plutôt qu'aux travaux forcés. Les délits contre la propriété ne sont pas punis en temps
de guerre s'ils ont pour seul mobile la conservation personnelle.

Deux espèces de pénalités sont complètement abolies : la bastonnade (*Prügel-
strafe*) qui ne saurait encore, quoi qu'on en ait dit, être employée contre les soldats de
deuxième classe, et l'aggravation de peine connue sous le nom de *Latten Arrest*
à laquelle on soumettait les détenus dans des forteresses qui se rendaient coupables de
certains délits.

Enfin le nouveau Code admet, à la différence de l'ancien, l'amende en argent : V.
Norddeutsche Zeitung, n° du 14 avril 1872 et *Militärische Blätter*, mai 1872.

qui ont donné lieu dans ces derniers temps, en pratique, à des applications intéressantes (1).

La distinction des crimes et des délits que des militaires peuvent commettre en crimes et délits militaires et en crimes et délits du droit commun, ne présente pas dans notre droit actuel plus d'intérêt que dans le droit romain ou dans l'ancienne législation. En effet, quelle que soit leur nature, les art. 55 et 56 du Code militaire déclarent les conseils de guerre compétents pour connaître de tous les crimes et délits commis par les militaires, sauf des infractions dont ils peuvent se rendre coupables relativement aux lois sur la pêche, la chasse, les douanes, etc. (Art. 273.) Si donc un militaire commet un délit de droit commun, les tribunaux militaires lui font application des lois pénales ordinaires ; s'il a commis un délit militaire, on lui applique les peines édictées par le Code de 1857.

Nous arrivons maintenant à l'examen des principaux délits militaires.

INSOUMISSION ET DÉSERTION.

415. — L'insoumission et la désertion sont deux délits différents, bien qu'avant la promulgation du nouveau Code militaire, on les ait souvent confondus (2). L'insoumission est le délit dont se rend coupable le soldat qui, appelé par la loi sous les drapeaux, refuse de se rendre au corps où il a été incorporé (3). Cette infraction était punie par l'art. 250 du Code de justice

(1) On devrait se reporter pour les détails aux commentaires de MM. Victor Foucher et Emile Martin, sur le Code de justice militaire, ouvrages qui renferment une étude sérieuse et approfondie de la loi de 1857 et contiennent au point de vue pratique tous les développements désirables. Peut-être pourrait-on leur reprocher d'avoir trop négligé le côté théorique, et regretter dans ces deux ouvrages, si remarquables d'ailleurs, l'absence presque complète de vues d'ensemble et de considérations générales.

(2) V. notamment une instruction ministérielle du 21 oct. 1818 qui déclare des réfractaires « prévenus de désertion. »

(3) La distinction entre l'insoumission et la désertion n'existe pas dans l'armée de mer. Le lien qui attache le marin au service, c'est l'inscription, lien qui s'établit par le fait matériel de l'insertion de son nom au registre, et dont les effets se prolongent jusqu'à l'expiration du temps fixé pour sa durée. Si donc le marin ne se rend pas à son poste, il rompt le lien qui l'attache au service, et se rend coupable de désertion, ou d'insoumission.

militaire, en temps de paix de six jours à un an de prison, et d'un mois à deux ans de la même peine en temps de guerre.

516. — La nouvelle loi sur le recrutement de l'armée est venue modifier ces pénalités en les aggravant : elle punit, en temps de paix, l'insoumission d'un mois à un an de prison et de deux à cinq ans, en temps de guerre, et de plus elle condamne le coupable à être envoyé dans une compagnie de discipline à l'expiration de sa peine. (Art. 62.)

En outre, en temps de guerre, elle ordonne d'afficher les noms des insoumis dans toutes les communes du canton de leur domicile et de les laisser affichés pendant toute la durée de la guerre ; enfin elle décide, comme le faisait déjà l'article 59 de la loi du 21 mars 1832, que le temps pendant lequel l'engagé volontaire ou l'homme inscrit sur le registre matricule aura été insoumis, ne comptera pas dans les années de service qu'il doit à l'Etat.

Ces peines sévères, mais qu'ont motivées les trop nombreux cas d'insoumission qui se sont produits lors de la guerre de 1870, sont encourues par tout homme inscrit sur le registre matricule, au domicile duquel un ordre de route a été régulièrement notifié et qui n'est pas arrivé à sa destination *après un délai d'un mois* à dater du jour fixé par cet ordre. Elles sont applicables à l'engagé volontaire qui, sans motifs légitimes, n'est pas arrivé à sa destination *dans le délai fixé par sa feuille de route.*

A l'égard des appelés, le délai d'un mois est étendu à deux mois, s'ils demeurent en Algérie, dans les îles voisines des contrées limitrophes de la France ou en Europe, et à six mois, s'ils demeurent dans tout autre pays.

L'article 62 de la nouvelle loi sur le recrutement punit même ceux qui favoriseraient l'insoumission. Il est ainsi conçu :

« Quiconque est reconnu coupable d'avoir recélé (1) ou d'a-
» voir pris à son service un insoumis est puni d'un emprisonne-
» ment qui ne peut excéder six mois. Selon les circonstances, la

___
(1) Cet article met fin aux doutes qui avaient surgi sur la question de savoir si, par son silence, le législateur avait entendu abroger dans l'art. 262 (C. de just. milit.) les dispositions de la loi du 21 mars 1832, art. 10, qui punissaient le recélement d'un insoumis. Aujourd'hui le doute n'est plus possible, la négative est certaine.

» peine peut être réduite à une amende de vingt à deux cents
» francs.

» Quiconque est convaincu d'avoir favorisé l'évasion d'un in-
» soumis est puni d'un emprisonnement d'un mois à un an.

» La même peine est prononcée contre ceux qui, par des ma-
» nœuvres coupables, ont empêché ou retardé le départ des
» jeunes soldats.

» Si le délit a été commis à l'aide d'un attroupement, la peine
» sera double. »

» Si le délinquant est fonctionnaire public, employé du gou-
» vernement ou ministre d'un culte salarié par l'État, la peine
» peut être portée jusqu'à deux années d'emprisonnement. »

517. — Cet article qui n'est que la reproduction textuelle de
l'art. 40 de la loi du 21 mars 1832 soulèvera nécessairement en
pratique une question intéressante, qui s'est déjà présentée à
propos de l'art. 40 de la loi de 1832. La voici : Les faits prévus
par l'article 62 de la nouvelle loi ne sont punissables que s'ils
ont été accomplis *sciemment* ; cela résulte des premiers mots de
cet article : or, d'après le droit commun, la mauvaise foi ne se
présumant pas, la question se pose de savoir si, dans le cas de
l'art. 62, il n'y a pas dérogation à ce principe ? La Cour de cassation, dans un arrêt solennel rendu toutes chambres réunies, s'est
prononcée pour l'affirmative (1), mais cette doctrine nous semble
peu fondée en droit (2), car s'il est des faits qui portent avec
eux un caractère délictueux, le fait de louer un domestique,
par exemple, prévu dans l'arrêt précité, n'est assurément pas
de ce nombre ; et de plus elle peut présenter de graves inconvénients. Il est donc regrettable que l'Assemblée nationale ait
voté sans discussion cet article 62 et qu'aucun de ses membres
n'ait songé à appeler son attention sur l'importante question
qu'il soulève.

518. — L'insoumission est le délit du jeune soldat qui ne
s'est pas encore rendu à son corps et par conséquent n'est pas
encore incorporé. La désertion, au contraire, est l'abandon du
corps et du poste auxquels le militaire a été incorporé ou placé.

(1) Cass., ch. réun., 3 févr. 1859, D. A. 34, 2ᵉ part., p. 2031, n° 2.
(2) Bourges, c. corr., 6 oct. 1858, D. A. 34, 2ᵉ part., p. 2031, n° 1.

Ce délit, qui est plus ou moins grave selon les circonstances qui l'ont précédé ou accompagné, présente les plus grandes variétés.

Le Code militaire en distingue trois sortes :

1° *La désertion à l'intéri....r*, c'est-à-dire l'absence illégale (1) du militaire après les délais légaux : six jours, s'il n'avait pas de congé ; quinze jours, s'il en avait un ; un mois, si c'est une nouvelle recrue. La désertion est punie pour les soldats et les sous-officiers des travaux publics, en temps de guerre : de la prison, en temps de paix. (Art. 251-254.)

La peine s'augmente en outre, lorsque la désertion a eu lieu sur un territoire en état de guerre ou de siége, ou lorsque le coupable a déserté avec son cheval, ses armes et ses effets d'équipement, ou s'il a quitté son corps, étant de service (2). (Art. 252, *C. M.*)

2° *La désertion à l'étranger*, après trois jours à dater du passage de la frontière, est punie pour les sous-officiers et soldats des travaux publics. (Art. 255-257.) (3).

3° *La désertion à l'ennemi*, ou *en présence de l'ennemi*. Le premier de ces crimes entraine la peine de mort, le deuxième qui n'était pas prévu par les législations précédentes est puni de la détention. (Art. 258.)

519. — Une question intéressante a été soulevée récemment sur cet art. 258 dans une affaire qui a eu un grand retentissement, l'affaire Rossel : on s'est demandé s'il fallait assimiler à la désertion à l'ennemi, visée par l'art. 258, la désertion aux

---

(1) La désertion supposant la violation d'un engagement obligatoire, on ne pourrait appliquer les peines de la désertion à celui qui, engagé ou incorporé irrégulièrement, aurait quitté son corps, comme, par exemple, à un étranger non naturalisé (Cass. crim., rej. 23 décembre 1858, D. P. 59-1-187.)

(2) Devrait-on considérer comme déserteur le militaire qui abandonnerait son corps après l'expiration de son temps de service, mais avant d'avoir obtenu son congé de libération ? On a soutenu la négative (V. M. Duvergier, t. 52, p. 97) ; mais, si on considère quelles fâcheuses conséquences pourraient résulter d'une pareille doctrine, en temps de guerre notamment, il est difficile de ne pas se prononcer en faveur de l'affirmative. V. Dalloz, A., t. 34, 2ᵉ partie, v° *Organisat. milit.*, p. 2629, n° 769.

(3) Le fait d'abandonner un corps d'armée établi à l'étranger constitue la désertion à l'étranger, si le déserteur est arrêté hors de France, bien qu'il prétende qu'il avait l'intention de rentrer en France. (Cass. crim., 8 août 1850, D. P., 50-1-286.)

rebelles armés. Le 4e conseil de guerre de la première division militaire a répondu affirmativement à cette question.

Cette jurisprudence nous paraît extrêmement contestable :
en effet, elle suppose ou bien qu'on ajoute aux mots « désertion
à l'ennemi » ceux-ci : « ou aux rebelles armés, » ce qui est
violer le principe élémentaire en vertu duquel on ne peut faire
ni additions ni retranchements à une loi pénale ; ou bien que l'on
considère le mot « rebelle » comme synonyme du mot « ennemi. »

Cette seconde supposition est tout aussi inadmissible que la
première ; d'une part en effet ces deux expressions correspondent à des situations trop différentes pour qu'on les puisse assimiler, puisque le rebelle est un citoyen en révolte contre
le gouvernement, l'ennemi, un étranger en guerre contre le
pays ; et que les différences qui existent entre ces deux qualités
se traduisent assez par les traitements différents réservés aux
uns et aux autres après la défaite.

Mais, même en admettant l'exactitude de cette assimilation,
c'eût été au législateur à réprimer dans un texte précis la désertion aux rebelles armés, et non à des juges à punir par voie
d'interprétation un acte que la loi laissait impuni.

Bien plus, cette jurisprudence est en opposition manifeste
avec la volonté du législateur qui a entendu repousser la confusion qu'on voudrait lui prêter entre la désertion aux rebelles
armés et la désertion à l'ennemi. En effet, l'art. 1er de la loi des
12-16 mai 1793, qui formait la législation antérieure au Code de
1857 et lui a servi de modèle sur ce point, punissait expressément la désertion aux rebelles de la même peine que la désertion à l'ennemi. Or, le législateur a conservé le texte de cet
article de la loi de 1793 en en retranchant seulement la partie
relative aux rebelles ; n'était-ce pas témoigner hautement de son
intention de distinguer les deux délits que les juges de l'affaire
Rossel ont confondu ?

L'arrêt rendu par le conseil de guerre de Lyon nous paraît
donc contraire à la volonté du législateur, en même temps qu'il
viole les principes, qui prohibent l'extension d'une loi pénale à
une infraction qu'elle n'a pas mission de réprimer (1).

(1) V. journal le Droit du 8 octobre 1871.

520. — Le fait de la désertion, lorsqu'il émane d'un officier, ne s'apprécie pas de la même manière que quand il est commis par un soldat ou un sous-officier. Avant la loi de 1857 et sous l'empire de celle du 19 mai 1834, on admettait même en général que ce délit était incompatible avec la qualité d'officier, ces fonctionnaires étant en un certain sens considérés comme pouvant, quand bon leur semblait, donner leur démission et comme n'étant pas tenus au service pour un laps de temps déterminé ainsi que les soldats.

On retrouve des traces de ces idées dans la loi de 1857 qui tout en punissant le fait de la désertion aussi bien lorsqu'il est commis par un officier, que quand il émane d'un soldat, décide pourtant que l'abandon du corps par un officier en temps de paix ne constitue pas le délit de désertion, mais seulement celui d'absence illégale. (Art. 233.)

La désertion à l'étranger elle-même, qui semble cependant bien peu digne de ménagements quand c'est un officier qui s'en rend coupable, puisqu'à raison de la qualité du déserteur elle peut avoir la plus fâcheuse influence sur le moral des troupes, est moins sévèrement punie que lorsqu'elle est l'œuvre d'un simple soldat. (Art. 255 et 257.) L'égalité n'existe entre l'officier et le soldat que dans le cas de désertion à l'ennemi ou en présence de l'ennemi. (Art. 258 et 259.)

521. — La provocation à la désertion est punie des peines de la désertion si c'est un militaire qui s'en rend coupable, et de deux mois à cinq ans de prison si elle provient d'un citoyen non militaire.

EMBAUCHAGE.

522. — L'art. 208 du Code de justice militaire, qui prévoit ce genre de crime, est ainsi conçu : « Est considéré comme embaucheur et puni de mort, tout individu convaincu d'avoir provoqué des militaires à passer à l'ennemi ou aux rebelles armés, de leur en avoir sciemment facilité les moyens, ou d'avoir fait des enrôlements pour une puissance en guerre avec la France. Si le coupable est militaire, il est, en outre, puni de la dégradation militaire. »

Lorsqu'il s'agit d'un crime de cette nature, les conseils de guerre sont compétents à raison de la nature du fait et non de la qualité de la personne ; les coupables, qu'ils soient militaires ou simples citoyens, sont également justiciables de ces tribunaux et encourent les mêmes peines.

La loi de 1857 a modifié à plusieurs points de vue la législation antérieure :

1° Elle ne considère plus, nous l'avons vu, comme constituant le crime d'embauchage, le simple fait d'avoir cherché à éloigner les soldats de leurs drapeaux pour les faire passer à l'étranger, ce fait étant regardé comme une simple provocation à la désertion.

2° L'art. 208 exige, quand l'embauchage a lieu en faveur des rebelles, que ces rebelles soient en armes (1).

3° L'enrôlement pour une puissance en guerre avec la France, qu'il s'exerce sur des individus militaires ou non militaires, est considéré et puni comme embauchage.

4° A la différence de la loi de l'an IV, le Code de 1857 ne s'explique pas sur les moyens employés pour arriver à l'embauchage ou à l'enrôlement. Ce qu'il punit, c'est l'acte même de provocation, quels que soient les moyens à l'aide desquels on ait cherché à atteindre son but.

TRAHISON, ESPIONNAGE.

525. — Les art. 204, 205, 206, punissent les crimes de trahison (2) et d'espionnage. Il serait assez difficile de donner une définition de ces crimes, aussi la loi ne le fait pas et énumère les faits qui les constituent.

(1) V. *Procès des Turcos de la Commune :* 1er conseil de guerre séant à Paris, audience du 23 décembre 1871. — Journal *le Droit* du 4 janvier 1872.

(2) L'art. 68 du projet du nouveau Code pénal prussien punit le crime de *trahison contre l'Etat* commis par des militaires d'après les dispositions du Code pénal ordinaire. L'aggravation de la peine qui peut aller jusqu'à la mort n'est admise qu'en cas d'attentat à la fidélité jurée au drapeau. On ne comprend pas très-bien d'ailleurs comment le Code admet ce crime de trahison contre l'Etat par un militaire, sans qu'il ait violé ses devoirs de soldat.

Quant à la *trahison militaire*, l'art. 69 la définit : « la trahison commise en campagne » « Im Felde. » 1. *Militærische Blatter.* Mai 1872 — et *Revue militaire de l'étranger* du 11 juin 1872, p. 539.

La trahison et l'espionnage étaient déjà punis par les art. 75 et suivants du Code pénal ordinaire dont les dispositions générales s'appliquaient aux militaires comme aux autres citoyens.

L'art. 206 qui punit l'espionnage n'est applicable qu'aux militaires et à ceux qui y sont assimilés par l'art. 203, car on n'a pas voulu modifier, en ce qui concerne les simples citoyens, les dispositions des art. 82 et 85 du Code pénal (1).

REDDITION DE PLACE ET CAPITULATION.

524. — La capitulation dans une place de guerre est prévue et punie par l'art. 209 : « Est puni de mort avec dégradation militaire, tout gouverneur ou commandant qui, mis en jugement, après avis d'un conseil d'enquête (2), est reconnu coupable d'avoir capitulé avec l'ennemi, et rendu la place qui lui était confiée, *sans avoir fait tout ce que prescrivaient le devoir et l'honneur.* »

Il ressort de la fin de cet article que le législateur de 1857, en adoptant une formule aussi générale, a entendu laisser aux conseils de guerre pleine liberté d'appréciation, et a voulu rompre avec les idées sous l'influence desquelles on avait rédigé le décret du 24 décembre 1811. Ce décret avait en effet essayé de caractériser le fait de capitulation. L'art. 111 portait : « Le gouverneur ou commandant d'une place de guerre se rappellera que les lois militaires condamnent à la peine capitale tout gouverneur ou commandant qui livre sa place sans avoir forcé l'assiégeant à passer par les travaux lents et successifs des sièges, et avant d'avoir repoussé au moins un assaut au corps de place sur des brèches praticables (3). » Le Code militaire

(1) V. M. Victor Foucher, *Commentaire sur le Code de justice militaire* (Paris-1858 in-8), no 1105 — Cpr., art. 262 à 266. L. du 4 juin 1858.

(2) Lorsqu'il s'agit de juger la conduite d'un commandant qui a rendu une place, la première appréciation appartient à un conseil d'enquête. Le décret du 24 décembre 1811, art. 114 et 115, le décidait déjà ainsi. Le Code de justice militaire a suivi ces traditions, et ses art. 209 et 210 exigent cet examen préalable, que prévoit encore l'art. 257 du décret du 13 octobre 1863 sur le service dans les places de guerre et les villes de garnison. Une communication officielle publiée dans le *Journal officiel* du 25 novembre 1871 a déterminé les fonctions de ce conseil et les conséquences de son avis.

(3) On croit généralement bien à tort que cette disposition du décret de 1811 est

de 1857 ne spécifie rien et laisse aux juges militaires le soin d'apprécier si la capitulation mérite ou non le châtiment porté dans l'art. 209 (1).

525. — La capitulation d'une place assiégée peut être excusable, elle peut même parfois être honorable (2); en rase campagne au contraire, la capitulation n'est jamais permise ; l'art. 210 punit de la peine de mort le général qui s'est laissé réduire à cette honteuse extrémité, lorsqu'elle a eu pour résultat de faire poser les armes à la troupe, ou lorsque n'ayant pas eu ce résultat, le commandant n'a pas fait ce que lui prescrivaient l'honneur et le devoir ; et de la destitution dans tous les autres cas, alors même que le chef aurait fait ce que lui commandaient le devoir et l'honneur.

On retrouve dans cette disposition l'influence du décret du 1er mai 1812 rendu sous l'impression des capitulations de Baylen en 1808 et de Flessingue en 1809 (3). Il eut beaucoup mieux valu, à notre avis, défendre en principe toute capitulation en rase campagne, comme le faisait d'ailleurs le projet du Code de justice militaire (4).

encore en vigueur malgré la loi de 1857. Cette opinion n'est pas soutenable et la négative est certaine en présence des discussions qui ont eu lieu au sein des commissions et du Conseil d'Etat chargé de préparer ce projet. V. Procès-verbaux du Conseil d'Etat et du Corps législatif, et Duvergier, t. 57.

(1) L'art. 75 du projet du nouveau Code pénal militaire de l'empire d'Allemagne prononce la peine de mort contre tout chef qui capitule *sans avoir épuisé tous les moyens de défense*. Peut-être doit-on critiquer cette disposition, qui ne donne pas aux juges la faculté de graduer la peine suivant le degré de culpabilité, alors cependant que la loi semble leur laisser une certaine latitude d'appréciation.

(2) Déc. impér. du 15 octobre 1863, art. 257. (*Bull. des lois*, n° 11,860.)

(3) Ce décret commençait ainsi : « Il est défendu à tout général, à tout commandant d'une troupe armée, quel que soit son grade, de traiter en rase campagne d'aucune capitulation par écrit ou verbale. Toute capitulation de ce genre dont le résultat aurait été de faire poser les armes à la troupe, est réputée déshonorante et criminelle et sera punie de mort. » Ce décret, regardé comme incompatible avec les principes constitutionnels, avait été considéré comme abrogé par l'art. 53 de la charte de 1814, reproduit par l'art. 59 de celle de 1830 dans un arrêt de la cour de cassation du 21 mai 1847 rendu en faveur du lieutenant Marin qui, cerné en Algérie avec 200 hommes par des nuées de cavaliers arabes, s'était rendu sans combat. Rentré de captivité, il avait été jugé et condamné à mort en vertu du décret de 1812. Mais il y eut cassation du jugement de condamnation sans renvoi. Sir., 1847-1-466.

(4) V. Discours du vicomte Clary, du colonel Reguis et de M. Chasseloup-Laubat dans la séance du 8 mai 1857. *Moniteur* du 9 mai 1857.

RÉVOLTE, INSUBORDINATION, RÉBELLION.

526. — Ces différents délits, qui étaient déjà prévus et punis par les art. 209 et suivants du Code pénal ordinaire, sont punis plus ou moins sévèrement par les articles 217 à 225 du Code de 1857, suivant qu'ils ont lieu par bande, avec complot, en armes ou sans armes, pendant le service ou hors du service.

La rébellion d'un militaire envers les agents de l'autorité, cesse d'être passible des peines de l'art. 225 (C. de just. Milit.) d'après la jurisprudence, lorsque le délit a été commis de complicité avec des individus étrangers à l'armée, et on doit en pareil cas faire application à tous les coupables indistinctement des articles 209 et 211 du Code pénal ordinaire. Il en résulte qu'en semblable hypothèse le militaire pourra bénéficier des circonstances atténuantes, dussent-elles faire descendre la peine au-dessous de celle qu'il eût encouru s'il eût agi seul (1).

VENTE, MISE EN GAGE, RECEL DES EFFETS MILITAIRES.

527. — Ces différents délits, sauf le recel d'effets militaires, étaient déjà prévus par la loi du 15 juillet 1829, dont le Code de 1857 s'est inspiré dans les art. 244 à 246; il punit de plus l'achat ou la prise en gage de ces effets par des citoyens non militaires.

Par effets militaires, il faut entendre les objets que l'Etat donne aux militaires en leur qualité de soldats; d'ailleurs, au point de vue de l'importance de la peine à appliquer, on doit distinguer, selon qu'il s'agit d'effets de *grand équipement*, comme les chevaux, les armes, les effets d'habillement ou armement, ou d'effets de *petit équipement*, comme chemises, souliers, etc. (Art. 246.)

Bien qu'il semble, au premier abord, que la vente d'effets mili-

(1) V. C. de just. Milit., art. 267 et Cass. crim., 15 mai 1858, D. P., 58-1-, 340-341 et Emile Martin, Code de justice militaire annoté, sur les art. 217 à 225.

taires ne doive pas être considérée comme un délit, quand elle
émane d'un officier, puisque celui-ci est en général propriétaire
de ses effets, on décide cependant, en présence de la généralité
des termes de l'art. 244, qu'il doit être étendu aux officiers ; la
loi de 1820 le décidait ainsi, et si le législateur avait voulu déroger à ces traditions, il se serait exprimé formellement à cet
égard (1).

DISSIPATION, DÉTOURNEMENT DES EFFETS MILITAIRES.

528. — La dissipation ou le détournement d'effets militaires
constitue un délit différent de celui de la vente ou de la mise en
gage, délit que l'art. 245 (C. de just. Milit.) punit d'une peine
moindre (2). Ce qui caractérise cette infraction, c'est l'impossibilité dans laquelle se trouve le militaire de représenter les
objets qui lui ont été confiés pour le service, sans les avoir
cependant ni vendus ni mis en gage. Pour que ce délit tombe
sous le coup de la loi de 1857, il faut que les effets dissipés ou
détournés soient des effets de grand équipement, car les effets
de petit équipement étant la propriété, non de l'État, mais du
soldat, leur destruction pourrait tout au plus donner lieu contre
lui à des mesures disciplinaires (3).

ACHAT ET RECEL D'EFFETS MILITAIRES PAR UN CITOYEN NON MILITAIRE.

529. — Lorsque ces délits sont commis par un militaire, l'art.
244 (C. de just. Milit.) les punit de la même peine que le fait de la
vente ; l'art. 247 du même Code vise le cas où ils sont l'œuvre
d'individus appartenant à l'ordre civil et leur inflige la même
peine qu'aux auteurs de la vente. Les coupables d'une infraction de cette nature auront donc à en répondre devant un tri-

---

(1) V. Dalloz, Alp., vo Organis. milit., t. 34, 2e part., p. 2032, no 782.
(2) Cpr., art. 244 et 245 (C. de just. milit.)
(3) Voir cependant en sens contraire un arrêt de la Cour de cassation (crim., 18
juillet 1858, D. P., 58-5-259).

bunal correctionnel et leur peine pourra dès lors être mitigée conformément aux dispositions de l'art. 463 du Code pénal (1).

DU VOL.

530. — Les articles 248 et 249 du Code de justice militaire prévoient diverses espèces de vol :

1° Le vol de denrées et effets militaires quelconques appartenant soit à l'Etat, soit à d'autres militaires ;

2° Le vol au préjudice de l'habitant chez lequel le militaire est logé ;

3° Le vol sur la personne d'un blessé. En pareil cas, le coupable peut être passible de la peine de mort si, pour dépouiller le blessé, il lui a fait de nouvelles blessures.

Les dispositions du Code pénal ordinaire sont applicables à ces différents vols, toutes les fois qu'en raison des circonstances aggravantes indiquées dans le Code pénal (art. 381 et suiv.), les peines qui y sont portées sont plus fortes que celles prescrites par le Code de 1857.

FAUX EN MATIÈRE D'ADMINISTRATION MILITAIRE.

531. — Le Code de justice militaire ne punit le crime de faux qu'autant qu'il est commis en matière de comptabilité militaire ; en toute autre circonstance, ce sont les dispositions du Code pénal ordinaire qu'on devrait appliquer.

CORRUPTION DES MÉDECINS EN MATIÈRE DE RECRUTEMENT.

532. - - L'art 67 de la nouvelle loi sur le recrutement punit d'un emprisonnement de *deux mois à deux ans* « les médecins, « chirurgiens, officiers de santé qui, appelés au conseil de révi-

---

(1) Cependant la Cour de cassation admet entre ce délit et les délits de droit commun cette différence, qu'on ne saurait en tenir compte comme élément de récidive. (Cass. crim., 30 mars 1861, D. P., 61-1-183.

» sion à l'effet de donner leur avis, auront reçu des dons ou
» agréé des promesses pour être favorables aux jeunes gens
» qu'ils doivent examiner ; » ils encourent cette peine, non-
seulement au cas où ils étaient déjà désignés pour assister au
conseil quand ils ont reçu les dons, mais encore lorsqu'ils les
ont agréés dans la prévoyance des fonctions qu'ils auraient à
remplir.

Enfin, on leur défend sous la même peine, de rien recevoir
même pour exemption ou réforme justement prononcée.

Cet article 67 n'est jusqu'ici que la reproduction textuelle de
l'art. 45 de la loi du 21 mars 1855.

Nous devons en rapprocher l'article 262 du Code de justice militaire, qui punit d'un emprisonnement d'un à quatre
ans tout *médecin militaire* qui, dans l'exercice de ses fonctions
et pour favoriser quelqu'un, certifie faussement ou dissimule
l'existence de maladies ou infirmités; il peut, en outre, être
puni de la destitution. S'il a été mu par des dons ou des promesses, il est puni de la dégradation militaire.

La comparaison de ces deux textes conduit à faire certaines
distinctions :

L'art. 67 de la nouvelle loi est général, il s'applique à tous les
médecins civils ou militaires et prévoit le cas où ces médecins
ont reçu des dons ou des promesses pour être favorables à
certaines personnes. Peu importe d'ailleurs qu'ils aient, en
réalité, donné ou non une appréciation fausse devant le conseil
de révision, tout ce que la loi de 1867 prévoit, tout ce qu'elle
punit, c'est le fait d'avoir agréé ces dons ou ces promesses.

Si ces moyens de corruption ont produit leur effet, si le médecin a eu la faiblesse de certifier faussement ou de dissimuler
l'existence de certaines infirmités, on doit alors, pour savoir
quelle peine il encourt, distinguer s'il s'agit d'un médecin
civil ou d'un médecin militaire. Dans le premier cas, l'art. 67
de la loi de 1872 sera encore applicable, et il n'y aura pas
aggravation de peine à raison de la perpétration du délit en vue
duquel avaient été faits les dons et les promesses ; dans le
second, au contraire, le médecin militaire tombera sous le coup
de l'art. 262 du Code de 1857 et ce ne sera plus un emprisonnement de deux mois à deux ans, mais la dégradation que le coupable encourra. Que s'il n'a pas été mu par des dons ou des

promesses, mais qu'il se soit déterminé par un tout autre motif, à donner au conseil une appréciation fausse, il est passible d'un an à quatre ans de prison avec destitution possible.

Telles sont, à notre sens, les distinctions que suggère la comparaison de ces deux textes de lois, bien qu'elles ne puissent s'appuyer ni sur les travaux préparatoires, ni sur la discussion au Corps législatif relative à ces deux articles, l'art. 262 et l'art. 67, dans sa première partie, ayant été votés en 1857 et en 1872 sans discussion (1).

533. — L'art. 67 de la loi de 1872 sur le recrutement a innové sur la loi de 1852, en ce qui concerne les provocateurs du délit que nous venons d'examiner.

» Dans le cas prévu par l'art. 66, ceux qui ont fait des dons et promesses sont punis des peines portées par le dit article contre les médecins, etc. »

En rapprochant cette disposition de l'article 262 du Code de 1857, on pourrait, en s'appuyant sur ses termes généraux, soutenir qu'elle a aboli implicitement la disposition finale de cet article. Mais cette doctrine ne nous semble pas acceptable pour cet excellent motif que l'art. 67 de la loi de 1872 n'est, comme on l'a d'ailleurs remarqué dans la discussion (2), que la reproduction textuelle de l'art. 270 du Code de justice militaire.

Il faudra donc ici encore faire une distinction analogue à celle que nous avons proposée plus haut et distinguer suivant que les corrupteurs sont ou non militaires. Dans le premier cas, lorsque les corrupteurs sont militaires ou assimilés aux militaires, ils tombent sous le coup de l'art. 262. Sont-ils au contraire non militaires ou non assimilés aux militaires, la corruption sera alors régie à leur égard par l'art. 67 de la loi de 1872.

On ne peut s'empêcher de regretter que le législateur de 1872 se soit borné, dans une question aussi délicate, à reproduire sans modifications des textes dont la rédaction imparfaite et ambiguë fait naître des difficultés qu'il eût pu si facilement trancher d'un seul mot.

---

(1) V. *Moniteur universel* du 27 avril et du 8 mai 1857 et le *Journal officiel* du 23 juin 1872.

(2) V. *Journal officiel* du 23 juin 1872.

USURPATION D'UNIFORMES ET DE DÉCORATIONS.

531. — Plus précis que l'art. 259 du Code pénal, l'article 266 du Code de justice militaire a déterminé les insignes extérieurs dont le port est prohibé, tant qu'il n'est pas autorisé par l'autorité militaire. Ce sont d'abord les décorations, au nombre desquelles figure en première ligne celle de la Légion-d'Honneur, qu'on ne peut porter tant qu'on n'est pas *officiellement reçu*, à moins qu'on n'en tienne les insignes de la main même du Chef de l'Etat. Ce n'est en effet qu'après avoir été immatriculé sur les contrôles de la Légion-d'Honneur, qu'on jouit des garanties qui entourent la suspension ou la radiation d'un membre. L'art. 266 parle ensuite des médailles, insignes, uniformes français ou étrangers dont le port illégal est puni d'un emprisonnement de deux mois à deux ans (1).

SECTION III.

Peines militaires.

535. — Si l'on compare notre système de pénalités militaires moderne avec ceux de l'antiquité ou même de l'ancien Droit, on est frappé du progrès qui s'est accompli, de l'adoucissement in-

(1) Cpr., le décret du 15 juin 1853.

contestable qui s'est opéré avec le temps dans cette branche de la législation. On ne trouve plus chez nous ces supplices barbares, ces rigueurs inhumaines que les anciens législateurs croyaient indispensables pour sauvegarder la discipline et maintenir l'ordre dans l'armée. Sans doute, de nos jours la législation militaire a encore ses rigueurs, et malgré les tempéraments que nous signalons, on est obligé de constater une différence bien notable entre la sévérité de la répression, suivant qu'elle s'applique à des délits militaires ou à des crimes de droit commun ; mais c'est là une nécessité qui s'impose, car elle est la condition d'existence et le principe vital de toute armée. Des punitions sévères y sont nécessaires, car dans une pareille réunion d'hommes, à côté d'individus instruits et intelligents, disposés à se soumettre à la force des choses et à se plier docilement aux exigences du service, on en rencontre d'autres, ignorants et grossiers, auxquels la force et la crainte des punitions peuvent seules inspirer la soumission. C'est sans doute à cette considération, que les tribunaux militaires se trouvent, en fait, obligés d'appliquer des peines identiques à des individus de nature si diverse, qu'il faut attribuer la tendance bien marquée que montre le législateur allemand, dans le projet du nouveau Code pénal militaire, à accorder aux juges, dans l'application des peines, une liberté d'allures qu'ils n'avaient pas jusqu'alors. Peut-être ne faut-il voir là qu'une innovation téméraire et un périlleux essai, car une pareille latitude présente un caractère d'arbitraire toujours dangereux dans une législation militaire, et il est à craindre que de semblables distinctions n'aient pour effet, en brisant l'unité de la discipline, d'en affaiblir d'autant l'autorité.

Quoi qu'il en soit, recherchons quelles sont les peines qui peuvent être appliquées par les conseils de guerre.

Les art. 185 et 186 du Code de justice militaire répondent à cette question. Les peines applicables aux crimes sont: la mort, les travaux forcés, la détention, la réclusion, le bannissement, la dégradation militaire. Les peines applicables aux délits sont : la destitution, les travaux publics, l'emprisonnement et l'amende.

Parmi ces différentes peines, les seules qui soient essentiellement militaires sont la dégradation militaire en matière criminelle et la destitution ainsi que les travaux publics, en matière correctionnelle.

536.— L'art. 187 du Code de 1857 décide que le condamné à la peine de mort par un conseil de guerre doit être fusillé (1), mais le Code est resté muet sur le mode d'exécution de la peine. Une circulaire ministérielle du 28 juillet 1857 renvoyait sur ce point aux dispositions de la loi du 12 mai 1793 ; puis, postérieurement à cette époque, l'art. 154 du décret du 13 octobre 1863 sur le service des places de guerre est venu régler les détails de ces exécutions. On suit toujours, à peu de chose près, les errements de l'ancien Droit.

537. — La dégradation militaire est toujours l'accessoire des diverses peines que nous avons vues établies en matière criminelle ; toutefois, la peine de mort, aux termes de l'art 188, n'a un caractère infamant que quand la loi y ajoute la dégradation militaire. Ainsi, dans les cas prévus par les art. 211, 217, 220, 223, 226, 227, 228, etc., c'est la peine de mort simple qui est encourue, il n'en résulte pas d'infamie contre le condamné. Il en est autrement dans ceux visés par les art. 204, 205, 206, 208, 209, 218, 221, 238, 250, 251, 253, où la loi prononce la dégradation militaire comme accessoire de la peine de mort (2). Cette variation dans la conséquence légale de la peine de mort s'explique par cette considération que, la discipline imposant souvent cette peine comme sanction d'infractions assez légères dans le service ou d'actes d'insubordination, on ne pouvait légitimement placer quant à l'infamie, les militaires coupables de ces actes, sur la même ligne que les assassins et les grands criminels.

On peut se demander s'il résulte de cette distinction entre les cas où la peine de mort est accompagnée de la dégradation militaire et ceux où elle ne l'est pas, quelque conséquence pratique ? La seule qui puisse se présenter à l'esprit serait la con-

(1) Il importe peu chez nous que le condamné à mort par un conseil de guerre le soit pour un crime militaire ou pour un crime de droit commun. En Prusse, il en est autrement ; d'après la loi du 3 avril 1845, le militaire condamné à mort pour un crime militaire, est seul fusillé ; celui qui est condamné en vertu des lois pénales ordinaires est décapité.

(2) La plupart des législations étrangères, notamment les Codes prussien et belge, admettent cette différence. La loi suisse la maintient même jusque dans l'exécution de la peine, elle distingue en effet la mort avec infamie et la mort sans infamie, la première est reçue par derrière et la seconde par devant.

servation du droit à la pension pour les veuves des condamnés
à mort, au cas où la peine de mort encourue ne serait pas infamante ; mais il suffit de se reporter au texte de l'art. 26 de la loi
du 11 avril 1831 pour s'assurer qu'il n'en est rien : « Le droit à
l'obtention ou à la jouissance des pensions militaires, dit cet
article, est suspendu par la condamnation à une peine afflictive ou infamante. » Si l'art. 26 parlait d'une peine afflictive
et infamante le doute pourrait naître, puisque si la peine de
mort est toujours infamante en un certain sens au point de
vue moral, elle ne l'est plus légalement quand elle n'est pas
accompagnée de la dégradation militaire ; mais en présence
du texte de la loi de 1831 qui frappe de cette déchéance la
veuve de celui qui n'est condamné qu'à une peine afflictive, la
négative est certaine.

La dégradation militaire, qui dans le cas où des accusés de
l'ordre civil sont condamnés par des conseils de guerre, est
remplacée par la dégradation civique (art. 197), entraine lorsqu'elle est appliquée à un militaire, la privation du grade et du
droit d'en porter les insignes et l'uniforme, l'incapacité absolue
de servir dans l'armée à quelque titre que ce soit, la défense
de porter aucune décoration, enfin lorsqu'elle est prononcée
comme peine principale, elle est toujours accompagnée d'un
emprisonnement dont le maximum seul (5 ans) est fixé par la
loi (art. 191) (1).

538. — La destitution (2) prononcée contre l'officier, a des
effets moins graves que la dégradation militaire ; elle lui laisse
la capacité de servir dans l'armée, mais il est déchu de son

---

(1) Le Code pénal militaire prussien n'édicte la peine de la dégradation militaire
que contre les sous-officiers, et encore, en pareil cas, l'enlèvement des insignes en présence de la compagnie sous les armes n'est-il pas usité. Il y a aussi une autre peine
analogue, la *peine de l'honneur :* on appelle *honneurs* en pareil cas, les insignes des
grades, les décorations, etc., attribués à ceux qui se sont distingués par leur *courage*.
Lorsqu'il y a dégradation d'une classe, on enlève les insignes ou honneurs de la
classe dont le coupable est dégradé ; le roi seul peut permettre la réhabilitation après
une conduite exemplaire.

(2) En Prusse, la loi de 1843, outre *la destitution* avec des effets analogues à
ceux qu'elle produit chez nous, édicte encore contre les officiers *la cassation*. Cette
peine entraine la perte de tous les droits acquis au service, l'incapacité 'a remplir un
emploi de l'Etat ou de la commune, d'occuper un poste honorifique, de porter des
titres de noblesse, etc.

grade, ne peut en porter ni les insignes ni l'uniforme et perd ses droits à toute pension ou récompense à raison de ses services antérieurs.

Lorsque c'est une personne appartenant à la classe civile qui s'est rendue coupable d'un délit puni de destitution par le Code de 1857, cette peine est remplacée pour elle par un emprisonnement d'un à cinq ans. (Art. 197.)

D'ailleurs, les effets de cette condamnation peuvent disparaître plus tard et l'officier peut recouvrer ses droits à la pension, s'il mérite la réhabilitation.

539. — Il y a une autre peine correctionnelle qui est purement militaire, c'est celle des travaux publics de deux à dix ans. Le soldat condamné à cette peine est conduit à la parade, revêtu de l'habillement des condamnés, le greffier lui donne lecture du jugement, puis il passe devant le front des troupes.

Il est employé aux travaux d'utilité publique et ne peut jamais être placé dans les mêmes ateliers que les condamnés aux travaux forcés (1).

540. — Sous l'empire de la législation militaire actuelle, c'est seulement pour les crimes et délits de droit commun et dans les cas où les lois pénales ordinaires prononcent des amendes, que les militaires peuvent être condamnés à cette peine. En pareille circonstance, le juge peut remplacer l'amende par un emprisonnement de six jours à six mois (195). Cette mesure a été adoptée parce que la plupart des condamnés militaires, étant hors d'état de payer l'amende, pouvaient être détournés de leur service après l'expiration de la peine principale, par l'exercice de la contrainte par corps (2).

L'autorité militaire est chargée de l'exécution de toutes les peines qui peuvent être prononcées contre les militaires. Si donc, par exemple, des militaires ou des individus assimilés aux militaires étaient condamnés à mort comme complices de criminels

(1) D'après la loi pénale militaire prussienne, *les condamnés aux travaux publics* subissent leur peine dans une forteresse (à Graudenz), sous la surveillance de l'autorité militaire, enchaînés et employés à des travaux pénibles. Il arrive souvent que cette peine est commuée en celle de l'envoi dans une *maison de détention*.

(2) En Prusse, l'amende varie de 180 à 3,700 francs environ (50 à 1,000 thalers), et n'est infligée que pour contumace et désertion.

non militaires, l'autorité civile devrait, aussitôt que sa décision serait devenue définitive, livrer les condamnés à l'autorité militaire, qui les ferait fusiller comme s'ils avaient été jugés par un conseil de guerre.

541. — En ce qui concerne la prescription de l'action publique résultant de certains délits, le Code de justice militaire a innové. Avant 1857, la jurisprudence considérait l'insoumission et la désertion comme deux séries de faits successifs, et dès lors imprescriptibles, tant que le coupable n'était pas arrêté. L'art. 184 du nouveau Code porte au contraire que la prescription commencera à courir dès que le déserteur ou l'insoumis aura atteint l'âge de quarante-sept ans. A partir de ce moment le coupable n'étant plus considéré comme apte au service militaire, l'Etat n'a plus d'intérêt à lui demander son concours et la prescription peut commencer.

542. — La loi de 1857 a encore introduit un autre principe ; elle permet aux conseils de guerre de faire application de l'art. 463 du Code pénal ordinaire et d'accorder des circonstances atténuantes, mais seulement aux condamnés non militaires qui sont exceptionnellement soumis à la juridiction militaire (1) ; quant aux militaires et aux assimilés aux militaires, il faut faire certaines distinctions : ou bien, en effet, la peine prononcée par le juge militaire est édictée par la loi pénale ordinaire, ou bien elle l'est par la loi militaire spéciale.

Dans le premier cas, l'art. 267 du Code de justice militaire autorise l'admission de circonstances atténuantes ; dans le second, il y a lieu de sous-distinguer selon le degré de gravité de l'infraction à la loi militaire ; ainsi, les circonstances atténuantes ne sont pas admissibles pour les délits prévus et punis par les articles 204 à 246 et, au contraire, les articles 248 à 266, qui répriment des délits moins graves, laissent aux juges la faculté d'en accorder.

543. — La question de discernement doit être posée en toute matière, lorsque le prévenu est âgé de moins de seize ans, qu'il s'agisse d'un enfant de troupe, ou d'un mineur devenu justiciable d'un conseil de guerre par suite de l'état de siége ou de

---

(1) V. Lyon, 9 mars 1869 ; Dalloz, P. 69-2-80 et s..

guerre. S'il est jugé que l'accusé a agi avec discernement, les peines de la dégradation militaire, de la destitution et des travaux publics sont remplacées par un emprisonnement d'un an à cinq ans dans une maison de correction. (Art. 199.)

Enfin, l'art. 702 du Code de 1857 déclare encore applicables aux délits militaires les règles du droit commun en matière de tentative, de complicité et d'excuse (1). Quant à l'aggravation pour récidive, le Code militaire n'en parle pas; on en conclut qu'elle ne peut-être appliquée par les conseils de guerre aux militaires coupables de crimes ou délits spécialement prévus par la loi militaire, mais qu'au contraire elle devrait être prise en considération par ces tribunaux, s'ils avaient à juger un de leurs justiciables pour des crimes ou délits communs auxquels les lois ordinaires seraient applicables (2).

SECTION IV.

Des juridictions militaires compétentes en matière criminelle.

(1) V. art. 2, 3, 59, 60 à 65 du C. Pén.
(2) Cass. Crim., 15 mai 1859. Sir., 59-1-110. — 30 mars 1861. Dal., P. 61-1-185. V. aussi la circulaire ministérielle du 28 juillet 1857. Dal. P. 57-5-69.

514. — La révolution de 1789 avait renversé notre ancien système de justice militaire, il fallut songer à en édifier un autre pour sauvegarder la discipline et maintenir l'ordre dans les armées.

En 1790, on organisa des *Cours martiales* avec un jury d'ac-cusation, un jury de jugement et un commissaire ordonnateur des guerres comme ministère public ; en même temps, on in-troduisait dans les armées une police militaire correction-nelle.

En 1793, des tribunaux criminels militaires furent établis, avec assistance de jurés : des juges de paix remplissaient les fonctions d'officiers de police judiciaire.

Une loi de l'an III créa sous le nom de *conseils militaires*, des tribunaux qui ont été l'origine première de nos conseils de guerre actuels ; ils étaient formés de trois officiers, trois sous-officiers et trois soldats.

En l'an IV, on institua des conseils de guerre spéciaux pour juger les officiers généraux ou supérieurs.

En l'an V, et en l'an VI, un conseil de guerre permanent fut organisé dans chaque armée. Il comptait sept juges. Sa compo-sition variait suivant le grade de l'accusé et un conseil de révi-sion était appelé à réformer les décisions rendues en violation de la loi.

Sous l'Empire, les lois et décrets sur la matière eurent prin-cipalement pour objet d'instituer ces *commissions spéciales* qui jugèrent le duc d'Enghien, le libraire Palm, le général Mallet, Georges Cadoudal, Moreau et Pichegru.

Pendant la Terreur blanche, la Restauration continua ces dé-plorables traditions, bien qu'elle eût formellement proscrit dans l'art. 56 de la Charte de 1814 les commissions et *les tribunaux extraordinaires*.

Après l'insurrection républicaine des 5 et 6 juin 1832, qui se dénoua à Paris au cloître Saint-Merry et la tentative de la duchesse de Berry pour soulever la Vendée, le gouvernement de juillet avait eu l'intention d'instituer des juridictions analogues ; la résistance énergique de la cour de cassation, la persistance avec laquelle elle avait toujours annulé les arrêts rendus par ces tribunaux exceptionnels, l'empêchèrent seules de donner suite à cette idée.

545. — De nos jours, sous l'empire du Code de 1857, la justice militaire est rendue : 1° par des conseils de guerre ; 2° par des conseils de révision ; 3° par des prévôtés établies dans les armées lorsqu'elles sortent du territoire français.

Enfin, on a institué au cours de la dernière guerre des cours martiales dont nous aurons aussi à parler (1).

---

(1) En Prusse, la direction générale de la justice militaire est confiée à un corps spécial, l'*auditoriat général*, composé d'un auditeur général, de cinq auditeurs supérieurs et de sept employés subalternes.

Il y a deux sortes de juridictions, la *juridiction supérieure* et la *juridiction inférieure* :

La première connaît de tous les crimes et délits des officiers et des employés militaires supérieurs ; des sous-officiers et soldats, lorsque la peine écrite dans la loi est supérieure à celle des arrêts, de la dégradation ou de la rétrogradation à la position de soldat de 2ᵉ classe.

La juridiction inférieure, spéciale aux sous-officiers et soldats, connaît de tous les crimes et délits qui échappent à la juridiction supérieure.

Les tribunaux militaires subordonnés à la juridiction suprême de l'auditoriat général sont :

1° Les *tribunaux des étapes*, qui ne fonctionnent qu'en temps de guerre.

2° Les *tribunaux de garnison*, formés du commandant de la garnison ou du gouverneur de la place et de l'auditeur de garnison ; leur compétence s'étend à tous les délits contre la sécurité ou la tranquillité publique, à ceux commis dans le service de place, ou aux dégradations faites aux ouvrages de défense et aux fortifications. Ils ont la juridiction inférieure et la juridiction supérieure.

3° Les *tribunaux de corps d'armée*, composés du commandant et de l'auditeur du corps d'armée ; ils ont juridiction sur tous les militaires du quartier général du corps d'armée, qui ne relèvent d'aucun tribunal de division.

4° Les *tribunaux de division*, composés du général commandant et des deux auditeurs de la division ; ils exercent la juridiction supérieure sur tous les militaires de la division et la juridiction inférieure sur tous les sous-officiers et soldats qui ne sont justiciables d'aucun tribunal de régiment.

5° Les *tribunaux de régiment* ou de bataillon, formés en corps spéciaux, composés du chef de corps et de l'officier rapporteur ; ils exercent seulement la juridiction inférieure. V. *Revue militaire de l'étranger*, n° du 6 juin 1872.

§ 1.

DES CONSEILS DE GUERRE.

A. ORGANISATION.

546. — Les conseils de guerre forment la juridiction de droit
en matière criminelle pour les militaires, ils sont ou *permanents*, ou *temporaires*, selon qu'ils sont établis ou dans les divisions territoriales, ou aux quartiers généraux d'armée ou de
corps d'armée et dans les places en état de siége. Dans le premier cas, leur action s'exerce d'une façon constante sur les
divisions territoriales ; dans le second, leur compétence est
limitée aux lieux où existe l'état de siége et au temps pendant
lequel il dure.

Avant 1857 et en vertu de la loi du 18 vendémiaire an VI, il
y avait dans chaque division deux conseils de guerre permanents ; mais une longue expérience ayant démontré les inconvénients qui résultaient d'un pareil état de choses, la loi nouvelle
n'en admet plus qu'un seul. Du reste, si les besoins du service
l'exigent, l'art. 2 (Code de just. milit.) permet au chef du gouvernement d'en établir un second par un décret qui doit fixer
le siége de ce conseil et en déterminer le ressort (1).

547. — D'après la loi de l'an V, le conseil de guerre était
composé uniformément, quel que fût le grade de l'accusé. Aujourd'hui, les conseils permanents se composent de sept membres, nommés par le général commandant la division, lorsqu'il
s'agit d'un accusé ordinaire, et par le ministre de la guerre,
dès que le coupable a le grade de colonel. Ces sept membres sont ainsi répartis : Un colonel ou lieutenant-colonel

(1) On peut citer les décrets du 18 juillet 1857 et du 20 décembre 1865 rendus
en vertu de cet art. 2.

président, un chef d'escadron ou de bataillon, deux capitaines, un lieutenant, un sous-lieutenant et un sous-officier. Mais cette composition varie suivant le grade de l'accusé, conformément à un tableau renfermé dans l'art. 10. L'idée générale qui a présidé à l'organisation de ces conseils dans les différents cas, a été d'empêcher toujours la prédominance en nombre des officiers les plus élevés en grade, qui, plus préoccupés du maintien de la discipline que de l'intérêt individuel de l'accusé, eussent pu se montrer souvent d'une sévérité excessive (1).

Mais à côté de ce principe et pour éviter l'inconvénient contraire, les juges d'un grade supérieur à celui de l'accusé doivent toujours être en majorité.

Ce principe ne pouvait être respecté dans la composition d'un conseil de guerre appelé à juger un maréchal de France; non seulement ce conseil ne pouvait être composé de supérieurs, puisque hiérarchiquement le maréchal de France n'en a pas, mais même il était difficile de former un tribunal suffisamment garni de *pairs*. Voici la composition à laquelle on s'arrêta : *président*, un maréchal de France ; *juges*, trois maréchaux de France ou amiraux, et trois généraux de division.

Au cas où on ne pourrait trouver quatre maréchaux ou amiraux aptes à siéger au conseil, on peut argumenter par analogie de la disposition finale de l'art. 10 pour remplacer avec des généraux de division ceux qui feraient défaut. Cette disposition est ainsi conçue : « En cas d'insuffisance dans la division d'of- » ficiers ayant le grade exigé pour la composition du conseil de » guerre, le général commandant la division appelle à siéger » au conseil de guerre des officiers d'un grade égal à celui de » l'accusé ou d'un grade immédiatement inférieur. »

C'est d'ailleurs ce que décide implicitement une circulaire ministérielle du 28 juillet 1857 (2), qui attribue au ministre de

---

(1) En Prusse, lorsqu'un crime a été commis et que l'instruction conclut au renvoi du coupable devant un *conseil de guerre*, le président du tribunal militaire le compose d'une manière qui varie suivant la juridiction à laquelle l'affaire ressortit, à peu près comme chez nous, à cette différence près, qu'en outre des juges correspondant à ceux qui forment nos conseils de guerre, on en ajoute deux du grade immédiatement inférieur à celui de l'officier ou du sous-officier inculpé. Ce conseil de guerre n'est d'ailleurs jamais saisi que sur l'ordre de poursuite émanant du président du tribunal militaire dans la juridiction duquel le crime a été commis.

(2) Dalloz, P. 57-3-69.

la guerre le soin de pourvoir à l'insuffisance des officiers appelés par le Code de justice militaire à juger un officier supérieur ou général.

Les membres du conseil de guerre permanent doivent être pris parmi les officiers et les sous-officiers en activité de service dans la division (art. 5) ; ils font partie du conseil pendant six mois, sauf à être remplacés sur-le-champ, s'ils cessent d'être employés dans la division. A l'expiration des six mois, le mandat du juge peut être prorogé.

Un commissaire de la République et un rapporteur siégent devant chaque conseil, ils peuvent être choisis parmi les officiers en activité ou en retraite, mais il ne faut pas qu'ils soient réformés ou en état de non-activité. Leur nomination appartient toujours au ministre de la guerre. Leurs fonctions sont permanentes ; ils peuvent se faire assister par des substituts qui siégent temporairement et sont toujours choisis par le général commandant la division.

Le rapporteur ne change point, quel que soit le grade de l'accusé ; quant au commissaire de la République, il doit être d'un grade au moins égal à celui de l'accusé. Il n'y a d'exception à cette règle qu'au cas où un maréchal de France serait traduit devant un conseil de guerre. Les fonctions de commissaire de la République sont alors remplies par un général de division, et celles de rapporteur par un officier général. (Art. 12.)

Lorsque plusieurs accusés, appartenant à l'armée, comparaissent ensemble pour un même fait, la composition du conseil de guerre est réglée par le grade de celui qui est le plus élevé dans la hiérarchie. (Art. 14.) Un colonel commet un crime, il a pour complice un soldat : les juges naturels de l'officier supérieur jugeront aussi le soldat.

548. — Si par suite d'une déclaration d'état de siége par exemple, une personne de l'ordre civil est soumise à la juridiction militaire, la composition du conseil de guerre appelé à la juger est celle qu'indique l'art. 5, celle du conseil qui juge les sous-officiers et les soldats. (Art. 18)

L'art. 22 du Code de 1857 décide que pour être apte à faire partie d'un conseil de guerre, il faut être Français ou naturalisé Français et avoir vingt-cinq ans accomplis. Quant aux causes d'incompatibilité, d'excuse, de dispense, de récusation, elles sont les mêmes pour les juges militaires que pour les juges civils ordinaires. (Art. 23 et 24, C. de just. milit.)

549. — L'organisation des conseils de guerre établis aux armées ou dans le quartier-général d'un corps d'armée est la même que celle des conseils permanents, sauf quelques modifications insignifiantes renfermées dans les art. 33 et 35 et relatives au mode de nomination et de remplacement des juges (1).

Nous devons aussi signaler quelques règles particulières aux conseils établis dans les places ou circonscriptions territoriales en état de siège : en premier lieu deux conseils doivent toujours y être établis, afin que l'un d'eux puisse toujours connaître des affaires jugées par l'autre et annulées par le conseil de révision. En vertu d'une seconde dérogation aux règles ordinaires, c'est au gouverneur de la place qu'appartient le droit de nommer les juges, et il a, par exception, le droit de les choisir parmi les militaires en non-activité, en congé ou en retraite, sauf obligation pour eux de prêter serment (2).

B. COMPÉTENCE DES CONSEILS DE GUERRE.

550. — En principe, la compétence des tribunaux militaires résulte de la qualité de la personne, elle s'étend à tous les individus qui appartiennent à l'armée, « en vertu soit de la loi du recrutement, soit d'un brevet, soit d'une commission. » (Art. 55, C. de just. milit.) Peu importe, d'ailleurs, la validité du titre en vertu duquel on se trouve sous les drapeaux ; du moment on

---

(1) En Prusse, en temps de guerre, la composition des conseils de guerre n'est pas modifiée. Mais les *commissions d'instruction* pour les affaires du ressort de la juridiction supérieure sont composées de l'auditeur ou de l'officier rapporteur et d'un seul assesseur du grade immédiatement supérieur à celui de l'inculpé, lorsque le prévenu est un officier.

(2) D'après le Code pénal militaire prussien, les conseils de guerre d'une ville en état de siège sont composés de 5 membres : 2 juges civils désignés par le président du tribunal civil et 3 officiers nommés par le commandant militaire de la place. Les officiers doivent être au moins du grade de capitaine. Si une place investie ne renferme pas de juges civils, le commandant militaire les remplace par des membres du conseil municipal. Le conseil est présidé par un des juges civils.

Un auditeur, désigné par le commandant de place, ou à son défaut un officier remplissent les fonctions de rapporteur.

on est présent à l'armée et inscrit sur les contrôles, on est justiciable des conseils de guerre, sans que la jurisprudence permette
de discuter la régularité du titre en vertu duquel on est considéré comme militaire (1).

Cette compétence dure aussi longtemps que l'homme est
soumis à la discipline et à la loi militaire ; ainsi, elle subsiste à
l'égard du soldat qui entre à l'hôpital, soit civil, soit militaire,
ou qui, arrêté par la police, est enfermé dans une prison civile.

551. — Pour ce qui est de l'étendue de cette compétence, elle
s'étend à tous les crimes et délits même de droit commun (2)
commis par des militaires ou des fonctionnaires qui leur sont
assimilés par l'art. 56 du Code de 1857, sauf les exceptions que
nous verrons indiquées dans la loi. On a voulu, en posant ainsi
en principe la compétence générale des conseils de guerre,
éviter des conflits regrettables avec la justice civile et laisser à
la peine qui frappe le soldat ce qui la rend exemplaire et sai-
sissante, la rapidité.

Toutefois, pour que les conseils de guerre soient compétents
à l'égard des crimes et délits de droit commun, il faut que ces
crimes soient l'œuvre de militaires en activité de service et
inscrits sur les contrôles de l'armée (art. 56) ; leur compétence
disparaît lorsque ces infractions ont été commises de complicité
avec de simples citoyens (3) (art 76), ou s'il s'agit des délits spé-

___

(1) V. Merlin, *Rép.* v°, *Délit militaire*. — Cass. crim. 28 avril 1856, D. A.,
54 p. 2013, n° 3.

(2) Les conseils de guerre sont mêmes compétents à l'égard des délits pour la poursuite desquels l'action publique a besoin d'être mise en mouvement par une plainte de
la partie lésée, comme par exemple les délits d'adultère, de diffamation et d'injures, de
contrefaçon, etc.; cela résulte du rejet d'un amendement en sens contraire proposé
par M. de Champagny lors de la discussion de la loi.

(3) Cette attribution aux tribunaux ordinaires des délits commis par des militaires
de complicité avec des citoyens n'a pas été admise sans difficulté. A la suite de l'acquittement prononcé par le jury civil en faveur des complices de l'affaire de Strasbourg en 1857, le gouvernement de juillet avait proposé une loi de disjonction de la
procédure, d'après laquelle, lorsqu'une même accusation aurait compris à la fois des
militaires et des simples citoyens, on eût renvoyé les premiers devant les conseils de
guerre et les seconds devant la juridiction de droit commun. Mais cette disjonction
aurait présenté les plus graves inconvénients ; n'eût-il pas été à craindre, en effet,
que les témoins appelés devant un second tribunal ne modifiassent leurs dépositions,
ou que les différents juges ne rendissent des décisions contradictoires ? aussi le projet
de loi fut-il repoussé, et le Code de 1857 a consacré le principe contraire, sauf certaines exceptions mentionnées dans l'article 77.

ciaux mentionnés dans l'art. 275 et dont nous avons déjà parlé.

552. — De ce principe que ceux-là seuls qui figurent sur les contrôles de l'armée sont justiciables des conseils de guerre, il résulte que le militaire rayé des contrôles co...ne déserteur devient, pour les crimes qu'il commet postérieurement à cette radiation, justiciable des tribunaux de droit commun, bien qu'il demeure responsable devant les tribunaux militaires du fait de la désertion et, suivant certains auteurs, des crimes et délits qu'il a pu commettre avant l'expiration du délai après lequel il a été déclaré déserteur, délai qui varie suivant les cas entre six jours et un mois. (Art. 231 C. de just. milit.) (1).

De même, on devrait décider que le militaire qui, ayant achevé son temps de service, a reçu un congé de libération provisoire cesse d'être justiciable des conseils de guerre aussitôt sa radiation des contrôles opérée (2).

Enfin, la démission n'ayant d'effet qu'autant qu'elle est acceptée, on devrait décider également que l'officier qui l'a donnée, conservant jusqu'à ce qu'elle ait été acceptée la qualité de militaire, demeurerait jusque-là justiciable des conseils de guerre (3).

553. — En vertu de l'art. 56, les différentes règles de compétence que nous venons de passer en revue sont applicables à tous les individus attachés à l'armée comme militaires et à ceux assimilés aux militaires par les ordonnances ou décrets d'organisation. La loi donne une énumération des premiers, mais sans entrer dans les mêmes explications quant aux seconds; il en résulte des difficultés sur la question de savoir si on doit considérer comme assimilées aux militaires certaines classes de personnes et les déclarer en conséquence, comme telles, justiciables des conseils de guerre.

C'est ainsi que des doutes s'étaient élevés sur la question de savoir si les femmes qui suivent les armées et plus particulièrement les blanchisseuses et vivandières nommées à ces fonctions par des officiers compétents (décret des 30 avril-5 mai

(1) V. Cass. crim., 9 août 1860. D. P. 60-1-125.
(2) V. Metz, 12 mai 1853. D. P., 54-5-644 — Contra, Cass. crim., 17 juin 1851. Dalloz, Alph., t. 34., 2ᵉ part., p. 2049, nₒ 1.
(3) Cass. crim., 30 août 1851. D. P., 55-1-415.

1793, et ordonnance du 14 avril 1832), sont soumises à la juridiction militaire. Depuis la loi de 1857, la difficulté semble résolue. On doit distinguer, à notre avis, selon que les vivandières et blanchisseuses sont attachées aux armées actives ou à des corps d'armée à l'intérieur. Dans le premier cas, elles sont justiciables des conseils de guerre, aux termes de l'art. 62 du Code de 1857. Dans le second, comme l'art. 56 n'assimile aux militaires que ceux qui ont été déclarés tels par une ordonnance ou un décret, et qu'aucune ordonnance ou décret n'a accordé cette qualité aux femmes qui suivent les armées à l'intérieur, elles demeurent justiciables des tribunaux de droit commun. .

554. — Lorsqu'un individu soumis à la juridiction des conseils de guerre est poursuivi en même temps pour un crime ou délit de la compétence des conseils de guerre et pour un autre crime ou délit de la compétence des tribunaux ordinaires, devant quelle juridiction doit il d'abord être traduit? Avant le Code de 1857, la jurisprudence accordait toujours, en pareil cas, priorité à la juridiction de droit commun. L'art. 60 du Code de justice militaire prenant, au contraire, en considération la gravité de la peine, décide que le prévenu sera d'abord renvoyé devant le tribunal auquel appartient la connaissance du fait emportant la peine la plus grave, pour être traduit ensuite, s'il y a lieu, pour le second fait, devant le tribunal compétent.

555. — Il reste encore une dernière question à trancher : lorsqu'on doit déterminer le tribunal devant lequel doit comparaître un prévenu, est-ce à la qualité de ce prévenu au moment du délit, ou à sa qualité au moment des poursuites qu'on doit s'arrêter pour fixer la juridiction compétente? Nous pensons que c'est d'après la qualité qu'avait le prévenu au moment des poursuites et non d'après celle qu'il avait au moment de la perpétration du délit.

En effet, si nous supposons un militaire qui a commis un délit, puis qui est ensuite rentré dans la vie civile; du jour où il a cessé d'être militaire, il a cessé par là même d'être soumis à la discipline, il est redevenu citoyen, il doit comme tel jouir des garanties attachées à cette qualité, et dès lors on ne peut, sans porter atteinte à des droits acquis, le soustraire aux juridictions de droit commun pour le renvoyer devant un tribunal militaire.

556. — Telles sont les principales règles qui régissent la compétence des conseils de guerre permanents ; celle des conseils de guerre aux armées est naturellement plus étendue, puisque ces tribunaux formant la seule justice qui s'y trouve, elle doit forcément s'appliquer à tous les individus qui, de près ou de loin, ont des relations avec l'armée ; en effet, la guerre isole pour ainsi dire l'armée du pays et les tribunaux ordinaires n'ont plus d'action sur aucun d'eux. Cette compétence est réglée par les articles 62 à 69 du Code de 1857.

La juridiction militaire étendue par l'état de guerre l'est encore plus par l'état de siége, qui concentre entre les mains de l'autorité judiciaire tous les pouvoirs de police et rend toutes personnes justiciables des conseils de guerre. Aussi non seulement, aux termes de l'article 70, la compétence des conseils de guerre d'une localité en état de siège s'étend à toutes les personnes qui aux armées seraient justiciables des conseils de guerre, c'est-à-dire à toutes les personnes même non militaires auteurs ou complices de crimes et délits militaires ; mais, en vertu de l'article 8 de la loi du 9 août 1848, elle s'applique également aux auteurs et complices des crimes et délits contre la sûreté de l'État, contre la Constitution, l'ordre et la paix publique, quelle que soit leur qualité.

Ces dispositions ont reçu de fréquentes applications dans ces derniers temps, la guerre et les insurrections qui l'ont accompagnée et suivie ayant nécessité la mise en état de siége d'un grand nombre de territoires.

C. PROCÉDURE.

557. — Au cas de flagrant délit, tout officier de police judiciaire, civil ou militaire, peut faire saisir les individus justiciables des conseils de guerre, mais en dehors de ce cas exceptionnel les militaires ne peuvent être arrêtés que sur l'ordre de leurs supérieurs. (Art. 87 et 88.) De plus, il est de principe en Droit pénal militaire qu'aucune poursuite devant un conseil de guerre ne peut avoir lieu que sur un ordre émanant du général commandant la division : cet ordre est donné par lui, soit d'office, soit sur le vu des rapports, actes et procès-verbaux qui lui sont adressés. (Art. 99.)

Lorsque le prévenu est un colonel ou un officier général, l'ordre doit venir du ministre de la guerre. Le général et le ministre ont donc pleine liberté pour apprécier comme bon leur semble les plaintes et les dépositions qui leur sont faites, ils peuvent à leur gré soit donner suite à l'affaire, soit punir le coupable disciplinairement par un retrait d'emploi ou une mise en non-activité.

L'article 10 de la loi du 20 avril 1810 confère aux généraux commandant une division ou un département un privilége ana·logue à la garantie qui résulte pour eux en matière de délits militaires de la nécessité d'une autorisation ministérielle, en décidant qu'ils ne pourront être jugés que sur la poursuite du Procureur général et par la première chambre civile de la Cour d'appel.

Le commissaire de la République remplit les fonctions du ministère public et le rapporteur celles du juge d'instruction ; le rapport tient lieu d'acte d'accusation.

La mise en jugement n'a lieu que sur l'ordre du général de division ou du ministre de la guerre, qui ont toujours le pouvoir d'empêcher l'accusé de comparaître devant le conseil de guerre. Cette prérogative ne leur a été accordée, lors de la promulgation du Code de 1857, qu'avec les plus grandes difficultés. De deux choses l'une, disait-on : ou le prévenu est coupable et il mérite un châtiment, ou il est innocent et il ne doit pas être obligé de se contenter de la demi·réparation qui résulte pour lui d'une décision de *non-lieu*, rendue par un seul juge dont l'appréciation pourrait toujours faire naître des critiques ; mais on a invoqué en sens contraire des considérations non moins puissantes qui ont emporté le vote de la Chambre. On s'est appuyé principa- lement sur cette idée que l'intérêt de l'accusé devait céder de- vant l'utilité générale, qui exigeait que l'action publique ne pût être mise en mouvement, lorsque l'intérêt social ne le réclamait pas et pouvait même en souffrir.

L'accusé a le droit de choisir un défenseur, mais il doit être ou militaire, ou avocat, ou avoué ; s'il n'a pas une de ces trois qualités, le président peut à son gré ou l'accepter ou refuser de l'admettre. (Art. 110.) Si l'accusé n'use pas de son droit, un dé- fenseur lui est nommé d'office. (Art. 109.)

Le conseil de révision doit être saisi dans les vingt-quatre

heures qui suivent la décision du conseil de guerre (art. 161), et
statuer dans les trois jours du dépôt des pièces.

558. — Nous n'entrerons pas plus avant dans l'étude de cette
procédure devant les tribunaux militaires, la simple lecture des
articles qui s'y réfèrent étant pleinement suffisante à en donner
une idée exacte. D'ailleurs, dans toute cette partie, le Code de
justice militaire suit pour ainsi dire pas à pas le Code d'instruction criminelle, auquel il se réfère dans un grand nombre de
ses articles.

La seule différence importante qui les sépare et que nous
avons déjà constatée consiste en ceci que, sauf pour la constatation des délits et des actes préparatoires destinés à en recueillir
les preuves, le rapporteur et le commissaire de la République
n'ont pas d'initiative propre et qu'ils doivent toujours recevoir
l'impulsion première d'une autorité qui n'a aucun caractère judiciaire, le général commandant la division ou le ministre de la
guerre.

II

DES CONSEILS DE RÉVISION

559. — Les conseils de guerre sont des juridictions souve-
raines, c'est-à-dire que leurs décisions sont définitives comme
celles des cours d'assises et ne sont pas susceptibles d'appel devant un deuxième degré de juridiction ; mais un tribunal spécial, le conseil de révision, joue à leur égard le même rôle que
remplit la Cour de cassation vis-à-vis des Cours d'appel, il
maintient ou annule leurs décisions, sans jamais connaître du
fond des affaires et sans que les faits incriminés puissent jamais
être remis en contestation.

À la différence de ce que nous avons vu pour les conseils de
guerre, la composition des conseils de révision est unique et
ne varie pas selon le grade de l'accusé ; il n'y a d'exception à
ce principe que lorsqu'il s'agit de la révision d'un jugement
rendu contre un général de division ou un maréchal de France,

auquel cas, on appelle à la présidence un militaire d'un rang au moins égal à celui du prévenu. (Art. 30, C Just. milit.)

Sauf dans cette circonstance spéciale, tout conseil de révision se compose uniformément de cinq membres : un général de brigade, président ; deux colonels ou lieutenants-colonels et deux chefs d'escadron ou de bataillon, tous âgés d'au moins 30 ans. (Art. 31.)

Aux armées, on établit d'ordinaire un conseil de révision au quartier général, ainsi que dans toute place de guerre en état de siége, en pareil cas, on admet la possibilité d'abaisser les grades et même de réduire à trois le nombre des juges (1).

560. — Les articles 72 à 74 déterminent la compétence de ces tribunaux et les divers motifs pour lesquels ils peuvent annuler les jugements.

Lorsqu'une affaire a été renvoyée devant un conseil de révision, de deux choses l'une : ou bien il rejette le recours, ou bien il annule le jugement du conseil de guerre. Dans le premier cas, tout est fini et il y a lieu d'exécuter le jugement. Dans le second, il faut rechercher le motif qui a amené l'annulation du jugement : est-ce pour incompétence ? l'affaire est renvoyée devant la juridiction compétente ; est-ce pour tout autre motif ? elle est soumise au conseil de guerre de la division qui n'en a pas connu, ou à son défaut, à celui d'une division voisine. (Art. 167.)

L'étendue des attributions du deuxième conseil de guerre, saisi à nouveau de l'affaire, se règle d'après les principes du droit commun. Si ce second jugement donne lieu à un nouveau pourvoi, qui amène une nouvelle annulation fondée sur les mêmes motifs, l'affaire est renvoyée devant le conseil de guerre d'une des divisions voisines. Ce conseil doit se conformer à la décision du conseil de révision sur les points de droit dont la solution a motivé les *deux* annulations, mais sur ceux-là seulement. Toutefois s'il s'agit de l'application de la peine, il doit adopter l'interprétation la plus favorable à l'accusé. (Art. 181, C. de 1857.)

Le troisième jugement rendu en pareille circonstance ne peut

_____

(1) Il en est de même dans un grand nombre de législations étrangères ; en Angleterre notamment où le nombre des membres des Cours martiales varie selon que l'armée est au dehors ou à l'intérieur des possessions anglaises.

plus être attaqué par les mêmes moyens, si ce n'est par la voie de cassation dans l'intérêt de la loi.

§ III.

DES PRÉVOTÉS.

—

561. — Nous avons constaté l'existence dans l'ancien Droit de juridictions militaires de ce nom, elles furent supprimées à la fin du siècle dernier pour n'être rétablies que par la loi de 1857 (1).

Les prévôtés créées par le nouveau Code de justice militaire connaissent des infractions commises par certaines classes de personnes ; elles ne peuvent infliger un emprisonnement de plus de six mois ni prononcer une amende supérieure à 200 francs.

La juridiction des grands-prévôts et des prévôts s'étend autour du camp, sur les flancs et les derrières de l'armée, et a pour mission de réprimer les délits et pillages qui peuvent se commettre dans l'étendue du territoire qu'elle occupe et qu'elle couvre de son action (2).

Les prévôts siégent seuls, assistés d'un greffier qu'ils choisissent parmi les sous-officiers et brigadiers de gendarmerie. (Art. 51.) Leurs décisions sont sans appel.

---

(1) Le règlement du 5 mai 1832 donne bien le nom de grand-prévôt au commandant de la gendarmerie d'une armée et de prévôt au commandant de la gendarmerie d'une division, mais sans déterminer leurs attributions.

(2) Malgré les différences qui séparent ces deux juridictions, on peut rapprocher de nos prévôtés les inspections *générales des étapes* créées en Prusse par l'ordonnance du 31 juillet 1867. L'....teur général des étapes, qui a les mêmes pouvoirs disciplinaires que le général commandant un corps d'armée, exerce les deux juridictions sur les isolés, les prisonniers de guerre et les étrangers. Il a le droit, comme tout commandant de corps d'armée, de confirmer les jugements rendus sur son ordre. Enfin il exerce tous les pouvoirs civils en pays ennemi jusqu'à ce que le gouvernement y ait pourvu. — Il a sous ses ordres des *inspecteurs des étapes*, des *commandants de la tête et du point de départ des étapes*, enfin des *commandants d'une étape ordinaire*.

Les prévôts ont juridiction : 1° sur les vivandiers, vivandières, cantiniers, cantinières, blanchisseuses, marchands, domestiques et toutes personnes à la suite de l'armée en vertu de permissions ; 2° sur les vagabonds et gens sans aveu ; 3° sur les prisonniers de guerre qui ne sont pas officiers.

En cas de flagrant délit, ou même en cas d'urgence, les prévôts statuent sur le lieu même où ils surprennent les coupables, leur jugement est motivé et exécutoire sur minute.

§ IV.

DES COURS MARTIALES

562. — Nous venons de passer en revue les diverses juridictions militaires, régulières, normales, organisées par le Code de 1857. En temps de guerre, on établit parfois, dans le but d'arriver à une expédition plus rapide des affaires, des tribunaux militaires dont la compétence s'étend surtout aux crimes et délits flagrants et aux infractions aux lois de la guerre; on les désigne sous le nom de *Cours martiales* (1).

563. — C'est ainsi qu'au cours de la dernière guerre, le gouvernement de la Défense nationale hors Paris rendit le 2 octobre 1870 un décret (2) qui établissait des Cours martiales pour la répression des délits militaires *flagrants* : « Nos règlements

---

(1) Aux États-Unis, le terme de Cour martiale est l'expression consacrée pour désigner les juridictions militaires qui fonctionnent en temps de guerre. D'après le règlement américain sur les armées en campagne (art. 15), on distingue deux sortes de tribunaux militaires, les *Cours martiales* qui jugent les délits déterminés par les règlements et articles de guerre (*Rules and articles of war*), et les *commissions militaires* qui jugent les délits militaires non prévus par la loi d'après les principes universellement admis. V. Bluntschli, l. c., note sur la règle 843.

(2) Dans ce même décret figurait la disposition suivante : « Au feu tout officier ou sous-officier est *autorisé à tuer* l'homme qui fait preuve de lâcheté, en n'allant pas se mettre au poste qui lui est indiqué, ou en jetant le désordre par fuite, panique, ou autre fait de nature à compromettre les opérations de la compagnie et son salut qui dépend de la résistance et de l'accomplissement courageux du devoir » V. *Bulletin des lois*, n° 51.)

« ": notre législation militaire ne contenant pas, dit le préam-
» bule, de dispositions qui permissent de réprimer avec toute
» la promptitude désirable certains crimes et délits commis
» dans des circonstances spéciales. »

Ces tribunaux exceptionnels dont la juridiction s'étendait à
tous les corps de troupes armés, équipés et entretenus aux frais
de la République ou qui avaient seulement reçu l'attache de
belligérants, étaient compétents pour juger même les personnes
de l'ordre civil qui se rendaient complices d'un militaire dans
un crime ou délit dépendant de leur juridiction (1).

« Ces Cours martiales, disait le décret, sont établies pour
» remplacer les conseils de guerre jusqu'à la cessation des hos-
» tilités, dans les divisions actives et les corps de troupes déta-
» chés, de la force d'un bataillon au moins, qui marchent isolé-
» ment. »

Les membres qui les composaient devaient être pris par rang
d'ancienneté, jusqu'à épuisement de la liste des officiers. (Art. 4
et 5.)

Enfin l'art. 6 désignait les différents crimes à l'égard desquels
ces juridictions étaient compétentes, notamment l'assassinat, le
meurtre, la désertion, l'embauchage, l'espionnage, le vol, le
maraudage, le pillage avec ou sans armes, etc., etc.

Les Cours martiales ainsi organisées ont rendu pendant la
durée de la guerre un grand nombre de jugements dont plusieurs ont été annulés par la Cour de cassation (2).

564. — Dans le même ordre d'idées, nous devons encore
rappeler un arrêté du gouverneur de Paris du 26 septembre
1870, confirmé par un décret du gouvernement de la Défense
nationale rendu le 2 octobre suivant, organisant des juridictions

---

(1) En Prusse, l'ordonnance du 51 juillet 1867 a organisé contre les étrangers et
pour les cas de flagrant délit des juridictions spéciales qui ne sont pas sans analogie
avec nos Cours martiales.

(2) V. notamment : Arrêts des 2, 5, 16 et 24 février 1871. D. P. 1871-1-121
à 127. La Cour de cassation, dans ces différents arrêts, s'est fondée soit sur ce qu'une
Cour martiale avait soit compté au nombre de ses membres des militaires étrangers, soit
infligé la dégradation militaire en dehors des prévisions légales, soit prononcé une
peine sans qu'il y eût crime, ou délit flagrant, soit enfin sur ce qu'un de ces tribunaux
avait été créé pour juger des volontaires avant qu'ils fussent organisés en corps de
troupe.

analogues, destinées à réprimer sur-le-champ les attentats à la propriété et autres crimes spéciaux qui auraient pu se produire à Paris ou dans la banlieue. Bien que, par suite de circonstances imprévues, ces tribunaux ne soient pas entrés en fonction (1), il n'est pas sans intérêt de connaître leur organisation.

Tout officier général investi d'un commandement supérieur ou opérant isolément devant l'ennemi, qui avait connaissance d'un crime prévu et puni de mort par le Code de justice militaire, pouvait réunir soit immédiatement, soit après avoir terminé l'opération militaire qu'il dirigeait, mais toujours dans les vingt quatre heures, un tribunal spécial dit *Cour martiale.*

Ce tribunal était composé d'un officier supérieur et de deux capitaines pris en dehors de la troupe à laquelle appartenait l'accusé. L'inculpé devait comparaître assisté d'un défenseur choisi par lui, ou nommé d'office. La Cour prononçait soit la condamnation soit l'acquittement, mais dans le doute, il y avait renvoi devant un conseil de guerre. L'appel du jugement pouvait être porté devant un conseil de révision composé d'un officier général et de deux officiers supérieurs, ou à leur défaut, des officiers présents les plus élevés en grade.

Ce conseil de révision devait statuer sans délai; en cas d'annulation du jugement, l'inculpé était renvoyé devant une nouvelle Cour martiale, qui devait statuer sans désemparer et sans nouveau recours possible (2).

(1) V. Achille Morin, *Les lois relatives à la guerre*, II, p. 435.
(2) V. *Journal officiel* du 3 octobre 1870.

POSITIONS.

HISTOIRE DU DROIT.

I. La fiction de la loi Cornelia a été établie directement par une loi rendue sur la proposition de Sylla et non pas déduite, en vertu d'une interprétation doctrinale, d'une loi rendue à cette époque.

II. Le livre des fausses décrétales (Pseudo-Isidore), remonte à l'année 851 ou 852 et a dû être composé dans le pays de Reims.

DROIT ROMAIN.

I. La restriction de la faculté de tester militairement au cas seulement où les militaires seraient *in expeditionibus occupati*, est une innovation de Justinien.

II. Les mots *jure communi*, par lesquels Justinien définit le droit du père à la succession du *pecule castrense* de son fils, signifient *jure successionis* et non *jure peculii*.

III. Sous l'empire du droit classique romain et jusqu'à Constantin, la captivité fut une cause de dissolution absolue du mariage. L'absence seule dûment constatée put dissoudre le mariage depuis Constantin jusqu'à Léon le Philosophe, à partir duquel le mariage fut toujours maintenu même en cas d'absence.

IV. Le *postliminium* s'appliquait à l'égard du peuple libre même allié, si le traité d'alliance conservait à ce peuple sa dignité; (conciliation des lois 7 et 19, pr. D. « *De captivis.* »)

DROIT FRANÇAIS.

I. L'individu, né en France d'un père étranger, qui, dans sa vingtième année a excipé de son extranéité pour se soustraire à l'obligation du service militaire et qui, dans l'année qui suit sa majorité n'a pas réclamé la qualité de Français, peut-il encore la réclamer plus tard, en vertu de la loi du 22 mars 1849, s'il a satisfait, après sa majorité, à la loi du recrutement ? Non.

II. Les officiers de l'état civil étrangers ne sont pas compétents à l'égard des militaires Français aux armées.

III. La loi du 11 ventôse an 11 est encore en vigueur.

IV. Les articles généraux de la section I, ch. 5, titre 2, livre III.

du Code civil sur la forme des testaments sont-ils applicables à la section II ? Non.

DROIT COMMERCIAL.

L'article 1326 du Code civil n'est pas applicable à la lettre de change créée par un non commerçant, lorsque celle-ci n'est pas écrite de la main du tireur.

DROIT PÉNAL.

Doit-on assimiler à la désertion à l'ennemi, prévue et punie par l'article 238 du Code de justice militaire, la désertion aux rebelles armés ? Non.

DROIT ADMINISTRATIF.

La loi du 3 mai 1841 fait exception à l'article 1328 du Code civil. En conséquence, l'État expropriant n'est pas fondé à exciper de cet article pour repousser les baux sans date certaine qui lui seraient opposés.

DROIT INTERNATIONAL.

I. Les alliés n'étaient pas fondés en droit à reprendre en 1815 les tableaux cédés à la France sous la République et sous l'Empire en vertu de divers traités.

II. Un général ne peut légitimement promettre à ses troupes, pour stimuler leur zèle, le pillage d'une ville assiégée.

Vu :

Nancy, le 25 juin 1872.

Le Président de la thèse,

Ernest Dubois.

Vu :

Nancy, le 1er Juillet 1872.

Pour le Doyen empêché :

Le plus ancien professeur.

E. Lederlin.

Vu et permis d'imprimer.

Le Recteur,

Dareste.

TABLE DES MATIÈRES.

PREMIÈRE PARTIE.

DROIT ROMAIN.

Condition juridique des militaires à Rome.

DEUXIÈME PARTIE.

DROIT FÉODAL ET COUTUMIER.

Condition juridique des militaires en France jusqu'à la législation actuelle.

TROISIÈME PARTIE.

DROIT MODERNE.

Condition juridique des militaires dans la législation actuelle.

Nancy. — Vagner, imprimeur de la Cour d'Appel, rue du Manège, 3.

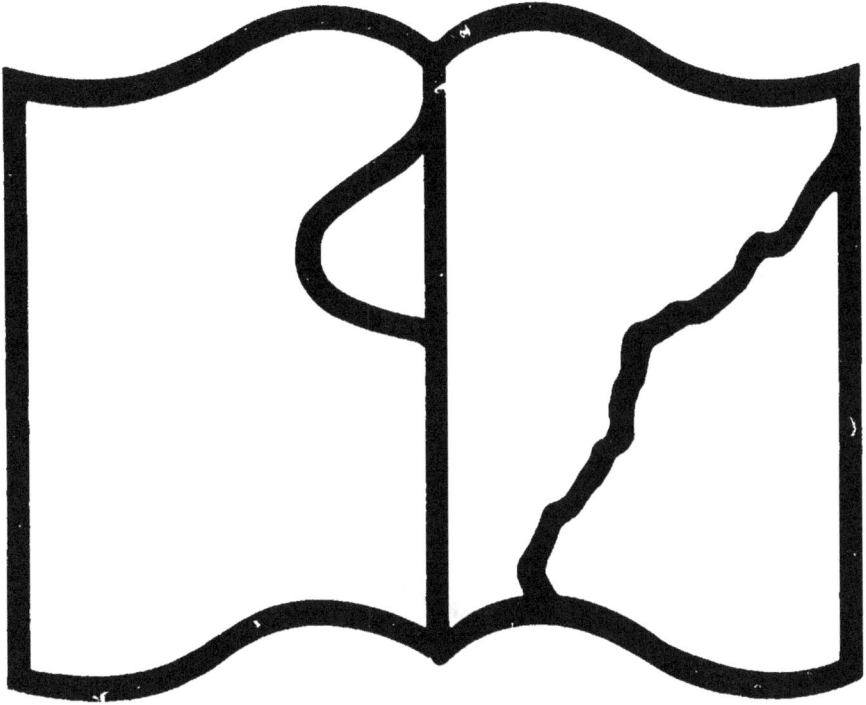

Texte détérioré — reliure défectueuse

NF Z 43-120-11

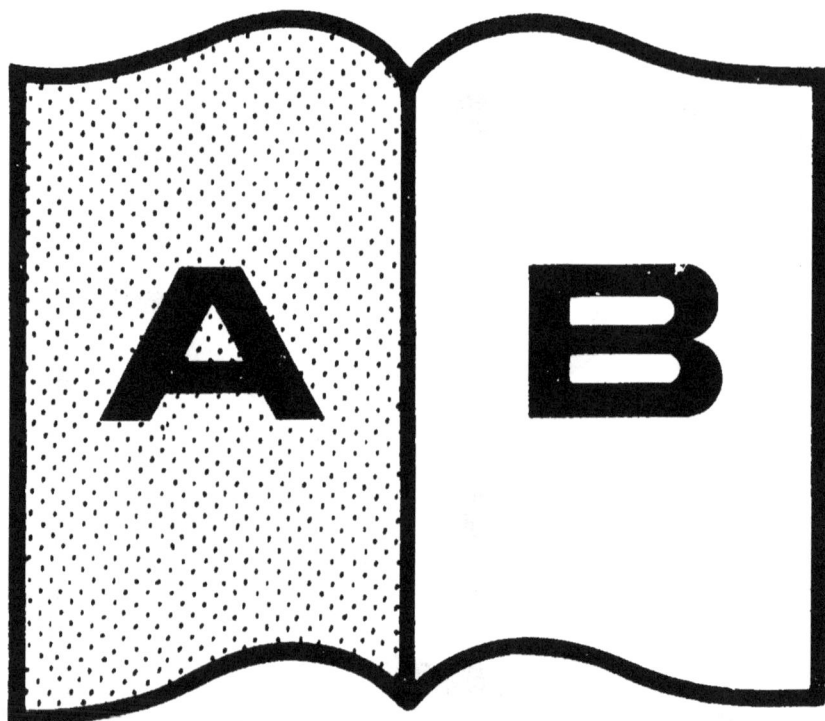

Contraste insuffisant

NF Z 43-120-14

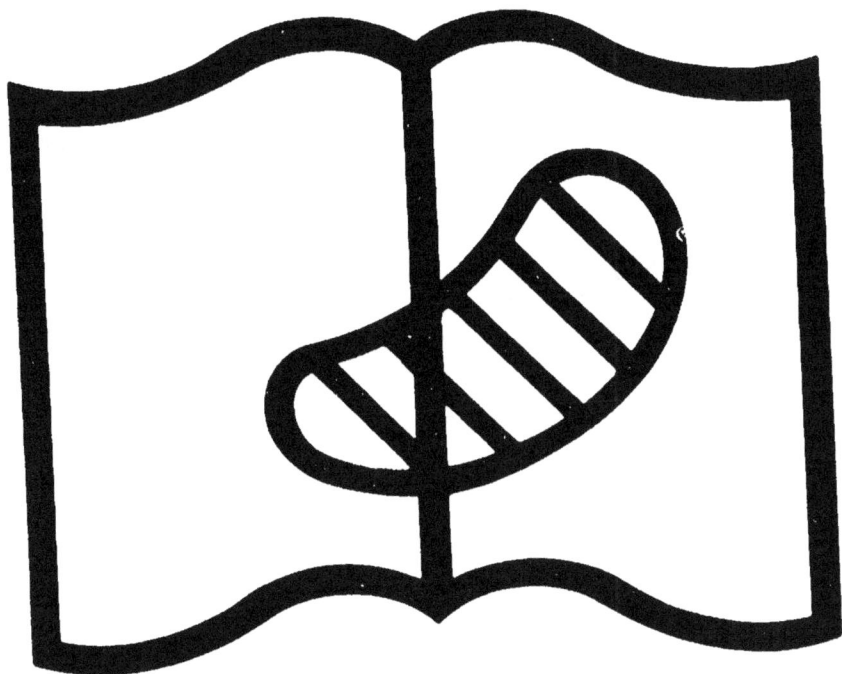

Original illisible

NF Z 43-120-10

www.ingramcontent.com/pod-product-compliance
Lightning Source LLC
Chambersburg PA
CBHW060536220326
41599CB00022B/3515